21世纪普通高等教育规划教材

工程统计学

苗　瑞　蒋祖华　崔利荣　杨　毅　编著

江志斌　主审

本书获上海汽车工业教育基金会资助

机 械 工 业 出 版 社

本书主要介绍了统计方法在工程中的应用，包括工程中常用的统计分布、单样本决策、双样本决策、方差分析、回归分析、统计过程控制、试验设计、稳健性设计、测量系统分析及可靠性等内容。书中着重体现了统计学在工程实践中的应用，提供了工程性较强的应用案例，并用Minitab软件进行了数据处理。为便于教学和学生自学，各章后配有练习题。

本书可作为高等院校管理类专业、工业工程类专业本科生教材，也可以供研究生和从事统计分析研究的相关读者参考。

图书在版编目（CIP）数据

工程统计学/苗瑞等编著．—北京：机械工业出版社，2009.10（2025.7重印）

21世纪普通高等教育规划教材

ISBN 978-7-111-28507-6

Ⅰ．工…　Ⅱ．苗…　Ⅲ．工业统计学—高等学校—教材　Ⅳ．F402.4

中国版本图书馆CIP数据核字（2009）第184550号

机械工业出版社（北京市百万庄大街22号　邮政编码100037）
策划编辑：张敬柱　责任编辑：朱红波
版式设计：霍永明　封面设计：张　静
责任校对：李　婷　责任印制：刘　媛
北京富资园科技发展有限公司印刷
2025年7月第1版第11次印刷
169mm×239mm · 19.75印张 · 381千字
标准书号：ISBN 978-7-111-28507-6
定价：45.00元

电话服务	网络服务
客服电话：010-88361066	机　工　官　网：www.cmpbook.com
010-88379833	机　工　官　博：weibo.com/cmp1952
010-68326294	金　　书　　网：www.golden-book.com
封底无防伪标均为盗版	机工教育服务网：www.cmpedu.com

前　言

许多工程问题具有随机性。工业工程师需要正确看待这些工程问题的随机性，具备了解、处理不确定性的工具。工程统计学就是研究工程不确定性现象的数量规律性，解决工程中各种问题的有力工具之一。

我国工业工程学科起步较晚，但近年来我国工业工程学科发展十分迅猛，开设工业工程专业的高校数量已增加到200多所，许多大型企业也设立了工业工程部，如上海汽车工业集团公司、上海德科电子仪表有限公司等。工程统计学是工业工程专业的必修课之一，也是企业开展精益六西格玛管理之必备，现在许多开设工业工程专业的院校常用“概率论与数理统计”代替“工程统计学”教材，其缺点是工程应用性较弱，也不适应工业工程师应用统计学理论解决企业实际工程问题。为了解决高校和企业缺乏“工程统计学”教材的问题，特合作编写了该书。该书的讲义在上海交通大学工业工程与物流工程系试用过，在作者为一些大型企业开展工程管理咨询过程中，该书主要内容作为参考资料也使用过。作者根据业界同仁指出的问题和提出的建议对讲义进行了修订，因此该书既适合于作为高校工业工程等专业的教材，也适合于企业界同仁参考。

本书的特点是应用性强，案例有较强的工程实际背景。通俗易懂，尽量避免复杂的数学推导，做到了内容丰富，循序渐进，易于读者理解和掌握。在介绍了每种方法后，给出了相应的应用案例，并用 Minitab 软件进行了应用案例中的数据处理，给出了用 Minitab 软件解题的基本步骤、结果及其含义，有利于学习和借鉴。本书各章附有练习题，可供读者练习。为方便教师授课，本书还配有教学课件。

本书由上海交通大学苗瑞博士、蒋祖华博士，北京理工大学崔利荣博士，上海德科电子仪表有限公司杨毅博士合作编著。苗瑞编写了第1、4、5、7、8、9章；崔利荣编写了第2、3章；杨毅编写了第6章；蒋祖华编写了第10章。苗瑞对全书进行了统稿和校改，上海交通大学研究生孙国庆、应杨箭、黎喆、陈文多参加了该书的排版、校对工作，在此表示深深的谢意。

本书出版由上海汽车工业教育基金会资助，在此深表感谢。

感谢上海交通大学江志斌教授为本书担任主审，并对本书提出了许多非常有益的建议。

感谢南京大学周跃进教授、东北大学郭伏教授、浙江工业大学鲁建厦教授、上海理工大学郭进利教授、南京理工大学马义中教授对本书提出的宝贵建议。

由于作者水平有限，加之时间仓促，本书有不少不尽人意之处，恳请各位读者批评指正。

作者

于上海交通大学

目　　录

第1章　常用统计分布

1.1　统计数据基本特征

在统计学中，一般把研究对象的全体称为总体（population），把构成总体的每一个成员称为个体（individual）。从总体中抽出的部分个体组成的集合称为样本（sample），把样本中包含的个体的数量称为样本容量（sample size）。样品是样本中包含的个体。例如，某条生产线上生产出来的零件构成一个总体，其中每个零件为个体。如果要估算次品率，抽出一部分零件作为样本，每一个抽出的零件作为一个样品，被抽出的零件数量为样本容量。

1.1.1　数据集中程度

反映数据集中程度的统计量有算术平均值、几何平均数、众数和中位数等。

1. 算术平均值

算术平均值也叫样本均值，它等于将一组数据的和除以数据的个数，即

$$\bar{x} = \frac{1}{n}\sum_{i=1}^{n} x_i \tag{1-1}$$

当样本容量 n 趋向于总体容量 N 时，样本均值趋向于总体均值，总体均值的表达公式为 $\mu = \frac{1}{N}\sum_{i=1}^{N} x_i$。

2. 几何平均数

几何平均数是指 n 个数据连乘积的 n 次方根，即

$$\bar{x}_g = \sqrt[n]{x_1 x_2 \cdots x_n} = \sqrt[n]{\prod_{i=1}^{n} x_i} \tag{1-2}$$

几何平均数主要用于各种比率的平均，尤其适合计算动态比率的平均。几何平均数在一定场合下还可以用来说明数据的集中程度。例如，两组数字分别为18，20，22和15，20，25，如果分别计算两组数字的均值，可以得到两组数据的均值都是20，而两组数据的几何平均数却分别为19.93和19.57。几何平均数

的数值可以反映两组数据的范围变化，即前一组更靠近 20。几何平均数的这一特点常被一些企业运用在产品质量控制中。

3. 众数

众数是指全部数据中出现次数最多的数值。众数表示变量值明显集中的数据点。在一组数据中，可以有多个众数。

4. 中位数

中位数是指将一组数据按大小顺序排列以后，处于中间位置的数值。对于有 n 个数据的有序数列，如果用 x_i 表示第 i 项的数值，则当 n 为奇数时，中位数为 $M_e = x_{\frac{n+1}{2}}$；当 n 为偶数时，中位数为 $M_e = \frac{x_{\frac{n}{2}} + x_{\frac{n}{2}+1}}{2}$。在具有奇异值的数据中，当选择反映集中趋势的指标时，中位数是一个较好的选择。

以上几种反映集中趋势的指标各有特点，应根据不同的场合以及数据的不同特点加以选择和使用。

1.1.2 数据离散程度

反映数据离散程度的统计量有极差、样本离差、样本方差与样本标准差等。

1. 极差

一组数据中的最大值与最小值之差称为极差，用 R 表示。由于极差在计算上只与两个极端值有关，所以它不能客观地反映其他数据的分散状况。如果需要全面、精确地说明数据离散程度时，就不宜使用极差。

2. 样本离差

样本离差是样本个体 x_i 与样本均值之差，亦称为样本中心化数据。离差数值的大小可以说明数据的偏离程度。例如，现有样本数据：99.8，99.9，100.1，100.2，它们的均值为 100。于是，样本离差依次为 -0.2，-0.1，0.1，0.2。

3. 样本方差与样本标准差

样本方差与标准差客观地反映了样本数据对样本均值的平均偏离情况。

样本方差为

$$S^2 = \frac{1}{n-1}\sum_{i=1}^{n}(x_i - \bar{x})^2 \tag{1-3}$$

样本标准差为

$$S = \sqrt{\frac{1}{n-1}\sum_{i=1}^{n}(x_i - \bar{x})^2} \tag{1-4}$$

设有两组样本数据，第一组样本数据为 2，4，6，8，10；第二组样本数据为4，5，6，7，8。两组数据的样本均值都等于 6，但通过计算可以得出第二组数据的样本标准差要小于第一组数据的样本标准差，因此离散程度也更小。

4. 下四分点与上四分点

下四分点把按从小到大排序后的样本数据集合分成了左右两部分，使左边部分包含25%的样本总个数，右边部分包含75%的样本总个数；上四分点把排序后的样本数据集合分成了左右两部分，使左边包含75%的样本总个数，右边包含25%的样本总个数。上、下四分点在一定意义上反映了样本数据的离散情况。通常用Q_1表示下四分点，Q_3表示上四分点，Q_2表示中位数，其位置确定方法为：下四分点Q_1位置 =（$n+1$）×0.25，中位数Q_2位置 =（$n+1$）×0.5，上四分点Q_3位置 =（$n+1$）×0.75。

当下四分点的位置与上四分点的位置为整数时，相应整数位置上的样本值就是Q_1和Q_3的值。

当下四分点的位置与上四分点的位置不为整数时，下四分点Q_1的值与上四分点Q_3的值，分别由下面的公式计算：

Q_1 = Q_1位置左边样本值 +（Q_1位置右边样本值 − Q_1位置左边的样本值）×0.25

Q_3 = Q_3位置左边样本值 +（Q_3位置右边样本值 − Q_3位置左边的样本值）×0.75

例1-1　样本数据集合（排序后）为99.8，99.9，100.1，100.2，试计算该数据集合的上、下四分点Q_1和Q_3的值及中位数的值（见图1-1）。

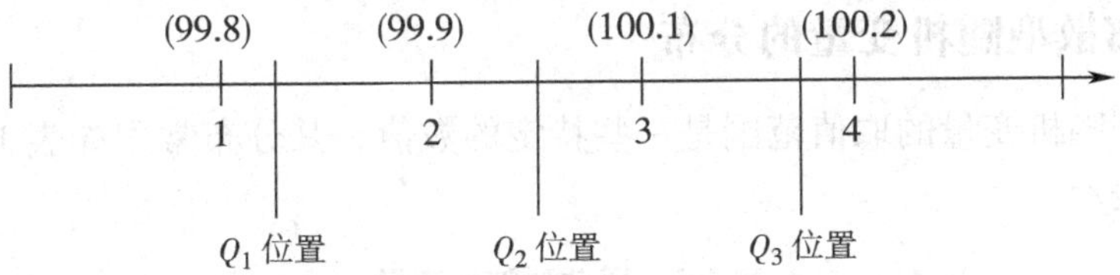

图1-1　上、下四分点与中位数示意图

解：已知$n=4$，由位置计算公式，有

下四分点Q_1的位置 =（4+1）×0.25 = 1.25，该位置不为整数；

中位数Q_2的位置 =（4+1）×0.5 = 2.5，该位置不为整数；

上四分点Q_3的位置 =（4+1）×0.75 = 3.75，该位置不为整数。

计算Q_1、Q_2、Q_3的取值：

$$Q_1 = 99.8 + (99.9 - 99.8) \times 0.25 = 99.825$$

$$Q_2 = M_e = 99.9 + (100.1 - 99.9) \times 0.5 = 100$$

$$Q_3 = 100.1 + (100.2 - 100.1) \times 0.75 = 100.175$$

5. 离散系数

比较不同指标的波动需要排除数据量纲的影响，常采用离散系数C_v，它是样本标准差与样本均值之比，离散系数C_v的计算公式为

$$C_v = S/\bar{x} \tag{1-5}$$

离散系数是个无名数，这是它与其他离散指标的最大差别。极差、离差、标准差是有名数，其单位与原始数据的单位一致。离散系数不仅可以说明同类事物的相对离散程度，还可以说明不同类事物的相对离散程度。例如，比较一群人的身高离散程度大，还是体重离散程度大时，其他离散指标都不能用于比较，因为身高和体重不一致；而离散系数却可以比较，因为它消除了量纲的影响。

例如，某厂生产两种不同规格的轴，现在从每一种规格的轴中各取 10 根，测得它们的直径的均值与标准差分别为：产品 A 的样本均值为105cm，样本标准差为1.05cm；产品 B 的样本均值为 1500cm，样本标准差为 10.5cm；产品 A 的离散系数为 1.05/105 = 1%，产品 B 的离散系数为 10.5/1500 = 0.7%。由此可见，产品 B 的直径的波动比产品 A 小。

1.2 随机变量分布

随机变量是表示随机现象的结果的变量，常用大写的字母 X，Y，Z 等表示，随机变量的取值常用小写字母 x，y，z 等表示，按其取值是否连续，随机变量分为离散型随机变量和连续型随机变量两种。

1.2.1 离散型随机变量的分布

离散型随机变量的取值范围是一些特定的数值，其分布常用如表 1-1 所示的分布列来表示。

表 1-1 离散型随机变量

X	x_1	x_2	…	x_n
p	p_1	p_2	…	p_n

用数学表达式表示为 $P\{X = x_i\} = p_i$，$i = 1, 2, \cdots, n$。离散型随机变量的分布应满足概率公理化定义的要求，即 $p_i \geqslant 0$，$p_1 + p_2 + \cdots + p_n = 1$。如掷一枚骰子出现的点数及其概率可用离散型随机变量的分布列表示，如表 1-2 所示。

表 1-2 骰子点数分布

X（出现的点数）	1	2	3	4	5	6
p（所对应的概率）	1/6	1/6	1/6	1/6	1/6	1/6

1.2.2 连续型随机变量的分布

连续型随机变量的取值范围是整个区间，它的取值不能逐一列出，如轴直径尺寸。

设 X 是连续型随机变量，如果存在一个非负函数 $f(x)$，使得对任意实数 a，b，且 $a<b$，有 $P\{a<X<b\}=\int_a^b f(x)\mathrm{d}x$，则 $f(x)$ 称为 X 的概率密度函数。

连续型随机变量的概率密度函数 $f(x)$ 具有如下性质：

(1) $f(x)\geqslant 0$；

(2) $\int_{-\infty}^{+\infty} f(x)\mathrm{d}x=1$；

(3) $\int_a^b f(x)\mathrm{d}x=P\{a<X<b\}$。

其中，$P\{a<X<b\}$ 表示随机变量 X 在区间 (a,b) 中的概率，如图1-2所示。

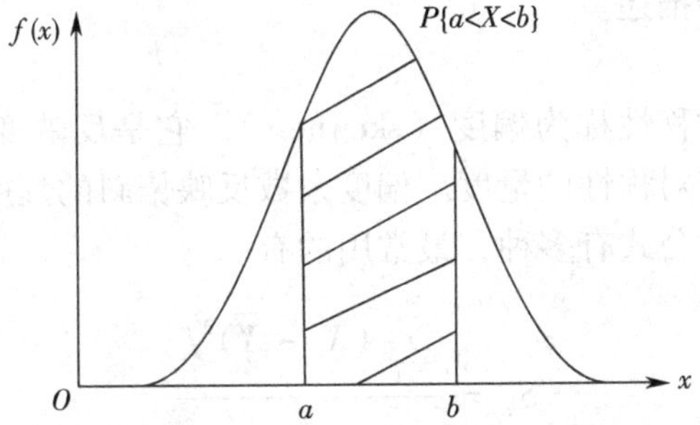

图1-2　连续型随机变量的概率密度函数图

在管理现场，产品质量特性所表现的概率密度曲线的不同表现在形状不同、散布不同或位置不同。正是这些不同的曲线形式反映了质量特性的差别，如图1-3所示。

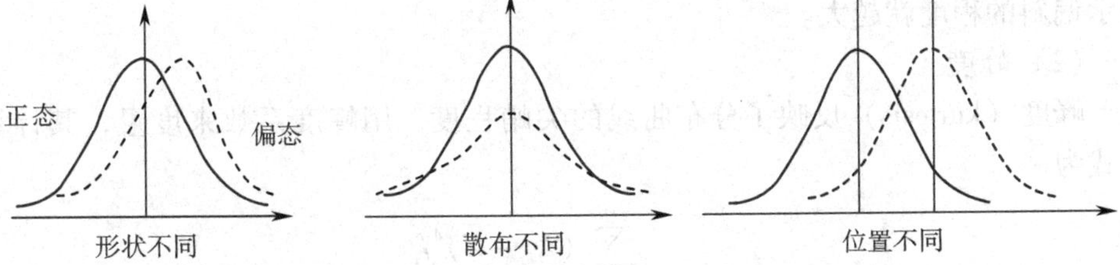

图1-3　不同产品的质量特性概率密度函数图

1.2.3　随机变量的特征

1. 随机变量的数字特征

随机变量的数字特征主要包括数学期望和方差。离散型随机变量的数学期望和方差分别为

$$\text{数学期望}\ E(X) = \sum_{i=1}^{n} x_i p_i \tag{1-6}$$

$$\text{方差}\ V(X) = \sum_{i=1}^{n} [x_i - E(X)]^2 p_i \tag{1-7}$$

连续型随机变量的数学期望和方差分别为

$$\text{数学期望}\ E(X) = \int_{-\infty}^{+\infty} x f(x)\,\mathrm{d}x \tag{1-8}$$

$$\text{方差}\ V(X) = \int_{-\infty}^{+\infty} [x - E(X)]^2 f(x)\,\mathrm{d}x \tag{1-9}$$

2. 随机变量的分布特征

集中趋势和离散程度是数据分布的两个重要特征，而偏度和峰度是对数据分布形状特征的进一步描述。

(1) 偏度

数据分布的不对称性称为偏度（skewness），它是反映变量数列偏斜程度的指标，是对数据分布对称性的量度。偏度系数反映偏斜的程度。

计算偏度系数的公式有多种，最常用的有

$$S_k = \frac{\sum_{i=1}^{m} (X_i - \overline{X})^3 f_i}{\sigma^3 \sum_{i=1}^{m} f_i} \tag{1-10}$$

式中，S_k 为偏度系数；σ^3 为标准差的三次方；f_i 为权数。

可见，当分布对称时，离差三次方后正负离差可以相互抵消，则 $S_k=0$；当分布不对称时，将形成正或负的偏度系数 S_k。当 S_k 为正值时，表示正偏离差值较大，可以判断为正偏或右偏；反之，可以判断为负偏或左偏。S_k 的数值越大，表示偏斜的程度就越大。

(2) 峰度

峰度（kurtosis）反映了分布曲线的尖峭程度，用峰度系数来度量，其计算公式为

$$K_u = \frac{\sum_{i=1}^{m} (X_i - \overline{X})^4 f_i}{\sigma^4 \sum_{i=1}^{m} f_i} \tag{1-11}$$

式中，K_u 为峰度系数；σ^4 为标准差的四次方；f_i 为权数。

一般来说，当峰度系数 $K_u>3$ 时称为尖峰分布，说明其分布曲线较陡峭；当 $K_u<3$ 时称为平峰分布，说明其分布曲线较平坦。

例 1-2 根据表 1-3 中的资料，计算某公司 50 名员工月工资水平的偏度系数

和工资水平分布的峰度系数。

表1-3 某公司员工工资水平及偏度系数计算表

按月工资水平分组/百元	员工数f/人	组中值X/百元	Xf	$X-\overline{X}$	$(X-\overline{X})^2f$	$(X-\overline{X})^3f$
7~9	5	8	40	-5.2	135.2	-703.04
9~11	10	10	100	-3.2	102.4	-327.68
11~13	20	12	240	-1.2	28.8	-34.56
13~17	7	15	105	1.8	22.68	40.824
17~23	5	20	100	6.8	231.2	1572.16
23~27	3	25	75	11.8	417.72	4929.096
合计	50	—	660	—	938	5476.8

解：$\overline{X}=\dfrac{\sum Xf}{\sum f}=\dfrac{660}{50}=13.2$

$$\sigma=\sqrt{\frac{\sum(X-\overline{X})^2f}{\sum f}}=\sqrt{\frac{938}{50}}\approx 4.3313$$

$$S_k=\frac{\sum(X-\overline{X})^3f}{\sigma^3\sum f}=\frac{5476.8}{4.3313^3\times 50}\approx 1.35$$

由计算结果可知，偏度系数为正值，说明该公司员工月工资的分布为右偏分布，即多数员工的工资高于平均水平，且偏斜程度较大。

$$\sum(X-\overline{X})^4f=3655.808+1048.576+41.472+73.4832+10690.688+58163.3328$$
$$=73673.36$$

工资水平分布的峰度系数 $K_u=\dfrac{\sum(X-\overline{X})^4f}{\sigma^4\sum f}=\dfrac{73673.36}{4.3313^4\times 50}\approx 4.19$

$K_u=4.19>3$，故该公司员工工资水平为尖峰分布，也就是其分布曲线较陡峭。

1.3 正态分布及对数正态分布

1.3.1 正态分布

正态分布广泛使用，记为$X\sim N(\mu,\sigma^2)$，μ表示分布的期望，σ表示分布的标准差，分别满足 $-\infty < \mu < +\infty$，$\sigma > 0$，其概率密度函数 $f(x)$ 为

$$f(x) = \frac{1}{\sqrt{2\pi}\sigma} e^{\frac{-(x-\mu)^2}{2\sigma^2}}, \quad -\infty < x < +\infty \tag{1-12}$$

正态分布的累计分布函数 $F(x)$ 为 $F(x) = \frac{1}{\sqrt{2\pi}\sigma}\int_{-\infty}^{x} e^{-\frac{(t-\mu)^2}{2\sigma^2}} dt$。正态分布 $N(\mu,\sigma^2)$ 的分布曲线如图 1-4 所示。分布曲线对称于直线 $x=\mu$，并在 $x=\mu$ 处达到极大值；在 $x=\pm\sigma$ 处有拐点；当 $x\to\pm\infty$ 时，曲线以 x 轴为渐近线。在正态曲线下，横轴区间 $\mu\pm\sigma$ 内的面积为 68.27%，横轴区间 $\mu\pm2\sigma$ 内的面积为 95.50%，横轴区间 $\mu\pm3\sigma$ 内的面积为 99.73%。

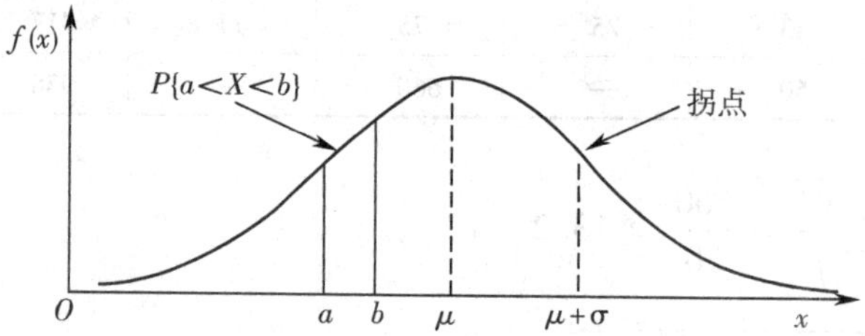

图 1-4　正态分布 $N(\mu,\sigma^2)$ 曲线图

正态分布的参数 σ 描述服从正态分布资料数据分布的离散程度，σ 越大，数据分布越分散；σ 越小，数据分布越集中。σ 也称为正态分布的形状参数，σ 越大，曲线越扁平；σ 越小，曲线越瘦高。如图 1-5 所示。

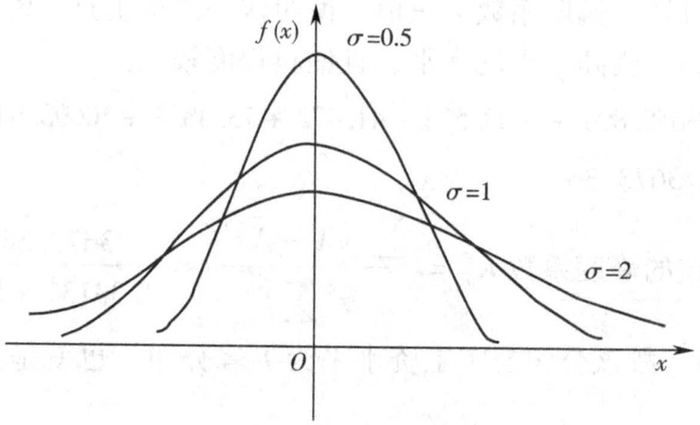

图 1-5　μ 一定时不同的 σ 所对应的正态分布图

满足 $\mu=0$，$\sigma^2=1$ 的正态分布称为标准正态分布，记为 $Z\sim N(0,1)$，Z 称为服从标准正态分布的随机变量，其累积分布函数 $\Phi(z)$ 表示为 $\Phi(z)=P\{Z\leqslant z\}$，$\Phi(z)$ 的取值可通过标准正态分布表查出，也可以通过软件计算得到。

将一般正态分布转化为标准正态分布的方法：如果 X 服从 $E(X)=\mu$ 和

$V(X)=\sigma^2$ 的正态分布，即 $X\sim N(\mu,\sigma^2)$，则随机变量 $Z=\dfrac{X-\mu}{\sigma}$ 服从 $E(Z)=0$ 和 $V(Z)=1$ 的标准正态分布，表示为 $Z\sim N(0,1)$。

例 1-3 某批零件长度服从正态分布，平均长度为 10mm，标准差为 0.2mm，试问：从该批零件中随机抽取一件，其长度不到 9.4mm 的概率是多少？如为了保证产品质量，要求以 95% 的概率保证该零件长度在 9.5mm 和 10.5mm 之间，这一要求能否得到保证？

解：由条件可知 $X\sim N(10,0.2^2)$，则零件长度不到 9.4mm 的概率可以表示为

$$P\{X<9.4\}=\Phi\left(\frac{x-\mu}{\sigma}\right)=\Phi\left(\frac{9.4-10}{0.2}\right)=\Phi(-3)=1-\Phi(3)=0.00135$$

零件长度在 9.5mm 和 10.5mm 之间的概率可以表示为

$$\begin{aligned}P\{9.5<X<10.5\}&=\Phi[(10.5-10)/0.2]-\Phi[(9.5-10)/0.2]\\&=2\Phi(2.5)-1=0.98758\end{aligned}$$

即能够满足 95% 的概率的要求。

正态分布的应用十分广泛，此外，正态分布还是许多统计方法的理论基础。t 检验、方差分析、相关和回归分析等多种统计方法均要求分析的指标服从正态分布。

1.3.2 对数正态分布

如果一个随机变量的对数服从正态分布，那么这个随机变量就服从对数正态分布。对数正态分布的概率密度函数为

$$f(x)=\begin{cases}\dfrac{1}{\sqrt{2\pi}\sigma x}e^{-\frac{(\ln x-\mu)^2}{2\sigma^2}}, & x>0\\ 0, & x\leqslant 0\end{cases}\tag{1-13}$$

其分布曲线如图 1-6 所示。

对数正态分布曲线是一条向右倾斜的曲线，对于一个给定的 μ，如果 σ 增加，则倾斜度也增加。对于同样的 σ，曲线的倾斜度随 μ 的增加而增加。

对数正态分布在可靠性工程（电子、机械等设备的寿命）中应用广泛，如某些产品的寿命、电话通信和无线电通信的某些质量特性都近似服从对数正态分布；完成一项任务的时间或修理好一台机器的时间通常也服从对数正态分布。对数正态分布在社会学（首次婚姻的持续时间）、保险业（工人们的补偿索赔）等领域也有着广泛的应用。

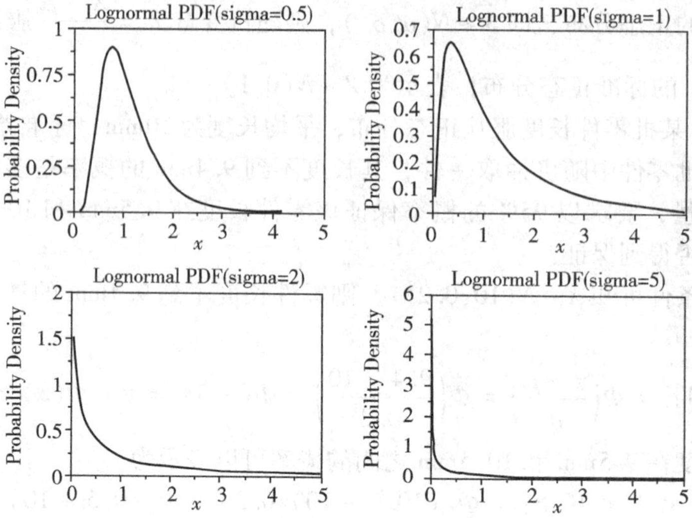

图 1-6　不同的 σ 所对应的对数正态分布曲线图

1.4　贝塔分布

贝塔分布（β 分布）是一种适应性非常广泛的模型，当调整它的两个参数时，分布的形状就会发生变化。β 分布适用于模拟各种有规律的连续型随机变量的分布，记为 $X \sim B(a,b)$，其分布曲线如图 1-7 所示。β 分布有两个参数，α 表

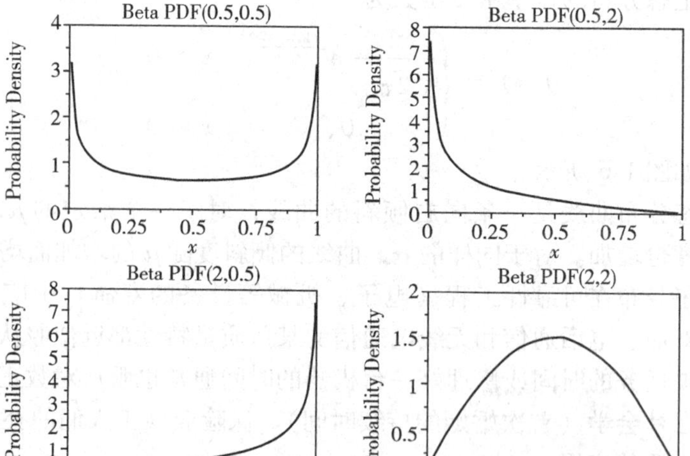

图 1-7　不同参数的 β 分布曲线

示形状参数，β 表示比例参数。其概率密度函数为

$$f(x)=\begin{cases}\dfrac{x^{\alpha-1}(1-x)^{\beta-1}}{\beta(\alpha,\beta)}, & 0<x<1\\ 0, & x\leqslant 0 \text{ 或 } x\geqslant 1\end{cases} \tag{1-14}$$

其中，$\beta(\alpha,\beta)=\dfrac{\Gamma(\alpha)\Gamma(\beta)}{\Gamma(\alpha+\beta)}, \alpha>0, \beta>0$。

总体均值 $E(X)=\dfrac{\alpha}{\alpha+\beta}$，总体方差 $V(X)=\dfrac{\alpha\beta}{(\alpha+\beta+1)(\alpha+\beta)^2}$。

β 分布中的变量 x 的变化范围仅能在 0 到 1 之间，β 分布的密度函数在最大值两边不对称分布，它适于描述工期等不对称分布的变量。

1.5　均匀分布

如果连续型随机变量 X 的概率密度函数 $f(x)$ 在有限的区间 $[a,b]$ 上等于一个常数，则 X 服从的分布为均匀分布，记为 $X\sim U(a,b)$，其概率密度图像及分布函数图像如图 1-8 所示。均匀分布有两个参数：a 表示最小值，b 表示最大值，其概率密度函数为

$$f(x)=\begin{cases}\dfrac{1}{b-a}, & a<x<b\\ 0, & \text{其他}\end{cases} \tag{1-15}$$

分布函数为

$$F(x)=\begin{cases}0, & x<a\\ \dfrac{x-a}{b-a}, & a\leqslant x<b\\ 1, & b\leqslant x\end{cases} \tag{1-16}$$

总体均值 $E(X)=\dfrac{a+b}{2}$，总体方差 $V(X)=\dfrac{(b-a)^2}{12}$。

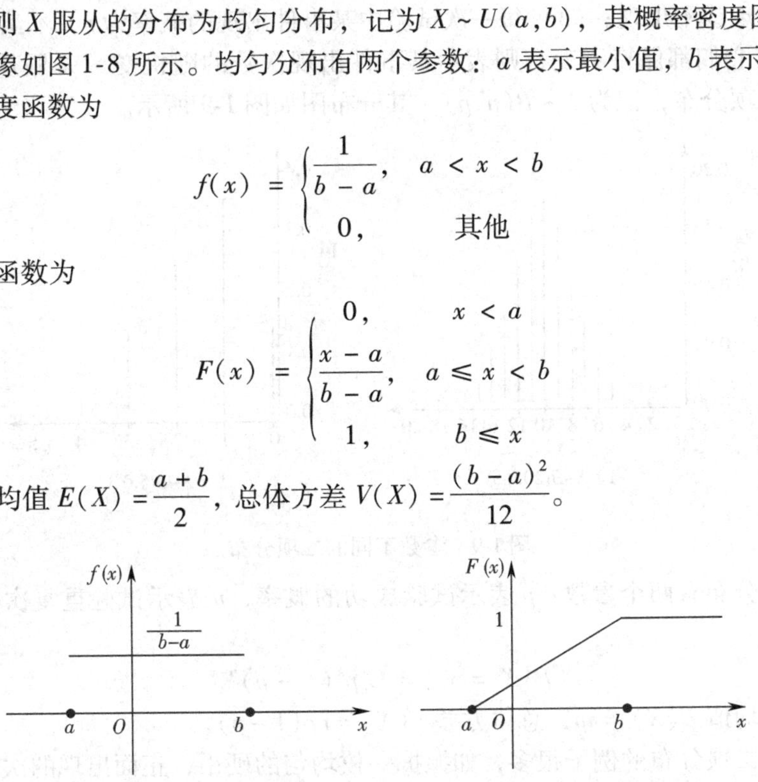

图 1-8　均匀分布的概率密度图像及分布函数图像

均匀分布常用于等概率获得指定范围内的数值。例如，在刻度器上面读数时把零头化为最靠近整数分度时所产生的误差；在每隔一定时间有一辆公共汽车通过的汽车停车站上乘客候车的时间；以及对某一变量的数据了解甚少，并且希望获得特定范围内的实数值时，就采用该函数。

整数均匀分布与均匀分布类似，不同之处在于整数均匀分布的随机变量只能取整数值。当仅知道某一变量在两个整数之间取值，而对其他情况一无所知时，首选的分布就是整数均匀分布函数。

1.6 应用于抽样检验的分布

1.6.1 二项分布

二项分布也称为伯努利分布。如果包含 n 次重复试验的随机试验，满足：(1) 每一次试验都是相互独立的；(2) 每一次试验只可能产生两种结果，即某一事件出现或不出现；(3) 每一次试验中某事件出现的概率为 p，不出现的概率为 $1-p$，它们都保持不变，则表示某事件出现次数的随机变量 X 服从参数为 p 和 n 的二项分布，记为 $X \sim B(n,p)$，其分布图如图 1-9 所示。

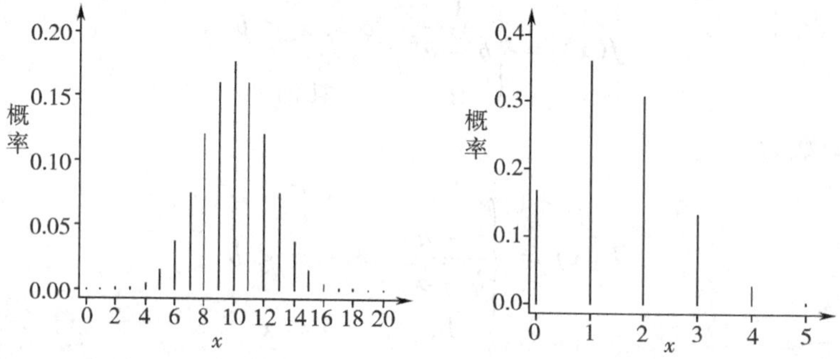

a）$X \sim B(20,0.5)$　　b）$X \sim B(5,0.3)$

图 1-9　参数不同的二项分布

二项分布有两个参数：p 表示试验成功的概率，n 表示试验重复次数，其概率函数为

$$P\{X=x\} = C_n^x p^x (1-p)^{n-x} \tag{1-17}$$

总体均值 $E(X)=np$，总体方差 $V(X)=np(1-p)$。

服从二项分布的例子很多，如抛掷一枚均匀的硬币，正面出现的次数服从二项分布。又如某零件的次品率为 1%，则一批零件中的次品数服从二项分布。

例 1-4　已知某生产流程生产的产品中有 10% 是有缺陷的，而该生产流程生产的产品是否有缺陷完全是随机的。现在随机选取5个产品，求其中有2个产品有缺陷的概率是多大？

解：设X为抽取的5个产品中有缺陷的产品的个数，则X是服从二项分布$B(5,0.1)$的随机变量。某一产品有缺陷的概率为$p=0.1$，$n=5$，则所要求的概率为

$$P\{X=x\}=C_n^x p^x(1-p)^{n-x}=C_5^2\times 0.1^2\times(1-0.1)^{5-2}=0.0729$$

因此，其中有2个产品有缺陷的概率是0.0729。

二项分布常用于产品质量检验。假设有一批产品，次品率为p，从这批产品中随机地抽出n件作为被检样品，其中合格品个数X服从的分布为二项分布。

1.6.2 泊松分布

当二项分布中n很大，p很小时，二项分布就转变成泊松分布（Poisson distribution），由二项分布的概率函数可得到泊松分布的概率函数为

$$P\{X=x\}=\frac{e^{-\lambda}\lambda^x}{x!},x=0,1,2,\cdots,n \tag{1-18}$$

X服从以λ为参数的泊松分布，记为$X\sim P(\lambda)$，总体均值$E(X)=\lambda$，总体方差$V(X)=\lambda$，其分布图如图1-10所示。

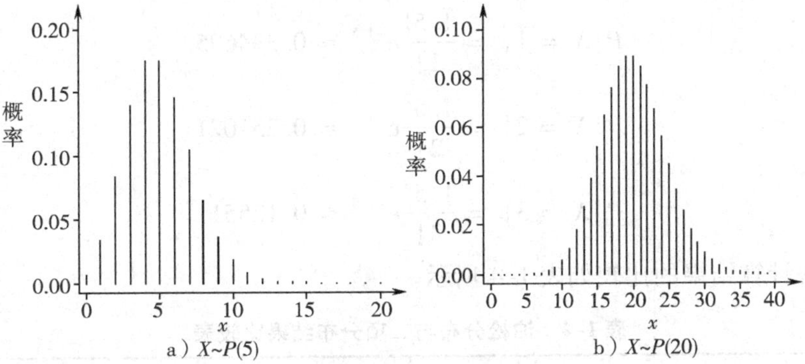

图1-10 不同参数的泊松分布

泊松分布主要用于描述在单位时间（空间）中稀有事件的发生数。例如，放射性物质在单位时间内的放射次数；在单位容积充分摇匀的水中的细菌数；野外单位空间中的某种昆虫数等。

例1-5 某一大型矿山每年发生工伤事故的平均次数为2.7，如果企业的安全条件没有质的改变，则下一年发生工伤事故的次数小于2的概率是多少？

解：设X为下一年发生的工伤事故数，则X服从$\lambda=2.7$的泊松分布，于是

X 服从的分布为 $P\{X=x\}=\dfrac{e^{-\lambda}\lambda^x}{x!}=\dfrac{e^{-2.7}2.7^x}{x!}, x=0,1,2,\cdots,n$。

则 $P\{X<2\}=P\{X=0\}+P\{X=1\}=0.0672055+0.181455=0.2486605$，即下一年发生工伤事故数小于 2 的概率为 24.866%。

由于泊松分布实际上是二项分布的极限分布，所以在实际应用中，当 $p\leqslant 0.25$，$n>20$ 时通常用泊松分布来近似表示二项分布。近似计算时，$\lambda=np$。

例 1-6 已知某种电子元件的次品率为 1.5‰，在一大批元件中随机抽取 1000 个，问次品数为 0，1，2，3 的概率各是多少？

解一：用二项分布求解，电子元件的次品数 X 服从二项分布，即 $X\sim B(1000,0.0015)$，则

$$P\{X=0\}=C_{1000}^{0}(0.0015)^0(1-0.0015)^{1000-0}\approx 0.222879$$

$$P\{X=1\}=C_{1000}^{1}(0.0015)^1(1-0.0015)^{1000-1}\approx 0.334821$$

$$P\{X=2\}=C_{1000}^{2}(0.0015)^2(1-0.0015)^{1000-2}\approx 0.251241$$

$$P\{X=3\}=C_{1000}^{3}(0.0015)^3(1-0.0015)^{1000-3}\approx 0.125558$$

解二：用泊松分布求解，$\lambda=np=1.5$，则

$$P\{X=0\}=\frac{1.5^0}{0!}e^{-1.5}\approx 0.22313$$

$$P\{X=1\}=\frac{1.5^1}{1!}e^{-1.5}\approx 0.334695$$

$$P\{X=2\}=\frac{1.5^2}{2!}e^{-1.5}\approx 0.251021$$

$$P\{X=3\}=\frac{1.5^3}{3!}e^{-1.5}\approx 0.125511$$

两种解法计算结果的比较如表 1-4 所示。

表 1-4 泊松分布与二项分布结果比较表

$P\{X=x\}$	二项分布	泊松分布	绝对差
$P\{X=0\}$	0.222879	0.223130	0.000251
$P\{X=1\}$	0.334821	0.334695	0.000126
$P\{X=2\}$	0.251241	0.251021	0.000220
$P\{X=3\}$	0.125558	0.125511	0.000047

可以看出当 p 非常小而 n 较大时，用泊松分布来近似表示二项分布所带来的误差非常小，并能极大地简化计算。

1.6.3　超几何分布

在产品质量检验的不放回抽样中，若 N 件产品中有 M 件不合格品，则抽检 n 件时所得不合格品数 x 出现的概率服从超几何分布，记为 $X \sim H(n,M,N)$，其概率分布为

$$P(x) = \frac{C_M^x C_{N-M}^{n-x}}{C_N^n},\ x = 0,1,2,\cdots,n \tag{1-19}$$

式中，n，M，N 都是整数，且 $n \leqslant N$，$M \leqslant N$。

式（1-19）中，当 $x > M$ 或 $n - x > N - M$ 时，显然有 $P(x) = 0$。

例 1-7　某厂生产某种产品的废品率为 0.2，从交验的 20 件产品中，不重复地随机抽检 5 件产品，试求：（1）废品为 1 件的概率；（2）废品不超过 1 件的概率。

解：本例为不重复抽样，故不能用二项分布，可以使用超几何分布计算其概率。因 $p = 0.2$，则 $N = 20$ 件产品中可能有 $M = 4$ 件为废品，按式（1-19）计算。

（1）抽检 5 件中 1 件为废品的概率为

$$P\{x = 1\} = \frac{C_4^1 C_{20-4}^{5-1}}{C_{20}^5} = \frac{4 \times 1820}{15504} \approx 0.470$$

（2）废品不超过 1 件的概率为

$$P\{x \leqslant 1\} = \sum_{x=0}^{1} C_4^x C_{20-4}^{5-x} / C_{20}^5 = \frac{C_4^0 C_{16}^5}{C_{20}^5} + \frac{C_4^1 C_{16}^4}{C_{20}^5} \approx 0.282 + 0.470 = 0.752$$

1.7　常用的寿命分布

1.7.1　指数分布

1. 指数分布的定义及性质

表示均值为 λ 的泊松过程中两个连续事件间距离的随机变量 X 服从参数为 λ 的指数分布，记为 $X \sim E(\lambda)$。指数分布常可作为“寿命”分布的近似，如电子元件的寿命、动物的寿命、电话问题中的通话时间、随机服务系统中的服务时间等都常假定服从指数分布，其概率分布曲线如图 1-11 所示。

指数分布有一个参数 λ，λ 表示两个连续事件间的距离，其概率密度函数为

$$f(x) = \lambda e^{-\lambda x}, 0 \leqslant x < +\infty \tag{1-20}$$

分布函数 $F(x) = 1 - e^{-\lambda x}, x \geqslant 0$。

总体均值 $E(X) = \frac{1}{\lambda}$，总体方差 $V(X) = \frac{1}{\lambda^2}$。

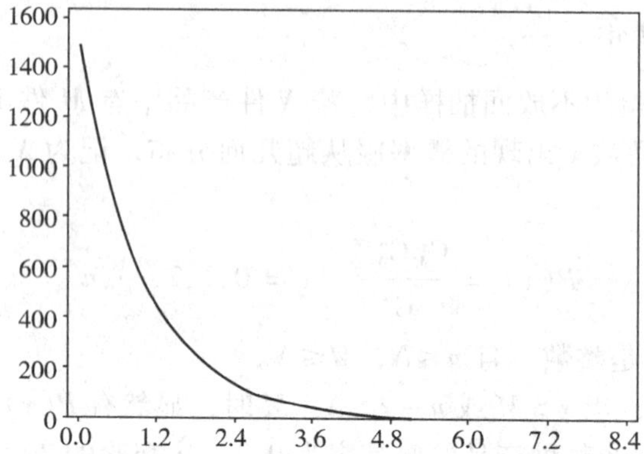

图 1-11 指数分布 $X \sim E(1)$

例 1-8 设某类日光灯管的使用寿命 X 服从参数 $\lambda = 1/2000$ 的指数分布（单位：h）。试求：（1）任取一根这种灯管，求能正常使用 1000h 以上的概率；（2）有一根这种灯管，已正常使用了 1000h，求还能使用 1000h 以上的概率。

解：(1) $P\{X > 1000\} = 1 - P\{X \leqslant 1000\} = 1 - F(1000) = \mathrm{e}^{-1000/2000}$

$$= \mathrm{e}^{-1/2} \approx 0.607$$

(2) $$P\{X > 2000 \mid X > 1000\} = \frac{P\{X > 2000, X > 1000\}}{P\{X > 1000\}} = \frac{P\{X > 2000\}}{P\{X > 1000\}}$$

$$= \mathrm{e}^{-1/2} \approx 0.607$$

从本例可看出，任取一根这种灯管能正常使用 1000h 以上的概率为 0.607，还能正常使用 1000h 以上的概率仍为 0.607。这是指数分布的“无记忆性”或无后效性，即只要 X 服从指数分布，便有 $P\{X > s + t \mid X > s\} = P\{X > t\}$，这表明如果已知寿命长于 s 年，则再正常使用 t 年的概率与 s 无关。

2. 指数分布的适用情况

指数分布是电子产品在可靠性工程学中最重要的分布。通常情况下，电子产品在剔除了早期故障后，到发生元器件或材料的老化变质之前的随机失效阶段其寿命服从指数分布规律。在日本的工业标准和美国的军用标准中，半导体器件的抽检方案都是采用指数分布。此外，指数分布还用来描述大型复杂系统（如计算机）的故障间隔时间的失效分布。但是，由于指数分布具有无记忆性，与机械零件的疲劳、磨损、腐蚀、蠕变等损伤过程的实际情况是完全矛盾的，因而限制了它在机械可靠性研究中的应用。

1.7.2 伽马分布

伽马分布的概率密度函数的一般形式为

$$f(x) = \frac{\left(\frac{x-\mu}{\beta}\right)^{\gamma-1} e^{-\frac{x-\mu}{\beta}}}{\beta\Gamma(\gamma)} \quad x \geqslant \mu;\gamma,\beta > 0 \tag{1-21}$$

式中，γ 称为形状参数；μ 称为位置参数；β 称为尺寸参数；$\Gamma(\gamma) = \int_0^{+\infty} t^{\alpha-1} e^{-t} dt$。

当 $\mu = 0$ 且 $\beta = 1$ 时，称为标准伽马分布，标准伽马分布的形式为

$$f(x) = \frac{x^{\gamma-1} e^{-x}}{\Gamma(\gamma)} \quad x \geqslant 0;\gamma > 0 \tag{1-22}$$

所有的伽马分布都能转换为标准伽马分布，图 1-12 给出了不同 γ 所对应的标准伽马分布曲线。

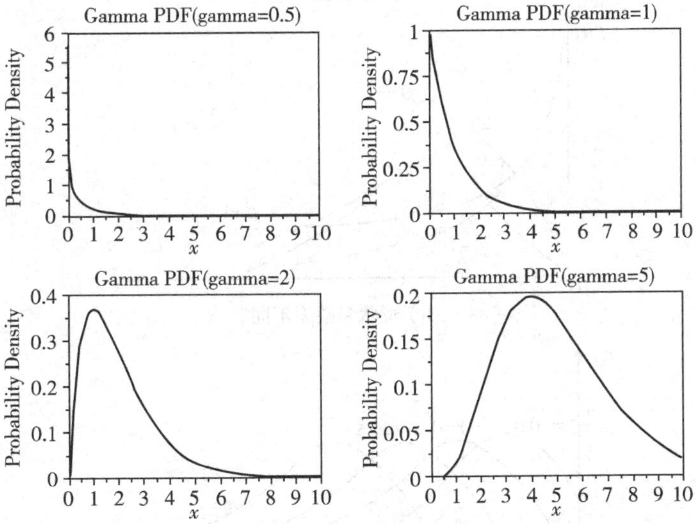

图 1-12　伽马分布曲线图

伽马分布的概率分布曲线与其横坐标所包围的面积等于 1。当 $\gamma = 1$ 时，伽马分布就是指数分布；当 γ 为正整数时，伽马分布就是 r 阶爱尔朗分布或称厄兰分布（Erlang），在排队论模型中应用较多。例如，在接完一个电话之后又接了 r 次电话所需要的时间，在设备出了一次故障之后又出了 r 次故障的时间。

指数分布是伽马分布的特殊情况，因此伽马分布比指数分布更具有普遍性，能用来表示早期失效、偶发失效和耗损失效等不同的失效分布。

1.7.3　威布尔分布

威布尔（Weibull）分布应用比较广泛，常用来描述材料疲劳失效、轴承失效等寿命分布。威布尔分布由三个参数来描述，分别是尺度参数 α、形状参数

β、位置参数 γ，不同参数所对应的分布曲线特征如图 1-13 所示，威布尔分布的概率密度函数为

$$f(t) = \alpha\beta(t-\gamma)^{\beta-1}\mathrm{e}^{-\alpha(t-\gamma)^{\beta}}, t \geqslant 0 \tag{1-23}$$

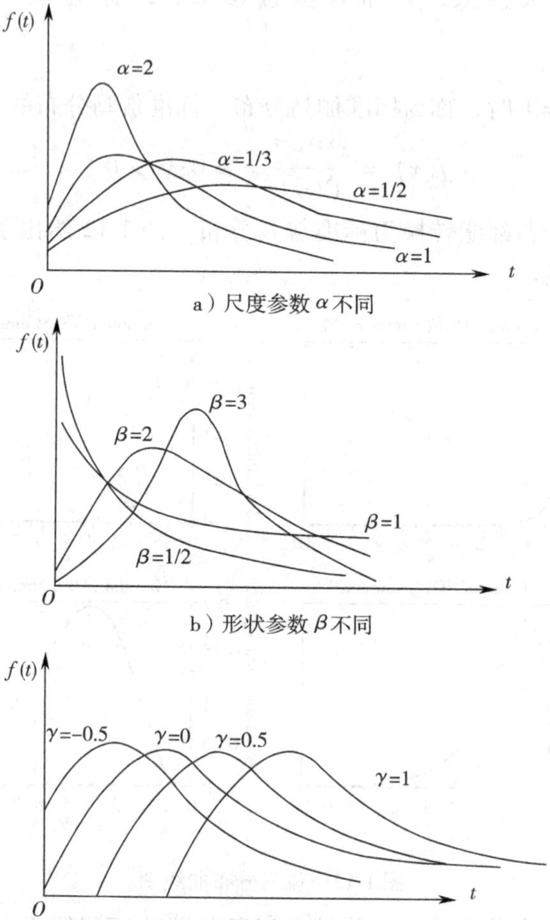

a）尺度参数 α 不同

b）形状参数 β 不同

c）位置参数 γ 不同

图 1-13　威布尔分布曲线图

形状参数 β 是威布尔分布的本质性参数，决定着分布曲线的形状。$\beta=1$ 时的威布尔分布是指数分布，所以指数分布是威布尔分布的特例；$\beta<1$ 时，概率密度函数曲线随时间的增加而单调下降，常用来描述产品的早期失效阶段的寿命分布；$\beta>1$ 时，概率密度函数曲线有一峰值，β 越大，曲线峰值越尖锐；当 $\beta=3\sim4$ 时趋向于正态分布。$\beta>1$ 时的曲线常用来描述产品耗损期的寿命分布。

γ 称为位置参数，它是曲线起点的位置。$\gamma=0$ 表示产品从 0 时刻开始就有失效的可能；$\gamma>0$ 表示器件经过一段时间后产品才有失效的可能；$\gamma<0$ 表示器

件开始工作就可能已坏了。在可靠性分析中，γ 具有极限值（例如疲劳极限、强度极限等）的含义，表示产品在 $t=\gamma$ 以前不会失效，在其后才会以一定的概率失效，因此 γ 也称为最小保证寿命。

当 β 和 γ 固定时，概率密度曲线的形状基本相同，α 不同时曲线将沿横轴压缩或伸长，相当于横坐标的尺度不同。

威布尔分布在可靠性工程中被广泛应用，尤其适用于机电类产品的磨损累计失效的分布形式。汽车各级产品（整车、总成、成件等）的寿命分布形式一般为威布尔分布形式。一般而言，它具有比对数正态分布更大的适用性。

1.8　卡方分布

卡方分布表示为 χ^2 分布。当 X_1，X_2，…，X_n 相互独立且都服从 $N(0,1)$ 时，$Z=\sum\limits_{i=1}^{n}X_i^2$ 的分布称为自由度等于 n 的 χ^2 分布，记 $Z\sim\chi^2(n)$，它的概率密度函数为

$$f(z)=\begin{cases}\dfrac{1}{2^{\frac{n}{2}}\Gamma\left(\dfrac{n}{2}\right)}x^{\frac{n}{2}-1}\mathrm{e}^{-\frac{z}{2}}, & z>0\\ 0, & \text{其他}\end{cases}\tag{1-24}$$

χ^2 分布是非对称分布，具有可加性，即若 Y 与 Z 相互独立，且 $Y\sim\chi^2(n)$，$Z\sim\chi^2(m)$，则 $Y+Z\sim\chi^2(n+m)$。

1.9　t 分布

若 X 与 Y 相互独立，且 $X\sim N(0,1)$，$Y\sim\chi^2(n)$，则 $Z=X/\sqrt{\dfrac{Y}{n}}$ 的分布称为自由度等于 n 的 t 分布，记为 $Z\sim t(n)$，其概率密度函数为

$$f(z)=\frac{\Gamma\left(\dfrac{n+1}{2}\right)}{\sqrt{\pi n}\,\Gamma\left(\dfrac{n}{2}\right)}\left(1+\frac{z^2}{n}\right)^{-\frac{n+1}{2}}\tag{1-25}$$

t 分布的概率密度函数是偶函数，且当 $n>30$ 时，t 分布与标准正态分布 $N(0,1)$ 的概率密度曲线几乎一样。

从 t 分布的定义式可知，在 $n>30$ 为大样本的条件下，样本无论抽自正态的或是非正态的总体，均可直接用 S 作 σ 的估计值，其变量 t 均服从标准正态分

布。当它用样本容量 $n<30$ 的修正样本均方差 S 作为未知总体方差 σ 的无偏估计值时，小样本必须抽自正态总体，随机变量 t 服从 t 分布，t 分布在关于小样本 $\bar{x}$ 的推断中有着广泛的应用。

1.10 *F* 分布

若 X 与 Y 相互独立，且 $X \sim \chi^2(k_1)$，$Y \sim \chi^2(k_2)$，则 $Z=\dfrac{X/k_1}{Y/k_2}$ 的分布称为第一自由度等于 k_1、第二自由度等于 k_2 的 F 分布，记作 $Z \sim F(k_1,k_2)$，它的概率密度函数为

$$f(z)=\begin{cases}\dfrac{\Gamma\left(\dfrac{k_1+k_2}{2}\right)}{\Gamma\left(\dfrac{k_1}{2}\right)\Gamma\left(\dfrac{k_2}{2}\right)}\left(\dfrac{k_1}{k_2}\right)^{\frac{k_1}{2}} z^{\frac{k_1}{2}-1}\left(1+\dfrac{k_1}{k_2}z\right)^{-\frac{k_1+k_2}{2}}, & z>0 \\ 0, & z \leqslant 0\end{cases} \tag{1-26}$$

F 分布是非对称分布，且有当 $Z \sim F(k_1,k_2)$ 时，$\dfrac{1}{Z} \sim F(k_2,k_1)$。

F 分布除了直接用以检验两样本所抽自的两总体均方差估计值是否有显著差异外，更重要的是用作方差分析的基础，而方差分析又是分析因素作用和试验设计的理论依据，同时 F 分布还应用于协方差分析和回归分析等方面。

练　习　题

1. 驱动轴平均经过 40000h 会由于疲劳而失灵。如果已知在 36000h 以前失灵的概率为 0.04，到失灵经过的时间服从正态分布，试问它的标准差为多少？

2. 标准荧光灯管的使用寿命服从正态分布，均值为 7000h，标准差为 1000h。一个竞争者已经研制出了一种可以装入白炽灯的简洁荧光灯系统。他们宣称新的简洁灯管的使用寿命服从均值为 7500h，标准差为 1200h 的正态分布，试确定哪一种灯管的使用寿命更可能超过 9000h。

3. 已知个人计算机主板的平均使用寿命为 5 年。主板的使用寿命能用指数分布来建模。试问：

（1）主板的使用寿命在 2 ~ 4 年之间的概率为多少？

（2）1 年后主板仍然能用的概率为多少？

（3）如果保修期定为 6 个月，在保修期内主板需要更换的概率为多少？

4. 某批零件的长度服从正态分布，平均长度为 100mm，标准差为 2mm，试问：

（1）从该批零件中随机抽取一件，其长度不到 94mm 的概率是多少？

（2）为了保证产品质量，要求以 95% 的概率保证该零件的长度在 94 ~ 106mm 之间，试

问：该要求能否得到保证？

5. 设总体 X 服从标准正态分布，从此总体中取容量为 6 的样本 X_1，X_2，X_3，X_4，X_5，X_6，又设 $y=(X_1+X_2+X_3)^2+(X_4+X_5+X_6)^2$。试确定常数 C，使得随机变量 CY 服从卡方分布。

6. 设 X_1，X_2，…，X_n，X_{n+1}，…，X_{n+m}是分布为 $N(0,\sigma^2)$的正态总体容量为 $n+m$ 的样本，试求统计量 $y=\dfrac{m\sum\limits_{i=1}^{n}X_i^2}{n\sum\limits_{i=n+1}^{n+m}X_i^2}$ 的概率分布。

第 2 章　单样本决策

2.1　统计推断

统计推断就是利用样本提供的信息来推断总体的分布或总体的数字特征，从而进一步认识总体。统计推断的范畴包括那些用来对总体作出决策或得出结论的方法，这些方法就是根据总体样本所包含的信息来得出结论。在当前的研究领域中，统计推断被分成两大类：参数估计和假设检验。

在研究总体分布时，参数是刻画总体某方面概率特性的数量。当这个数量未知时，从总体中抽出一个样本，用某种方法对这个未知参数作出估计的研究就是参数估计。参数估计可分为点估计和区间估计两种。

参数估计问题是通过样本的观察值对总体分布中的未知参数作出估计，但是在实际运用中，有时要考虑对总体分布中的未知参数或总体的分布本身作出某种假设，再根据样本建立适当的统计量，并运用样本观察值对所做的假设进行检验，从而作出接受或拒绝的结论，这样的问题称为假设检验问题。假设检验的基本任务是根据样本所提供的信息，对总体分布的某些未知方面（常见如总体均值、方差、总体分布等）的假设作出合理的判断。

2.2　点估计

若 θ 是未知参数，设 $(X_1,X_2,\cdots,X_n)$ 是来自总体 X 的随机样本，$(x_1,x_2,\cdots,x_n)$ 是样本观测值，经常构造一个统计量 $g(X_1,X_2,\cdots,X_n)$，以数值 $g(x_1,x_2,\cdots,x_n)$ 作为未知参数 θ 的估计值，称统计量 $g(X_1,X_2,\cdots,X_n)$ 为 θ 的点估计量。θ 的估计值和点估计量统称为 θ 的点估计，记作 $\hat{\theta}$。这里介绍最常用的两种点估计的方法：矩估计法和极大似然估计法。

2.2.1　矩估计法

矩估计法源于统计学家 K. Pearson 提出的一个替换原则。所谓替换是指用样本矩去替换总体相应的矩，还可以用样本矩的函数去替换相应的总体矩的函数。在这个替换原则的基础上，对于一个总体，即使总体的分布形式未知，也可以对总体的未知参数作出估计，如总体均值 μ 与方差 σ^2 的估计量可分别记为 $\hat{\mu}$ 和 $\hat{\sigma}^2$。用样本均值的观测值 $\overline{X}$ 作为总体均值 μ 的估计量，即 $\hat{\mu}=\overline{X}$；用样本方差的观测值 $S^2=\frac{1}{n-1}\sum_{i=1}^{n}(X_i-\overline{X})^2$ 作为总体方差 σ^2 的估计值，即 $\hat{\sigma}^2=S^2$。此外，通常用某事件的出现频率来估计该事件的发生概率。

例 2-1　设某种灯泡的寿命 X 服从正态分布 $N(\mu,\sigma^2)$，且 μ 和 σ^2 均未知。在这批灯泡中随机抽取 10 只，测得寿命（单位：h）为：948，1067，919，1196，785，1126，936，918，1156，920，试用矩估计法估计 μ，σ^2。

解：$\hat{\mu}=\overline{X}=\frac{1}{10}\sum_{i=1}^{10}X_i=997.1$

$$\hat{\sigma}^2=S^2=\frac{1}{9}\sum_{i=1}^{10}(X_i-\overline{X})^2=17304.77$$

2.2.2　极大似然估计法

极大似然估计（maximum likelihood estimate）是求点估计中最常见的一种方法。取似然函数

$$L(x_1,x_2,\cdots,x_n,\theta)=\prod_{i=1}^{n}\varphi(x_i,\theta) \tag{2-1}$$

达到最大值的参数值 $\hat{\theta}$ 为 θ 的极大似然估计，其中，$\varphi(x,\theta)$ 为总体 X 的分布密度函数。极大似然估计法的前提条件是总体 X 的分布类型已知。

如果 $\hat{\theta}$ 是未知参数 θ 的极大似然估计，则对 θ 的任一函数 $f(\theta)$，其极大似然估计为 $f(\hat{\theta})$。该性质也被称为极大似然估计的不变性。

例 2-2　设 X_1，X_2，…，X_n 为抽自总体 $X\sim N(\mu,\sigma^2)$ 的样本，其中 $\mu\in\mathbf{R}$，$\sigma>0$ 是未知参数，x_1，x_2，…，x_n 是样本的一组观测值，求参数 μ，σ^2 以及 σ 的极大似然估计。

解：X 的概率密度函数为 $f(x;\mu,\sigma^2)=\frac{1}{\sqrt{2\pi}\sigma}e^{-\frac{1}{2\sigma^2}(x-\mu)^2}$，似然函数为

$$L(\mu,\sigma^2)=\prod_{i=1}^{n}\frac{1}{\sqrt{2\pi}\sigma}e^{-\frac{1}{2\sigma^2}(x_i-\mu)^2}=\frac{1}{(2\pi\sigma^2)^{n/2}}e^{-\frac{1}{2\sigma^2}\sum_{i=1}^{n}(x_i-\mu)^2}$$

对数似然函数为 $\ln L(\mu,\sigma^2)=-\frac{n}{2}\ln 2\pi-\frac{n}{2}\ln\sigma^2-\frac{1}{2\sigma^2}\sum_{i=1}^{n}(x_i-\mu)^2$，对

μ，σ^2分别求导并令其为零，即得对数似然方程组为

$$\begin{cases}\dfrac{\partial \ln L}{\partial \mu} = \dfrac{1}{\sigma^2}\left(\sum\limits_{i=1}^{n} x_i - n\mu\right) = 0 \\ \dfrac{\partial \ln L}{\partial \sigma^2} = -\dfrac{n}{2\sigma^2} + \dfrac{1}{2(\sigma^2)^2}\sum\limits_{i=1}^{n}(x_i - \mu)^2 = 0\end{cases}$$

得μ，σ^2 的极大似然函数估计值分别为$\mu = \frac{1}{n}\sum_{i=1}^{n} x_i = \bar{x}$，$\sigma^2 = \frac{1}{n}\sum_{i=1}^{n}(x_i - \bar{x})^2 = s_n^2$。则$\mu$，$\sigma^2$ 的极大似然估计量分别为

$$\begin{cases}\mu = \dfrac{1}{n}\sum\limits_{i=1}^{n} X_i = \overline{X} \\ \sigma^2 = \dfrac{1}{n}\sum\limits_{i=1}^{n}(X_i - \overline{X})^2 = S_n^2\end{cases} \tag{2-2}$$

由极大似然估计的不变性，得σ 的极大似然估计为

$$\sigma = S_n = \sqrt{\frac{1}{n}\sum_{i=1}^{n}(X_i - \overline{X})^2}$$

2.3 点估计的优良性准则

2.3.1 无偏性

设$\hat{\theta} = \hat{\theta}(X_1, X_2, \cdots, X_n)$是$\theta$的一个估计，若有$E(\hat{\theta}) = \theta$，则称$\hat{\theta}$是$\theta$的无偏估计，否则称为有偏估计，$E(\hat{\theta}) - \theta$称为估计$\hat{\theta}$的偏差。

例 2-3 假设X是均值为μ、方差为σ^2 的随机变量，$(X_1, X_2, \cdots, X_n)$为由X代表的总体中所抽取的样本容量为n的随机样本。证明样本均值$\overline{X}$和样本方差S^2分别是μ和σ^2 的无偏估计。

证：因为$E(\overline{X}) = E\left(\frac{1}{n}\sum_{i=1}^{n} X_i\right) = \frac{1}{n}\sum_{i=1}^{n} E(X_i) = \mu$，故$\overline{X}$是$\mu$的无偏估计。又因为

$$\begin{aligned}E(S^2) &= E\left[\frac{1}{n-1}\sum_{i=1}^{n}(X_i - \overline{X})^2\right] = \frac{1}{n-1}E\left\{\sum_{i=1}^{n}[(X_i - \mu) - (\overline{X} - \mu)]^2\right\} \\ &= \frac{1}{n-1}E\left\{\sum_{i=1}^{n}(X_i - \mu)^2 - 2\sum_{i=1}^{n}(X_i - \mu)(\overline{X} - \mu) + n(\overline{X} - \mu)^2\right\} \\ &= \frac{1}{n-1}E\left[\sum_{i=1}^{n}(X_i - \mu)^2 - n(\overline{X} - \mu)^2\right]\end{aligned}$$

$$= \frac{1}{n-1}\left[\sum_{i=1}^{n} V(X_i) - nV(\overline{X})\right] = \frac{1}{n-1}(n\sigma^2 - \sigma^2) = \sigma^2$$

所以，S^2 是 σ^2 的无偏估计。

2.3.2　有效性

对于同一个未知参数，其无偏估计可能不止一个，因此不能仅根据无偏性来选择估计值。通常选择方差最小的估计，这就是有效性。

设$\hat{\theta}_1$，$\hat{\theta}_2$ 是参数 θ 的两个无偏估计，若对任意的样本容量 n 有方差 $V(\hat{\theta}_1) < V(\hat{\theta}_2)$，则称$\hat{\theta}_1$ 比$\hat{\theta}_2$ 有效。如果在 θ 的所有无偏估计中 $V(\hat{\theta}_1)$最小，则称$\hat{\theta}_1$ 为 θ 的有效估计量。

例 2-4　设 X_1，X_2，…，X_n 为取自某总体的样本，记总体均值为 μ，总体方差为 σ^2，可以证明$\hat{\mu}_1 = X_1$，$\hat{\mu}_2 = \overline{X}$都是 μ 的无偏估计，试比较两个估计值的有效性。

解：首先求得两个估计量的方差 $V(\hat{\mu}_1) = \sigma^2$，$V(\hat{\mu}_2) = \frac{\sigma^2}{n}$，显然只要 $n > 1$，$\hat{\mu}_2$ 就比$\hat{\mu}_1$ 有效。这表明，用全部样本数据的平均值来估计总体均值要比使用部分数据更为有效。

2.3.3　一致性

设$\hat{\theta}(X_1, X_2, \cdots, X_n)$为未知参数 θ 的估计量，若对任意给定的 $\varepsilon > 0$，均有

$$\lim_{n \to \infty} P\{|\hat{\theta} - \theta| < \varepsilon\} = 1 \tag{2-3}$$

则称$\hat{\theta}$为 θ 的一个一致估计量。可以证明，样本均值$\overline{X}$和样本方差 S^2 分别是 μ 和 σ^2 的一致估计量。

2.3.4　均方误差

在有些情况下，还可以用均方误差来评价一个估计量的好坏。设$\hat{\theta} = \hat{\theta}(X_1, X_2, \cdots, X_n)$是 θ 的一个估计，则$\hat{\theta}$的均方误差定义为

$$MSe(\hat{\theta}) = E(\hat{\theta} - \theta)^2 \tag{2-4}$$

这里均方误差还可以改写为

$$\begin{aligned} MSe(\hat{\theta}) &= E\{[\hat{\theta} - E(\hat{\theta})] + [E(\hat{\theta}) - \theta]\}^2 = E[\hat{\theta} - E(\hat{\theta})]^2 + [E(\hat{\theta}) - \theta]^2 \\ &\quad + 2E\{[\hat{\theta} - E(\hat{\theta})][E(\hat{\theta}) - \theta]\} \\ &= V(\hat{\theta}) + [E(\hat{\theta}) - \theta]^2 \end{aligned}$$

如果$\hat{\theta}$是 θ 的无偏估计，则 $MSe(\hat{\theta}) = V(\hat{\theta})$，此时用均方误差评价点估计与用方差是完全一样的。与此同时，均方误差还可以用来比较两个估计值之间的有效性。

2.4 假设检验

在很多研究领域中，决策者所面临的不仅是要找到未知参数的点估计，而且还要考虑是否接受对未知参数所作出的估计，这就是假设检验问题的来源。

2.4.1 统计假设

假设检验是先假设总体具有某种特征，然后根据来自总体的样本，建立统计量，对假设的正确性作出推断。这种判断包括总体的参数有无明显变化，或是否达到既定的要求，或两个总体的某个参数有无明显差异等。

例 2-5 某味精厂用一台包装机自动包装味精，成品的袋装味精的质量服从正态分布 $N(\mu, \sigma^2)$，当机器运行正常时，其成品装的均值为 $\mu = 0.5$kg。为保证产品质量，该厂每天都要对机器的运行情况作例行检查，以判断生产是否正常进行。某日开工后随机地抽取了 9 袋成品味精，并称得其质量（单位：kg）分别为

$$0.497, 0.506, 0.518, 0.524, 0.498, 0.511, 0.520, 0.515, 0.512$$

问：这台包装机的工作是否正常?

解：本问题研究的是包装机是否正常，即考虑 $\mu = 0.5$kg 是否仍成立，因此，可以进行假设：$H_0: \mu = 0.5$，$H_1: \mu \neq 0.5$，通常称 H_0 为原假设或零假设，而将当 H_0 被拒绝时而接受的假设 H_1 称为备择假设。则将问题转化为：假设 H_0 为真，当 H_0 为真时，则认为机器正常；否则，认为机器不正常。

综上所述，对于众多类型的假设检验问题，有两个共同的特点，即先要根据实际问题的要求提出（或建立）一个假设，称为统计假设；然后再根据样本提供的信息判断所提出的假设是否合理，从而对假设作出拒绝或接受的结论。假设是对某一研究总体或分布的说明，而不是对某一样本的说明。

2.4.2 假设检验的基本原理和基本步骤

假设检验的基本思想是概率性质反证法，它的理论根据是小概率事件原理。在假设检验中，接受 H_0 或拒绝 H_0 并不表示原假设 H_0 一定是正确或错误的，而只是根据样本所提供的信息以一定的概率认为原假设是正确或错误的。假设检验的基本步骤如下：

（1）提出原假设 H_0 和备择假设 H_1。如例 2-5 中的假设 $H_0: \mu = 0.5$，

$H_1:\mu \neq 0.5$所作的检验，称之为双侧检验。在这类检验中，备择假设 H_1 分散在原假设 H_0 的两侧。除了上述这种形式的假设检验，还有 $H_0:\mu \leqslant \mu_0$，$H_1:\mu > \mu_0$ 或 $H_0:\mu \geqslant \mu_0$，$H_1:\mu < \mu_0$，称类似于这种形式所作出的假设检验为单侧检验。

（2）选择适当的检验统计量。利用样本对原假设进行判断总是通过一个检验统计量来进行的。在例 2-5 中，要检验的假设是正态总体的均值μ，而$\overline{X}$又是μ的无偏估计，因此在方差已知的情况下，从观察$\overline{X}$入手是非常方便的。换句话说，样本均值$\overline{X}$就是一个很好的检验统计量。

由于样本的随机性，计算出来的样本均值会有许多不同的值。在例 2-5 中，根据样本的现有观测值得出来$0.48 \leqslant \overline{X} \leqslant 0.52$，在这种情况下，决策者很有可能不会拒绝原假设 $H_0:\mu = 0.5$；但如果得出来的结论是$\overline{X} < 0.48$ 或$\overline{X} > 0.52$ 时，则决策者的反应是拒绝原假设而接受备择假设 $H_1:\mu \neq 0.5$。因此，$\overline{X}$的值小于 0.48 和大于 0.52 构成了这个检验的拒绝域，定义拒绝域的边界 0.48 和 0.52 为临界值。拒绝域的形式一般是对 H_1 的结论的一个反映。

（3）选择检验中的显著性水平。采用上述的方法决策可能会导致两个错误的结论。在例 2-5 中，机器的运行可能是正常的，但是，由于检验的是随机抽取的样本，观察到的检验统计量的值$\overline{X}$有可能落入拒绝域，这样一来决策者就会拒绝原假设 H_0，接受备择假设 H_1，而事实上，H_0 是正确的。尽管原假设 H_0 正确，却由于所抽取样本的关系而被拒绝，这种类型的错误被称为第一类错误。在例 2-5 中，假设机器的运行实际上是不正常的，生产出来的袋装味精的平均质量不是 0.5kg，而所抽取的样本均值$\overline{X}$却没有落到拒绝域中。换言之，即原假设 H_0 是错误的，却没有被拒绝，这种类型的错误被称为第二类错误，假设检验的判断结果如表 2-1 所示。

表 2-1　假设检验的判断结果

判　断	总 体 情 况	
	H_0 为真	H_0 为假
没有拒绝 H_0	正确	犯第二类错误
拒绝 H_0	犯第一类错误	正确

记α为犯第一类错误的概率，即 $\alpha = P\{拒绝H_0 \mid H_0为真\}$；记$\beta$为犯第二类错误的概率，即 $\beta = P\{接受H_0 \mid H_0为假\}$，有时也称$\beta$为取伪概率。

在样本容量给定的条件下，α与β中一个减小必定导致另一个增大。若要使α与β同时变小，则必须增加所选择的样本容量 n。换言之，在样本容量一定的条件下不可能找到一个使α，β都小的检验。在这种情况下，通常采用的方法是控制犯第一类错误的概率α，将它的值作为假设检验中的显著性水平（significant level），α有时也被称为决策中的风险。

(4) 利用显著性水平和检验统计量确定拒绝域。在确定好所需要的显著性水平 α 后，通过检验统计量所服从的分布，可以推出检验的拒绝域的具体表达式。

(5) 作出判断，并给出结论。在有了明确的拒绝域的表达式后，根据所采集的样本观测值，决策者就可以作出相应的判断。把样本观测值代入到检验统计量中，若计算出来的值落入拒绝域中，则拒绝原假设 H_0 而接受备择假设 H_1；否则，就接受原假设 H_0。

2.5 方差已知的正态总体均值的推断

2.5.1 总体均值的假设检验

设 X_1，X_2，…，X_n 是来自正态总体 $N(\mu,\sigma^2)$ 且容量为 n 的样本，其中 σ^2 为已知。对于均值 μ 的检验有以下三种情况：（1）$H_0:\mu=\mu_0$，$H_1:\mu\neq\mu_0$；（2）$H_0:\mu\leqslant\mu_0$，$H_1:\mu>\mu_0$；（3）$H_0:\mu\geqslant\mu_0$，$H_1:\mu<\mu_0$。这里假定 μ_0 是已知的常数。

由于样本均值 $\overline{X}$ 为 μ 的无偏估计，且 $\overline{X}\sim N(\mu,\sigma^2/n)$，因此，对于上述检验问题 $H_0:\mu=\mu_0$，$H_1:\mu\neq\mu_0$，在 H_0 成立的情况下，采用的检验统计量 Z 及其分布为

$$Z=\frac{\overline{X}-\mu_0}{\sigma/\sqrt{n}}\sim N(0,1) \tag{2-5}$$

若显著性水平 α 给定，则通过标准正态分布表查到临界值 $z_{\alpha/2}$㊀，使得 $P\{|Z|\geqslant z_{\alpha/2}\}=\alpha$，此时，拒绝域 $W=\{|Z|\geqslant z_{\alpha/2}\}$，再计算检验统计量的观测值 Z_0，若 $|Z_0|<z_{\alpha/2}$，则接受 H_0，反之，则拒绝 H_0 而接受备择假设 H_1。由于该方法利用了服从标准正态分布的统计量 Z，故称其为 Z 检验法。同理，对于单侧检验问题 $H_0:\mu\leqslant\mu_0$，$H_1:\mu>\mu_0$，这里仍选用 Z 作为检验统计量，对给定的显著性水平 α，查正态分布表得临界值 z_α，使得 $P\{Z\geqslant z_\alpha\}=\alpha$，此时的拒绝域 $W=\{Z\geqslant z_\alpha\}$，再计算检验统计量的观测值 Z_0。若 $Z_0<z_\alpha$，则接受 H_0；反之，则拒绝 H_0 而接受 H_1。对另一个单侧检验问题 $H_0:\mu\geqslant\mu_0$，$H_1:\mu<\mu_0$，也可以类似地进行讨论。以 Z 作为检验统计量，对给定的显著性水平 α，查表得临界值 $z_{1-\alpha}$，使得 $P\{Z\leqslant z_{1-\alpha}\}=\alpha$，则其拒绝域为 $W=\{Z\leqslant z_{1-\alpha}\}$，再计算检验统计量的观测值 Z_0，若 $Z_0>z_{1-\alpha}$，则接受 H_0，反之，则拒绝 H_0 接受 H_1。

㊀ 本章所涉及的分位数都是上侧分位数 $\int_x^{+\infty}f(x)\,\mathrm{d}x=\alpha$。

例 2-6　某机床厂加工一种零件，根据经验知道，该厂加工的零件的椭圆度渐近服从正态分布，其总体均值为 0.081mm，总体标准差为 0.025mm。今另换一种新机床进行加工，取 200 个零件进行检验，得到椭圆度均值为 0.076mm。试问新机床加工零件的椭圆度总体均值与以前有无显著差别（已检定新机床的总体标准差为 0.025mm）。

解：首先建立假设：$H_0: \mu = 0.081$，$H_1: \mu \neq 0.081$；其次，确定适当的统计量

$$Z = \frac{\overline{X} - \mu_0}{\sigma / \sqrt{n}}$$

规定显著性水平为 $\alpha = 0.05$，确定拒绝域：查标准正态分布得 $z_{\alpha/2} = z_{0.025} = 1.96$，拒绝域为 $W = \{|Z| > 1.96\}$；计算检验统计量的观测值，得到

$$Z_0 = \frac{\overline{X} - \mu_0}{\sigma / \sqrt{n}} = \frac{0.076 - 0.081}{0.025 / \sqrt{200}} = -2.83$$

判断：由于 $Z_0 = -2.83 < -1.96$，即 Z 落在拒绝域内，所以拒绝 H_0，接受 H_1，即认为 $\mu \neq 0.081$，新机床加工零件的椭圆度总体均值与以前有显著差别。

Minitab 软件分析：

选择命令 Stat→Basic Statistics→1Z，打开 1-Sample Z（Test and Confidence Interval）对话框，在 Sample size 和 Mean 中输入 200 和 0.076，在 Standard deviation 中输入 0.025，Test mean 中输入 0.081，Option 对话框中“Confidence level”设为 95.0，“Alternative”选为“not equal”，运行可得：

One-Sample Z

Test of mu = 0.081 vs not = 0.081

The assumed standard deviation = 0.025

N	Mean	SE Mean	95% CI	Z	P
200	0.076000	0.001768	(0.072535, 0.079465)	-2.83	0.005

P = 0.005 < 0.05，落在拒绝域内，故拒绝 H_0。

2.5.2　检验的 *P*-值

在对实际问题的假设检验中，所得出的结论通常被叙述为：在给定的显著性水平下，要么接受原假设，要么拒绝原假设而接受备择假设。如例 2-6 中，可以认为在显著性水平 $\alpha = 0.05$ 下拒绝了原假设。

事实上，这种叙述结论的方法对于很多决策者而言显得过于粗略，原因在于

决策者从这种叙述中无法判断其显著性水平（或者拒绝域）的选取是否合理。例如，对于同一个假设检验问题，若选择显著性水平 $\alpha=0.05$ 时，则得出的结论是拒绝原假设；而选择 $\alpha=0.01$ 时，则结论就有可能变成了接受原假设。这种情况的产生是因为显著性水平变小后会导致检验的拒绝域变小，于是原来落在拒绝域中的观测值就可能落在接受域。不难想象，这种情况在实际应用中必然会给决策者的判断带来麻烦。因此，为了避免由显著性水平的选取所带来的风险，决策人员往往采取 P-值检验方法。所谓 P-值就是拒绝原假设所需的最低显著性水平。P-值判断的原则是：如果 P-值小于给定的显著性水平 α，则拒绝原假设；否则，接受原假设。或者更直观来说就是：如果 P-值很小，则拒绝原假设；如果 P-值很大，则接受原假设。P-值的应用非常广泛。在解决实际问题时，多数决策者利用常规统计软件就可以计算出检验的 P-值。

2.5.3　总体均值的置信区间

在很多实际问题中，通过点估计所获取的参数信息是有限的。例如，在例2-6中，结论是拒绝了原假设 $H_0:\mu=0.081\text{mm}$，即新的总体均值与原总体均值之间有显著差异。事实上，尽管通过样本观测值所获得的新总体均值的点估计为 $\overline{X}=0.076\text{mm}$，但这并不能说明新总体的均值就一定是 0.076mm。因此，为了使得到的参数估计更有说服力，决策者希望有一个能包含真正均值的区间，而实现这个目的的方法之一就是被称为置信区间的区间估计。

设 θ 为总体分布的一个未知参数，X_1，X_2，…，X_n 为总体的一个样本，由样本确定两个统计量 $\theta_1(X_1,X_2,\cdots,X_n)$，$\theta_2(X_1,X_2,\cdots,X_n)$，对给定的 α $(0<\alpha<1)$满足

$$P\{\theta_1 < \theta < \theta_2\} = 1-\alpha \tag{2-6}$$

则称随机区间(θ_1,θ_2)为 θ 的置信水平为 $1-\alpha$ 的置信区间。θ_1 和 θ_2 分别称为置信下限和置信上限，$1-\alpha$ 称为置信水平，即未知参数 θ 以 $1-\alpha$ 的概率落在随机区间(θ_1,θ_2)内。置信区间的大小表达了区间估计的精确性，置信水平表达了区间估计的可靠性，而显著性水平 α 表达了区间估计的不可靠概率。

例如，取 $\alpha=0.05$，则(θ_1,θ_2)是置信水平为 0.95 的置信区间。由于随机区间(θ_1,θ_2)会随样本观察值的不同而不同，它有时包含了参数 θ，有时没有包含参数 θ，但是用这种方法作参数的区间估计时，包含参数 θ 的可靠性达到 95%。

以上讨论所给出的置信区间形式(θ_1,θ_2)，属于双侧置信区间。然而在某些实际问题的解决过程中，对有些未知参数的估计所采用的置信区间为$(\theta_1,+\infty)$或$(-\infty,\theta_2)$的形式。例如，对产品平均寿命的估计，从决策者的角度来看，当然希望平均寿命越长越好，因此，这里决策者所关心的只是平均寿命的置信下

限，此时，置信区间可采用$(\theta_1, +\infty)$的形式。再例如，对某产品次品率的估计，其置信区间可采用$(-\infty, \theta_2)$的形式，换言之，决策者希望次品率越小越好，次品率的值反映了该产品的质量。

置信区间$(\theta_1, +\infty)$和$(-\infty, \theta_2)$统称为单侧置信区间。若θ的置信水平为$1-\alpha$的置信区间为$(\theta_1, +\infty)$，则有$P\{\theta > \theta_1\} = 1-\alpha$；同理，若置信区间为$(-\infty, \theta_2)$，则有$P\{\theta < \theta_2\} = 1-\alpha$。不管是单侧置信区间还是双侧置信区间，其选择均由实际问题来决定。

对于方差已知的正态总体的均值μ，由于$\overline{X} = \frac{1}{n}\sum_{i=1}^{n} X_i$是$\mu$的无偏估计，因此有$\overline{X} \sim N\left(\mu, \frac{\sigma^2}{n}\right)$，$Z = \frac{(\overline{X}-\mu)\sqrt{n}}{\sigma} \sim N(0,1)$。给定$\alpha(0<\alpha<1)$，采用标准正态分布的上侧分位数$z_{\alpha/2}$有$P\{|Z| \geqslant z_{\alpha/2}\} = P\left\{\left|\frac{(\overline{X}-\mu)\sqrt{n}}{\sigma}\right| \geqslant z_{\alpha/2}\right\} = \alpha$，亦等价于$P\left\{\overline{X} - \frac{\sigma}{\sqrt{n}} z_{\alpha/2} < \mu < \overline{X} + \frac{\sigma}{\sqrt{n}} z_{\alpha/2}\right\} = 1-\alpha$（见图2-1），故在方差已知的情况下，正态总体均值μ的置信水平为$1-\alpha$的双侧置信区间可记为

$$\left(\overline{X} - \frac{\sigma}{\sqrt{n}} z_{\alpha/2}, \overline{X} + \frac{\sigma}{\sqrt{n}} z_{\alpha/2}\right) \tag{2-7}$$

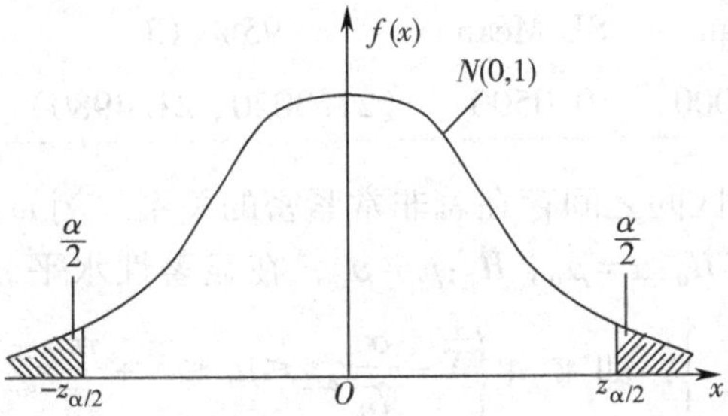

图2-1　总体方差σ^2已知的区间估计示意图

同理，由$P\left\{\mu < \overline{X} + \frac{\sigma}{\sqrt{n}} z_\alpha\right\} = 1-\alpha$和$P\left\{\overline{X} - \frac{\sigma}{\sqrt{n}} z_\alpha < \mu\right\} = 1-\alpha$可推出均值$\mu$的置信水平为$1-\alpha$的两个单侧置信区间分别为$\left(-\infty, \overline{X} + z_\alpha \frac{\sigma}{\sqrt{n}}\right)$和$\left(\overline{X} - z_\alpha \frac{\sigma}{\sqrt{n}}, +\infty\right)$。

例 2-7 某种零件的长度服从正态分布，现从该批零件中随机抽取 9 件，测得其平均长度为 21.4mm。已知总体标准差 $\sigma=0.15$mm，建立该种零件平均长度的置信区间，给定的置信水平为 0.95。

解：根据题意，零件长度 $X\sim N(\mu,0.15^2)$，已知 $\overline{X}=21.4$mm，$n=9$，$\alpha=0.05$，可查标准正态分布表得 $z_{\alpha/2}=z_{0.025}=1.96$。由于已知 $\sigma=0.15$，故 μ 的置信水平为 0.95 的置信区间为

$$\left(\overline{X}-\frac{\sigma}{\sqrt{n}}z_{\alpha/2},\overline{X}+\frac{\sigma}{\sqrt{n}}z_{\alpha/2}\right)=\left(21.4-1.96\times\frac{0.15}{\sqrt{9}},21.4+1.96\times\frac{0.15}{\sqrt{9}}\right)$$
$$=(21.302,21.498)$$

即判断这种零件的平均长度在（21.302，21.498）之间的可信度为 95%。

Minitab 软件分析：

选择命令 Stat→Basic Statistics→1Z，打开 1-Sample Z（Test and Confidence Interval）对话框，在 Sample size 和 Mean 中输入 9 和 21.4，Standard deviation 输入 0.15，Test mean 输入 21.4，Option 对话框中“Confidence level”设为 95.0，“Alternative”选为“not equal”，运行可得：

One-Sample Z

Test of mu = 21.4 vs not = 21.4

The assumed standard deviation = 0.15

N	Mean	SE Mean	95% CI	Z	P
9	21.4000	0.0500	(21.3020, 21.4980)	0.00	1.000

假设检验和置信区间之间存在着非常紧密的关系。例如，对于方差已知的正态均值 μ 的检验问题 $H_0:\mu=\mu_0$，$H_1:\mu\neq\mu_0$，在显著性水平 α 下，检验的接受域为 $W=\left\{\left|\dfrac{\overline{X}-\mu_0}{\sigma/\sqrt{n}}\right|\leqslant z_{\alpha/2}\right\}$，即 $W=\left\{\overline{X}-\dfrac{\sigma}{\sqrt{n}}z_{\alpha/2}\leqslant\mu_0\leqslant\overline{X}+\dfrac{\sigma}{\sqrt{n}}z_{\alpha/2}\right\}$，这表明，如果接受原假设 H_0，则 μ_0 的值介于 $\overline{X}-\dfrac{\sigma}{\sqrt{n}}z_{\alpha/2}$ 和 $\overline{X}+\dfrac{\sigma}{\sqrt{n}}z_{\alpha/2}$ 之间的概率为 $1-\alpha$，而 $\left(\overline{X}-\dfrac{\sigma}{\sqrt{n}}z_{\alpha/2},\overline{X}+\dfrac{\sigma}{\sqrt{n}}z_{\alpha/2}\right)$ 正好是 μ 的置信水平为 $1-\alpha$ 的置信区间；反之，若 μ_0 的值没有落在这个置信区间内，则可以这样判断：在显著性水平 α 下，拒绝原假设 H_0。

2.6 方差未知的正态总体均值的推断

2.6.1 总体均值的假设检验

设 X_1，X_2，…，X_n 是来自正态总体 $N(\mu,\sigma^2)$ 且容量为 n 的样本，其中 σ^2 未知。对检验问题 $H_0:\mu=\mu_0$，$H_1:\mu\neq\mu_0$，由于 σ 未知，$Z=\dfrac{\overline{X}-\mu_0}{\sigma/\sqrt{n}}$给出的检验统计量含未知参数 σ 而无法计算，因此，在方差未知的情况下对总体均值的检验就不能用 Z 检验法。为了得到一个不含未知参数的检验统计量，决策者通常会使用总体方差的无偏估计量，即用样本方差 S^2 来代替未知的 σ^2，于是得到 t 检验统计量。由$\dfrac{\overline{X}-\mu}{\sigma/\sqrt{n}}\sim N(0,1)$，$\dfrac{(n-1)S^2}{\sigma^2}\sim\chi^2(n-1)$，根据 t 统计量的定义，可得到

$$T=\frac{\dfrac{\overline{X}-\mu}{\sigma/\sqrt{n}}}{\sqrt{\dfrac{(n-1)S^2}{(n-1)\sigma^2}}}=\frac{\overline{X}-\mu}{S/\sqrt{n}}\sim t(n-1) \tag{2-8}$$

因此，当 H_0 为真时，有 $T=\dfrac{\overline{X}-\mu_0}{S/\sqrt{n}}\sim t(n-1)$，故在给定的显著性水平 α 下，对检验问题 $H_0:\mu=\mu_0$，$H_1:\mu\neq\mu_0$，其拒绝域为

$$W=\{|T|\geqslant t_{\alpha/2}(n-1)\} \tag{2-9}$$

同理，对单侧检验问题 $H_0:\mu\geqslant\mu_0$，$H_1:\mu<\mu_0$ 和 $H_0:\mu\leqslant\mu_0$，$H_1:\mu>\mu_0$，其拒绝域分别为 $W=\{T\leqslant t_{1-\alpha}(n-1)\}$ 和 $W=\{T\geqslant t_{\alpha}(n-1)\}$。利用 t 检验统计量对正态总体均值进行假设检验的方法称为 t 检验法。

例 2-8 某厂采用自动包装机分装产品，假定每包产品的质量服从正态分布，每包标准质量为 1000g。某日随机抽查 9 包，测得样本平均质量为 986g，样本标准差为 24g。试问在 $\alpha=0.05$ 的显著性水平下，能否认为这天自动包装机工作正常？

解：首先，作如下的假设：$H_0:\mu=1000$，$H_1:\mu\neq1000$，由 $\alpha=0.05$，查 t 分布表可得 $t_{\alpha/2}(n-1)=t_{0.025}(8)=2.306$，$T=\dfrac{\overline{X}-\mu_0}{S/\sqrt{n}}=\dfrac{986-1000}{24/\sqrt{9}}=-1.75>-2.306$，所以在 $\alpha=0.05$ 的水平下接受 H_0，表明这天自动包装机工作正常。

Minitab 软件分析：

选择命令 Stat→Basic Statistics→1t，打开 1-Sample t（Test and Confidence Interval）对话框，在 Summarized data 中的 Sample size 和 Mean 以及 Standard deviation 中依次输入 9，986 和 24，在 Test mean 中输入 1000，Option 对话框中 "Confidence level" 设为 95.0，"Alternative" 选为 "not equal"，运行可得：

One-Sample T

Test of mu = 1000 vs not = 1000

N	Mean	StDev	SE Mean	95% CI	T	P
9	986.000	24.000	8.000	(967.552，1004.448)	-1.75	0.118

P =0.118 >0.05，落在接受域内，故接受原假设 H_0。

例 2-9 某个汽车制造商声称，某一等级的轮胎的平均寿命在一定的汽车重量和正常行驶条件下大于 40000km，对一个由 120 个样品组成的随机样本进行试验，测得平均值和标准差为 $\overline{X}=41000\text{km}$，$S=5000\text{km}$。已知轮胎寿命的千米数服从正态分布。能否根据这些数据得出该制造商的产品同他所说的标准相符的结论？（$\alpha=0.05$）

解：首先建立假设：$H_0:\mu\leqslant 40000$，$H_1:\mu>40000$，这是一个单侧检验问题，总体方差未知，用 t 统计量进行计算，得到

$$T=\frac{\overline{X}-\mu_0}{S/\sqrt{n}}=\frac{41000-40000}{5000/\sqrt{120}}=2.19$$

由 $\alpha=0.05$，查 t 分布表得 $t_\alpha(n-1)=t_\alpha(119)=1.658$。又因为 $T>t_\alpha(n-1)$，故在 $\alpha=0.05$ 的水平下拒绝 H_0，即可以认为该制造商的声称是可信的。

2.6.2 总体均值的置信区间

当总体 $X\sim N(\mu,\sigma^2)$ 时，在方差 σ^2 未知的情况下，利用 t 检验法还可以求出总体均值的置信区间。由于 $T=\dfrac{\overline{X}-\mu}{S/\sqrt{n}}\sim t(n-1)$，则对给定的 $\alpha(0<\alpha<1)$，查 t 分布表，可得 $t(n-1)$ 分布的上侧分位数 $t_{\alpha/2}(n-1)$，使得 $P\{|T|<t_{\alpha/2}(n-1)\}=1-\alpha$，即 $P\left\{\left|\dfrac{\overline{X}-\mu}{S/\sqrt{n}}\right|<t_{\alpha/2}(n-1)\right\}=1-\alpha$，可以转化为

$$P\left\{\overline{X}-\frac{S}{\sqrt{n}}t_{\alpha/2}(n-1),\overline{X}+\frac{S}{\sqrt{n}}t_{\alpha/2}(n-1)\right\}=1-\alpha$$

在方差未知的情况下，正态总体均值 μ 的置信水平为 $1-\alpha$ 的双侧置信区间为

$$\left(\overline{X}-\frac{S}{\sqrt{n}}t_{\alpha/2}(n-1),\overline{X}+\frac{S}{\sqrt{n}}t_{\alpha/2}(n-1)\right) \tag{2-10}$$

同理，μ 的置信水平为 $1-\alpha$ 的两个单侧置信区间可分别记为 $\left(-\infty,\overline{X}+\frac{S}{\sqrt{n}}t_{\alpha}(n-1)\right)$和$\left(\overline{X}-\frac{S}{\sqrt{n}}t_{\alpha}(n-1),+\infty\right)$。

例 2-10 某企业生产的滚珠直径服从正态分布 $N(\mu,\sigma^2)$，现从产品中随机抽取 6 颗检测，测得它们的直径（单位：mm）如下：1.46，1.51，1.49，1.48，1.52，1.51。试求 μ 的置信水平为 95% 的置信区间。

解：根据所提供的样本数据，计算可得$\overline{X}=1.495$，$S=0.0226$，查 t 分布表得 $t_{\alpha/2}(n-1)=t_{0.025}(5)=2.57058$，$\left(\overline{X}-\frac{S}{\sqrt{n}}t_{\alpha/2}(n-1),\overline{X}+\frac{S}{\sqrt{n}}t_{\alpha/2}(n-1)\right)=(1.4713,1.5187)$。

即滚珠平均直径 μ 的置信水平为 95% 的置信区间为（1.4713，1.5187）。

Minitab 软件分析：

选择命令 Stat→Basic Statistics→1t，打开 1-Sample t（Test and Confidence Interval）对话框，在 Sample size 和 Mean 中输入 6 和 1.495，Standard deviation 输入 0.0226，Test mean 输入 1.495，Option 对话框中“Confidence level”设为 95.0，“Alternative”选为“not equal”，运行可得：

One-Sample T

Test of mu = 1.495 vs not = 1.495

N	Mean	StDev	SE Mean	95% CI	T	P
6	1.49500	0.02260	0.00923	(1.47128, 1.51872)	0.00	1.000

2.7 正态总体方差的推断

2.7.1 总体方差的假设检验

设 X_1，X_2，…，X_n 是来自正态总体 $N(\mu,\sigma^2)$ 的样本，对方差 σ^2 的假设检验有以下三种：（1）$H_0:\sigma^2=\sigma_0^2$，$H_1:\sigma^2\neq\sigma_0^2$；（2）$H_0:\sigma^2\leqslant\sigma_0^2$，$H_1:\sigma^2>\sigma_0^2$；（3）$H_0:\sigma^2\geqslant\sigma_0^2$，$H_1:\sigma^2<\sigma_0^2$。对以上的一个双侧检验和两个单侧检验，无论均值 μ 是否已知，都可采用检验统计量$\chi^2=\frac{(n-1)S^2}{\sigma_0^2}$，由于$\frac{(n-1)S^2}{\sigma^2}\sim\chi^2(n-1)$，因此当 $\sigma^2=\sigma_0^2$ 时，则有$\chi^2\sim\chi^2(n-1)$。故在给定的显著性水平 $\alpha(0<\alpha<1)$下，

以上三个检验问题的拒绝域分别记为

$$
\begin{aligned}
W &= \{\chi^2 \leqslant \chi^2_{1-\alpha/2}(n-1)\} \text{ 或 } \{\chi^2 \geqslant \chi^2_{\alpha/2}(n-1)\} \\
W &= \{\chi^2 \geqslant \chi^2_{\alpha}(n-1)\} \\
W &= \{\chi^2 \leqslant \chi^2_{1-\alpha}(n-1)\}
\end{aligned}
\tag{2-11}
$$

例 2-11 啤酒生产企业采用自动生产线灌装啤酒，每瓶的装填量为 640ml，但由于受某些不可控因素的影响，每瓶的装填量会有差异。此时，不仅每瓶的平均装填量很重要，装填量的方差同样很重要。如果方差很大，会出现装填量太多或太少的情况，这样要么生产企业不划算，要么消费者不满意。假定生产标准规定每瓶装填量的标准差不应超过和不应低于 4ml。企业质检部门抽取了 10 瓶啤酒进行检验，得到的样本标准差为 $S=3.8$ml。试以 $\alpha=0.10$ 的显著性水平检验装填量的标准差是否符合要求。

解：首先建立假设：$H_0:\sigma^2=4^2$，$H_1:\sigma^2\neq 4^2$。因为 $\alpha=0.10$，$n=10$，经查 χ^2 分布表可知 $\chi^2_{0.05}(9)=16.9190$，$\chi^2_{0.95}(9)=3.3251$。

所以 $\chi^2=\dfrac{(10-1)\times 3.8^2}{4^2}=8.1225\in(3.3251,16.9190)$，故接受 H_0，认为装填量的标准差符合要求。

2.7.2 总体方差的置信区间

因为 $\chi^2=\dfrac{(n-1)S^2}{\sigma^2}\sim\chi^2(n-1)$，所以在给定的 $\alpha(0<\alpha<1)$ 下，以 χ^2 分布的两个分位数 $\chi^2_{\alpha/2}(n-1)$，$\chi^2_{1-\alpha/2}(n-1)$ 作为端点值，使它们满足

$$P\{\chi^2_{1-\alpha/2}(n-1)<\chi^2<\chi^2_{\alpha/2}(n-1)\}=1-\alpha$$

由此推出正态总体方差 σ^2 的置信水平为 $1-\alpha$ 的双侧置信区间为

$$\left(\frac{(n-1)S^2}{\chi^2_{\alpha/2}(n-1)},\quad \frac{(n-1)S^2}{\chi^2_{1-\alpha/2}(n-1)}\right) \tag{2-12}$$

同理，σ^2 的置信水平为 $1-\alpha$ 的两个单侧置信区间可分别记为 $\left(0,\dfrac{(n-1)S^2}{\chi^2_{1-\alpha}(n-1)}\right)$ 和 $\left(\dfrac{(n-1)S^2}{\chi^2_{\alpha}(n-1)},+\infty\right)$。

例 2-12 从自动车床加工的一批零件中随机地抽取 16 个零件，测得各零件的长度如下（单位：cm）：2.15，2.10，2.12，2.10，2.14，2.11，2.15，2.13，2.11，2.14，2.13，2.12，2.13，2.10，2.14，2.13。假设零件的长度服从正态分布，试求零件长度标准差的置信水平为 0.95 的置信区间。

解：根据题意，样本容量 $n=16$，$\alpha=0.05$，查 χ^2 分布表得

$$\chi^2_{\alpha/2}(n-1)=\chi^2_{0.025}(15)=27.488,\quad \chi^2_{1-\alpha/2}(n-1)=\chi^2_{0.975}(15)=6.262$$

样本均值和样本方差分别为

$$\overline{X}=\frac{1}{n}\sum_{i=1}^{n}X_i=2.125,S^2=\frac{1}{n-1}\sum_{i=1}^{n}(X_i-\overline{X})^2=0.000293$$

故零件长度标准差的置信水平为0.95的置信区间为

$$\left(\sqrt{\frac{(n-1)S^2}{\chi^2_{\alpha/2}(n-1)}},\sqrt{\frac{(n-1)S^2}{\chi^2_{1-\alpha/2}(n-1)}}\right)=\left(\frac{\sqrt{15}\times\sqrt{0.000293}}{\sqrt{27.488}},\frac{\sqrt{15}\times\sqrt{0.000293}}{\sqrt{6.262}}\right)$$

$$=(0.0127,0.0265)$$

Minitab 软件分析：

在窗口的C1列依次输入样本数据，选择命令 Stat→Basic Statistics→Graphical Summary，在打开的框中 Variables 选项中点击 C1，Select，点击 OK，Confidence level 设为95.0，点击 OK，运行结果如图2-2所示。

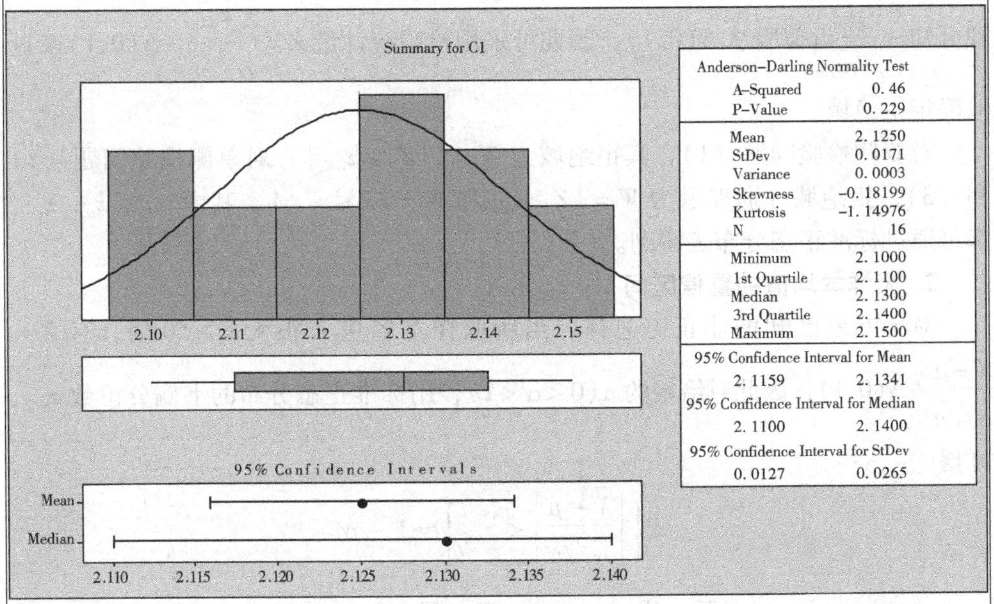

图2-2 Minitab运行结果

从图2-2可以看到95% Confidence Interval For StDev 即为零件长度标准差的置信水平为0.95的置信区间。

2.8 非正态总体参数的推断

2.8.1 方差已知的大样本均值的推断

1. 大样本均值的假设检验

假设总体 X 服从非正态分布，则由于抽样分布不易确定，使得对该总体分布中的未知参数的推断变得有些困难。但如果所取样本的容量 n 很大($n \geqslant 50$)时，则可以利用中心极限定理来解决该问题。

设 X_1，X_2，…，X_n 为总体 X 的一个样本，均值 $E(X)=\mu$ 未知，方差 $V(X)=\sigma^2$ 已知。当显著性水平 $\alpha(0<\alpha<1)$ 给定时，对均值 μ 考虑如下三类假设检验问题：(1) $H_0:\mu=\mu_0$，$H_1:\mu\neq\mu_0$；(2) $H_0:\mu\leqslant\mu_0$，$H_1:\mu>\mu_0$；(3) $H_0:\mu\geqslant\mu_0$，$H_1:\mu<\mu_0$。若 X 不服从正态分布，则当 n 充分大($n\geqslant 50$)时，由中心极限定理可知 $\dfrac{\overline{X}-\mu_0}{\sigma/\sqrt{n}}$ 近似服从 $N(0,1)$，因此可采用检验统计量 $Z=\dfrac{\overline{X}-\mu_0}{\sigma/\sqrt{n}}\sim N(0,1)$ 来近似确定拒绝域。

对双侧检验问题 (1)，其拒绝域为 $W=\{|Z|\geqslant z_{\alpha/2}\}$；对单侧检验问题 (2) 和 (3)，拒绝域分别表示为 $W=\{Z\geqslant z_{\alpha}\}$ 和 $W=\{Z\leqslant z_{1-\alpha}\}$，其中 $z_{\alpha/2}$，z_{α}，$z_{1-\alpha}$ 都可通过标准正态分布表得到。

2. 大样本均值的置信区间

对于方差已知的非正态总体，当所取样本容量 n 很大 $n\geqslant 50$ 时，有 $Z=\dfrac{\overline{X}-\mu}{\sigma/\sqrt{n}}\dot{\sim} N(0,1)$，因此对给定的 $\alpha(0<\alpha<1)$，用标准正态分布的上侧分位数 $z_{\alpha/2}$，可得

$$P\left\{\left|\frac{\overline{X}-\mu}{\sigma/\sqrt{n}}\right|<z_{\alpha/2}\right\}\approx 1-\alpha$$

上式可以转化为 $$P\left\{\overline{X}-\frac{\sigma}{\sqrt{n}}z_{\alpha/2}<\mu<\overline{X}+\frac{\sigma}{\sqrt{n}}z_{\alpha/2}\right\}\approx 1-\alpha$$

故对于非正态总体，当取的样本的容量 n 满足 $n\geqslant 50$ 时，其均值 μ 的置信水平为 $1-\alpha$ 的双侧置信区间为

$$\left(\overline{X}-\frac{\sigma}{\sqrt{n}}z_{\alpha/2},\quad \overline{X}+\frac{\sigma}{\sqrt{n}}z_{\alpha/2}\right) \tag{2-13}$$

同理，还可以推出 μ 的两个置信水平为 $1-\alpha$ 的单侧置信区间为

$\left(-\infty, \overline{X}+\frac{\sigma}{\sqrt{n}}z_{\alpha}\right)$和$\left(\overline{X}-\frac{\sigma}{\sqrt{n}}z_{\alpha}, +\infty\right)$。

例 2-13　某电子厂商制造出来的灯泡，其寿命的标准差为 40h。现取 100 个灯泡为一随机样本，其平均寿命为 780h，求该厂商所生产灯泡的总体的平均寿命 μ 的置信水平为 99% 的置信区间。

解：设灯泡寿命为随机变量 X，由题意 $\sigma=40\text{h}$，$\overline{X}=780\text{h}$，选取检验统计量 $Z=\dfrac{\overline{X}-\mu}{\sigma/\sqrt{n}}$。由中心极限定理知，$Z$ 近似服从 $N(0,1)$。$n=100$，$\alpha=0.01$，查标准正态分布表可得 $z_{\alpha/2}=z_{0.005}=2.575$。因此，总体平均寿命 μ 的置信水平为 99% 的置信区间为

$$\left(\overline{X}-\frac{\sigma}{\sqrt{n}}z_{\alpha/2}, \overline{X}+\frac{\sigma}{\sqrt{n}}z_{\alpha/2}\right)=\left(780-2.575\times\frac{40}{10}, 780+2.575\times\frac{40}{10}\right)$$
$$=(769.7, 790.3)$$

Minitab 软件分析：

选择命令 Stat→Basic Statistics→1Z，打开 1-Sample Z（Test and Confidence Interval）对话框，在 Summarized data 中的 Sample size 和 Mean 以及 Standard deviation 中依次输入 100，780 和 40，在 Test mean 输入 780，Option 对话框中"Confidence level"设为 99.0，"Alternative"选为"not equal"，运行可得：

One-Sample Z

Test of mu = 780 vs not = 780

The assumed standard deviation = 40

N	Mean	SE Mean	99% CI	Z	P
100	780.000	4.000	(769.697, 790.303)	0.00	1.000

2.8.2　方差未知的大样本均值的推断

1. 大样本均值的假设检验

前面的讨论给出了非正态总体均值在 σ^2 已知时的推断，但是在实际问题中，总体方差 σ^2 往往是未知的。假设 X_1，X_2，…，X_n 为总体 X 的一个样本，均值 $E(X)=\mu$ 和 $V(X)=\sigma^2$ 都未知。已知 X 不是正态总体，则当 n 充分大（$n\geqslant 50$）时，由中心极限定理可知，$\overline{X}$ 近似服从正态分布 $N(\mu,\sigma^2/n)$，故有

$$\frac{\overline{X}-\mu}{\sigma/\sqrt{n}} \sim N(0,1)$$

若 σ 未知，则当 n 充分大时，σ 可用样本标准差 S 近似，即在 n 充分大

（$n \geqslant 50$）时，有$\dfrac{\overline{X}-\mu}{S/\sqrt{n}} \sim N(0,1)$，则对于以下三类检验问题可以直接选取 $Z = \dfrac{\overline{X}-\mu_0}{S/\sqrt{n}}$作为检验统计量，相应的拒绝域可参照 2.8.1 中的大样本均值的假设检验。这三类问题为(1) $H_0:\mu=\mu_0$，$H_1:\mu \neq \mu_0$；（2）$H_0:\mu \leqslant \mu_0$，$H_1:\mu > \mu_0$；（3）$H_0:\mu \geqslant \mu_0$，$H_1:\mu < \mu_0$。

2. 大样本均值的置信区间

与上面的分析结果类似，当样本容量 $n \geqslant 50$ 时，在方差未知的情况下，非正态总体均值 μ 的置信水平为 $1-\alpha$ 的双侧置信区间可记作

$$\left(\overline{X}-\frac{S}{\sqrt{n}}z_{\alpha/2},\overline{X}+\frac{S}{\sqrt{n}}z_{\alpha/2}\right) \tag{2-14}$$

单侧置信区间可记作$\left(-\infty,\overline{X}+\dfrac{S}{\sqrt{n}}z_\alpha\right)$和$\left(\overline{X}-\dfrac{S}{\sqrt{n}}z_\alpha,+\infty\right)$。

例 2-14 取 50 个大学生为随机样本，其平均身高为 174.5cm，样本标准差为 6.9cm，求所有大学生平均身高的置信水平为 95% 的置信区间。

解：设所有大学生的身高为 X，X 是非正态分布，且 σ^2 未知，$n=50$。已知 $\alpha=0.05$，查标准正态分布表可得 $z_{\alpha/2}=z_{0.025}=1.96$。又因为$\overline{X}=174.5\text{cm}$，$S=6.9\text{cm}$，因此，所有大学生平均身高 μ 的置信水平为 95% 的置信区间为

$$\left(\overline{X}-\frac{S}{\sqrt{n}}z_{\alpha/2},\overline{X}+\frac{S}{\sqrt{n}}z_{\alpha/2}\right)=\left(174.5-1.96\times\frac{6.9}{\sqrt{50}},174.5+1.96\times\frac{6.9}{\sqrt{50}}\right)$$
$$=(172.5874,176.4126)$$

Minitab 软件分析：

选择命令 Stat→Basic Statistics→1Z，打开 1-Sample Z（Test and Confidence Interval）对话框，在 Summarized data 中的 Sample size 和 Mean 以及 Standard deviation 中依次输入 50，174.5 和 6.9，在 Test mean 输入 174.5，Option 对话框中"Confidence level"设为 95.0，"Alternative"选为"not equal"，运行可得：

One-Sample Z

Test of mu = 174.5 vs not = 174.5

The assumed standard deviation = 6.9

N	Mean	SE Mean	95% CI	Z	P
50	174.500	0.976	(172.587, 176.413)	0.00	1.000

2.9　样本容量的确定

在统计的实际应用中，很多决策者都会遇到精度的问题，而样本容量的大小决定着精度的高低。如果希望估计值与真实值之间的误差或估计的精度在置信水平 $1-\alpha$ 下不超过某一数值 B（允许误差），则可从式（2-13）、式（2-15）中确定样本容量 n。令 $z_{\alpha/2}\dfrac{\sigma}{\sqrt{n}}=B$，解得

$$n=\left(\frac{\sigma}{B}z_{\alpha/2}\right)^2 \tag{2-15}$$

因此，只要知道 $z_{\alpha/2}$，标准差 σ 和允许误差 B，就可算出样本容量 n。如果算出的 n 不是整数，就取大于该数的最小整数即可。由确定样本容量的公式可发现几个量之间的一些关系：总体方差越大，必要的样本容量 n 越大；样本容量 n 反比例于允许误差 B。即在给定的置信水平下，允许误差越大，样本容量就可以越小；允许误差越小，即精度要求越高，则样本容量就必须加大；样本容量 n 与正态分布分位数 $z_{\alpha/2}$（也称可靠系数）成正比。即要求的可靠程度越高，样本容量就应越大；如果要求的可靠程度较低，样本容量就可以小些。

例 2-15　某公司想估计某类商场去年所花的广告费平均有多少。经验表明，总体方差约为 1800000 元。如果置信水平取 95%，并要使估计值处在总体平均值附近 500 元的范围内，这家广告公司至少应取多大的样本？

解：根据题意，已知 $\sigma^2=1800000$，$\alpha=0.05$，$z_{\alpha/2}=1.96$，$B=500$，故样本容量 $n=\left(z_{\alpha/2}\dfrac{\sigma}{B}\right)^2=\dfrac{(1.96)^2\times1800000}{(500)^2}\approx27.66\approx28$，即这家广告公司至少应抽取 28 个商场作为样本。

2.10　总体分布的推断

前面所讨论的推断问题都是在总体分布形式已知的前提下进行的，但是在很多实际问题中，决策者所面临的大多是总体分布未知的情况。有关总体分布的推断方法有很多种，这里仅介绍 χ^2 拟合优度检验法。

已知总体 X 的分布函数 $F(x)$ 的类型 $F_0(x)$（或概率密度函数 $f(x)$ 的类型 $f_0(x)$），现从该总体中抽取 n 个随机样本 X_1，X_2，…，X_n。要检验的假设为

$H_0:F(x)=F_0(x)$ 或 $f(x)=f_0(x)$，$H_1:F(x)\neq F_0(x)$ 或 $f(x)\neq f_0(x)$ 检验的具体步骤：

（1）求出 $F_0(x)$ 或 $f_0(x)$ 中未知参数的估计值（一般采用极大似然估计），

从而写出 $F_0(x)$ 或 $f_0(x)$ 的具体表达式。

（2）把样本值分成 m 个区间：$(a_0, a_1), (a_1, a_2), \cdots, (a_{i-1}, a_i), \cdots, (a_{m-1}, a_m)$。

（3）求出样本观测值在每个区间 (a_{i-1}, a_i) 内的频数 f_i。

（4）根据已写出的 $F_0(x)$（或 $f_0(x)$），计算出总体的样本观测值 X 落在每个区间（a_{i-1}，a_i）中的概率值 p_i：$p_i = P\{a_{i-1} < X < a_i\}$。

（5）构造统计量 χ^2

$$\chi^2 = \sum_{i=1}^{m} \frac{(f_i - np_i)^2}{np_i} \tag{2-16}$$

当 n 充分大，且 H_0 成立时，上述统计量近似服从自由度为 $m-r-1$ 的 χ^2 分布，这里 r 表示观测值估计的未知参数的个数。

（6）在给定的显著水平 α 下查出 χ^2 分布表中的临界值 $\chi^2_\alpha(m-r-1)$，若 $\chi^2 \geqslant \chi^2_\alpha(m-r-1)$，则拒绝原假设 H_0；若 $\chi^2 < \chi^2_\alpha(m-r-1)$，则接受 H_0。

例 2-16　盒中有 5 种球，每次抽 1 个球，重复抽取 200 次，各种球出现的次数见表 2-2。问：盒中 5 种球的个数是否相等？（$\alpha = 0.05$）

解：建立假设：H_0："5 种球的个数相等"，H_1："5 种球的个数不等"。已知 $n = 200$，$m = 5$，如果 H_0 正确，则每次抽得第 i 种球的概率 $p_i = 1/5$。可以得到拟合优度检验计算表 2-2。

表 2-2　小球抽取情况

种别	f_i	np_i	$f_i - np_i$	$(f_i - np_i)^2/np_i$
1	35	40	−5	0.625
2	40	40	0	0
3	43	40	3	0.225
4	38	40	−2	0.1
5	44	40	4	0.4
$\sum$	200	200	0	1.35

计算出

$$\chi^2 = \sum_{i=1}^{m} \frac{(f_i - np_i)^2}{np_i} = 1.35$$

查 χ^2 分布表得 $\chi^2_{0.05}(4) = 9.488$，由于 $1.35 < 9.488$，所以接受 H_0，即认为盒中 5 种球的个数是相等的。

练　习　题

1. 使用一测量仪器对同一轴的直径进行12次独立测量，其结果见表2-3（单位：mm）。

表2-3　轴的直径的测量结果

232.50	232.48	232.15	232.53	232.45	232.48
232.05	232.45	232.60	232.30	232.30	232.47

试求样本均值$\overline{X}$，样本方差S^2。

2. 某正态总体的随机样本观察值为：9.56，8.33，10.12，10.28，8.85，11.19，11.18，9.96，10.32，10.17，9.81，10.72。试求均值和方差的极大似然估计值。

3. 从二项总体（包含0，1两个数值的总体）随机抽样得到10组每组15次，计算每组的总和数，得到10个观察值3，2，0，4，2，4，2，0，1，3。试用极大似然法求总体平均数和方差估计值。

4. 某企业生产的滚珠直径服从$N(\mu,0.0006)$，现从产品中随机抽取6颗检测，测得它们的直径（单位：mm）如下：1.46，1.51，1.49，1.48，1.52，1.51。试求滚珠平均直径μ的置信水平为95%的置信区间。

5. 为了估计各省市电视台在某黄金时间一分钟广告的平均费用，随机调查了20个电视台，他们每分钟的广告费$\bar{x}=25000$元，样本标准差$S=8000$元。假定所有电视台的广告费近似服从正态分布，试求总体均值的置信水平为95%的置信区间。

6. 某厂生产的一批零件，其长度$X\sim N(\mu,0.01^2)$，现从这批零件中随机抽取16个，测得长度（单位：cm）为：2.14，2.15，2.10，2.12，2.13，2.14，2.15，2.10，2.13，2.13，2.12，2.11，2.13，2.14，2.10，2.11，求均值μ的置信水平为0.95的置信区间。

7. 在一批机制砖中随机抽测6块，测得抗断强度（单位：kg/cm^2）为：30.00，32.56，31.64，29.66，31.77，31.13，若砖的抗断强度$X\sim N(\mu,\sigma^2)$，μ未知，试求方差σ^2的置信区间（$\alpha=0.05$）。

8. 某商场为了了解居民对某种商品的需要，调查了100户，得出每户月平均需求量为10kg，方差为9。如果这种商品供应10000户，试求居民对此种商品的平均月需求量进行区间估计（$\alpha=0.01$），并问：最少要准备多少商品才能以99%的概率满足需要？

9. 机器包装食盐，每袋净质量X（单位：g）服从正态分布，规定每袋净质量为500g，标准差不能超过10g。某天开工后，为检验机器工作是否正常，从包装好的食盐中随机抽取9袋，测得其净质量（单位：kg）为：497，507，510，475，484，488，524，491，515，在给定显著性水平$\alpha=0.05$下，检验这天包装机工作是否正常。

10. 从某厂生产的产品中随机抽取200件样品进行质量检验，发现有9件不合格品，问：是否可以认为该厂产品的不合格率不大于3%（取显著性水平$\alpha=0.05$）？

11. 某种导线，要求其电阻的标准差不得超过0.005Ω，今在生产的一批导线中取样品9根，测得$S=0.007\Omega$，设总体为正态分布，问：在置信水平$\alpha=0.05$下能认为这种导线的标准差显著偏大吗？

第 3 章　双样本决策

第 2 章介绍了单样本决策问题，本章把对单个总体问题的讨论拓展到两个独立总体的情形，即双样本决策。

3.1　方差已知的两正态总体均值的推断

假设 $X \sim N(\mu_1, \sigma_1^2)$，$Y \sim N(\mu_2, \sigma_2^2)$，其中方差 σ_1^2，σ_2^2 已知。从两个正态总体中各自独立地抽取一个样本，其样本容量分别记为 m，n，$\overline{X}$和 $\overline{Y}$ 分别为总体 X 和 Y 的样本均值。下面讨论这两个总体均值差 $\mu_1 - \mu_2$ 的统计推断问题。

3.1.1　均值差的假设检验

由于$\overline{X}$和 $\overline{Y}$ 分别是 μ_1 和 μ_2 的无偏估计，因此，$E(\overline{X} - \overline{Y}) = \mu_1 - \mu_2$，即$\overline{X} - \overline{Y}$ 是 $\mu_1 - \mu_2$ 的无偏估计。此外，由于两个总体都是正态总体，所以$\overline{X} - \overline{Y}$ 仍服从正态分布，且 $V(\overline{X} - \overline{Y}) = V\overline{X} + V\overline{Y} = \dfrac{\sigma_1^2}{m} + \dfrac{\sigma_2^2}{n}$，故

$$\overline{X} - \overline{Y} \sim N\left(\mu_1 - \mu_2, \frac{\sigma_1^2}{m} + \frac{\sigma_2^2}{n}\right)$$

对于方差已知的正态总体均值差的假设检验，可采用检验统计量

$$Z = \frac{(\overline{X} - \overline{Y}) - (\mu_1 - \mu_2)}{\sqrt{\dfrac{\sigma_1^2}{m} + \dfrac{\sigma_2^2}{n}}} \sim N(0,1) \tag{3-1}$$

当 $\mu_1 = \mu_2$ 时，有 $Z \sim N(0, 1)$。在给定的显著性水平 $\alpha(0 < \alpha < 1)$下，利用标准正态分布的上侧分位数 $z_{\alpha/2}$ ⊖，可得

$$P\{|Z| \geqslant z_{\alpha/2}\} = \alpha$$

因此对检验问题 $H_0: \mu_1 - \mu_2 = 0$，$H_1: \mu_1 - \mu_2 \neq 0$，检验的拒绝域为

⊖ 本章所涉及的分位数都是上侧分位数，$\int_x^{+\infty} f(x)\,\mathrm{d}x = \alpha$。

$$W = \{|Z| \geqslant z_{\alpha/2}\} \tag{3-2}$$

同理，对于 $H_0: \mu_1 - \mu_2 \geqslant 0$，$H_1: \mu_1 - \mu_2 < 0$ 和 $H_0: \mu_1 - \mu_2 \leqslant 0$，$H_1: \mu_1 - \mu_2 > 0$，检验的拒绝域分别为 $W = \{Z \leqslant z_{1-\alpha}\}$ 和 $W = \{Z \geqslant z_\alpha\}$。

例 3-1　从甲乙两厂生产的钢丝总体 X，Y 中各取 50 截 1m 长的钢丝做拉力强度试验，得 $\overline{X} = 1208$，$\overline{Y} = 1282$，设钢丝的抗拉强度服从正态分布，且 $\sigma_X^2 = 80^2$，$\sigma_Y^2 = 94^2$，问甲乙两厂钢丝的抗拉强度是否相同（$\alpha = 0.05$）？

解：设甲乙两厂钢丝抗拉强度总体均值分别为 μ_X 和 μ_Y，考虑检验假设

$$H_0: \mu_X = \mu_Y, H_1: \mu_X \neq \mu_Y$$

由题意知 $m = n = 50$，$\sigma_X = 80$，$\sigma_Y = 94$，$\alpha = 0.05$，查标准正态分布表得 $z_{\alpha/2} = z_{0.025} = 1.96$。

由式（3-1）可得 $Z = \left|\dfrac{1208 - 1282}{\sqrt{\dfrac{80^2}{50} + \dfrac{94^2}{50}}}\right| = 4.24 > 1.96$，即 Z 落入到拒绝域中，故拒绝 H_0，所以甲乙两厂钢丝的抗拉强度不同。

Minitab 软件分析结果：

Sample	N	Mean	StDev	SE Mean
1	50	1208.0	80.0	11
2	50	1282.0	94.0	13

Difference = mu（1）－ mu（2）

Estimate for difference：－74.0000

95% CI for difference：（－108.6550，－39.3450）

T-Test of difference = 0（vs not =）：T-Value = －4.24　P-Value = 0.000

DF = 95　P = 0 < 0.05

3.1.2　均值差的置信区间

在方差已知的情况下，利用 3.1.1 的分析结果还可推出两个正态总体均值差 $\mu_1 - \mu_2$ 的置信水平为 $1 - \alpha$ 的置信区间。由于

$$\overline{X} - \overline{Y} \sim N\left(\mu_1 - \mu_2, \frac{\sigma_1^2}{m} + \frac{\sigma_2^2}{n}\right)$$

故

$$Z = \frac{\overline{X} - \overline{Y} - (\mu_1 - \mu_2)}{\sqrt{\dfrac{\sigma_1^2}{m} + \dfrac{\sigma_2^2}{n}}} \sim N(0,1)$$

对给定的显著性水平 $\alpha(0<\alpha<1)$，由 $P\{|Z|<z_{\alpha/2}\}=1-\alpha$ 可以得到 $\mu_1-\mu_2$ 的置信水平为 $1-\alpha$ 的双侧置信区间：

$$\left(\overline{X}-\overline{Y}-z_{\alpha/2}\sqrt{\frac{\sigma_1^2}{m}+\frac{\sigma_2^2}{n}},\overline{X}-\overline{Y}+z_{\alpha/2}\sqrt{\frac{\sigma_1^2}{m}+\frac{\sigma_2^2}{n}}\right) \tag{3-3}$$

同样，由 $P\{Z<z_\alpha\}=1-\alpha$ 和 $P\{Z>-z_\alpha\}=1-\alpha$ 推出 $\mu_1-\mu_2$ 的置信水平为 $1-\alpha$ 的两个单侧置信区间分别为 $\left(-\infty,\overline{X}-\overline{Y}+z_\alpha\sqrt{\frac{\sigma_1^2}{m}+\frac{\sigma_2^2}{n}}\right)$ 和 $\left(\overline{X}-\overline{Y}-z_\alpha\sqrt{\frac{\sigma_1^2}{m}+\frac{\sigma_2^2}{n}},+\infty\right)$。

例 3-2 某企业的质量部门希望了解企业两条生产线生产的灯泡的平均寿命是否存在差异。假定两条生产线生产的灯泡的寿命均服从正态分布，方差分别为 $\sigma_1^2=420$，$\sigma_2^2=445$，分别抽检 20 只和 25 只，测得平均寿命分别为 1478h 和 1456h，在 $\alpha=0.05$ 时，求出两条生产线生产的灯泡平均寿命差异的区间估计（$\alpha=0.05$）。

解：$m=20$，$n=25$，$\overline{X}=1478$，$\overline{Y}=1456$，$\sigma_1^2=420$，$\sigma_2^2=445$，$\alpha=0.05$，$z_{\alpha/2}=1.96$，将其分别代入式（3-3）中得 $\mu_1-\mu_2$ 的置信水平为 0.95 的置信区间为（9.8，34.2）。

Minitab 解法：

选择命令 Stat→Basic Statistics→2t，打开 2-sample t（Test and Confidence Interval）对话框，在 Summarized Data 中分别输入两个样本对应数据，Option 对话框中“Confidence level”设为95.0，“Alternative”选为“not equal”，运行可得：

Two-Sample T-Test and CI

Sample	N	Mean	StDev	SE Mean
1	20	1478.0	20.5	4.6
2	25	1456.0	21.1	4.2

Difference = mu (1) - mu (2)

Estimate for difference: 22.0000

95% CI for difference: (9.4203, 34.5797)

T-Test of difference = 0 (vs not =): T-Value = 3.53 P-Value = 0.001 DF = 41

注：以上结果中 StDev 为输入的总体标准差，Minitab 运算时将其作为样本标准差看待，故结果与人工算法稍有差别。

3.2　方差未知的两正态总体均值的推断

前面对两个正态总体均值差$\mu_1-\mu_2$的统计推断都是建立在这两个总体方差σ_1^2，σ_2^2已知的情况下。如果这两个总体方差σ_1^2，σ_2^2均未知，那么对于均值差$\mu_1-\mu_2$的统计推断就不能再沿用前面已有的结论。

假设总体X和Y的分布分别为$N(\mu_1,\sigma_1^2)$和$N(\mu_2,\sigma_2^2)$，从这两个总体中分别抽取容量为m和n的两个独立样本。

这里记$\overline{X}$和$\overline{Y}$分别为这两个样本的样本均值，且$S_1^2=\frac{1}{m-1}\sum_{i=1}^{m}(X_i-\overline{X})^2$和$S_2^2=\frac{1}{n-1}\sum_{i=1}^{n}(Y_i-\overline{Y})^2$分别是这两个样本的无偏方差。

3.2.1　均值差的假设检验

由于方差σ_1^2，σ_2^2未知，因而分两种情况考虑：一种方差未知但相同，即$\sigma_1^2=\sigma_2^2=\sigma^2$，另一种则是方差$\sigma_1^2$，$\sigma_2^2$未知且不等。

若$\sigma_1^2=\sigma_2^2=\sigma^2$，由$\overline{X}\sim N\left(\mu_1,\frac{\sigma_1^2}{m}\right),\overline{Y}\sim N\left(\mu_2,\frac{\sigma_2^2}{n}\right)$，可以推出

$$\overline{X}-\overline{Y}\sim N\left(\mu_1-\mu_2,\frac{\sigma^2}{m}+\frac{\sigma^2}{n}\right)$$

进而

$$\frac{\overline{X}-\overline{Y}-(\mu_1-\mu_2)}{\sigma\sqrt{\frac{1}{m}+\frac{1}{n}}}\sim N(0,1)$$

其次，因为

$$\frac{(m-1)S_1^2}{\sigma_1^2}\sim\chi^2(m-1),\frac{(n-1)S_2^2}{\sigma_2^2}\sim\chi^2(n-1)$$

且$\overline{X}$，$\overline{Y}$，S_1^2，S_2^2相互独立，故利用χ^2分布的可叠加性以及$\sigma_1^2=\sigma_2^2=\sigma^2$，有

$$\frac{(m-1)S_1^2}{\sigma^2}+\frac{(n-1)S_2^2}{\sigma^2}\sim\chi^2(m+n-2)$$

根据服从t分布统计量的定义，可构造出

$$T=\frac{\overline{X}-\overline{Y}-(\mu_1-\mu_2)}{\sigma\sqrt{\frac{1}{m}+\frac{1}{n}}}\cdot\frac{\sqrt{m+n-2}}{\sqrt{\frac{(m-1)S_1^2}{\sigma^2}+\frac{(n-1)S_2^2}{\sigma^2}}}\sim t(m+n-2)$$

若记

$$S_v^2 = \frac{(m-1)S_1^2 + (n-1)S_2^2}{m+n-2}$$

于是有

$$T = \frac{(\overline{X} - \overline{Y}) - (\mu_1 - \mu_2)}{S_v\sqrt{\frac{1}{m} + \frac{1}{n}}} \sim t(m+n-2) \tag{3-4}$$

基于上述分析，对于均值差 $\mu_1 - \mu_2$ 的假设检验，可采用检验统计量

$$T = \frac{\overline{X} - \overline{Y}}{S_v\sqrt{\frac{1}{m} + \frac{1}{n}}}$$

在给定的显著性水平 $\alpha(0 < \alpha < 1)$ 下，对检验问题 $H_0: \mu_1 - \mu_2 \leqslant 0$，$H_1: \mu_1 - \mu_2 > 0$，根据 $P\{T \geqslant t_\alpha\} = \alpha$，以及 t 分布的上侧分位数 t_α，得出相应的检验的拒绝域为

$$W = \{T \geqslant t_\alpha(m+n-2)\}$$

同理，对检验问题 $H_0: \mu_1 - \mu_2 \geqslant 0$，$H_1: \mu_1 - \mu_2 < 0$，检验的拒绝域为

$$W = \{T \leqslant t_{1-\alpha}(m+n-2)\}$$

对检验问题 $H_0: \mu_1 - \mu_2 = 0$，$H_1: \mu_1 - \mu_2 \neq 0$，检验的拒绝域为

$$W = \{|T| \geqslant t_{\alpha/2}(m+n-2)\}$$

例 3-3 比较甲乙两种安眠药的疗效，将 20 名患者分成两组，每组 10 人，其中 10 人服用甲药后延长睡眠的小时数分别为 1.9，0.8，1.1，0.1，-0.1，4.4，5.5，1.6，4.6，3.4；另 10 人服用乙药后延长睡眠的小时数分别为 0.7，-1.6，-0.2，-1.2，-0.1，3.4，3.7，0.8，0.0，2.0。若服用两种安眠药后增加睡眠的小时数服从方差相同的正态分布，试问：两种安眠药的疗效有无显著性差异（$\alpha = 0.10$）？

解：$H_0: \mu_1 = \mu_2$，$H_1: \mu_1 \neq \mu_2$，在 H_0 成立的条件下，由式（3-4）可得

$$T = \frac{\overline{X} - \overline{Y}}{S_v\sqrt{\frac{1}{10} + \frac{1}{10}}} \sim t(18)$$

由 $P\{|T| \geqslant t_{0.05}(18)\} = 0.05$，即得检验的拒绝域为 $W = \{|T| \geqslant 1.7341\}$，且

$$\overline{X} = 2.33, \overline{Y} = 0.75, S_v = 1.898, |T| = \frac{|\overline{X} - \overline{Y}|}{S_v\sqrt{1/10 + 1/10}} = 1.86 > 1.7341$$

因此拒绝 H_0，即认为两种安眠药的疗效有显著性差异。

Minitab 解法：

将两组数据分别输入到 worksheet 中的 C1，C2 列，运用命令 Stat→Basic Statistics→2t，打开 2-sample t（Test and Confidence Interval）对话框，在 Samples in different columns 中分别选择 C1，C2，Option 对话框中“Confidence level”设为 90.0，“Alternative”选为“not equal”，勾选“Assume equal veririances”，运行可得分析结果：

Two-Sample T-Test and CI：C1，C2

Two-sample T for C1 vs C2

	N	Mean	StDev	SE Mean
C1	10	2.33	2.00	0.63
C2	10	0.75	1.79	0.57

Difference = mu（C1） - mu（C2）

Estimate for difference：1.58000

90% CI for difference：(0.10762，3.05238)

T-Test of difference = 0（vs not =）：T-Value = 1.86　P-Value = 0.079　DF = 18

Both use Pooled StDev = 1.8986

P-Value = 0.079 小于 0.1，表示两种安眠药的疗效有显著性差异。

实际问题中，两个样本的未知方差 σ_1^2 和 σ_2^2 大多数情况下是不相等的，这样一来，对 $\mu_1 - \mu_2$ 的假设检验，就不能像前面那样能找到一个准确的 t 检验统计量来分析这类问题。要解决这类问题，可以采用近似 t 分布的统计量

$$T^* = \frac{\bar{X} - \bar{Y} - (\mu_1 - \mu_2)}{\sqrt{\dfrac{S_1^2}{m} + \dfrac{S_2^2}{n}}} \sim t(h)$$

其中，自由度 $h = \dfrac{\left(\dfrac{S_1^2}{m} + \dfrac{S_2^2}{n}\right)^2}{\dfrac{(S_1^2/m)^2}{m-1} + \dfrac{(S_2^2/n)^2}{n-1}}$，若计算出来的 h 不是整数，则取与 h 最近的整数代替 h。

当 $H_0: \mu_1 - \mu_2 = 0$ 为真时，$T^* = \dfrac{\bar{X} - \bar{Y}}{\sqrt{\dfrac{S_1^2}{m} + \dfrac{S_2^2}{n}}} \sim t(h)$。给定显著性水平 α（$0 < \alpha < 1$），对检验问题 $H_0: \mu_1 - \mu_2 = 0$，$H_1: \mu_1 - \mu_2 \neq 0$，其拒绝域为 $W = \{|T^*| \geqslant$

$t_{\alpha/2}(h)\}$ 。

同理，对问题 $H_0:\mu_1-\mu_2\leqslant 0$ ，$H_1:\mu_1-\mu_2>0$ ，相应的拒绝域为 $W=\{T^*\geqslant t_{1-\alpha}(h)\}$ ，对问题 $H_0:\mu_1-\mu_2\geqslant 0$ ，$H_1:\mu_1-\mu_2<0$ ，拒绝域为 $W=\{T^*\leqslant t_\alpha(h)\}$ 。

3.2.2 均值差的置信区间

类似于 3.2.1 的讨论过程，在方差未知的情况下，对于两个正态总体均值差的区间估计，这里同样分两种情况分别讨论。

情况 1：假设这两个正态分布的方差未知但相同，即 $\sigma_1^2=\sigma_2^2=\sigma^2$ 。利用前面 3.2.1 的分析结果，已知统计量

$$T=\frac{(\bar{X}-\bar{Y})-(\mu_1-\mu_2)}{S_v\sqrt{\dfrac{1}{m}+\dfrac{1}{n}}}\sim t(m+n-2) \tag{3-5}$$

其中，$S_v^2=\dfrac{(m-1)S_1^2+(n-1)S_2^2}{m+n-2}$ 。

由 $P\{|T|<t_{\alpha/2}(m+n-2)\}=1-\alpha$ ，可以推出 $\mu_1-\mu_2$ 的置信水平为 $1-\alpha$ 的双侧置信区间为

$$\left(\bar{X}-\bar{Y}-\sqrt{\frac{m+n}{mn}}S_v t_{\alpha/2}(m+n-2),\bar{X}-\bar{Y}+\sqrt{\frac{m+n}{mn}}S_v t_{\alpha/2}(m+n-2)\right)$$

同样地，关于 $\mu_1-\mu_2$ 的置信水平为 $1-\alpha$ 的两个单侧置信区间分别为

$$\left(-\infty,\bar{X}-\bar{Y}+\sqrt{\frac{m+n}{mn}}S_v t_\alpha(m+n-2)\right)\text{和}$$

$$\left(\bar{X}-\bar{Y}-\sqrt{\frac{m+n}{mn}}S_v t_\alpha(m+n-2),+\infty\right)$$

例 3-4 为提高某化学生产过程的得率，试图采用一种新的催化剂。为慎重起见，在工厂进行试验，设采用原来的催化剂进行了 $m=8$ 试验，得到得率的平均值 $\bar{X}=91.73$，样本方差 $S_1^2=3.89$ ；采用新的催化剂进行了 $n=8$ 次试验，得到得率的平均值 $\bar{Y}=93.75$ ，样本方差 $S_2^2=4.02$ 。假定两总体都服从正态分布，且方差相等，试求两总体均值差 $\mu_1-\mu_2$ 的置信水平为 95% 的置信区间。

解：$\alpha=0.05$ ，$m=n=8$ ，$t_{0.025}(14)=2.1448$ ，$S_v^2=(7\times 3.89+7\times 4.02)/14=3.955$，两总体均值差的置信水平为 0.95 的置信区间为

$$\left(\bar{X}-\bar{Y}-t_{0.025}(14)S_v\sqrt{\frac{1}{8}+\frac{1}{8}},\bar{X}-\bar{Y}+t_{0.025}(14)S_v\sqrt{\frac{1}{8}+\frac{1}{8}}\right)=(-4.15,0.11)$$

Minitab 解法：

选择命令 Stat→Basic Statistics→2t，打开 2-sample t（Test and Confidence Interval）对话框，在 Summarized Data 中分别输入两个样本对应数据，Option 对话框中“Confidence level”设为95.0，“Alternative”选为“not equal”，另勾选“Assume equal variances”选项（当两个总体方差不相等时，则不用勾选），运行可得结果：

Two-Sample T-Test and CI

Sample	N	Mean	StDev	SE Mean
1	8	91.73	1.97	0.70
2	8	93.75	2.01	0.71

Difference = mu（1）- mu（2）

Estimate for difference：-2.02000

95% CI for difference：(-4.15253, 0.11253)

T-Test of difference = 0（vs not =）：T-Value = -2.03 P-Value = 0.062 DF = 14

Both use Pooled StDev = 1.9886

情况2：假设这两个正态分布的方差未知且 $\sigma_1^2 \neq \sigma_2^2$。

由3.2.1中的分析，当两个正态分布的方差未知且不等时，有

$$T^* = \frac{\overline{X} - \overline{Y} - (\mu_1 - \mu_2)}{\sqrt{\dfrac{S_1^2}{m} + \dfrac{S_2^2}{n}}}$$

近似服从 t 分布，其自由度由 $h = \dfrac{\left(\dfrac{S_1^2}{m} + \dfrac{S_2^2}{n}\right)^2}{\dfrac{(S_1^2/m)^2}{m-1} + \dfrac{(S_2^2/n)^2}{n-1}}$ 决定，若 h 不为整数，可取最接近的整数值。

故由 $P\{|T^*| < t_{\alpha/2}(h)\} = 1 - \alpha$，可以推出 $\mu_1 - \mu_2$ 的置信水平为 $1-\alpha$ 的双侧置信区间为

$$\left(\overline{X} - \overline{Y} - \sqrt{\frac{S_1^2}{m} + \frac{S_2^2}{n}}t_{\alpha/2}(h), \overline{X} - \overline{Y} + \sqrt{\frac{S_1^2}{m} + \frac{S_2^2}{n}}t_{\alpha/2}(h)\right)$$

同理，$\mu_1 - \mu_2$ 的置信水平为 $1-\alpha$ 的两个单侧置信区间分别为

$$\left(-\infty, \overline{X} - \overline{Y} + \sqrt{\frac{S_1^2}{m} + \frac{S_2^2}{n}}t_{\alpha}(h)\right) \text{和} \left(\overline{X} - \overline{Y} - \sqrt{\frac{S_1^2}{m} + \frac{S_2^2}{n}}t_{\alpha}(h), +\infty\right)$$

例 3-5 比较两个不同品牌的干电池的使用寿命（单位：h）。现在从这两个品牌的干电池中分别抽取容量为 $m=8$，$n=10$ 的独立样本，由样本数据计算可得 $\overline{X}=569.38$，$S_1^2=2140.55$，$\overline{Y}=487$，$S_2^2=3256.22$。假设这两个品牌的干电池的使用寿命均服从正态分布，试求这两个品牌的干电池的平均寿命差的置信区间（$\alpha=0.05$）。

解：对于这两个品牌的干电池，根据其寿命方差是否相等，可以分两种情况来讨论：

（1）若两种干电池的寿命方差相等，即 $\sigma_1^2=\sigma_2^2=\sigma^2$ 未知时，则

$$S_v=\sqrt{\frac{(m-1)S_1^2+(n-1)S_2^2}{m+n-2}}=52.4880$$

$$t_{\alpha/2}(m+n-2)=t_{0.025}(16)=2.1199,\quad t_{\alpha/2}(m+n-2)S_v\sqrt{\frac{1}{m}+\frac{1}{n}}=52.78$$

$\mu_1-\mu_2$ 的置信水平为 $1-\alpha$ 的双侧置信区间为

$$\left(\overline{X}-\overline{Y}-\sqrt{\frac{m+n}{mn}}S_v t_{\alpha/2}(m+n-2),\ \overline{X}-\overline{Y}+\sqrt{\frac{m+n}{mn}}S_v t_{\alpha/2}(m+n-2)\right)$$
$$=(29.47,135.29)$$

Minitab 解法：

选择命令 Stat→Basic Statistics→2t，打开 2-sample t（Test and Confidence Interval）对话框，在 Summarized Data 中分别输入两个样本对应数据，Option 对话框中“Confidence level”设为95.0，“Alternative”选为“not equal”，另勾选“Assume equal variances”选项（当两个总体方差不相等时，则不用勾选），运行可得结果：

Two-Sample T-Test and CI

Sample	N	Mean	StDev	SE Mean
1	8	569.4	46.3	16
2	10	487.0	57.1	18

Difference = mu (1) - mu (2)

Estimate for difference: 82.3800

95% CI for difference: (29.4746, 135.2854)

T-Test of difference = 0 (vs not =): T-Value = 3.30 P-Value = 0.005 DF = 16

Both use Pooled StDev = 52.6129

（2）若两种干电池的寿命方差未知，且不相等时，即 $\sigma_1^2 \neq \sigma_2^2$，则

$$\frac{S_1^2}{m}+\frac{S_2^2}{n}=589.44, h=\frac{589.44^2}{\frac{2140.55^2}{8^2\times 7}+\frac{3256.22^2}{10^2\times 9}}\approx 16$$

$$\sqrt{\frac{S_1^2}{m}+\frac{S_2^2}{n}}\times t_{0.025}(h)=24.28\times 2.1199=51.47$$

于是，$\mu_1-\mu_2$ 的0.95近似置信区间为（30.91，133.85）。

Minitab 解法：

选择命令 Stat→Basic Statistics→2t，打开 2-sample t（Test and Confidence Interval）对话框，在 Summarized Data 中分别输入两个样本对应数据，Option 对话框中“Confidence level”设为95.0，“Alternative”选为“not equal”，另外不要勾选“Assume equal variances”选项（当两个总体方差相等时，则需要勾选），运行可得结果：

Two-Sample T-Test and CI

Sample	N	Mean	StDev	SE Mean
1	8	569.4	46.3	16
2	10	487.0	57.1	18

Difference = mu（1） - mu（2）

Estimate for difference：82.3800

95% CI for difference：（30.4675，134.2925）

T-Test of difference = 0（vs not =）：T-Value = 3.38 P-Value = 0.004 DF = 15

3.3 两正态总体方差比的推断

设两个独立正态总体 $X\sim N(\mu_1,\sigma_1^2)$，$Y\sim N(\mu_2,\sigma_2^2)$，其中两个总体的均值 μ_1，μ_2 和方差 σ_1^2，σ_2^2 均未知，且总体 X，Y 的样本方差分别为 S_1^2，S_2^2，样本容量分别为 m，n。

3.3.1 两正态总体方差比的假设检验

要检验的假设有如下三类：

(1) $H_0:\sigma_1^2=\sigma_2^2$，$H_1:\sigma_1^2\neq\sigma_2^2$。

(2) $H_0:\sigma_1^2\leqslant\sigma_2^2$，$H_1:\sigma_1^2>\sigma_2^2$。

(3) $H_0:\sigma_1^2\geqslant\sigma_2^2$，$H_1:\sigma_1^2<\sigma_2^2$。

根据总体分布的特点可知 $\dfrac{(m-1)S_1^2}{\sigma_1^2}\sim\chi^2(m-1)$，$\dfrac{(n-1)S_2^2}{\sigma_2^2}\sim\chi^2(n-1)$，且 S_1^2，S_2^2 相互独立，由 F 分布的定义有

$$F=\frac{S_1^2/\sigma_1^2}{S_2^2/\sigma_2^2}\sim F(m-1,n-1) \tag{3-6}$$

因此由检验问题可以建立检验统计量

$$F=\frac{S_1^2}{S_2^2}$$

当 $\sigma_1^2=\sigma_2^2$ 时，有 $F\sim F(m-1,n-1)$，故对给定的显著性水平 α $(0<\alpha<1)$，查 F 分布表，找到双侧分位数

$$F_{\frac{\alpha}{2}}(m-1,n-1),F_{1-\frac{\alpha}{2}}(m-1,n-1)=\frac{1}{F_{\frac{\alpha}{2}}(n-1,m-1)}$$

使得 $P\{F\leqslant F_{1-\alpha/2}(m-1,n-1)$ 或 $F\geqslant F_{\alpha/2}(m-1,n-1)\}=\alpha$，从而推出对检验问题 (1) 即 $H_0:\sigma_1^2=\sigma_2^2$，$H_1:\sigma_1^2\neq\sigma_2^2$ 的拒绝域为

$$W=\{F\leqslant F_{1-\alpha/2}(m-1,n-1)\}\text{ 或 }\{F\geqslant F_{\alpha/2}(m-1,n-1)\}$$

同理，对检验问题 (2) 即 $H_0:\sigma_1^2\leqslant\sigma_2^2$，$H_1:\sigma_1^2>\sigma_2^2$ 的拒绝域为

$$W=\{F\geqslant F_{\alpha}(m-1,n-1)\}$$

对检验问题 (3) 即 $H_0:\sigma_1^2\geqslant\sigma_2^2$，$H_1:\sigma_1^2<\sigma_2^2$ 的拒绝域为

$$W=\{F\leqslant F_{1-\alpha}(m-1,n-1)\}$$

例 3-6 甲乙两种机床加工同样产品，从这两台机床加工的产品中随机地抽取若干产品，测得产品直径如表 3-1 所示（单位：mm）。

表 3-1 机床产品直径

甲	20.5	19.8	19.7	20.4	20.1	20.9	19.6	19.9
乙	19.7	20.8	20.5	19.8	19.4	20.6	19.2	

假定甲乙两台机床的产品直径都服从正态分布，试比较甲乙两台机床加工的精度有无显著差异 ($\alpha=0.05$)。

解：根据题意，要检验的假设为 $H_0:\sigma_1^2=\sigma_2^2$，$H_1:\sigma_1^2\neq\sigma_2^2$，所以当 H_0 为真

时，有 $F=S_1^2/S_2^2\sim F(7,6)$，因此检验的拒绝域为 $F\leqslant F_{0.975}(7,6)$ 或 $F\geqslant F_{0.025}(7,6)$。可通过 Minitab 软件求得 $F_{0.975}(7,6)=0.1953$，$F_{0.025}(7,6)=5.7$。由于 $S_1^2=0.204$，$S_2^2=0.397$，$F\approx 0.51\in(0.1953,5.7)$，所以接受 H_0，即两台机床的加工精度无显著差异。

Minitab 解法：

将甲乙组数据分别输入 worksheet 中 C1，C2 列，运用命令 Stat→Basic Statistics→2 variance，在 Samples in different columns 中分别输入 C1，C2，Option 对话框中"Confidence level"设为 95.0，运行可得结果：

95% Bonferroni confidence intervals for standard deviations

	N	Lower	StDev	Upper
甲	8	0.282640	0.451782	1.03480
乙	7	0.382767	0.629815	1.58431

F-Test (normal distribution)

Test statistic = 0.51, P-Value = 0.405

Levene's Test (any continuous distribution)

Test statistic = 0.87, P-Value = 0.368

P-Value = 0.368 大于 0.05，表明两台机床的加工精度无显著差异。

3.3.2 两正态总体方差比的置信区间

通过 3.3.1 中的分析，可知

$$F=\frac{S_1^2/\sigma_1^2}{S_2^2/\sigma_2^2}\sim F(m-1,n-1)$$

利用 F 分布的性质有 $F^*=\dfrac{1}{F}=\dfrac{S_2^2/\sigma_2^2}{S_1^2/\sigma_1^2}\sim F(n-1,m-1)$，故对给定的置信水平 $1-\alpha$，找到 F 分布的两个双侧分位数 $F_{\alpha/2}(n-1,m-1)$ 和 $F_{1-\alpha/2}(n-1,m-1)$，使得

$$P\left\{F_{1-\alpha/2}(n-1,m-1)\leqslant\frac{S_2^2}{S_1^2}\times\frac{\sigma_1^2}{\sigma_2^2}\leqslant F_{\alpha/2}(n-1,m-1)\right\}=1-\alpha$$

对括号内的不等式进行变形，即得出 $\dfrac{\sigma_1^2}{\sigma_2^2}$ 的置信水平为 $1-\alpha$ 的双侧置信区间为

$$\left(\frac{S_1^2}{S_2^2}F_{1-\alpha/2}(n-1,m-1),\frac{S_1^2}{S_2^2}F_{\alpha/2}(n-1,m-1)\right) \tag{3-7}$$

用同样的计算方法，可以得到$\frac{\sigma_1^2}{\sigma_2^2}$的置信水平为 $1-\alpha$ 的两个单侧置信区间分别为

$$\left(-\infty,\frac{S_1^2}{S_2^2}F_{\alpha}(n-1,m-1)\right)和\left(\frac{S_1^2}{S_2^2}F_{1-\alpha}(n-1,m-1),+\infty\right)$$

例 3-7 两台车床生产同一种型号的滚珠，已知两车床生产的滚珠直径 X 和 Y 分别服从 $N(\mu_1,\sigma_1^2)$，$N(\mu_2,\sigma_2^2)$，其中 $\mu_i,\sigma_i^2(i=1,2)$ 均未知，从甲乙两车床的产品中分别抽出 25 件和 15 件，测得样本方差 $S_1^2=6.38$，$S_2^2=5.15$，求两总体方差比的置信水平为 0.9 的置信区间。

解：根据题意，$m=25$，$n=15$，$\alpha=0.1$，查 F 分布表得

$$F_{\alpha/2}(n-1,m-1)=F_{0.05}(14,24)=2.13$$

$$F_{1-\alpha/2}(n-1,m-1)=F_{0.95}(14,24)=\frac{1}{F_{0.05}(24,14)}=\frac{1}{2.35}$$

因为 $S_1^2=6.38$，$S_2^2=5.15$，由此可得方差比的置信水平为 0.9 的置信区间为

$$\left(\frac{S_1^2}{S_2^2}F_{1-\alpha/2}(n-1,m-1),\frac{S_1^2}{S_2^2}F_{\alpha/2}(n-1,m-1)\right)$$

$$=\left(\frac{1}{2.35}\times\frac{6.38}{5.15},2.13\times\frac{6.38}{5.15}\right)=(0.527,2.639)$$

实际问题中，当需要比较两种测量工具的精度、比较两个生产过程的稳定性、比较两个评委评分的变异性等，这些都可转化为两个总体方差的比较。

练　习　题

1. 在漂白工艺中，温度会对针织品的断裂强力有影响。假定断裂强力服从正态分布，在两种不同温度下，分别进行了 8 次试验，测得断裂强力的数据如表 3-2 所示（单位：kg）。

表 3-2　针织品断裂强力测量值

温度 \ 次数	1	2	3	4	5	6	7	8
70℃	20.5	18.8	19.8	20.9	21.5	19.5	21.0	21.2
80℃	17.7	20.3	20.0	18.8	19.0	20.1	20.2	19.1

试判断这两种温度下的断裂强力有无明显差异。（取显著性水平 $\alpha=0.05$）

2. 在 20 世纪 70 年代后期人们发现，酿造啤酒时，在麦芽干燥过程中形成一种致癌物质亚硝基二甲胺（NDMA）。在 20 世纪 80 年代初期开发了一种新的麦芽干燥过程，表 3-3 给出了新、老两种过程中形成的 NDMA 含量的抽样（以 10 亿份中的份数记）。

表 3-3　新、老两种过程中形成的 NDMA 含量的抽样数据

老过程	6	4	5	5	6	5	5	6	4	6	7	4
新过程	2	1	2	2	1	0	3	2	1	0	1	3

设新、老两种过程中形成的 NDMA 含量服从正态分布，且方差相等。分别以 μ_X，μ_Y 记老、新过程的总体均值，取显著性水平 $\alpha = 0.05$，检验 $H_0: \mu_X - \mu_Y \leqslant 2$，$H_1: \mu_X - \mu_Y > 2$。

3. 试验农场在 20 块大小相同、土质一致的试验田上种植花生，其中 10 块施钾肥，其他耕种措施一样，结果产量（单位：kg/亩）如下：施钾肥的亩产量 X：62，52，58，65，60，63，58，57，60，60；未施钾肥的亩产量 Y：55，56，56，57，59，58，57，55，57，60。假定 $X \sim N(\mu_1, \sigma_1^2)$，$Y \sim N(\mu_2, \sigma_2^2)$ 且 $\sigma_1^2 = \sigma_2^2$，X 与 Y 独立，试求 $\mu_1 - \mu_2$ 的置信水平为 95% 的置信区间。

4. 有甲乙两车床生产同一型号的滚珠，根据已有经验可以认为，这两台车床生产的滚珠的直径都服从正态分布，问题是要比较两台车床生产的滚珠的直径的方差。现在从这两台车床生产的产品中分别抽取 8 个和 9 个，经计算得 $\overline{X}_{甲} = 15.01$，$\overline{X}_{乙} = 14.99$，$S_{甲}^2 = 0.0955$，$S_{乙}^2 = 0.0261$，对显著性水平 $\alpha = 0.05$，试问：乙车床产品的方差是否比甲车床的小？

5. 设两位化验员 A，B 分别独立地对某种化合物各作 10 次测定，测定值的样本方差分别为 $S_A^2 = 0.5419$，$S_B^2 = 0.6065$。设两个总体均为正态分布，求方差比 $\dfrac{\sigma_A^2}{\sigma_B^2}$ 的置信水平为 0.95 的置信区间。

第4章 方差分析

方差分析（ANOVA：Analysis of Variance）是一种实用、有效的统计检验方法，用来检验试验过程中有关因素对试验结果影响的显著性，研究自变量（因素）与因变量（试验结果）之间的相互关系。如对于某一化学反应，在反应时间、反应温度和压强等条件相同时，要清楚不同的催化剂对产物得率是否有显著影响，并从中挑选出最合适的催化剂，这就是一个典型的方差分析的问题。

将表示试验结果特性的值，如产品的产量、产品的纯度等称为试验指标（experimental index），可以用它来衡量或考核试验效果。将影响试验指标的条件称为因素（experimental factor）。因素可以分为可控因素和不可控因素，例如，反应温度、原料用量等是可以控制的，而测量误差、气象条件等一般是难以控制的。方差分析所讨论的因素一般是指可控因素（controllable factor）。方差分析中涉及的因素可以是数量性的，如反应温度；也可以是属性因素，如催化剂种类。因素的不同状态或内容称为水平（level of factor），如催化剂的不同种类就称作不同的水平。如果方差分析只针对一个试验因素，则称为单因素方差分析（one-way analysis of variance）。如果同时针对多个试验因素进行，则称为多因素方差分析，其中，双因素方差分析（two-way analysis of variance）是最常见的。

4.1 单因素试验的方差分析

4.1.1 单因素试验方差分析基本问题

单因素试验的方差分析又称一元方差分析，它是讨论一种因素对试验结果有无显著影响的方法。设某单因素 A 有 r 种水平 A_1，A_2，…，A_r，在每种水平下的试验结果都服从正态分布。如果在各个水平下分别做了 p 次试验，通过单因素试验的方差分析可以判断因素 A 对试验结果是否有显著影响。单因素试验的方差分析数据模型如表4-1所示。

表 4-1　单因素试验数据

水平 / 试验次数	A_1	A_2	…	A_i	…	A_r
1	x_{11}	x_{21}	…	x_{i1}	…	x_{r1}
2	x_{12}	x_{22}	…	x_{i2}	…	x_{r2}
⋮	⋮	⋮	⋮	⋮	⋮	⋮
j	x_{1j}	x_{2j}	…	x_{ij}	…	x_{rj}
⋮	⋮	⋮	⋮	⋮	⋮	⋮
p	x_{1p}	x_{2p}	…	x_{ip}	…	x_{rp}

表4-1 中任一试验数据可以表示为 $x_{ij}(i=1,2,\cdots,r;\ j=1,2,\cdots,p)$，其中 i 表示因素 A 对应的水平，j 表示在 i 水平上的第 j 次试验。例如，x_{12} 表示的是水平 1 上的第 2 次试验。

4.1.2　单因素试验方差分析基本步骤

为了便于理解，可以将方差分析过程划分为以下几步：

1. 计算平均值

将每种水平看成一组，令 $\bar{x}_i$ 为第 i 种水平上所有试验值的算术平均值，称为组内平均值，即

$$\bar{x}_i = \frac{1}{p}\sum_{j=1}^{p} x_{ij}\ (i = 1,2,\cdots,r) \tag{4-1}$$

组内和为

$$T_i = \sum_{j=1}^{p} x_{ij} = p\bar{x}_i \tag{4-2}$$

总平均值 $\bar{x}$ 为所有试验值的算术平均值，即

$$\bar{x} = \frac{1}{n}\sum_{i=1}^{r}\sum_{j=1}^{p} x_{ij} \tag{4-3}$$

式中，n 为总试验次数，即

$$n = \sum_{i=1}^{r} p = rp \tag{4-4}$$

若将式（4-2）代入式（4-3），可以得到总平均值的另两种计算公式

$$\bar{x} = \frac{1}{n}\sum_{i=1}^{r} p\bar{x}_i \tag{4-5}$$

$$\bar{x} = \frac{1}{n}\sum_{i=1}^{r} T_i \tag{4-6}$$

2. 计算离差平方和

在单因素试验中，各试验结果之间存在差异，这种差异可用离差平方和表示。

(1) 总离差平方和

总离差平方和用 S_T(sum of squares for total)表示，其计算公式为

$$S_T = \sum_{i=1}^{r} \sum_{j=1}^{p} (x_{ij} - \bar{x})^2 \tag{4-7}$$

式中，S_T 为各试验值与总平均值的偏差的平方和，反映了试验结果间存在的总差异。

(2) 组间离差平方和

组间离差平方和用 S_A(sum of squares for factor A)表示，其计算公式为

$$S_A = \sum_{i=1}^{r} \sum_{j=1}^{p} (\bar{x}_i - \bar{x})^2 = \sum_{i=1}^{r} p(\bar{x}_i - \bar{x})^2 \tag{4-8}$$

由式 (4-8) 可以看出，组间离差平方和反映了各组内平均值之间的差异程度，这种差异是由于因素 A 不同水平的不同作用造成的，所以，组间离差平方和又称为水平项离差平方和。

(3) 组内离差平方和

组内离差平方和用 S_e(sum of squares for error)表示，其计算公式为

$$S_e = \sum_{i=1}^{r} \sum_{j=1}^{p} (x_{ij} - \bar{x}_i)^2 \tag{4-9}$$

由式 (4-9) 可以看出，组内离差平方和反映了在各水平内各试验值之间的差异程度，这种差异是由于随机误差的作用产生的，所以，组内离差平方和又称为误差项离差平方和。另外有

$$S_T = \sum_{i=1}^{r} \sum_{j=1}^{p} (x_{ij} - \bar{x})^2 = \sum_{i=1}^{r} \sum_{j=1}^{p} [(x_{ij} - \bar{x}_i) + (\bar{x}_i - \bar{x})]^2$$

$$= \sum_{i=1}^{r} \sum_{j=1}^{p} (x_{ij} - \bar{x}_i)^2 + \sum_{i=1}^{r} p(\bar{x}_i - \bar{x})^2 + 2\sum_{i=1}^{r} \sum_{j=1}^{p} (x_{ij} - \bar{x}_i)(\bar{x}_i - \bar{x})$$

式中，$2\sum_{i=1}^{r} \sum_{j=1}^{p} (x_{ij} - \bar{x}_i)(\bar{x}_i - \bar{x}) = 2\sum_{i=1}^{r} [(x_i - \bar{x}) \cdot \sum_{j=1}^{p} (\bar{x}_{ij} - \bar{x}_i)] = 2\sum_{i=1}^{r} [(\bar{x}_i - \bar{x}) \cdot (\sum_{j=1}^{p} x_{ij} - p\,\bar{x}_i)] = 0$，所以

$$S_T = S_A + S_e \tag{4-10}$$

这说明了试验值之间的差异来自于两个方面：一方面是因素的不同水平，例如，反应温度的不同导致不同的产品得率，这种差异是系统性的；另一方面是试验的随机误差，例如，在相同的温度下，产品得率也不一定相同。

3. 计算自由度

由离差平方和的计算公式可以看出，在同样的误差程度下，测得的数据越

少，计算出的离差平方和就越大，因此仅用离差平方和来反映试验值间差异的大小还是不够的，还需要考虑试验数据的多少对离差平方和带来的影响，为此需考虑自由度（df：degree of freedom）。

求自由度的主要目的是为了消除数据量的变异对离差平方和的影响。n 个变量 $y_1, y_2, \cdots, y_n$，$S = \sum_{i=1}^{n} y_i^2$ 的自由度取决于 y_i 之间有多少个线性约束关系，如果有 m（$0 \leqslant m \leqslant n$）个线性约束方程，即

$$\begin{cases} b_{11}y_1 + b_{12}y_2 + \cdots + b_{1n}y_n = 0 \\ b_{21}y_1 + b_{22}y_2 + \cdots + b_{2n}y_n = 0 \\ \vdots \\ b_{m1}y_1 + b_{m2}y_2 + \cdots + b_{mn}y_n = 0 \end{cases}$$

这 m 个方程之间是相互独立的，则 $S = \sum_{i=1}^{n} y_i^2$ 的自由度 $df = n - m$。

对于上述三种离差平方和对应的自由度分别如下：

总离差平方和 S_T 对应的自由度称为总自由度 $df_T = n - 1$；

组间离差平方和 S_A 所对应的自由度称为组间自由度 $df_A = r - 1$；

组内离差平方和 S_e 对应的自由度称为组内自由度 $df_e = n - r$。

显然，上述3个自由度的关系为 $df_T = df_A + df_e$。

4. 计算平均平方

用离差平方和除以对应的自由度即可得到平均平方（MS：mean square），简称均方。将 S_A，S_e 分别除以 df_A，df_e 就可以得到：$MS_A = S_A/df_A$，$MS_e = S_e/df_e$，称 MS_A 为组间均方（mean square between groups），MS_e 为组内均方（mean square within group），也被称为误差均方（error mean square）。

5. *F* 检验

组间（也称水平间）均方和组内（也称水平内）均方之比 F 是一个统计量，即

$$F_A = \frac{\text{组间均方}}{\text{组内均方}} = \frac{MS_A}{MS_e} \tag{4-11}$$

F_A 服从自由度为(df_A, df_e)的 F 分布（F distribution），对于给定的显著性水平 α，从 F 分布的数值表可以查得临界值 $F_\alpha(df_A, df_e)$，如果 $F_A > F_\alpha(df_A, df_e)$，则认为因素 A 对试验结果有显著影响，否则认为因素 A 对试验结果没有显著影响。

为了将方差分析的主要过程表现得更清楚，通常将有关的计算结果列成方差分析表，如表4-2 所示。

表 4-2　单因素试验的方差分析表

方差来源	离差平方和	自由度 df	均方 MS	F 值	显著性
组间（因素 A）	S_A	$r-1$	$MS_A=\frac{S_A}{r-1}$	$F=\frac{MS_A}{MS_e}$	
组内（误差）	S_e	$n-r$	$MS_e=\frac{S_e}{n-r}$		
总和	S_T	$n-1$			

MS_A/MS_e 服从 F 分布，用 $F=MS_A/MS_e$ 与一定显著水平相应的 F 的临界值比较来判断条件对试验结果影响的显著性。常用显著性判断标准如表 4-3 所示。

表 4-3　显著性判断标准

判断标准	影响程度	标记符号
$F_{0.01}<F$	因素影响特别显著	* *
$F_{0.05}<F\leqslant F_{0.01}$	因素影响显著	*
$F_{0.1}<F\leqslant F_{0.05}$	因素有影响	(*)

例 4-1　为考察温度对某种化工产品得率的影响，选取了 5 种不同的温度，在同一温度下各做 3 次试验，试验数据如表 4-4 所示。试问温度对得率有无显著影响。

表 4-4　试验结果表

温度 / 试验次数	60℃	65℃	70℃	75℃	80℃
1	90	97	96	84	84
2	92	93	96	83	86
3	88	92	93	88	82

解：（1）计算平均值

依题意本例为单因素试验的方差分析，单因素为温度，它有 5 种水平，即 $r=5$，在每种水平下做了 3 次试验，故 $n_i=3(i=1,2,\cdots,5)$，总试验次数 $n=15$。有关平均值的计算如表 4-5 所示。

表 4-5　计算表

温度 / 试验次数	60℃	65℃	70℃	75 ℃	80℃
1	90	97	96	84	84
2	92	93	96	83	86
3	88	92	93	88	82
组内和 T_i	270	282	285	255	252
试验次数 n_i	3	3	3	3	3
组内平均 $\bar{x}_i$	90	94	95	85	84
总平均 $\bar{x}$	89.6				

（2）计算离差平方和

$$S_T = \sum_{i=1}^{5}\sum_{j=1}^{3}(x_{ij} - \bar{x})^2 = (90 - 89.6)^2 + \cdots + (82 - 89.6)^2 = 353.6$$

$$S_A = \sum_{i=1}^{5} n_i(\bar{x}_i - \bar{x})^2 = 3[(90 - 89.6)^2 + \cdots + (84 - 89.6)^2] = 303.6$$

$$S_e = S_T - S_A = 353.6 - 303.6 = 50.0$$

（3）计算自由度

$$df_T = n - 1 = 15 - 1 = 14$$

$$df_A = r - 1 = 5 - 1 = 4$$

$$df_e = n - r = 15 - 5 = 10$$

（4）计算均方

$$MS_A = S_A/df_A = 303.6/4 = 75.9$$

$$MS_e = S_e/df_e = 50.0/10 = 5.0$$

（5）F 检验

$$F_A = \frac{MS_A}{MS_e} = \frac{75.9}{5.0} = 15.18$$

从 F 分布表中查得 $F_{0.05}(df_A, df_e) = F_{0.05}(4,10) = 3.48$，$F_{0.01}(4,10) = 5.99$，由于 $F_A = 15.18 > F_{0.01}(4,10) = 5.99$，所以因素 A，即温度对产品得率有非常显著的影响。最后将有关计算结果列于方差分析表中，如表 4-6 所示。

表 4-6　方差分析表

方差来源	离差平方和	自由度 df	均方 MS	F 值	显著性
温度（组间）	303.6	4	75.9	15.18	**
误差（组内）	50.0	10	5.0		
总和	353.6	14			

应当注意的是，对于单因素多水平的试验，如果各个水平上试验次数 n_i 不同，则数据处理要比试验次数相同时麻烦得多；而且，当总的试验次数 n 相同时，n_i 相同时的试验精度更高。因此，单因素多水平试验应尽量安排 n_i 相同。

4.1.3　单因素方差分析的 Minitab 实现

Minitab 的方差分析包括进行普通方差分析、多响应变量方差分析、均值分析、方差齐性测试、置信区间图、主要影响和交互作用影响图等，用 Minitab14 软件实现例 4-1 的方差分析，将数据输入到 worksheet 中，如图 4-1 所示。

选择“Stat→ANOVA→One-Way（Unstacked）”；One-Way 用于进行单变量方差分析，适于所有响应变量在一栏储存，而标记存于另一栏的情形；One-Way

C2 60℃	C3 65℃	C4 70℃	C5 75℃	C6 80℃
90	97	96	84	84
92	93	96	83	86
88	92	93	88	82

图 4-1　worksheet 数据表格

（Unstacked）用于进行单变量方差分析，适于各水平组分别储存于不同栏的情形。例 4-1 中选择 One-way（Unstacked），出现如图 4-2 所示的对话框。

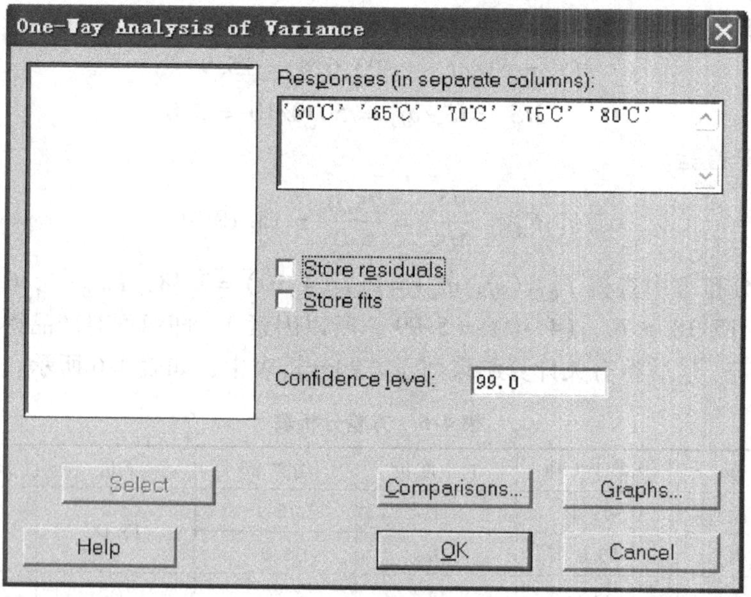

图 4-2　Minitab 对话框

Minitab 的输出结果如图 4-3 所示。

由以上结果可知，F 值为 15.18。因为 $F=15.18>F_{0.01}(4,10)=5.99$，所以因素 A 即温度对产品得率有非常显著的影响。

另外，假设检验的决策判断过程可以基于给定测试的概率值（P-值）来判断，如果 P-值小于或等于预先给定的显著性水平（α 水平），就拒绝原假设，认为备择假设是成立的；反之，接受原假设，不能认为备择假设是正确的。例如，由例 4-1 的 Minitab 实现可知 $P=0$，小于预先给定的显著性水平（$\alpha=0.01$），所以拒绝原假设，认为备择假设是成立的，即因素 A（温度）对产品得率有非常显著的影响。

```
Source  DF      SS     MS      F      P
Factor   4  303.60  75.90  15.18  0.000
Error   10   50.00   5.00
Total   14  353.60

S = 2.236   R-Sq = 85.86%   R-Sq(adj) = 80.20%


                             Individual 99% CIs For Mean Based on Pooled
                             StDev
Level  N    Mean  StDev  +---------+---------+---------+---------
60℃    3  90.000  2.000             (-------*-------)
65℃    3  94.000  2.646                     (-------*-------)
70℃    3  95.000  1.732                       (-------*-------)
75℃    3  85.000  2.646    (-------*-------)
80℃    3  84.000  2.000  (-------*-------)
                             +---------+---------+---------+---------
                          80.0      85.0      90.0      95.0

Pooled StDev = 2.236
```

图 4-3 Minitab 分析结果

4.2 双因素试验的方差分析

双因素试验的方差分析是讨论两个因素对试验结果影响的显著性。根据两因素每种组合水平上的试验次数，可以将双因素试验的方差分析分为无重复试验和重复试验的方差分析。

4.2.1 双因素无重复试验的方差分析

设在某试验中，有两个因素 A 和 B 在变化，A 有 r 种水平 A_1，A_2，…，A_r，B 有 s 种水平 B_1，B_2，…，B_s，在每一种组合水平（A_i，B_j）上做 1 次试验。试验结果为 $x_{ij}(i=1,2,\cdots,r;j=1,2,\cdots,s)$，所有 x_{ij} 相互独立，且服从正态分布。双因素无重复试验数据如表 4-7 所示。

表 4-7 双因素无重复试验数据表

因素 B / 因素 A	B_1	B_2	…	B_s
A_1	x_{11}	x_{12}	…	x_{1s}
A_2	x_{21}	x_{22}	…	x_{2s}
⋮	⋮	⋮	⋮	⋮
A_r	x_{r1}	x_{r2}	…	x_{rs}

对于任一个试验值 x_{ij}，其中 i 表示 A 因素对应的水平，j 表示 B 因素对应的水平。例如，x_{12}表示的是在(A_1，B_2)组合水平上的试验，显然总试验次数 $n=rs$。

双因素无重复试验的方差分析的基本步骤如下：

1. 计算平均值

令

$$\begin{cases}\bar{x} = \dfrac{1}{rs}\sum_{i=1}^{r}\sum_{j=1}^{s} x_{ij} \\ \bar{x}_{i\cdot} = \dfrac{1}{s}\sum_{j=1}^{s} x_{ij} \\ \bar{x}_{\cdot j} = \dfrac{1}{r}\sum_{i=1}^{r} x_{ij}\end{cases} \tag{4-12}$$

显然有

$$\bar{x} = \frac{1}{r}\sum_{i=1}^{r} \bar{x}_{i\cdot} = \frac{1}{s}\sum_{j=1}^{s} \bar{x}_{\cdot j} \tag{4-13}$$

式中，$\bar{x}$ 为所有试验值的算术平均值，称为总平均；$\bar{x}_{i\cdot}$ 为 A_i 水平时所有试验值的算术平均值；$\bar{x}_{\cdot j}$ 为 B_j 水平时所有试验值的算术平均值。

2. 计算离差平方和

总离差平方和

$$\begin{aligned}S_T &= \sum_{i=1}^{r}\sum_{j=1}^{s}(x_{ij}-\bar{x})^2 \\ &= \sum_{i=1}^{r}\sum_{j=1}^{s}[(x_{ij}-\bar{x}_{i\cdot}-\bar{x}_{\cdot j}+\bar{x})+(\bar{x}_{i\cdot}-\bar{x})+(\bar{x}_{\cdot j}-\bar{x})]^2 \\ &= \sum_{i=1}^{r}\sum_{j=1}^{s}(x_{ij}-\bar{x}_{i\cdot}-\bar{x}_{\cdot j}+\bar{x})^2 + s\sum_{i=1}^{r}(\bar{x}_{i\cdot}-\bar{x})^2 + r\sum_{j=1}^{s}(\bar{x}_{\cdot j}-\bar{x})^2 + \\ &\quad 2\sum_{i=1}^{r}\sum_{j=1}^{s}(x_{ij}-\bar{x}_{i\cdot}-\bar{x}_{\cdot j}+\bar{x})(\bar{x}_{i\cdot}-\bar{x}) + \\ &\quad 2\sum_{i=1}^{r}\sum_{j=1}^{s}(x_{ij}-\bar{x}_{i\cdot}-\bar{x}_{\cdot j}+\bar{x})(\bar{x}_{\cdot j}-\bar{x}) + 2\sum_{i=1}^{r}\sum_{j=1}^{s}(\bar{x}_{i\cdot}-\bar{x})(\bar{x}_{\cdot j}-\bar{x})\end{aligned}$$

上式中，各平方和分解中的交叉项为零，得

$$\begin{cases}S_T = \sum_{i=1}^{r}\sum_{j=1}^{s}(x_{ij}-\bar{x})^2 = S_A + S_B + S_e \\ S_A = \sum_{i=1}^{r}\sum_{j=1}^{s}(\bar{x}_{i\cdot}-\bar{x})^2 = s\sum_{i=1}^{r}(\bar{x}_{i\cdot}-\bar{x})^2 \\ S_B = \sum_{i=1}^{r}\sum_{j=1}^{s}(\bar{x}_{\cdot j}-\bar{x})^2 = r\sum_{j=1}^{s}(\bar{x}_{\cdot j}-\bar{x})^2 \\ S_e = \sum_{i=1}^{r}\sum_{j=1}^{s}(x_{ij}-\bar{x}_{i\cdot}-\bar{x}_{\cdot j}+\bar{x})^2\end{cases} \tag{4-14}$$

称 S_A 为因素 A 引起的离差平方和，S_B 为因素 B 引起的离差平方和，S_e 为误差平方和。

各离差平方和简化为

$$\begin{cases} T_{i\cdot} = \sum_{j=1}^{s} x_{ij} \\ T_{\cdot j} = \sum_{i=1}^{r} x_{ij} \\ T = \sum_{i=1}^{r} \sum_{j=1}^{s} x_{ij} = \sum_{i=1}^{r} T_{i\cdot} = \sum_{j=1}^{s} T_{\cdot j} \end{cases} \tag{4-15}$$

$$\begin{cases} Q_{i\cdot} = \sum_{j=1}^{s} x_{ij}^2 \\ Q_{\cdot j} = \sum_{i=1}^{r} x_{ij}^2 \\ Q = \sum_{i=1}^{r} \sum_{j=1}^{s} x_{ij}^2 = \sum_{i=1}^{r} Q_{i\cdot} = \sum_{j=1}^{s} Q_{\cdot j} \end{cases} \tag{4-16}$$

式中，$T_{i\cdot}$ 为 A_i 水平时，s 个试验值之和；$T_{\cdot j}$ 为 B_j 水平时，r 个试验值之和；$Q_{i\cdot}$ 为 A_i 水平时，s 个试验值的平方和；$Q_{\cdot j}$ 为 B_j 水平时，r 个试验值的平方和；T 为所有 n 个试验值之和；Q 为所有 n 个试验值的平方和。

于是有

$$\begin{cases} S_T = Q - \dfrac{T^2}{rs} = Q - \dfrac{T^2}{n} \\ S_A = \dfrac{1}{s}\sum_{i=1}^{r} T_{i\cdot}^2 - \dfrac{T^2}{rs} = \dfrac{1}{s}\sum_{i=1}^{r} T_{i\cdot}^2 - \dfrac{T^2}{n} \\ S_B = \dfrac{1}{r}\sum_{j=1}^{s} T_{\cdot j}^2 - \dfrac{T^2}{rs} = \dfrac{1}{r}\sum_{j=1}^{s} T_{\cdot j}^2 - \dfrac{T^2}{n} \\ S_e = S_T - S_A - S_B \end{cases} \tag{4-17}$$

3. 计算自由度

S_A 的自由度为 $df_A = r - 1$

S_B 的自由度为 $df_B = s - 1$

S_e 的自由度为 $df_e = (r-1)(s-1)$

S_T 的自由度为 $df_T = n - 1 = rs - 1$

显然，$df_T = df_A + df_B + df_e$

4. 计算均方

$$\begin{cases} MS_A = \dfrac{S_A}{r-1} \\ MS_B = \dfrac{S_B}{s-1} \\ MS_e = \dfrac{S_e}{(r-1)(s-1)} \end{cases} \tag{4-18}$$

5. *F* 检验

$$F_A = \frac{MS_A}{MS_e}$$

$$F_B = \frac{MS_B}{MS_e}$$

F_A 服从自由度为(df_A, df_e)的 F 分布，对于给定的显著性水平 α，若 $F_A > F_\alpha(df_A, df_e)$，则认为因素 A 对试验结果有显著影响，否则无显著影响；F_B 服从自由度为(df_B, df_e)的 F 分布，若 $F_B > F_\alpha(df_B, df_e)$，则认为因素 B 对试验结果有显著影响，否则无显著影响。最后列出方差分析表，如表 4-8 所示。

表 4-8　无重复试验双因素方差分析表

方差来源	离差平方和	自由度 df	均方 MS	F 值	显著性
因素 A	S_A	$r-1$	$MS_A = \dfrac{S_A}{r-1}$	$F_A = \dfrac{MS_A}{MS_e}$	
因素 B	S_B	$s-1$	$MS_B = \dfrac{S_B}{s-1}$	$F_B = \dfrac{MS_B}{MS_e}$	
误差	S_e	$(r-1)(s-1)$	$MS_e = \dfrac{S_e}{(r-1)(s-1)}$		
总和	S_T	$rs-1$			

例 4-2　某工程师想要了解压力（P）和温度（T）对产品硬度的影响，以便选择合适的条件使产品硬度最大。现在试验中选择因素 P 的 3 个水平，因素 T 的 4 个水平，在组合水平(P_i, T_j)，$(i=1,2,3; j=1,2,3,4)$下进行试验，测得的数据如表 4-9 所示。

表 4-9　产品试验数据

因素 P \ 因素 T	T_1	T_2	T_3	T_4
P_1	63.1	63.9	65.6	66.8
P_2	65.1	66.4	67.8	69.0
P_3	67.2	71.0	71.9	73.5

试判断压力和温度对产品的硬度是否有显著的影响（$\alpha = 0.01$）。

解：$r=3$，$s=4$，$rs=n=12$，令 x_{ij} 为 P 与 T 的组合水平 (P_i, T_j) 下的试验结果，则

$$S_T = \sum_{i=1}^{r}\sum_{j=1}^{s}(x_{ij}-\bar{x})^2 = \sum_{i=1}^{3}\sum_{j=1}^{4}(x_{ij}-\bar{x})^2 = 113.29$$

$$S_A = s\sum_{i=1}^{r}(\bar{x}_{i\cdot}-\bar{x})^2 = 4\sum_{i=1}^{3}(\bar{x}_{i\cdot}-\bar{x})^2 = 74.91$$

$$S_B = r\sum_{j=1}^{s}(\bar{x}_{\cdot j}-\bar{x})^2 = 3\sum_{j=1}^{4}(\bar{x}_{\cdot j}-\bar{x})^2 = 35.17$$

$$S_e = S_T - S_A - S_B = 3.21$$

方差分析如表4-10所示。

表4-10 方差分析表

方差来源	离差平方和	自由度 df	均方 MS	F 值	显著性
因素 P	74.91	2	37.46	70.02	**
因素 T	35.17	3	11.72	21.91	**
误差	3.21	6	0.535		
总和	113.29	11			

由 F 分布表知：$F_{0.01}(2,6)=10.92$，$F_{0.01}(3,6)=9.78$，因为 $F_P=70.02>F_{0.01}(2,6)=10.92$，$F_T=21.91>F_{0.01}(3,6)=9.78$，可以判定压力（$P$）和温度（$T$）对产品的硬度都有显著影响。

4.2.2 双因素无重复试验方差分析的Minitab实现

用Minitab对例4-2进行分析，首先将测量数据复制到worksheet中，选择"Data→Stack→Rows"，得到图4-4所示格式的数据，在标题栏中分别输入P，T和Rigidity。

C5 P	C6-T T	C7 Rigidity
1	C1	63.1
1	C2	63.9
1	C3	65.6
1	C4	66.8
2	C1	65.1
2	C2	66.4
2	C3	67.8
2	C4	69.0
3	C1	67.2
3	C2	71.0
3	C3	71.9
3	C4	73.5

图4-4 worksheet数据表

选择“Stat→ANOVA→Two-Way”，出现图 4-5 所示的对话框。

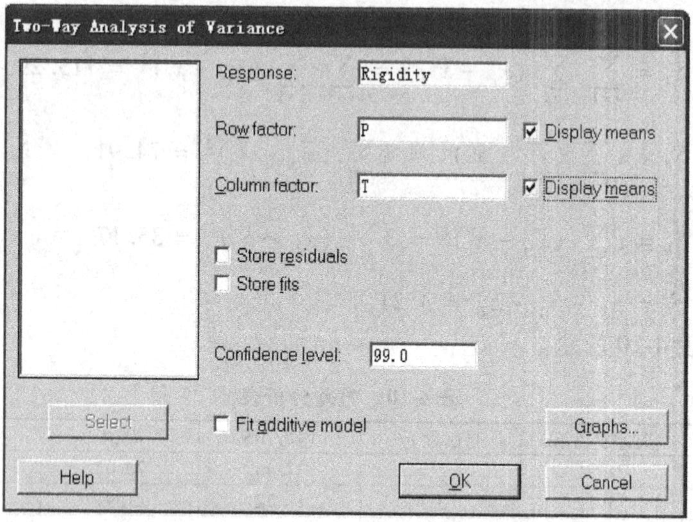

图 4-5　Two-Way Analysis of Variance 对话框

结果如图 4-6 所示。

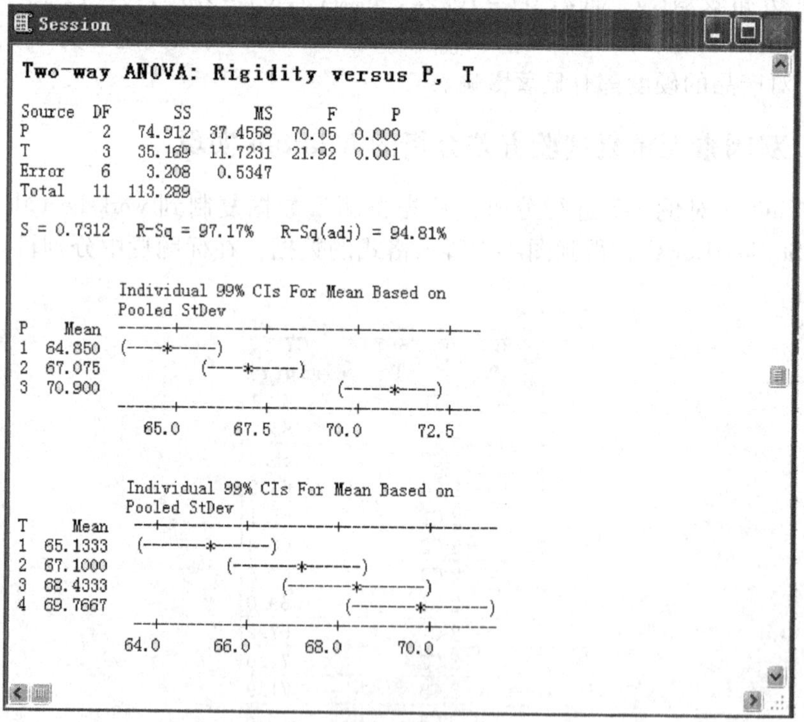

```
Session

Two-way ANOVA: Rigidity versus P, T

Source  DF       SS       MS      F      P
P        2   74.912  37.4558  70.05  0.000
T        3   35.169  11.7231  21.92  0.001
Error    6    3.208   0.5347
Total   11  113.289

S = 0.7312   R-Sq = 97.17%   R-Sq(adj) = 94.81%

                Individual 99% CIs For Mean Based on
                Pooled StDev
P    Mean       -------+---------+---------+---------+---
1  64.850       (----*-----)
2  67.075                 (----*-----)
3  70.900                           (-----*----)
                -------+---------+---------+---------+---
                     65.0      67.5      70.0      72.5

                 Individual 99% CIs For Mean Based on
                 Pooled StDev
T     Mean       --+---------+---------+---------+-------
1  65.1333       (--------*-------)
2  67.1000               (---------*-------)
3  68.4333                   (---------*--------)
4  69.7667                       (---------*--------)
                 --+---------+---------+---------+-------
                 64.0      66.0      68.0      70.0
```

图 4-6　Minitab 分析结果

由此可知：$F_P = 70.05 > F_{0.01}(2,6) = 10.92$，$F_T = 21.92 > F_{0.01}(3,6) = 9.78$，可知压力（$P$）和温度（$T$）对产品的硬度都有着显著影响；另外，$P$ 和 T 的 P-值分别为 0.000 和 0.001，小于 0.01，由此也可判断出，P，T 对硬度有非常显著的影响。

4.2.3 双因素重复试验的方差分析

在以上的讨论中，假设两因素是相互独立的，但是在双因素试验中，有时还存在着两因素对试验结果的联合影响，这种联合影响称作交互作用（interaction）。例如，若因素 A 的数值或水平发生变化时，试验指标随因素 B 的变化规律也发生变化；反之，若因素 B 的数值或水平发生变化时，试验指标随因素 A 的变化规律也发生变化，则称因素 A，B 间有交互作用，记为 $A \times B$。如果要检验交互作用对试验指标的影响是否显著，则要求在两个因素的每一个组合(A_i, B_j)上至少做 2 次试验。设在某项试验中，有 A，B 两个因素在变化，A 有 r 种水平 A_1，A_2，…，A_r，B 有 s 种水平 B_1，B_2，…，B_s。为研究交互作用 $A \times B$ 的影响，在每一种组合水平(A_i, B_j)上重复做 c（$c \geqslant 2$）次试验（称为等重复性试验），每个试验值记为 $x_{ijk}(i = 1,2,\cdots,r; j = 1,2,\cdots,s; k = 1,2,\cdots,c)$，如表 4-11 所示。

表 4-11 双因素重复试验

因素 A \ 因素 B	B_1	B_2	…	B_s
A_1	x_{111}，x_{112}，…，x_{11c}	x_{121}，x_{122}，…，x_{12c}	…	x_{1s1}，x_{1s2}，…，x_{1sc}
A_2	x_{211}，x_{212}，…，x_{21c}	x_{221}，x_{222}，…，x_{22c}	…	x_{2s1}，x_{2s2}，…，x_{2sc}
⋮	⋮	⋮	⋮	⋮
A_r	x_{r11}，x_{r12}，…，x_{r1c}	x_{r21}，x_{r22}，…，x_{r2c}	…	x_{rs1}，x_{rs2}，…，x_{rsc}

从表 4-11 可以看出，对于任一个试验值 x_{ijk}，其中 i 表示 A 因素对应的水平，j 表示 B 因素对应的水平，点 x_{ijk} 表示在组合水平(A_i, B_j)上的第 k 次试验。例如，x_{123} 表示的是在（A_1，B_2）组合水平上的第 3 次试验，显然，总试验次数 $n = rsc$。

双因素等重复试验的方差分析的基本步骤如下：

1. 计算平均值

令

$$
\begin{cases}
\bar{x} = \dfrac{1}{rsc}\sum_{i=1}^{r}\sum_{j=1}^{s}\sum_{k=1}^{c} x_{ijk} \\
\bar{x}_{ij\cdot} = \dfrac{1}{c}\sum_{k=1}^{c} x_{ijk} \\
\bar{x}_{i\cdot\cdot} = \dfrac{1}{sc}\sum_{j=1}^{s}\sum_{k=1}^{c} x_{ijk} = \dfrac{1}{s}\sum_{j=1}^{s} \bar{x}_{ij\cdot} \\
\bar{x}_{\cdot j\cdot} = \dfrac{1}{rc}\sum_{i=1}^{r}\sum_{k=1}^{c} x_{ijk} = \dfrac{1}{r}\sum_{i=1}^{r} \bar{x}_{ij\cdot}
\end{cases}
$$

式中，$\bar{x}$为所有试验值的算术平均值，称为总平均；$\bar{x}_{ij\cdot}$ 为在任一组合水平（A_i，B_j）上的 c 次试验值的算术平均值；$\bar{x}_{i\cdot\cdot}$ 为 A_i 水平时，所有试验值的算术平均值；$\bar{x}_{\cdot j\cdot}$ 为 B_j 水平时，所有试验值的算术平均值。

2. 计算离差平方和

$$S_T = \sum_{i=1}^{r}\sum_{j=1}^{s}\sum_{k=1}^{c}(x_{ijk}-\bar{x})^2 = S_A + S_B + S_{A\times B} + S_e \tag{4-19}$$

式中，

$$\begin{cases} S_A = sc\sum_{i=1}^{r}(\bar{x}_{i\cdot\cdot}-\bar{x})^2 \\ S_B = rc\sum_{j=1}^{s}(\bar{x}_{\cdot j\cdot}-\bar{x})^2 \\ S_{A\times B} = c\sum_{i=1}^{r}\sum_{j=1}^{s}(\bar{x}_{ij\cdot}-\bar{x}_{i\cdot\cdot}-\bar{x}_{\cdot j\cdot}+\bar{x})^2 \\ S_e = \sum_{i=1}^{r}\sum_{j=1}^{s}\sum_{k=1}^{c}(x_{ijk}-\bar{x}_{ij\cdot})^2 \end{cases} \tag{4-20}$$

称 S_A 为因素 A 引起的离差平方和，S_B 为因素 B 引起的离差平方和，$S_{A\times B}$为 $A\times B$ 引起的离差平方和，S_e 为误差平方和。各离差平方和可用下列简化公式计算：

$$\begin{cases} T_{ij\cdot} = \sum_{k=1}^{c}x_{ijk} \\ T_{i\cdot\cdot} = \sum_{j=1}^{s}\sum_{k=1}^{c}x_{ijk} \\ T_{\cdot j\cdot} = \sum_{i=1}^{r}\sum_{k=1}^{c}x_{ijk} \\ T = \sum_{i=1}^{r}\sum_{j=1}^{s}\sum_{k=1}^{c}x_{ijk} \\ Q = \sum_{i=1}^{r}\sum_{j=1}^{s}\sum_{k=1}^{c}x_{ijk}^2 \end{cases} \tag{4-21}$$

式中，$T_{ij\cdot}$ 为在任一组合水平（A_i，B_j）上的 c 次试验值之和；$T_{i\cdot\cdot}$ 为 A_i 水平时，sc 个试验值之和；$T_{\cdot j\cdot}$ 为 B_j 水平时，rc 个试验值之和；T 为所有 n 个试验值之和；Q 为所有 n 个试验值的平方和。

于是，各离差平方和的简化计算式如式（4-22）所示。

$$
\begin{cases}
S_T = Q - \dfrac{T^2}{rsc} = Q - \dfrac{T^2}{n} \\
S_A = \dfrac{1}{sc}\sum_{i=1}^{r} T_{i\cdot\cdot}^2 - \dfrac{T^2}{rsc} = \dfrac{1}{sc}\sum_{i=1}^{r} T_{i\cdot\cdot}^2 - \dfrac{T^2}{n} \\
S_B = \dfrac{1}{rc}\sum_{j=1}^{s} T_{\cdot j\cdot}^2 - \dfrac{T^2}{rsc} = \dfrac{1}{rc}\sum_{j=1}^{s} T_{\cdot j\cdot}^2 - \dfrac{T^2}{n} \\
S_e = Q - \dfrac{1}{c}\sum_{i=1}^{r}\sum_{j=1}^{s} T_{ij}^2 \\
S_{A\times B} = S_T - S_A - S_B - S_e
\end{cases}
\tag{4-22}
$$

3. 计算自由度

S_A 的自由度为 $df_A = r-1$

S_B 的自由度为 $df_B = s-1$

$S_{A\times B}$的自由度为 $df_{A\times B} = (r-1)(s-1)$

S_e 的自由度为 $df_e = rs(c-1)$

S_T 的自由度为 $df_T = n-1 = rsc-1$

显然，$df_T = df_A + df_B + df_{A\times B} + df_e$

4. 计算均方

因素 A，因素 B，及其交互作用 $A\times B$ 的均方分别为

$$
\begin{cases}
MS_A = \dfrac{S_A}{r-1} \\
MS_B = \dfrac{S_B}{s-1} \\
MS_{A\times B} = \dfrac{S_{A\times B}}{(r-1)(s-1)}
\end{cases}
\tag{4-23}
$$

5. *F* 检验

因素 A，因素 B，及其交互作用 $A\times B$ 的 F 统计量分别为

$$
\begin{cases}
F_A = \dfrac{MS_A}{MS_e} \\
F_B = \dfrac{MS_B}{MS_e} \\
F_{A\times B} = \dfrac{MS_{A\times B}}{MS_e}
\end{cases}
\tag{4-24}
$$

F_A 服从自由度为(df_A, df_e)的 F 分布，即 $F_A \sim F(df_A, df_e)$。对于给定的显著性水平 α，若 $F_A > F_\alpha(df_A, df_e)$，则认为因素 A 对试验结果有显著性影响，否则，无

显著性影响；F_B 服从自由度为(df_B, df_e)的 F 分布，即 $F_B \sim F(df_B, df_e)$，对于给定的显著性水平 α，若 $F_B > F_\alpha(df_B, df_e)$，则认为因素 B 对试验结果有显著性影响，否则，无显著性影响；$F_{A\times B}$服从自由度为$(df_{A\times B}, df_e)$的 F 分布，即 $F_{A\times B} \sim F_\alpha(df_{A\times B}, df_e)$，对于给定的显著性水平 α，若 $F_{A\times B} > F_\alpha(df_{A\times B}, df_e)$，则因素 $A\times B$ 对试验结果有显著性影响，否则，无显著性影响，方差分析如表 4-12 所示。

表 4-12　双因素重复试验方差分析表

方差来源	离差平方和	自由度 df	均方 MS	F 值	显著性
因素 A	S_A	$r-1$	$MS_A=\dfrac{S_A}{r-1}$	$F_A=\dfrac{MS_A}{MS_e}$	
因素 B	S_B	$s-1$	$MS_B=\dfrac{S_B}{s-1}$	$F_B=\dfrac{MS_B}{MS_e}$	
$A\times B$	$S_{A\times B}$	$(r-1)(s-1)$	$MS_{A\times B}=\dfrac{S_{A\times B}}{(r-1)(s-1)}$	$F_{A\times B}=\dfrac{MS_{A\times B}}{MS_e}$	
误差	S_e	$rs(c-1)$	$MS_e=\dfrac{S_e}{rs(c-1)}$		
总和	S_T	$rsc-1$			

例 4-3　表 4-13 给出了某化工产品在 3 种浓度、4 种温度水平下的得率的数据，试检验各因素及交互作用对产品得率的影响是否显著。

表 4-13　试验数据

浓度（%）＼温度/℃	10		24		38		52	
2	14	10	11	11	13	9	10	12
4	9	7	10	8	7	11	6	10
6	5	11	13	14	12	13	14	10

解：设浓度为 A 因素，其水平数 $r=3$；温度为 B 因素，其水平数为 $s=4$；在因素 A，B 的每种组合水平上重复试验次数 $c=2$；总实验次数 $n=rsc=24$。先求出有关和，如表 4-14 所示。

表 4-14　试验结果求和

浓度（%）＼温度/℃	10	24	38	52	$T_{i\cdot\cdot}$
2	24	22	22	22	90
4	16	18	18	16	68
6	16	27	25	24	92
$T_{\cdot j\cdot}$	56	67	65	62	$T=250$

故

$$\sum_{i=1}^{3} T_{i\cdot\cdot}^2 = 90^2 + 68^2 + 92^2 = 21188$$

$$\sum_{j=1}^{4} T_{\cdot j \cdot}^2 = 56^2 + 67^2 + 65^2 + 62^2 = 15694$$

$$\sum_{i=1}^{3} \sum_{j=1}^{4} T_{ij\cdot}^2 = 24^2 + 16^2 + \cdots + 24^2 = 5374$$

$$Q = \sum_{i=1}^{3} \sum_{j=1}^{4} \sum_{k=1}^{2} x_{ijk}^2 = 14^2 + 10^2 + \cdots + 10^2 = 2752$$

$$S_T = Q - \frac{T^2}{rsc} = Q - \frac{T^2}{n} = 2752 - \frac{250^2}{24} = 147.8$$

$$S_A = \frac{1}{sc}\sum_{i=1}^{r} T_{i\cdot\cdot}^2 - \frac{T^2}{rsc} = \frac{1}{sc}\sum_{i=1}^{r} T_{i\cdot\cdot}^2 - \frac{T^2}{n} = \frac{21188}{4 \times 2} - \frac{250^2}{24} = 44.3$$

$$S_B = \frac{1}{rc}\sum_{j=1}^{s} T_{\cdot j\cdot}^2 - \frac{T^2}{rsc} = \frac{1}{rc}\sum_{j=1}^{s} T_{\cdot j\cdot}^2 - \frac{T^2}{n} = \frac{15694}{3 \times 2} - \frac{250^2}{24} = 11.5$$

$$S_e = Q - \frac{1}{c}\sum_{i=1}^{r} \sum_{j=1}^{s} T_{ij\cdot}^2 = 2752 - \frac{5374}{2} = 65$$

$$S_{A \times B} = S_T - S_A - S_B - S_e = 27$$

方差分析结果如表4-15所示。

表4-15 方差分析结果

方差来源	离差平方和	自由度 df	均方 MS	F值	显著性
浓度 A	44.3	2	22.2	4.11	*
温度 B	11.5	3	3.8	0.70	
交互作用 $A \times B$	27.0	6	4.5	0.83	
误差	65.0	12	5.4		
总和	147.8	23			

从 F 分布表中查得 $F_{0.01}(2,12)=6.93$，$F_{0.05}(2,12)=3.89$，$F_{0.05}(3,12)=3.49$，$F_{0.05}(6,12)=3.00$，因为 $F_{0.05}(2,12)=3.89<F_A=4.11<F_{0.01}(2,12)=6.93$，所以，浓度（$A$ 因素）对结果有显著影响；同时 $F_B=0.70<F_{0.05}(3,12)=3.49$，$F_{A\times B}=0.83<F_{0.05}(6,12)=3.00$，所以，温度（$B$ 因素）及交互作用 $(A\times B)$ 对结果的影响不显著。

4.2.4 双因素重复试验方差分析的 Minitab 实现

平衡数据的方差分析（balanced analysis of variance）可用于有多个变量时进行方差分析，该分析方法要求数据必须为平衡数据，即所有因素水平的组合必须相等，且有相同数量的观测值数据，对于例4-3，可以采用此法。

将试验数据输入到 worksheet 表格中，选择“Data→Stack→Rows”，通过两次重复试验数据的合并，得到图4-7所示格式的数据，在标题栏中分别输入“浓度”、“温度”、“试验结果”。

↓	C1 浓度	C2-T 温度	C3 试验结果
1	1	C1	14
2	1	C2	11
3	1	C3	13
4	1	C4	10
5	2	C1	9
6	2	C2	10
7	2	C3	7
8	2	C4	6
9	3	C1	5
10	3	C2	13
11	3	C3	12
12	3	C4	14
13	1	C1	10
14	1	C2	11
15	1	C3	9
16	1	C4	12
17	2	C1	7
18	2	C2	8
19	2	C3	11
20	2	C4	10
21	3	C1	11
22	3	C2	14
23	3	C3	13
24	3	C4	10

图 4-7　worksheet 数据表

选择“Stat→ANOVA→Balanced Analysis of Variance”，出现图 4-8 所示的对话框。

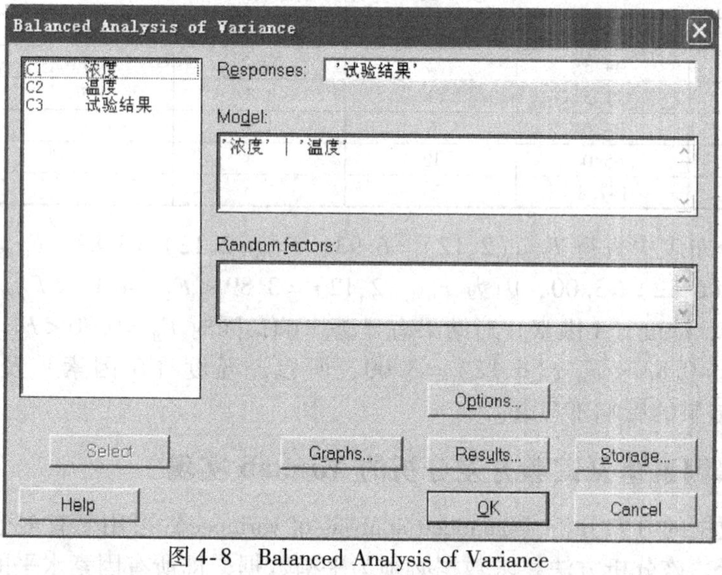

图 4-8　Balanced Analysis of Variance

浓度和温度之间的“|”表示要评估该两个因素交互作用的影响，点击“Results”对话框，进行交互因素设置，如图 4-9 所示。

输入的信息表示要显示浓度、温度及两个因素交互作用时的均值，Minitab 的输出结果如图 4-10 所示。

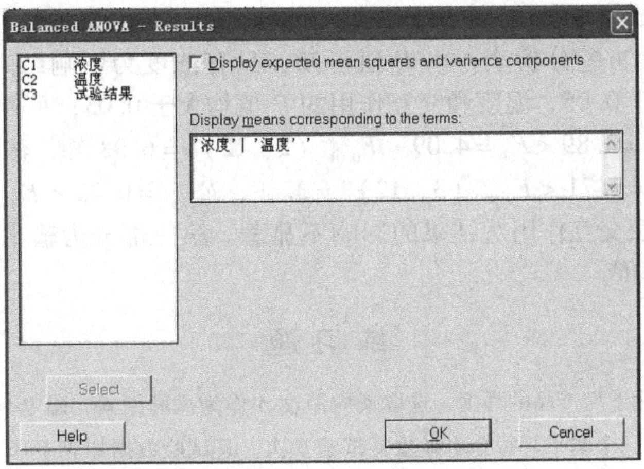

图 4-9 选择浓度和时间为交互因素

```
ANOVA: 试验结果 versus 浓度, 温度

Factor  Type   Levels  Values
浓度    fixed       3  1, 2, 3
温度    fixed       4  C1, C2, C3, C4

Analysis of Variance for 试验结果

Source      DF       SS      MS     F      P
浓度         2   44.333  22.167  4.09  0.044
温度         3   11.500   3.833  0.71  0.566
浓度*温度    6   27.000   4.500  0.83  0.568
Error       12   65.000   5.417
Total       23  147.833

S = 2.32737   R-Sq = 56.03%   R-Sq(adj) = 15.73%

Means

浓度  N  试验结果
1     8    11.250
2     8     8.500
3     8    11.500

温度  N  试验结果
C1    6   9.333
C2    6   11.167
C3    6  10.833
C4    6  10.333

浓度  温度  N  试验结果
1     C1    2    12.000
1     C2    2    11.000
1     C3    2    11.000
1     C4    2    11.000
2     C1    2     8.000
2     C2    2     9.000
2     C3    2     9.000
2     C4    2     8.000
3     C1    2     8.000
3     C2    2    13.500
3     C3    2    12.500
3     C4    2    12.000
```

图 4-10 Minitab 交互作用试验结果

此任务输出窗共分为三个部分，第一部分注明了各因素名称、水平数及水平值。第二部分为方差分析表，由 P-值可知，只有浓度为影响结果的显著因素，因为其 P-值小于 0.05，温度和交互作用的 P-值均大于 0.05；另外，根据结果中 $F_{0.05}$（2，12）=3.89 < F_A = 4.09 < $F_{0.01}$（2，12）=6.93 知，浓度对结果有显著影响；由 F_B = 0.71 < $F_{0.05}$（3，12）=3.49，$F_{A\times B}$ = 0.83 < $F_{0.05}$（6，12）= 3.00 知，温度及交互作用对结果的影响不显著。第三部分为输出的相关因素不同水平对应的均值。

练 习 题

1. 为提高某化工厂产品的强度，选取反应温度 A 作为试验因素，确定 80℃（A_1）、100℃（A_2）、130℃（A_3）三个水平，每个水平重复试验 6 次，其试验数据如表 4-16 所示，试计算得到最佳温度条件，并用 Minitab 软件验算计算得到的最佳温度条件的正确性。

表 4-16　试验数据表

水平＼试验次数	1	2	3	4	5	6
A_1	29.6	29.8	29.5	29.0	29.3	29.1
A_2	30.5	30.0	30.6	30.3	30.4	29.8
A_3	29.3	29.0	29.4	29.2	29.2	28.6

2. 在某化工过程中，为了提高原材料利用率，采用重复的双因素试验设计，其试验数据如表 4-17 所示，试对这些数据进行方差分析，找出最佳条件组合，并用 Minitab 软件进行验算。

表 4-17　试验数据表

因素 A＼因素 B	B_1		B_2		B_3	
A_1	0.62	0.57	0.62	0.60	0.65	0.69
A_2	0.68	0.65	0.72	0.71	0.73	0.77
A_3	0.74	0.77	0.84	0.86	0.87	0.86

3. 生产某种化工产品时，要比较 4 种不同配方对生产率的影响，考虑到生产率随着操作人员的不同而变动较大，因此把操作人员也选为因素，试验操作员共有 4 名，配方因素和操作员因素分别用 A，B 表示，试验数据如表 4-18 所示，试找出最佳组合，并用 Minitab 软件进行验算。

表 4-18　试验数据表

A（配方）＼B（人员）	B_1	B_2	B_3	B_4
A_1	65.0	62.8	61.1	59.6
A_2	69.0	70.2	66.8	63.7
A_3	76.0	74.1	71.5	67.3
A_4	83.1	80.2	76.1	72.4

第5章 回归分析

5.1 回归分析的基本概念

在现实生活中的很多现象之间存在着相互依赖的关系，这些关系在量上主要有两种类型：一类是确定性关系，即变量间的函数关系，如正方形的面积S与正方形的边长a之间的函数关系；另一类是非确定性关系，即变量之间虽然有密切的关系，却无法用确定的函数关系表达，如人的身高和体重之间的关系，一般来说，高的人则身体偏重，但是却找不到一个函数能准确地表示它们之间的关系，变量之间的这种非确定性关系称为相关关系。变量本身也可以分为两类：若两个变量中的一个变量是可以人为控制、非随机的，称这类变量为可控变量或自变量；另一个变量是随机的，而且是随着可控变量的变化而变化，如体重、血压随着身高和年龄变化，其值虽然可以观测，但其值的范围是不可以控制的，称这种不可控制的变量为因变量或随机变量。具有相关关系的变量间虽然不具有确定的函数关系，但是通过大量的数据观测，可以发现它们之间存在一定的统计规律，研究这些统计规律或者说研究变量之间相关关系的方法就是回归分析。

5.2 一元线性回归分析模型

设一个做匀加速直线运动的质点，其速度y与时间x之间有着密切的关系，可以表示为$y=\beta_0+\beta_1 x$，其中，β_0为质点在$x=0$时的初始速度，β_1为物体的加速度。如果β_0，β_1均未知，且y可以被观察，则只要在两个不同时刻观察质点的速度y就可以求出β_0与β_1的值，从而求出y与x之间的确定性关系。但是，由于测量方法和设备等各种原因的影响，质点的速度不可能准确地观察得到，总是带有随机测量误差，不能观察到真正的y，只能得到$Y=y+\varepsilon$，其中，ε是随机测量误差，即

$$Y=\beta_0+\beta_1 x+\varepsilon \tag{5-1}$$

设随机误差ε的期望和方差分别为0和σ^2，则对于给定的x，Y的期望值和方差

分别为

$$E(Y|x) = E(\beta_0 + \beta_1 x + \varepsilon) = \beta_0 + \beta_1 x + E(\varepsilon) = \beta_0 + \beta_1 x \qquad (5\text{-}2)$$

$$V(Y|x) = V(\beta_0 + \beta_1 x + \varepsilon) = V(\beta_0 + \beta_1 x) + V(\varepsilon) = \sigma^2 \qquad (5\text{-}3)$$

由式（5-2）和式（5-3）可知，真正的回归模型 $\mu_{Y|x} = \beta_0 + \beta_1 x$ 为一条直线。在 x 确定的情况下，Y 服从正态分布 $N(\beta_0 + \beta_1 x, \sigma^2)$，$Y$ 与 ε 有相同的方差 σ^2。

例 5-1 为了分析某零件加工厂产量（单位：万件）与成本（单位：10 万元）的关系，选取 12 个生产小组做样本，得到以下数据，如表 5-1 所示。

表 5-1 产量和成本数据表

产量	144	143	147	148	146	152	155	157	160	163	165	168
成本	87	84	90	91	88	94	97	98	99	100	102	104

为了解成本与产量之间的关系，以产量 x 为横坐标，以成本 y 为纵坐标，用 Minitab 画出散点图。选择“Graph→Scatterplot→With Regression”，得图 5-1。

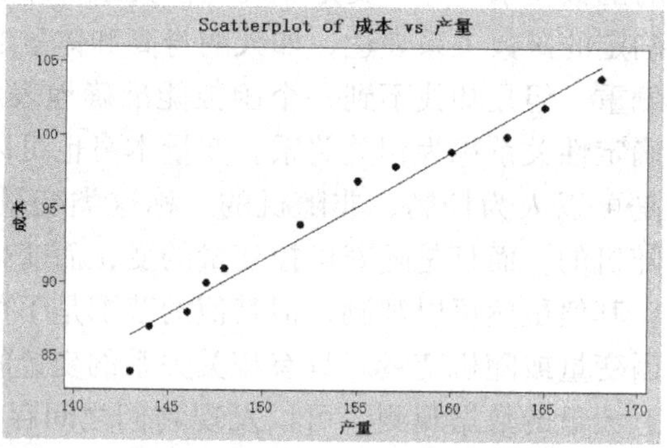

图 5-1 成本与产量的散点图

由图 5-1 可见，数据点大都在一条直线附近，表明产量 x 和成本 y 之间的关系可以近似看做是直线关系，但是这些点又不都在一条直线上，说明 x 和 y 之间的关系不是确定性关系。

在很多实际问题中，回归系数 β_0，β_1 及误差 ε 的方差 σ^2 都是未知的，只能通过样本数据来估计。回归分析就是通过样本数据估计回归模型参数的工具。

5.3 一元线性回归分析

5.3.1 最小二乘法估计

对回归观测值(x_i, y_i)满足 $y_i = \beta_0 + \beta_1 x_i + \varepsilon$，$i = 1, 2, \cdots, n$，其中，截距 β_0

和斜率 β_1 是未知的回归系数，ε 是均值为零，方差为 σ^2 的随机误差，同时假设不同观察值之间的随机误差是不相关的随机变量。最小二乘法估计是为了寻找未知参数(β_0,β_1)的估计量$(\hat{\beta}_0,\hat{\beta}_1)$，使得观测值偏离回归直线的平方和 L 最小：

$$L = \sum_{i=1}^{n} \varepsilon_i^2 = \sum_{i=1}^{n} (y_i - \beta_0 - \beta_1 x_i)^2 \tag{5-4}$$

因为 L 是 β_0，β_1 的非负二次型，故其最小值一定存在，根据多元微积分的极值原理，为了使 L 最小，β_0，β_1 的最小二乘法估计必须满足

$$\begin{cases} \left.\dfrac{\partial L}{\partial \beta_0}\right|_{\hat{\beta}_0,\hat{\beta}_1} = -2\sum_{i=1}^{n} (y_i - \hat{\beta}_0 - \hat{\beta}_1 x_i) = 0 \\ \left.\dfrac{\partial L}{\partial \beta_1}\right|_{\hat{\beta}_0,\hat{\beta}_1} = -2\sum_{i=1}^{n} (y_i - \hat{\beta}_0 - \hat{\beta}_1 x_i) x_i = 0 \end{cases}$$

化简两个方程，得

$$\begin{cases} n\hat{\beta}_0 + \hat{\beta}_1 \sum_{i=1}^{n} x_i = \sum_{i=1}^{n} y_i \\ \hat{\beta}_0 \sum_{i=1}^{n} x_i + \hat{\beta}_1 \sum_{i=1}^{n} x_i^2 = \sum_{i=1}^{n} y_i x_i \end{cases} \tag{5-5}$$

方程组（5-5）为最小二乘法估计标准方程组，其解就是 β_0 和 β_1 的最小二乘法估计，求解得到一元线性回归模型截距和斜率的最小二乘法估计为

$$\begin{cases} \hat{\beta}_0 = \bar{y} - \hat{\beta}_1 \bar{x} \\ \hat{\beta}_1 = \dfrac{\sum_{i=1}^{n} (x_i - \bar{x})(y_i - \bar{y})}{\sum_{i=1}^{n} (x_i - \bar{x})^2} = \dfrac{S_{xy}}{S_{xx}} \end{cases} \tag{5-6}$$

式中，$\bar{y} = \dfrac{1}{n}\sum_{i=1}^{n} y_i$，$\bar{x} = \dfrac{1}{n}\sum_{i=1}^{n} x_i$。得到的回归直线为

$$\hat{y} = \hat{\beta}_0 + \hat{\beta}_1 x \tag{5-7}$$

由于随机误差的存在，故每对观察值满足关系式

$$y_i = \hat{\beta}_0 + \hat{\beta}_1 x_i + e_i, i = 1,2,\cdots,n \tag{5-8}$$

式中，随机误差 $e_i = y_i - \hat{y}_i$ 称为残差，表示第 i 组观察值 y_i 与回归模型拟合值之间的误差，因此，将使用残差来提供拟合模型充分性方面的信息。

例 5-2 对表 5-1 提供的产量和成本数据拟合一元线性回归模型。

解：将表 5-1 提供的数据代入式（5-5）或式（5-6），得到斜率和截距的最小二乘法估计为

$$\begin{cases} \hat{\beta}_1 = \dfrac{\sum\limits_{i=1}^{n}(x_i - \bar{x})(y_i - \bar{y})}{\sum\limits_{i=1}^{n}(x_i - \bar{x})^2} = \dfrac{S_{xy}}{S_{xx}} = 0.7347 \\ \hat{\beta}_0 = \bar{y} - \hat{\beta}_1\bar{x} = -18.6467 \end{cases}$$

一元线性回归模型为$\hat{y} = -18.6467 + 0.7347x$。

用 Minitab 进行回归分析，选择“Stat→Regression→Regression”，Minitab 输出结果如图 5-2 所示。

```
Regression Analysis: 成本 versus 产量

The regression equation is
成本 = - 18.6 + 0.735 产量


Predictor      Coef   SE Coef      T      P
Constant    -18.647     6.699  -2.78  0.019
产量        0.73472   0.04344  16.91  0.000


S = 1.24234   R-Sq = 96.6%   R-Sq(adj) = 96.3%


Analysis of Variance

Source          DF      SS      MS       F      P
Regression       1  441.57  441.57  286.10  0.000
Residual Error  10   15.43    1.54
Total           11  457.00


Unusual Observations

Obs  产量    成本     Fit  SE Fit  Residual  St Resid
  2   143  84.000  86.418   0.597    -2.418    -2.22R

R denotes an observation with a large standardized residual.
```

图 5-2　Minitab 输出结果

Minitab 给出的一元线性回归模型为$\hat{y} = -18.6 + 0.735x$，该模型与上述计算所得的模型相吻合。

回归模型的残差被用来估计模型误差的方差 σ^2，σ^2 决定了响应变量 y 在给定回归变量 x 下的观察值的变化量。用残差平方和得到 σ^2 的估计，残差平方和的表达式为

$$S_E = \sum_{i=1}^{n}(y_i - \hat{y}_i)^2 = \sum_{i=1}^{n} e_i^2 \tag{5-9}$$

σ^2 的估计值为

$$\hat{\sigma}^2 = \frac{S_E}{n-2} \tag{5-10}$$

在线性回归模型中，通常假设模型误差 $\varepsilon_i (i = 1, 2, \cdots, n)$ 服从均值为 0，方差为 σ^2 的独立正态分布。回归变量 x_i 在数据收集前假设是固定的，响应变量 Y_i 服从

均值为$\beta_0+\beta_1 x_i$，方差为σ^2的正态分布，即$Y_i \sim N(\beta_0+\beta_1 x_i,\sigma^2)$。

另外，$\hat{\beta}_0$和$\hat{\beta}_1$均服从正态分布，$\hat{\beta}_0$和$\hat{\beta}_1$分别是β_0和β_1的无偏估计，即$\hat{\beta}_0$和$\hat{\beta}_1$的分布是以真实值β_0和β_1为中心的。$\hat{\beta}_0$和$\hat{\beta}_1$的方差为

$$\begin{cases} V(\hat{\beta}_0) = \sigma^2\left(\dfrac{1}{n}+\dfrac{\bar{x}^2}{\sum\limits_{i=1}^{n}(x_i-\bar{x})^2}\right) = \sigma^2\left(\dfrac{1}{n}+\dfrac{\bar{x}^2}{S_{xx}}\right) \\ V(\hat{\beta}_1) = \dfrac{\sigma^2}{\sum\limits_{i=1}^{n}(x_i-\bar{x})^2} = \dfrac{\sigma^2}{S_{xx}} \end{cases} \tag{5-11}$$

如果用$\hat{\sigma}^2$替代式（5-11）中的σ^2，就得到$\hat{\beta}_0$和$\hat{\beta}_1$的标准误差

$$\begin{cases} se(\hat{\beta}_1) = \sqrt{\dfrac{\hat{\sigma}^2}{S_{xx}}} \\ se(\hat{\beta}_0) = \sqrt{\hat{\sigma}^2\left(\dfrac{1}{n}+\dfrac{\bar{x}^2}{S_{xx}}\right)} \end{cases} \tag{5-12}$$

观察值y值的总平方和S_T为

$$S_T = S_{yy} = \sum_{i=1}^{n}(y_i-\bar{y})^2 = \sum_{i=1}^{n} y_i^2 - \frac{1}{n}\left(\sum_{i=1}^{n} y_i\right)^2 \tag{5-13}$$

式中，S_T表示响应变量总变化，总平方和S_T也可以写为

$$S_T = \sum_{i=1}^{n}(y_i-\bar{y})^2 = \sum_{i=1}^{n}(\hat{y}_i-\bar{y})^2 + \sum_{i=1}^{n}(y_i-\hat{y}_i)^2 \tag{5-14}$$

式（5-14）表示将响应变量总变化分成两部分：一部分为误差平方和（亦称为残差平方和）$S_E = \sum\limits_{i=1}^{n}(y_i-\hat{y}_i)^2 = \sum\limits_{i=1}^{n} e_i^2$，度量了不能由回归模型解释的变化；另一部分为回归平方和$S_R = \sum\limits_{i=1}^{n}(\hat{y}_i-\bar{y})^2$，度量了由回归模型解释的变化。将比值$S_E/S_T$看成为响应变量变化中不能被回归模型解释的比例，而$1-S_E/S_T$是响应变量变化中能被回归模型解释的比例。定义$R^2=1-S_E/S_T$为决定系数，当$R^2$很小时，就需要寻找另外一种模型，如多元回归模型等，使其更能解释y的变化。

5.3.2 一元线性回归分析中的显著性检验

建立回归方程是为了揭示两个相关变量x与y之间的内在规律，对于任一样本数据都可作出其散点图，即使两变量之间不存在线性相关关系，也可以得出回归方程$y=\beta_0+\beta_1 x$，因此，必须对回归方程作显著性检验，当$|\beta_1|$越大时，y随x变化越明显；当$|\beta_1|$越小时，y随x变化越不明显；当$|\beta_1|$值为0时，表明y

和 x 之间没有线性关系。因此，要检验回归方程是否为线性函数就等同于检验参数 $\beta_1=0$ 是否成立，假设检验为

$$\begin{cases} H_0:\beta_1 = 0 \\ H_1:\beta_1 \neq 0 \end{cases} \tag{5-15}$$

对于 β_1 的最小二乘估计$\hat{\beta}_1$，其服从 N（β_1，σ^2/S_{xx}），则

$$U = \frac{\hat{\beta}_1 - \beta_1}{\sqrt{\sigma^2/S_{xx}}} \sim N(0,1) \tag{5-16}$$

由于

$$\chi^2 = \frac{(n-2)\hat{\sigma}^2}{\sigma^2} \sim \chi^2(n-2) \tag{5-17}$$

由服从 t 分布统计量的定义，结合式（5-16）、式（5-17），可得

$$T = \frac{\hat{\beta}_1 - \beta_1}{\hat{\sigma}}\sqrt{S_{xx}} \sim t(n-2) \tag{5-18}$$

式（5-18）的分布可用于检验式（5-15）的假设 H_0。

若

$$|T| \geqslant t_{\alpha/2}(n-2)$$

则拒绝 $H_0:\beta_1=0$；

若

$$|T| < t_{\alpha/2}(n-2)$$

则接受 $H_0:\beta_1=0$。

检验一元线性回归模型是否成立，可以认为是检验假设 $H_0:\beta_1=0$ 是否成立。如果 H_0 成立，则认为线性回归不显著；否则，认为线性回归显著。

给定显著水平 α，一次抽样后计算得

$$T = \frac{\hat{\beta}_1}{\hat{\sigma}}\sqrt{S_{xx}} \sim t(n-2) \tag{5-19}$$

若

$$|T| \geqslant t_{\alpha/2}(n-2)$$

则认为线性回归显著；

若

$$|T| < t_{\alpha/2}(n-2)$$

则认为线性回归不显著。

例 5-3 对例 5-2 的线性假设进行显著性检验（$\alpha=0.05$）。

解：$\hat{\sigma}^2 = \frac{S_E}{n-2} = \frac{15.445}{10} = 1.5445, T = \frac{\hat{\beta}_1}{\hat{\sigma}}\sqrt{S_{xx}} = \frac{0.7347}{1.242}\sqrt{818} = 16.92$

当 $\alpha = 0.05$ 时，$t_{\alpha/2}(n-2) = t_{0.025}(10) = 2.2281$，$|T| > t_{\alpha/2}(n-2)$，即线性回归是显著的。

利用方差分析也可以检验回归模型的显著性。方程（5-14）的 ANOVA 恒等式表示为 $S_T = S_R + S_E$，其中，S_T 表示总平方和，S_R 表示回归平方和（亦称模型平方和），S_E 表示误差平方和（亦称残差平方和）。如果回归模型的显著性假设 $H_0:\beta_1 = 0$ 为真，则S_R/σ^2服从自由度为 1 的χ^2 分布，其自由度等于模型中回归变量的数量，S_E/σ^2服从自由度为 $n-2$ 的χ^2 分布，且 S_E 和 S_R 是相互独立的。可以得到 $MS_R = \frac{S_R}{1}$，$MS_E = \frac{S_E}{n-2}$。

相应的零假设与备择假设分别为 $H_0:\beta_1 = 0$，$H_1:\beta_1 \neq 0$，检验统计量为

$$F_0 = \frac{MS_R}{MS_E} \sim F(1, n-2) \tag{5-20}$$

对于给定的显著水平 α，拒绝域为 $F_0 > F_\alpha(1, n-2)$。回归显著性的方差分析如表 5-2 所示。

表 5-2 回归显著性检验的方差分析

方差来源	离差平方和	自由度 df	均方 MS	F 值
回归	S_R	1	$MS_R = \frac{S_R}{1}$	$F = \frac{MS_R}{MS_E}$
误差或残差	S_E	$n-2$	$MS_E = \frac{S_E}{n-2}$	
总和	S_T	$n-1$		

5.3.3 一元线性回归分析中的置信区间

线性回归模型的参数估计量$\hat{\beta}_1$ 是随机变量 y_i 的线性组合，$\hat{\beta}_1$ 也是随机变量。置信区间的宽度是回归直线总体质量的一个度量。回归模型中的误差项 ε_i 服从正态分布，且有

$$\frac{\hat{\beta}_1 - \beta_1}{se(\hat{\beta}_1)} \sim t(n-2) \tag{5-21}$$

式中，$se(\hat{\beta}_1) = \sqrt{\hat{\sigma}^2/S_{xx}}$（见公式 5-12），称为斜率的标准误差。

如果给定置信水平 $1-\alpha$，可以得到临界值 $t_{\alpha/2}(n-2)$，那么，$\dfrac{\hat{\beta}_1-\beta_1}{se(\hat{\beta}_1)}$ 的值处在 $(-t_{\alpha/2}(n-2), t_{\alpha/2}(n-2))$ 的概率是 $1-\alpha$。表示为

$$P\{\hat{\beta}_1 - t_{\alpha/2}(n-2)se(\hat{\beta}_1) < \beta_1 < \hat{\beta}_1 + t_{\alpha/2}(n-2)se(\hat{\beta}_1)\} = 1-\alpha$$

在 $1-\alpha$ 的置信水平下，得到 β_1 的置信区间

$$(\hat{\beta}_1 - t_{\alpha/2}(n-2)se(\hat{\beta}_1), \hat{\beta}_1 + t_{\alpha/2}(n-2)se(\hat{\beta}_1)) \tag{5-22}$$

同理，可以得到截距 β_0 的置信区间

$$(\hat{\beta}_0 - t_{\alpha/2}(n-2)se(\hat{\beta}_0), \hat{\beta}_0 + t_{\alpha/2}(n-2)se(\hat{\beta}_0)) \tag{5-23}$$

除了可以得到 β_0 和 β_1 的置信区间，还可以构造在 x 的给定值 x_0 下 y 的置信区间，即 $\mu_{y|x_0}$ 的置信区间，它通常被称为是回归直线的置信区间。因为 $E(y|x_0)=\mu_{y|x_0}=\beta_0+\beta_1 x_0$，所以能够找到 y 在 $x=x_0$ 下均值 $\mu_{y|x_0}$ 的一个点估计，根据拟合模型 $\hat{\mu}_{y|x_0}=\hat{y}_0=\hat{\beta}_0+\hat{\beta}_1 x_0$，因为 $\hat{\beta}_0$ 和 $\hat{\beta}_1$ 分别是 β_0 和 β_1 的无偏估计，所以 $\hat{\mu}_{y|x_0}$ 是 $\mu_{y|x_0}$ 的一个无偏点估计。$\hat{\mu}_{y|x_0}$ 的方差为

$$V(\hat{\mu}_{y|x_0}) = \sigma^2\left[\frac{1}{n}+\frac{(x_0-\bar{x})^2}{\sum_{i=1}^{n}(x_i-\bar{x})^2}\right]$$

同样，因为 $\hat{\beta}_0$ 和 $\hat{\beta}_1$ 都服从正态分布，所以 $\hat{\mu}_{y|x_0}$ 服从正态分布。由于 $\hat{\sigma}^2$ 是 σ^2 的一个估计，可得

$$\frac{\hat{\mu}_{y|x_0}-\mu_{y|x_0}}{\hat{\sigma}\sqrt{\dfrac{1}{n}+\dfrac{(x_0-\bar{x})^2}{\sum_{i=1}^{n}(x_i-\bar{x})^2}}} = \frac{\hat{\mu}_{y|x_0}-\mu_{y|x_0}}{se(\hat{\mu}_{y|x_0})} \sim t(n-2)$$

因此，在 $x=x_0$ 下均值 $\mu_{y|x_0}$ 的置信水平为 $1-\alpha$ 的置信区间是

$$(\hat{\mu}_{y|x_0} - t_{\alpha/2}(n-2)se(\hat{\mu}_{y|x_0}), \hat{\mu}_{y|x_0} + t_{\alpha/2}(n-2)se(\hat{\mu}_{y|x_0})) \tag{5-24}$$

式中，$se(\hat{\mu}_{y|x_0}) = \hat{\sigma}\sqrt{\dfrac{1}{n}+\dfrac{(x_0-\bar{x})^2}{\sum_{i=1}^{n}(x_i-\bar{x})^2}}$。

5.3.4 预测和控制

回归模型的一个重要应用就是预测指定回归量 x 的将来观察值 y。如果 x_0 就是所关心的回归量的值，则 $\hat{y}_0=\hat{\beta}_0+\hat{\beta}_1 x_0$ 就是将来观察值 y_0 的点估计。

现在考虑要得到关于将来观察值 y_0 的区间估计。将来观察值与建立模型用到的观察值是独立的，因此，$\mu_{y|x_0}$的置信区间式（5-24）就不再适用了，因为该区间仅仅依赖于用于拟合回归模型的数据，而不涉及将来观察值。令 y_0 表示在 $x=x_0$ 的将来观察值，预测误差 $y_0-\hat{y}_0$ 是服从正态分布的随机变量，且 y_0 和$\hat{y}_0$ 相互独立，其均值与方差分别为

$$E(y_0-\hat{y}_0)=E(y_0)-E(\hat{y}_0)=0$$

$$\begin{aligned}V(y_0-\hat{y}_0)&=V(y_0)+V(\hat{y}_0)=\sigma^2+V(\hat{\beta}_0+\hat{\beta}_1x_0)\\&=\sigma^2+V[\bar{y}+\hat{\beta}_1(x_0-\bar{x})]\\&=\sigma^2+V(\bar{y})+V[\hat{\beta}_1(x_0-\bar{x})]+2\mathrm{Cov}(\bar{y},\hat{\beta}_1(x_0-\bar{x}))\\&=\sigma^2+\frac{\sigma^2}{n}+\frac{(x_0-\bar{x})^2}{\sum\limits_{i=1}^{n}(x_i-\bar{x})^2}\sigma^2+2(x_0-\bar{x})E[(\bar{y}-E(\bar{y}))(\hat{\beta}_1-E(\hat{\beta}_1))]\end{aligned}$$

式中，$E[(\bar{y}-E(\bar{y}))(\hat{\beta}_1-E(\hat{\beta}_1))]=0$，所以有

$$V(y_0-\hat{y}_0)=\sigma^2\left[1+\frac{1}{n}+\frac{(x_0-\bar{x})^2}{\sum\limits_{i=1}^{n}(x_i-\bar{x})^2}\right]\tag{5-25}$$

得到 $y_0-\hat{y}_0\sim N\left(0,\left[1+\frac{1}{n}+\frac{(x_0-\bar{x})^2}{\sum\limits_{i=1}^{n}(x_i-\bar{x})^2}\right]\sigma^2\right)$，则

$$U=\frac{y_0-\hat{y}_0}{\sigma\sqrt{1+\frac{1}{n}+\frac{(x_0-\bar{x})^2}{\sum\limits_{i=1}^{n}(x_i-\bar{x})^2}}}\sim N(0,1)\tag{5-26}$$

由于$\frac{S_E}{\sigma^2}\sim\chi^2(n-2)$，根据服从 t 分布的统计量的定义，结合式（5-26）可得

$$\frac{\dfrac{y_0-\hat{y}_0}{\sigma\sqrt{1+\frac{1}{n}+\frac{(x_0-\bar{x})^2}{\sum\limits_{i=1}^{n}(x_i-\bar{x})^2}}}}{\sqrt{\dfrac{S_E}{\sigma^2(n-2)}}}=\frac{y_0-\hat{y}_0}{\hat{\sigma}\sqrt{1+\frac{1}{n}+\frac{(x_0-\bar{x})^2}{\sum\limits_{i=1}^{n}(x_i-\bar{x})^2}}}\sim t(n-2)\tag{5-27}$$

式中，$\hat{\sigma}=\sqrt{\dfrac{S_E}{n-2}}$为 σ 的估计值。

由此，可得将来观察值 y_0 在给定的 x_0 处的 $1-\alpha$ 预测区间为

$$\left(\hat{y}_0-t_{\alpha/2}(n-2)\,\hat{\sigma}\sqrt{1+\frac{1}{n}+\frac{(x_0-\bar{x})^2}{\sum\limits_{i=1}^{n}(x_i-\bar{x})^2}},\right.$$

$$\left.\hat{y}_0+t_{\alpha/2}(n-2)\,\hat{\sigma}\sqrt{1+\frac{1}{n}+\frac{(x_0-\bar{x})^2}{\sum\limits_{i=1}^{n}(x_i-\bar{x})^2}}\right) \tag{5-28}$$

令 $S(x_0)=\hat{\sigma}\sqrt{1+\dfrac{1}{n}+\dfrac{(x_0-\bar{x})^2}{\sum\limits_{i=1}^{n}(x_i-\bar{x})^2}}$，在 $x=x_0$ 处，y_0 的 $1-\alpha$ 预测区间可简化为

$$(\hat{y}_0-t_{\alpha/2}(n-2)S(x_0),\hat{y}_0+t_{\alpha/2}(n-2)S(x_0)) \tag{5-29}$$

由于 x_0 的任意性，若把式（5-29）中的 x_0 换为 x，则相应的式（5-29）可写为

$$(\hat{y}-t_{\alpha/2}(n-2)S(x),\hat{y}+t_{\alpha/2}(n-2)S(x)) \tag{5-30}$$

由此，可以得到以下两条曲线：

$$\begin{cases}\hat{y}_1(x)=\hat{y}-t_{\alpha/2}(n-2)S(x)\\ \hat{y}_2(x)=\hat{y}+t_{\alpha/2}(n-2)S(x)\end{cases}$$

这两条曲线间的部分是回归方程$\hat{y}=\hat{\beta}_0+\hat{\beta}_1x$ 的预测区间，且在 $x=\bar{x}$ 处最窄，如图 5-3 所示。

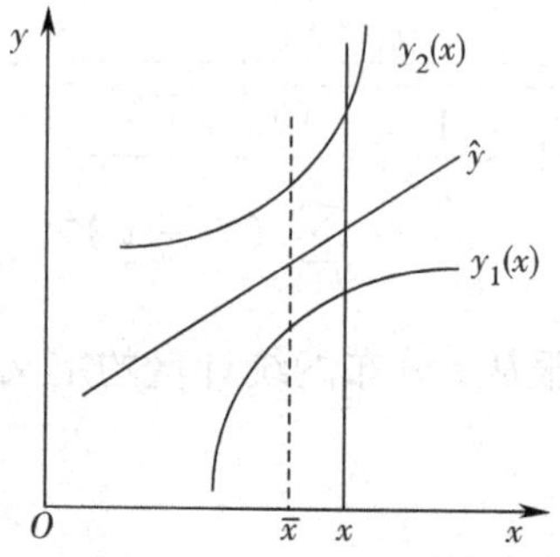

图 5-3　x 变动时的曲线图

由式（5-28）可见，当样本量 n 及 $\sum\limits_{i=1}^{n}(x_i-\bar{x})^2$ 越大，$|x_0-\bar{x}|$越小，则预测区间的长度越短，预测精度越高。此时，$S(x_0)$ 近似等于$\hat{\sigma}$，y_0 的 95% 预测区间近似为

$$(\hat{y}_0 - 2\hat{\sigma}, \hat{y}_0 + 2\hat{\sigma}) \tag{5-31}$$

为了提高预测精度，样本量 n 应越大越好，所给定的 x_0 不能偏离 $\bar{x}$ 太大，否则，预测结果差；如果给定值 $x_0 = \bar{x}$ 时，这时的预测结果最好。

例 5-4 为了进一步说明预测区间，现使用例 5-1 的数据，求当产量为 150 时，成本的未来观察值的一个 95% 的预测区间。

解：由例 5-2 得到的回归方程可得 $\hat{y}_0 = 91.5583$，根据式（5-28），求得预测区间是

$$91.5583 - 2.2281 \times 1.24234\sqrt{1 + \frac{1}{12} + \frac{(150-154)^2}{818}} \leqslant$$

$$y_0 \leqslant 91.5583 + 2.2281 \times 1.24234\sqrt{1 + \frac{1}{12} + \frac{(150-154)^2}{818}}$$

化简得 $88.6513 \leqslant y_0 \leqslant 94.4653$。

类似地，根据式（5-24）可以得到它的置信区间为

$$91.5583 - 2.2281 \times 1.24234\sqrt{\frac{1}{12} + \frac{(150-154)^2}{818}} \leqslant$$

$$\hat{y}_0 \leqslant 91.5583 + 2.2281 \times 1.24234\sqrt{\frac{1}{12} + \frac{(150-154)^2}{818}}$$

化简得 $90.6704 \leqslant \hat{y}_0 \leqslant 92.4462$。

用 Minitab 进行置信区间、预测区间的计算，计算的结果如图 5-4 所示。

```
Predicted Values for New Observations

New
Obs     Fit  SE Fit        95% CI              95% PI
  1  91.561   0.399  (90.673, 92.449)  (88.654, 94.468)


Values of Predictors for New Observations

New
Obs  产量
  1   150
```

图 5-4 Minitab 输出结果

由此可知，预测区间的宽度在 $x_0 = \bar{x}$ 处最小，并随着 $|x_0 - \bar{x}|$ 的增大而增大。在点 x_0 的预测区间比在点 x_0 的置信区间要宽，这是因为预测区间不仅依赖于拟合模型产生的误差，而且依赖于跟将来观察值相联系的误差。

控制问题相当于预测的反问题，预测和控制有着密切的联系。如在研究今年的经济增长率时，希望经济增长率能保持在 8% ~12%；在控制通货膨胀时，希

望全国零售物价指数的增长在7%以内。这些问题用数学表达式描述，即要求 $y_1 < y < y_2$。问题是如何控制自变量 x 呢？即如何控制影响经济增长和通货膨胀的最主要因素呢？在统计学中，要讨论如何控制 x 的值才能以 $1-\alpha$ 的概率保证把目标值 y 控制在 $y_1 < y < y_2$ 中，即 $P\{y_1 < y < y_2\} = 1-\alpha$，通常用近似的预测区间来确定。如果 $\alpha = 0.05$，根据式（5-31），可由下述不等式组

$$\begin{cases} \hat{y}(x) - 2\hat{\sigma} > y_1 \\ \hat{y}(x) + 2\hat{\sigma} < y_2 \end{cases}$$

求出 x 的取值区间，将 $\hat{y}(x) = \hat{\beta}_0 + \hat{\beta}_1 x$ 代入求得。

当 $\hat{\beta}_1 > 0$ 时，得

$$\frac{y_1 + 2\hat{\sigma} - \hat{\beta}_0}{\hat{\beta}_1} < x < \frac{y_2 - 2\hat{\sigma} - \hat{\beta}_0}{\hat{\beta}_1}$$

当 $\hat{\beta}_1 < 0$ 时，得

$$\frac{y_1 - 2\hat{\sigma} - \hat{\beta}_0}{\hat{\beta}_1} < x < \frac{y_2 + 2\hat{\sigma} - \hat{\beta}_0}{\hat{\beta}_1}$$

控制区间的直观表示如图5-5所示，其中 $l:\hat{y} = \hat{\beta}_0 + \hat{\beta}_1 x$ 为回归直线，直线 l_1：$y = \hat{\beta}_0 + \hat{\beta}_1 x - 2\hat{\sigma}$ 和 $l_2: y = \hat{\beta}_0 + \hat{\beta}_1 x + 2\hat{\sigma}$ 均与回归直线平行，$x_1 = \dfrac{y_1 + 2\hat{\sigma} - \hat{\beta}_0}{\hat{\beta}_1}$，$x_2 = \dfrac{y_2 - 2\hat{\sigma} - \hat{\beta}_0}{\hat{\beta}_1}$。

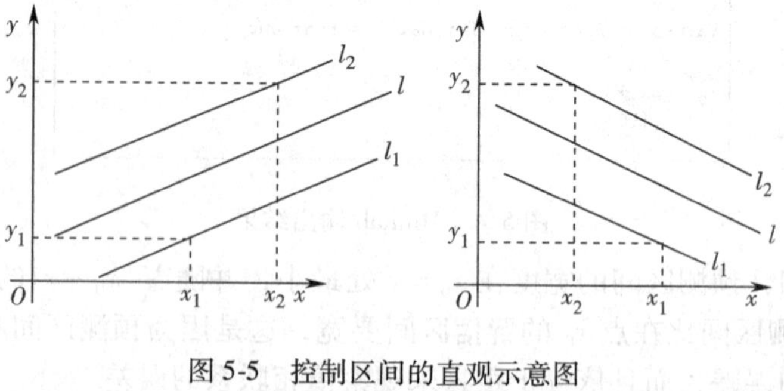

图5-5　控制区间的直观示意图

控制问题的应用要求因变量与自变量之间有因果关系，经常用在工业生产的质量控制中。在经济问题中，经济变量之间有强的相关性，如果仅控制回归方程

中的一个或几个自变量，而忽视回归方程之外的其他变量，往往达不到预期的效果。

5.3.5 非线性回归分析

当变量不能用线性回归方程描述它们之间的相关关系时，需要进行非线性回归分析，非线性回归方程一般很难求得，因此，把非线性回归化为线性回归应该说是解决问题的好方法。首先，所研究对象的物理背景或散点图可帮助我们选择适当的非线性回归方程

$$\hat{y} = u(x;a,b) \tag{5-32}$$

式中，a 与 b 为未知参数（在此仅讨论含两个参数的非线性回归方程），为求参数 a 与 b 的估计值，往往可以先通过变量置换，把非线性回归化为线性回归，再利用线性回归的方法确定参数 a 与 b 的估计值。表5-3 中列出了常用的曲线方程及其图形，并给出相应的化为线性方程的变量置换公式，以帮助我们观察散点图，确定回归方程的类型。不过，散点图只是相关关系的粗略表示，有时散点图可能与几种曲线都很接近，这时建立相应的回归方程可能都是合理的，但对于一个非线性回归问题，由于选择不同的非线性回归，可以得到同一个问题的多个不同回归方程，哪一个回归方程最优呢？对于能化为一元线性回归的问题，可通过计算样本相关系数的办法来解决，样本相关系数的绝对值最大的即为最优的回归方程。

表5-3 非线性曲线线性转化表

曲线方程	变换公式	变换后的线性方程	曲线图形
$\frac{1}{y} = a + \frac{b}{x}$	$X = \frac{1}{x}$ $Y = \frac{1}{y}$	$Y = a + bX$	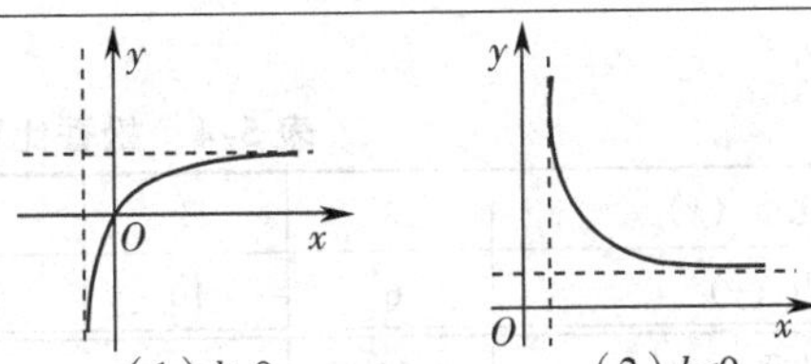 （1）$b>0$　（2）$b<0$
$y = ax^b$	$X = \ln x$ $Y = \ln y$	$Y = a' + bX$ $(a' = \ln a)$	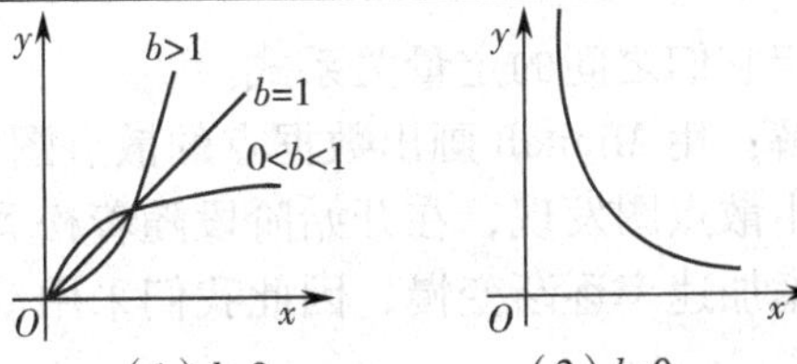 （1）$b>0$　（2）$b<0$

（续）

曲线方程	变换公式	变换后的线性方程	曲线图形
$y=a+b\ln x$	$X=\ln x$ $Y=y$	$Y=a+bX$	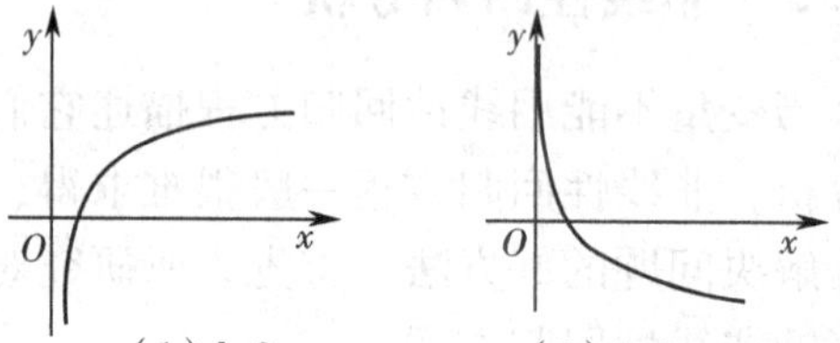 （1）$b>0$　（2）$b<0$
$y=a\mathrm{e}^{bx}$	$X=x$ $Y=\ln y$	$Y=a'+bX$ （$a'=\ln a$）	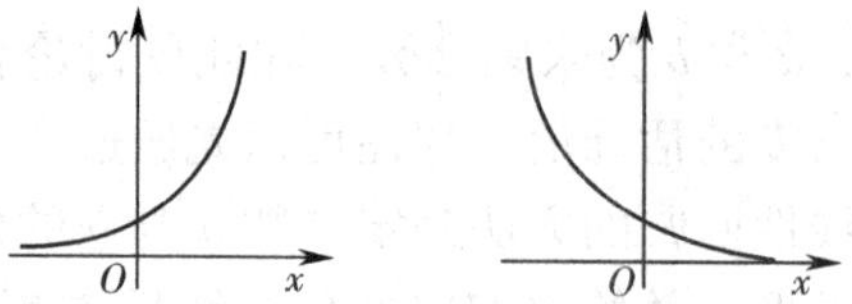 （1）$b>0$　（2）$b<0$
$y=a\mathrm{e}^{\frac{b}{x}}$	$X=\frac{1}{x}$ $Y=\ln y$	$Y=a'+bX$ （$a'=\ln a$）	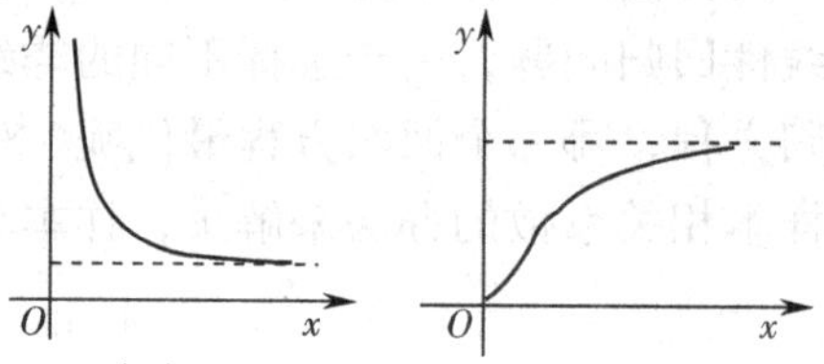 （1）$b>0$　（2）$b<0$

例 5-5　研究焊接中松香比重和焊点拉拔力之间的关系，测得数据如表 5-4 所示。

表 5-4　松香比重与拉拔力数据

松香比重（x）	2	3	4	5	7	8	10
拉拔力（y）	6	10	13	12.5	15.5	17	18.5
松香比重（x）	11	14	15	16	18	19	
拉拔力（y）	19	19.8	20.5	21	21.2	21.3	

试确定它们之间的定量关系式。

解：用 Minitab 画出数据点的散点图如图 5-6 所示。

由散点图发现，在开始阶段随着松香比重的增加，拉拔力增加速度比较快，然后增加速率逐渐变慢，因此我们采用双曲线，设关系式为

$$\frac{1}{y}=\alpha+\beta\frac{1}{x}$$

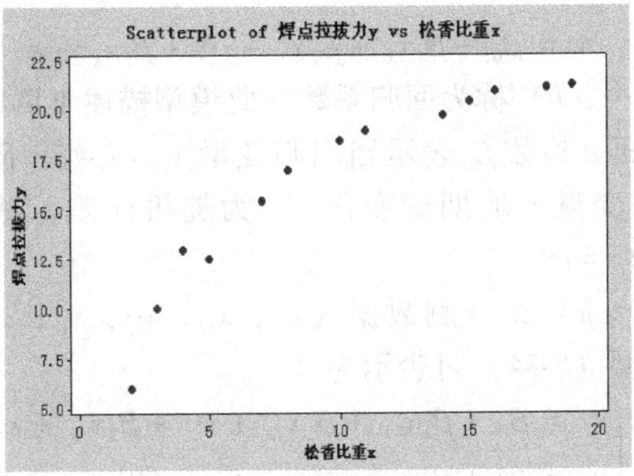

图 5-6 焊点拉拔力与松香比重散点图

令 $y' = \frac{1}{y}$，$x' = \frac{1}{x}$，得到线性回归方程

$$y' = \alpha + \beta x'$$

由变换后的数据（x'_i，y'_i）（$i = 1, 2, 3, \cdots, 13$），得 y' 关于 x' 的线性回归方程为

$$\hat{y}' = 0.03 + 0.245x'$$

最后得 y 关于 x 的曲线回归方程为

$$\frac{1}{\hat{y}} = 0.03 + 0.245\frac{1}{x}$$

5.4 多元线性回归分析

5.4.1 多元线性回归分析模型

含有多个回归变量的回归模型称为多元回归模型。如在钢铁冶炼中，冶炼初期总的去碳量 y 与所加矿石量 x_1 及融化时间 x_2 有关，可用多元回归模型表示为

$$y = \beta_0 + \beta_1 x_1 + \beta_2 x_2 + \varepsilon \tag{5-33}$$

式中，y 为去碳量；x_1 为矿石量；x_2 为融化时间；ε 为随机误差项。这是一个有两个回归变量的多元线性回归模型，称其为线性是因为式（5-33）是关于未知参数 β_0，β_1，β_2 的线性函数。式（5-33）的回归模型描述的是由 y，x_1，x_2 组成的三维空间里的一张平面，有时也称 β_1 和 β_2 为偏回归系数。β_1 度量了当 x_2 固定不变时每单位 x_1 变化所引起的 y 的变化；β_2 度量了当 x_1 固定不变时每单位 x_2 变化所引起的 y 的变化。在多元线性回归模型中，因变量与 k 个自变量相关，则该

模型可以为

$$y = \beta_0 + \beta_1 x_1 + \beta_2 x_2 + \cdots + \beta_k x_k + \varepsilon \tag{5-34}$$

参数β_j（$j=0$，1，…，k）称为回归系数。此模型描述了回归变量x和y组成的空间中的一张超平面。参数β_j表示当回归变量x_i（$i \neq j$）固定不变时每单位x_j的变化所引起的因变量y的期望变化。ε为随机误差，对随机误差项假定为$E(\varepsilon)=0$，$V(\varepsilon)=\sigma^2$。

如果获得n（$n>k$）组观测数据（x_{i1}，x_{i2}，…，x_{ik}；y_i）（$i=1$，2，…，n），则线性回归模型（5-34）可表示为

$$\begin{cases} y_1 = \beta_0 + \beta_1 x_{11} + \beta_2 x_{12} + \cdots + \beta_k x_{1k} + \varepsilon_1 \\ y_2 = \beta_0 + \beta_1 x_{21} + \beta_2 x_{22} + \cdots + \beta_k x_{2k} + \varepsilon_2 \\ \qquad \vdots \\ y_n = \beta_0 + \beta_1 x_{n1} + \beta_2 x_{n2} + \cdots + \beta_k x_{nk} + \varepsilon_n \end{cases} \tag{5-35}$$

写成矩阵形式为

$$\boldsymbol{Y} = \boldsymbol{X\beta} + \boldsymbol{\varepsilon} \tag{5-36}$$

其中，

$$\boldsymbol{Y} = \begin{pmatrix} y_1 \\ y_2 \\ \vdots \\ y_n \end{pmatrix}, \boldsymbol{X} = \begin{pmatrix} 1 & x_{11} & x_{12} & \cdots & x_{1k} \\ 1 & x_{21} & x_{22} & \cdots & x_{2k} \\ \vdots & \vdots & & & \vdots \\ 1 & x_{n1} & x_{n2} & \cdots & x_{nk} \end{pmatrix}, \boldsymbol{\beta} = \begin{pmatrix} \beta_0 \\ \beta_1 \\ \vdots \\ \beta_k \end{pmatrix}, \boldsymbol{\varepsilon} = \begin{pmatrix} \varepsilon_1 \\ \varepsilon_2 \\ \vdots \\ \varepsilon_n \end{pmatrix} \tag{5-37}$$

为了方便进行模型的参数估计，对回归方程（5-35）有如下一些基本假定：

（1）变量x_1，x_2，…，x_k是确定性变量，不是随机变量，且要求$\mathrm{r}(\boldsymbol{X}) = k+1<n$。这里的$\mathrm{r}(\boldsymbol{X}) = k+1<n$表明$\boldsymbol{X}$中的自变量列之间不相关，样本容量应大于变量的个数，$\boldsymbol{X}$是一满秩矩阵。

（2）随机误差项具有0均值和等方差，即

$$\begin{cases} E(\varepsilon_i) = 0, i = 1,2,\cdots,n \\ \mathrm{Cov}(\varepsilon_i,\varepsilon_j) = \begin{cases} \sigma^2, i = j \\ 0, i \neq j \end{cases} (i,j = 1,2,\cdots,n) \end{cases}$$

（3）正态分布的假定条件为

$$\begin{cases} \varepsilon_i \sim N(0,\sigma^2), i = 1,2,\cdots,n \\ \varepsilon_1,\varepsilon_2,\cdots,\varepsilon_n \text{ 相互独立} \end{cases}$$

对于多元线性回归矩阵形式（5-36），这个条件便可表示为

$$\boldsymbol{\varepsilon} \sim N(0,\sigma^2 \boldsymbol{I}_n)$$

式中，$\boldsymbol{I}_n$为单位矩阵。

由上述假定和多元正态分布的性质可知，随机变量$\boldsymbol{Y}$服从n维正态分布，

回归模型（5-36）的数学期望和方差分别为 $E(\boldsymbol{Y}) = \boldsymbol{X\beta}$，$V(\boldsymbol{Y}) = \sigma^2\boldsymbol{I}_n$，因此，$\boldsymbol{Y} \sim (\boldsymbol{X\beta}, \sigma^2\boldsymbol{I}_n)$。

5.4.2 多元线性回归分析中的参数估计

多元线性回归方程未知参数 β_0，β_1，…，β_k 的估计与一元线性回归方程的参数估计原理一样，仍然可以采用最小二乘法估计。观察值与回归值的偏差平方和为

$$L = \sum_{i=1}^{n} \varepsilon_i^2 = \sum_{i=1}^{n} (y_i - \beta_0 - \sum_{j=1}^{k} \beta_j x_{ij})^2$$

为了选择参数 β_0，β_1，…，β_k 使 L 达到最小，β_0，β_1，…，β_k 的最小二乘法估计须满足

$$\begin{cases} \left.\dfrac{\partial L}{\partial \beta_0}\right|_{\hat\beta_0,\hat\beta_1,\cdots,\hat\beta_k} = -2\sum\limits_{i=1}^{n} (y_i - \hat\beta_0 - \sum\limits_{j=1}^{k} \hat\beta_j x_{ij}) = 0 \\ \left.\dfrac{\partial L}{\partial \beta_j}\right|_{\hat\beta_0,\hat\beta_1,\cdots,\hat\beta_k} = -2\sum\limits_{i=1}^{n} (y_i - \hat\beta_0 - \sum\limits_{j=1}^{k} \hat\beta_j x_{ij}) x_{ij} = 0, j = 1,2,\cdots,k \end{cases}$$

化简上述方程，得到最小二乘法估计的标准方程组

$$\begin{cases} n\hat\beta_0 + \hat\beta_1 \sum\limits_{i=1}^{n} x_{i1} + \hat\beta_2 \sum\limits_{i=1}^{n} x_{i2} + \cdots + \hat\beta_k \sum\limits_{i=1}^{n} x_{ik} = \sum\limits_{i=1}^{n} y_i \\ \hat\beta_0 \sum\limits_{i=1}^{n} x_{i1} + \hat\beta_1 \sum\limits_{i=1}^{n} x_{i1}^2 + \hat\beta_2 \sum\limits_{i=1}^{n} x_{i1}x_{i2} + \cdots + \hat\beta_k \sum\limits_{i=1}^{n} x_{i1}x_{ik} = \sum\limits_{i=1}^{n} x_{i1}y_i \\ \qquad\qquad\vdots \\ \hat\beta_0 \sum\limits_{i=1}^{n} x_{ik} + \hat\beta_1 \sum\limits_{i=1}^{n} x_{ik}x_{i1} + \hat\beta_2 \sum\limits_{i=1}^{n} x_{ik}x_{i2} + \cdots + \hat\beta_k \sum\limits_{i=1}^{n} x_{ik}^2 = \sum\limits_{i=1}^{n} x_{ik}y_i \end{cases} \tag{5-38}$$

以上方程组经整理后，得出用矩阵形式表示的正规方程为 $\boldsymbol{X}^{\mathrm{T}}(\boldsymbol{Y} - \boldsymbol{X\beta}) = \boldsymbol{0}$，移项得 $\boldsymbol{X}^{\mathrm{T}}\boldsymbol{X\beta} = \boldsymbol{X}^{\mathrm{T}}\boldsymbol{Y}$，当 $(\boldsymbol{X}^{\mathrm{T}}\boldsymbol{X})^{-1}$ 存在时，即得回归参数的最小二乘法估计为

$$\hat{\boldsymbol{\beta}} = (\boldsymbol{X}^{\mathrm{T}}\boldsymbol{X})^{-1}\boldsymbol{X}^{\mathrm{T}}\boldsymbol{Y} \tag{5-39}$$

称 $\hat y = \hat\beta_0 + \hat\beta_1 x_1 + \hat\beta_2 x_2 + \cdots + \hat\beta_k x_k$ 为经验回归方程。

$\hat{\boldsymbol{\beta}}$ 是随机变量 $\boldsymbol{Y}$ 的线性变换，它是 $\boldsymbol{\beta}$ 的无偏估计，$\hat{\boldsymbol{\beta}}$ 的期望和方差分别为

$$\begin{aligned} E(\hat{\boldsymbol{\beta}}) &= E((\boldsymbol{X}^{\mathrm{T}}\boldsymbol{X})^{-1}\boldsymbol{X}^{\mathrm{T}}\boldsymbol{Y}) = (\boldsymbol{X}^{\mathrm{T}}\boldsymbol{X})^{-1}\boldsymbol{X}^{\mathrm{T}}E(\boldsymbol{Y}) \\ &= (\boldsymbol{X}^{\mathrm{T}}\boldsymbol{X})^{-1}\boldsymbol{X}^{\mathrm{T}}E(\boldsymbol{X\beta} + \boldsymbol{\varepsilon}) = (\boldsymbol{X}^{\mathrm{T}}\boldsymbol{X})^{-1}\boldsymbol{X}^{\mathrm{T}}\boldsymbol{X\beta} = \boldsymbol{\beta} \end{aligned} \tag{5-40}$$

$$\begin{aligned} V(\hat{\boldsymbol{\beta}}) &= \mathrm{Cov}(\hat{\boldsymbol{\beta}}, \hat{\boldsymbol{\beta}}) = \mathrm{Cov}((\boldsymbol{X}^{\mathrm{T}}\boldsymbol{X})^{-1}\boldsymbol{X}^{\mathrm{T}}\boldsymbol{Y}, (\boldsymbol{X}^{\mathrm{T}}\boldsymbol{X})^{-1}\boldsymbol{X}^{\mathrm{T}}\boldsymbol{Y}) \\ &= (\boldsymbol{X}^{\mathrm{T}}\boldsymbol{X})^{-1}\boldsymbol{X}^{\mathrm{T}}\mathrm{Cov}(\boldsymbol{Y}, \boldsymbol{Y})\boldsymbol{X}(\boldsymbol{X}^{\mathrm{T}}\boldsymbol{X})^{-1} \\ &= (\boldsymbol{X}^{\mathrm{T}}\boldsymbol{X})^{-1}\boldsymbol{X}^{\mathrm{T}}\sigma^2\boldsymbol{I}_n\boldsymbol{X}(\boldsymbol{X}^{\mathrm{T}}\boldsymbol{X})^{-1} = \sigma^2(\boldsymbol{X}^{\mathrm{T}}\boldsymbol{X})^{-1} \end{aligned} \tag{5-41}$$

在一元线性回归里介绍的很多计算方法和分析程序对多元线性回归情况也同样适用。如残差平方和用来估计误差方差 σ^2，残差（误差）平方和 $S_E = \sum_{i=1}^{n}(y_i - \hat{y}_i)^2$，带 p 个参数的多元线性回归模型的 σ^2 的估计为

$$\hat{\sigma}^2 = \frac{\sum_{i=1}^{n}(y_i - \hat{y}_i)^2}{n-p} = \frac{S_E}{n-p} \tag{5-42}$$

多元线性回归中的回归系数 R^2 的计算与一元线性回归相同，即

$$R^2 = \frac{S_R}{S_T} = 1 - \frac{S_E}{S_T} \tag{5-43}$$

在多元线性回归模型中，通常称 R^2 为多元决定系数。

由于 R^2 是一个随解释变量个数的增加而递增的增函数，所以为了使拟合优度检验指标不仅能反映已被解释的变差与总变差的关系，而且能反映回归模型中所包含的解释变量个数的影响，故需要对 R^2 进行调整，记为 $R^2_{调整}$，且

$$R^2_{调整} = 1 - \frac{S_E/(n-p)}{S_T/(n-1)} = \frac{(n-1)R^2 - k}{n-p} \tag{5-44}$$

式中，k 为回归变量的个数；p 为参数个数，满足 $p = k+1$。

5.4.3 多元线性回归分析中的显著性检验

在一元线性回归中，回归显著性检验考察了因变量 y 与单一回归变量 x 是否存在有效的线性关系；在多元线性回归中，检验的是在因变量 y 与任何一个回归变量 x_1，x_2，…，x_k 之间是否存在有效的线性关系的假设。假设为

$$\begin{cases} H_0: \beta_1 = \beta_2 = \cdots = \beta_k = 0 \\ H_1: 至少一个\ \beta_j \neq 0 \end{cases}$$

如果零假设被拒绝，则在模型中至少有一个回归变量是与因变量存在线性相关的。类似一元线性回归检验，为了建立对 H_0 进行检验的 F 统计量，仍然利用总离差平方和的分解式，即 $S_T = \sum_{i=1}^{n}(y_i - \bar{y})^2 = \sum_{i=1}^{n}(\hat{y}_i - \bar{y})^2 + \sum_{i=1}^{n}(y_i - \hat{y}_i)^2$，简写为

$$S_T = S_R + S_E \tag{5-45}$$

式中，$S_R = \sum_{i=1}^{n}(\hat{y}_i - \bar{y})^2$ 称为回归平方和；$S_E = \sum_{i=1}^{n}(y_i - \hat{y}_i)^2$ 称为残差平方和。S_T，S_R，S_E 的自由度分别为 $n-1$，k 和 $n-k-1$，回归均方为 $MS_R = \frac{S_R}{k}$，残差均方为 $MS_E = \frac{S_E}{n-k-1}$，且为 σ^2 的无偏估计，则 F 统计量为

$$F=\frac{MS_R}{MS_E}=\frac{S_R/k}{S_E/(n-k-1)}\sim F(k,n-k-1)$$

对于给定的显著性水平α，当$F\geqslant F_\alpha(k,n-k-1)$时，则拒绝$H_0$。$F$值的计算可按表5-5来进行。

表5-5 方差分析表

方差来源	离差平方和	自由度 df	均方 MS	F 值
回归	S_R	k	MS_R	MS_R/MS_E
误差或残差	S_E	$n-k-1$	MS_E	
总和	S_T	$n-1$		

在进行回归函数显著性检验后，需要对每一个偏回归系数是否为零进行检验，即检验假设

$$H_0:\beta_j=0,H_1:\beta_j\neq 0$$

如果接受原假设H_0，则x_j对y无影响；如果拒绝原假设H_0，则x_j对y有影响。由式（5-40）和（5-41）可知

$$\hat{\boldsymbol{\beta}}\sim N(\boldsymbol{\beta},\sigma^2(\boldsymbol{X}^{\mathrm{T}}\boldsymbol{X})^{-1})$$

记

$$(\boldsymbol{X}^{\mathrm{T}}\boldsymbol{X})^{-1}=(c_{ij}),i,j=0,1,2,\cdots,k$$

于是有$E(\hat{\beta}_j)=\beta_j,V(\hat{\beta}_j)=c_{jj}\sigma^2$，$\hat{\beta}_j\sim N(\beta_j,c_{jj}\sigma^2)$，$j=0$，1，2，…，$k$，据此可以构造$t$统计量

$$t_j=\frac{\hat{\beta}_j}{\sqrt{c_{jj}}\,\hat{\sigma}}\tag{5-46}$$

式中，$\hat{\sigma}=\sqrt{\dfrac{1}{n-k-1}\sum\limits_{i=1}^{n}(y_i-\hat{y}_i)^2}=\sqrt{MS_E}$；$t_j$统计量服从自由度为$n-k-1$的$t$分布。

当H_0为真时，对于给定的显著性水平α，若$|t_j|\geqslant t_{\alpha/2}(n-k-1)$，则拒绝$H_0$，即认为在显著性水平$\alpha$下，第$j$个解释变量$x_j$对被解释变量$y$具有显著的影响。

5.4.4 预测

多元线性回归分析的一个重要应用是利用样本回归方程进行预测。预测可分为点预测和区间预测两种情形。点预测就是对于给定变量x_1，x_2，…，x_k的一组特定值$\boldsymbol{x}_0=(1,x_{10},x_{20},\cdots,x_{k0})$，估计对应的被解释变量$y_0$的值。假设利用最小二乘法建立的经验回归方程为

$$\hat{y}_i = \hat{\beta}_0 + \hat{\beta}_1 x_{1i} + \hat{\beta}_2 x_{2i} + \cdots + \hat{\beta}_k x_{ki} \tag{5-47}$$

将 $\boldsymbol{x}_0 = (1, x_{10}, x_{20}, \cdots, x_{k0})$ 代入经验回归方程中，得

$$\hat{y}_0 = \hat{\beta}_0 + \hat{\beta}_1 x_{10} + \hat{\beta}_2 x_{20} + \cdots + \hat{\beta}_k x_{k0} = \boldsymbol{x}_0 \hat{\boldsymbol{\beta}} \tag{5-48}$$

式中，$\hat{\boldsymbol{\beta}} = (\hat{\beta}_0, \hat{\beta}_1, \cdots, \hat{\beta}_k)^{\mathrm{T}}$，$\hat{y}_0$ 就称为被解释变量 y_0 的点预测值或点估计值。

在实际应用中，不仅关心被解释变量 y_0 的估计值，而且希望得到一个以相当大的概率包含 y_0 真值的区间，这个区间称为预测区间或估计区间。对给定的解释变量 x_1，x_2，$\cdots$，x_k 的一组特定值 $\boldsymbol{x}_0 = (1, x_{10}, x_{20}, \cdots, x_{k0})$，根据多元线性回归模型，有

$$y_0 = \boldsymbol{x}_0 \boldsymbol{\beta} + \varepsilon_0 \tag{5-49}$$

式中，$\boldsymbol{\beta} = (\beta_0, \beta_1, \cdots, \beta_k)^{\mathrm{T}}$，$\varepsilon_0$ 服从正态分布 $N(0, \sigma^2)$。

现在要导出 $y_0 - \hat{y}_0$ 的概率分布。因为 y_0 与 $\hat{y}_0$ 都服从正态分布，且两者独立，所以 $y_0 - \hat{y}_0$ 服从正态分布。根据式（5-40）和式（5-41）可计算出 $y_0 - \hat{y}_0$ 的数学期望和方差

$$E(y_0 - \hat{y}_0) = E(\boldsymbol{x}_0 \boldsymbol{\beta} + \varepsilon_0 - \boldsymbol{x}_0 \hat{\boldsymbol{\beta}}) = E(\boldsymbol{x}_0 (\boldsymbol{\beta} - \hat{\boldsymbol{\beta}})) + E(\varepsilon_0) = 0 \tag{5-50}$$

$$\begin{aligned} V(y_0 - \hat{y}_0) &= V(y_0) + V(\hat{y}_0) = V(y_0 - \boldsymbol{x}_0 \hat{\boldsymbol{\beta}}) \\ &= V(y_0) + V(\boldsymbol{x}_0 \hat{\boldsymbol{\beta}}) = \sigma^2 + \boldsymbol{x}_0^{\mathrm{T}} (\boldsymbol{X}^{\mathrm{T}} \boldsymbol{X})^{-1} \boldsymbol{x}_0 \sigma^2 \\ &= \sigma^2 (1 + \boldsymbol{x}_0^{\mathrm{T}} (\boldsymbol{X}^{\mathrm{T}} \boldsymbol{X})^{-1} \boldsymbol{x}_0) \end{aligned} \tag{5-51}$$

因此，$y_0 - \hat{y}_0$ 服从正态分布 $N(0, \sigma^2 (1 + \boldsymbol{x}_0^{\mathrm{T}} (\boldsymbol{X}^{\mathrm{T}} \boldsymbol{X})^{-1} \boldsymbol{x}_0))$。

由于 $\dfrac{S_E}{\sigma^2} \sim \chi^2(n-k-1)$，根据 t 分布的定义，得

$$\begin{aligned} t &= \frac{y_0 - \hat{y}_0}{\sqrt{\dfrac{S_E}{n-k-1}(1 + \boldsymbol{x}_0^{\mathrm{T}} (\boldsymbol{X}^{\mathrm{T}} \boldsymbol{X})^{-1} \boldsymbol{x}_0)}} \\ &= \frac{y_0 - \hat{y}_0}{\hat{\sigma} \sqrt{(1 + \boldsymbol{x}_0^{\mathrm{T}} (\boldsymbol{X}^{\mathrm{T}} \boldsymbol{X})^{-1} \boldsymbol{x}_0)}} \sim t(n-k-1) \end{aligned} \tag{5-52}$$

对于预先给定的显著性水平 α，可从 t 分布表中查出自由度为 $n-k-1$，水平为 α 的双侧分位数 $t_{\alpha/2}(n-k-1)$，使 $P\{(|t| < t_{\alpha/2}(n-k-1)\} = 1-\alpha$，即

$$P\left\{-t_{\alpha/2}(n-k-1) < \frac{y_0 - \hat{y}_0}{\hat{\sigma} \sqrt{(1 + \boldsymbol{x}_0^{\mathrm{T}} (\boldsymbol{X}^{\mathrm{T}} \boldsymbol{X})^{-1} \boldsymbol{x}_0)}} < t_{\alpha/2}(n-k-1)\right\} = 1-\alpha$$

化简得到 y_0 的置信水平为 $1-\alpha$ 的预测区间为

$$\left(\hat{y}_0 - t_{\alpha/2}(n-k-1)\hat{\sigma}\sqrt{(1+\boldsymbol{x}_0^{\mathrm{T}}(\boldsymbol{X}^{\mathrm{T}}\boldsymbol{X})^{-1}\boldsymbol{x}_0)},\right.$$
$$\left.\hat{y}_0 + t_{\alpha/2}(n-k-1)\hat{\sigma}\sqrt{(1+\boldsymbol{x}_0^{\mathrm{T}}(\boldsymbol{X}^{\mathrm{T}}\boldsymbol{X})^{-1}\boldsymbol{x}_0)}\right) \tag{5-53}$$

例 5-6 通过试验分析研究发现，某产品的收量 y 与处理压强 x_1 以及温度 x_2 有关，对 10 个样本进行统计，得到表 5-6。

表 5-6 样本数据

y	100	80	75	70	50	60	90	100	120	70
x_1	5	6	7	6	8	7	6	5	4	8
x_2	1000	800	1000	700	300	450	1200	1100	1300	300

试求产品的收量 y 关于处理压强 x_1 以及温度 x_2 的回归方程。

解：（1）求经验回归方程。根据已知，$n=10$，$k=2$ 可得

$$\boldsymbol{X}=\begin{pmatrix}1&5&1000\\1&6&800\\1&7&1000\\1&6&700\\1&8&300\\1&7&450\\1&6&1200\\1&5&1100\\1&4&1300\\1&8&300\end{pmatrix},\boldsymbol{Y}=\begin{pmatrix}100\\80\\75\\70\\50\\60\\90\\100\\120\\70\end{pmatrix}$$

根据式（5-39）计算可得

$$\boldsymbol{X}^{\mathrm{T}}\boldsymbol{X}=\begin{pmatrix}10&62&8150\\62&400&46850\\8150&46850&7852500\end{pmatrix},\hat{\boldsymbol{\beta}}=\begin{pmatrix}\hat{\beta}_0\\\hat{\beta}_1\\\hat{\beta}_2\end{pmatrix}=(\boldsymbol{X}^{\mathrm{T}}\boldsymbol{X})^{-1}\boldsymbol{X}^{\mathrm{T}}\boldsymbol{Y}=\begin{pmatrix}125.5827\\-9.7958\\0.0204\end{pmatrix}$$

得到所求的经验回归方程为 $y=125.5827-9.7958x_1+0.0204x_2$。

（2）回归方程的显著性检验。根据经验回归方程可得 $y-\hat{y}$ 残差表，如表 5-7 所示。

表 5-7　$y-\hat{y}$的残差

y	100	80	75	70	50	60	90	100	120	70
$\hat{y}$	97.0037	83.1279	77.4121	81.0879	53.3363	66.1921	91.2879	99.0437	112.9195	53.3363
$y-\hat{y}$	2.9963	−3.1279	−2.4121	−11.0879	−3.3363	−6.1921	−1.2879	0.9563	7.0805	16.6637

根据式（5-45）以及表 5-7 可以计算得到

$$S_T=\sum_{i=1}^{n}y_i^2-\frac{1}{n}\left(\sum_{i=1}^{n}y_i\right)^2=70425-\frac{1}{10}\times 815^2=4002.5$$

$$S_E=\sum_{i=1}^{n}(y_i-\hat{y}_i)^2=70425-69898=527$$

$$S_R=S_T-S_E=4002.5-527=3475.5$$

方差分析表如表 5-8 所示。

表 5-8　方差分析表

方 差 来 源	离差平方和	自由度 df	均方 MS	F 值
回归	3475.5	2	1737.7	22.76
误差或残差	527	7	75.2857	
总和	4002.5	9		

可见，$F=22.76>F_{0.05}(2,7)=4.74$，故拒绝 H_0，认为收量 y 与处理压强 x_1 以及温度 x_2 有显著的线性回归关系。

（3）回归系数的显著性检验。由相关矩阵（X^TX）及式（5-46）可以计算得到

$$\begin{cases}t_1=\dfrac{\hat{\beta}_1}{\sqrt{c_{11}MS_E}}=\dfrac{-9.7958}{\sqrt{119.4945}}\times\sqrt{7}=-2.3712\\[2ex] t_2=\dfrac{\hat{\beta}_2}{\sqrt{c_{22}MS_E}}=\dfrac{0.0204}{\sqrt{0.0015}}\times\sqrt{7}=1.3936\end{cases}$$

查表得 $t_{0.025}(7)=2.3646$，因为

$$|t_1|=2.3712>t_{0.025}(7)=2.3646,$$

$$|t_2|=1.3936<t_{0.025}(7)=2.3646$$

故拒绝 H_0：$\beta_1=0$，认为处理压强 x_1 对收量 y 有显著线性影响关系；接受 H_0：$\beta_2=0$，认为处理温度 x_2 对收量 y 没有显著线性影响关系。

Minitab 分析：首先将数据输入工作表中，如图 5-7 所示。

选择“Stat→Regression→Regression”，出现如图 5-8 所示的对话框。

↓	C1 收量(Y)	C2 处理压强(X1)	C3 温度(X2)
1	100	5	1000
2	80	6	800
3	75	7	1000
4	70	6	700
5	50	8	300
6	60	7	450
7	90	6	1200
8	100	5	1100
9	120	4	1300
10	70	8	300

图 5-7 数据输入

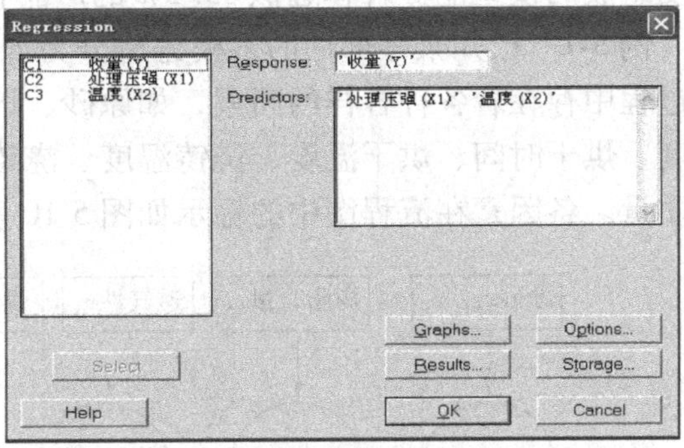

图 5-8 回归分析界面

Minitab 的输出结果如图 5-9 所示。

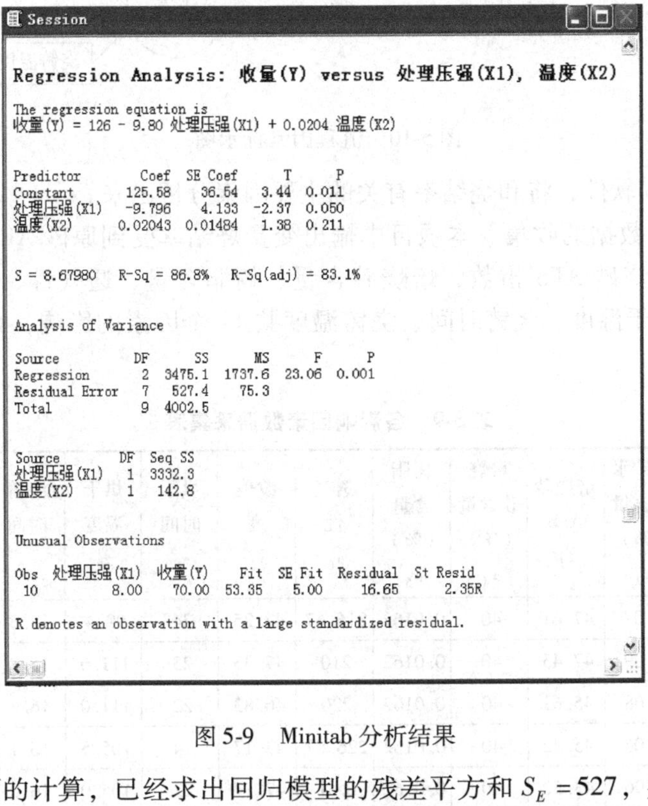

```
Session

Regression Analysis: 收量(Y) versus 处理压强(X1), 温度(X2)

The regression equation is
收量(Y) = 126 - 9.80 处理压强(X1) + 0.0204 温度(X2)

Predictor        Coef   SE Coef      T      P
Constant       125.58     36.54   3.44  0.011
处理压强(X1)   -9.796     4.133  -2.37  0.050
温度(X2)      0.02043   0.01484   1.38  0.211

S = 8.67980   R-Sq = 86.8%   R-Sq(adj) = 83.1%

Analysis of Variance

Source          DF      SS      MS      F      P
Regression       2  3475.1  1737.6  23.06  0.001
Residual Error   7   527.4    75.3
Total            9  4002.5

Source        DF  Seq SS
处理压强(X1)   1  3332.3
温度(X2)       1   142.8

Unusual Observations

Obs  处理压强(X1)  收量(Y)    Fit  SE Fit  Residual  St Resid
 10          8.00    70.00  53.35    5.00     16.65     2.35R

R denotes an observation with a large standardized residual.
```

图 5-9 Minitab 分析结果

通过前面的计算，已经求出回归模型的残差平方和 $S_E=527$，共有 $n=10$ 个观察值以及 $k=2$ 个模型参数，所以可知误差方差的计算估计为 $\hat{\sigma}^2=S_E/(n-k-1)=527/(10-3)=75.3$，同 Minitab 计算输出的结果一样。

Minitab 计算结果中，多元回归中的决定系数 $R^2=83.1\%$，表明处理压强和温度组成的模型能够解释近似 83.1% 的产品收量变化。

例 5-7 已知某零部件的砂模铸造分为混砂、造型、制芯、浇铸四部分，生产过程中存在着各种各样的因素，如原砂、焙烧砂、树脂含量、透气性、涂料波美度、烘干时间、烘干温度、浇铸温度、浇铸时间等，这些因素制约着最终产品的质量。各因素在流程图中的标示如图 5-10 所示。

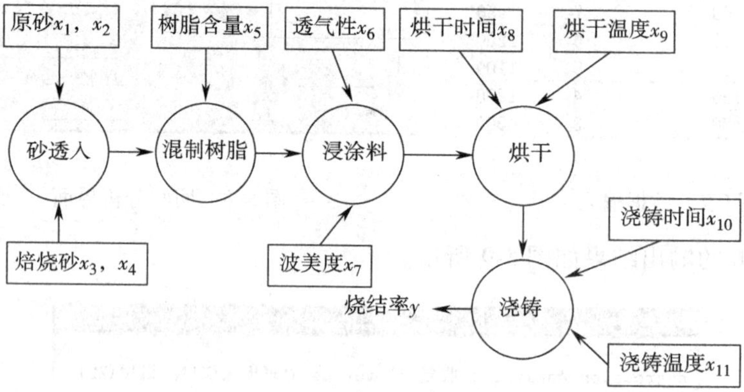

图 5-10 流程因素标示图

试通过 Minitab 软件，将和烧结率有关的主要因素分析出来。

解：（1）数据的收集。本项目中输出变量烧结率受到原砂 AFS 指数、原砂水分含量、焙烧砂 AFS 指数、焙烧砂含量、树脂含量、透气性、涂料波美度、烘干时间、烘干温度、浇铸时间、浇铸温度共 11 个因素的影响，采集数据如表 5-9 所示。

表 5-9 各影响因素数据采集表

序号	原砂 AFS x_1	原砂水分含量（%）x_2	焙烧砂 AFS x_3	焙烧砂含量（%）x_4	树脂含量（%）x_5	透气性 x_6	波美度 x_7	烘干时间 x_8	烘干温度 x_9	浇铸时间 x_{10}	浇铸温度 x_{11}	烧结率 y
1	42.31	0.07	47.61	40	0.0162	216.67	47.25	24	99.4	17.3	1416.8	4.27
2	41.73	0.09	47.45	40	0.0162	210	47.33	23	111.6	15.8	1417	4.19
3	43.34	0.08	45.61	40	0.0162	220	46.83	22	111.0	16.6	1416.2	4.33
4	43.21	0.06	45.32	40	0.0162	226.67	47.17	24	105.5	16.1	1416.1	4.35
5	42.09	0.06	43.52	40	0.0162	200	47.17	22	105.0	16.0	1416.3	4.26
6	40.79	0.07	43.1	50	0.0162	213.33	47.42	22	91.9	16.6	1416.6	4.52
7	43.71	0.07	43.21	40	0.0169	213.33	47.50	24	85.7	16.0	1417	4.43
8	43.58	0.05	45.21	46.7	0.0168	230	47.25	23	92.1	16.3	1417	4.2

（续）

序号	原砂AFS x_1	原砂水分含量(%) x_2	焙烧砂AFS x_3	焙烧砂含量(%) x_4	树脂含量(%) x_5	透气性 x_6	波美度 x_7	烘干时间 x_8	烘干温度 x_9	浇铸时间 x_{10}	浇铸温度 x_{11}	烧结率 y
9	43.61	0.04	42.31	40	0.0168	226.67	47.08	24	89.8	16.0	1414.7	4.16
10	43.12	0.05	42.75	50	0.0168	233.33	47.50	24	101.2	16.5	1415.9	4.23
11	43.32	0.04	42.9	50	0.0168	260	47.00	24	98.1	15.8	1415.7	4.10
12	41.28	0.06	42.1	50	0.0168	233.33	47.25	23	92.1	16.5	1415.8	4.15
13	41.16	0.07	43.3	40	0.0168	236.67	47.33	22	87.9	16.3	1416.6	4.56
14	43.11	0.08	42.9	50	0.0168	226.67	46.58	24	96.2	16.4	1417.3	3.97
15	41.1	0.06	44.31	50	0.0168	243.33	47.17	23	90.7	17.1	1415.8	4.26
16	42.25	0.07	43.97	40	0.0168	226.67	47.25	23	105.1	15.2	1416.7	4.01

（2）Minitab 软件分析。采用与上例类似的步骤，用 Minitab 软件对该例进行回归分析，最终所得的结果如图 5-11 所示。

```
Regression Analysis: y versus x1, x2, ...

The regression equation is
y = - 29.3 + 0.0932 x1 + 6.45 x2 - 0.0546 x3 - 0.0135 x4 - 588 x5 + 0.00908 x6
    + 0.492 x7 - 0.0837 x8 - 0.0130 x9 + 0.0991 x10 + 0.0129 x11

Predictor        Coef    SE Coef      T      P
Constant       -29.31      73.64  -0.40  0.711
x1            0.09323    0.03134   2.97  0.041
x2              6.454      2.777   2.32  0.081
x3           -0.05464    0.02330  -2.35  0.079
x4          -0.013537   0.006717  -2.02  0.114
x5             -587.6      127.2  -4.62  0.010
x6           0.009076   0.002349   3.86  0.018
x7            0.49229    0.09724   5.06  0.007
x8           -0.08367    0.02987  -2.80  0.049
x9          -0.013005   0.004419  -2.94  0.042
x10           0.09913    0.05783   1.71  0.162
x11           0.01289    0.05269   0.24  0.819

S = 0.0665470   R-Sq = 95.6%   R-Sq(adj) = 83.5%

Analysis of Variance

Source          DF        SS        MS     F      P
Regression      11  0.383780  0.034889  7.88  0.030
Residual Error   4  0.017714  0.004429
Total           15  0.401494
```

图 5-11　Minitab 计算结果

整理得到多元回归模型为

$$Y = -29.3 + 0.0932x_1 + 6.45x_2 - 0.0546x_3 - 0.0135x_4 - 588x_5 - 0.00908x_6 + 0.492x_7 - 0.0837x_8 - 0.013x_9 + 0.0991x_{10} + 0.0129x_{11}$$

（3）结果分析。由图 5-11 可知，多元决定系数 $R^2=93.4\%$，且 $P=0.03<0.05$，因此方程具有很好的线性，即烧结率与各变量因素之间存在显著的线性关系。观察各变量因素的 P-值，其中 x_1，x_5，x_6，x_7，x_8，x_9 的 P-值较 0.05 要小，因此这几个因素对烧结率有显著线性影响，即原砂 AFS、树脂含量、透气性、波美度、烘干时间和烘干温度是影响烧结率的显著因素。对烧结率的影响大小依次为波美度、树脂含量、透气性、烘干温度、原砂水分含量和烘干时间。

通过上述的多元线性回归分析可以看出，波美度、树脂含量、透气性、烘干温度、原砂 AFS 和烘干时间这 6 种因素是影响最后烧结率的最主要因素。因此若要减小最后产品的烧结率，首先应该从这几个方面加以改变，如减小涂料波美度、增加树脂含量、减小透气性、提高烘干温度、减小原砂 AFS 指数等。

5.5 多项式回归分析

研究一个因变量与一个或多个自变量间多项式的回归分析方法，称为多项式回归（polynomial regression）。如果自变量只有一个时，称为一元多项式回归；如果自变量有多个时，称为多元多项式回归。一元 m 次多项式回归方程为

$$\hat{y}=\beta_0+\beta_1x+\beta_2x^2+\cdots+\beta_mx^m \tag{5-54}$$

二元二次多项式回归方程为

$$\hat{y}=\beta_0+\beta_1x_1+\beta_2x_2+\beta_3x_1^2+\beta_4x_2^2+\beta_5x_1x_2 \tag{5-55}$$

在一元回归分析中，如果因变量 y 与自变量 x 的关系为非线性的，但是又找不到适当的函数曲线来拟合，此时可以采用一元多项式回归。多项式回归的最大优点在于其可以通过增加 x 的高次项对实测点进行逼近，直至满意为止。多项式回归在回归分析中占有重要的地位，因为任一函数都可以分段用多项式来逼近。因此，在通常的实际问题中，不论因变量与其他自变量的关系如何，总可以用多项式回归来进行分析。

5.5.1 多项式回归分析的一般方法

多项式回归可以通过变量转换的方式转化为多元线性回归来解决。对于一元 m 次多项式回归方程（5-54），令 $x_1=x$，$x_2=x^2$，…，$x_m=x^m$，则方程（5-54）就转化为 m 元线性回归方程

$$y=\beta_0+\beta_1x_1+\beta_2x_2+\cdots+\beta_mx_m+\varepsilon \tag{5-56}$$

可用多元线性回归分析来解决多项式回归问题。在多项式回归分析中，检验回归系数 β_i 是否显著，实质上就是判断自变量 x 的 i 次方项 x^i 对因变量 y 的影响是否显著。

对于二元二次多项式回归方程（5-55），令 $z_1 = x_1$，$z_2 = x_2$，$z_3 = x_1^2$，$z_4 = x_2^2$，$z_5 = x_1 x_2$，则方程（5-55）就转化为五元线性回归方程

$$y = \beta_0 + \beta_1 z_1 + \beta_2 z_2 + \beta_3 z_3 + \beta_4 z_4 + \beta_5 z_5 \tag{5-57}$$

但随着自变量个数的增加，多元多项式回归分析的计算量急剧增加。在多项式回归中较为常用的是一元二次多项式回归和一元三次多项式回归，下面结合一实例对一元二次多项式回归作详细介绍。

5.5.2 一元二次多项式回归分析

例5-8 给动物口服某种药物 A 1000mg，每间隔1h测定血药浓度（g/ml），得到表5-10的数据（血药浓度为5头供试验动物血药浓度的平均值）。试建立血药浓度（因变量 y）对服药时间（自变量 x）的回归方程。

表5-10 血药浓度与服药时间测定结果表

服药时间 x	1	2	3	4	5	6	7	8	9
血药浓度 y	21.89	47.13	61.86	70.78	72.81	66.36	50.34	25.31	3.17
$\hat{y}$	22.7182	46.2563	62.2684	70.7545	71.7146	65.1487	51.0568	29.4389	0.2950
$y-\hat{y}$	-0.8282	0.8737	-0.4084	0.0255	1.0954	1.2113	-0.7168	-4.1289	2.8750

解：（1）根据表5-10的数据资料绘制 x 与 y 的散点图（见图5-12）。由散点图看到：血药浓度最大值出现在服药后5h，在5h之前血药浓度随时间的增加而增加，在5h之后随着时间的增加而减少，散点图呈抛物线形状，因此可以选用一元二次多项式来描述血药浓度与服药时间的关系，即进行一元二次多项式回归。

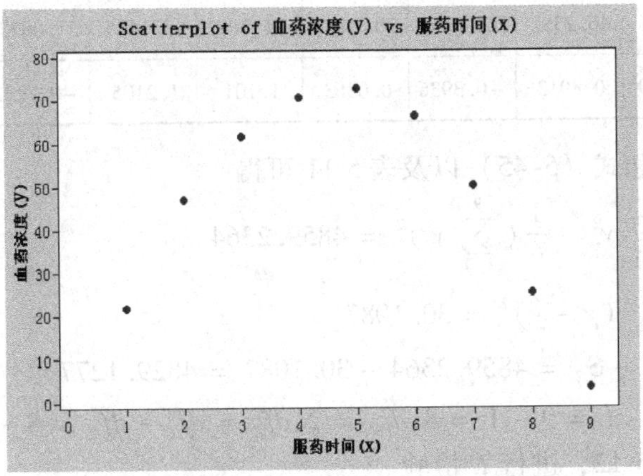

图5-12 血药浓度和服药时间散点图

（2）进行变量转换。设一元二次多项式回归模型为

$$y = \beta_0 + \beta_1 x + \beta_2 x^2 + \varepsilon$$

令 $x_1 = x$，$x_2 = x^2$，则得二元线性回归模型为 $y = \beta_0 + \beta_1 x_1 + \beta_2 x_2 + \varepsilon$。

（3）进行二元线性回归分析。先计算得

$$n = 9, \sum_{i=1}^{9} x_{i1} = \sum_{i=1}^{9} x_i = 45, \sum_{i=1}^{9} x_{i2} = \sum_{i=1}^{9} x_i^2 = 285, \sum_{i=1}^{9} y_i = 419.65$$

$$\sum_{i=1}^{9} x_{i1}^2 = \sum_{i=1}^{9} x_i^2 = 285, \sum_{i=1}^{9} x_{i2}^2 = \sum_{i=1}^{9} x_i^4 = 15333, \sum_{i=1}^{9} y_i^2 = 24426.5833$$

$$\sum_{i=1}^{9} x_{i1} x_{i2} = \sum_{i=1}^{9} x_i^3 = 2025, \sum_{i=1}^{9} x_{i1} y_i = 1930.45, \sum_{i=1}^{9} x_{i2} y_i = 10452.11$$

对于模型 $y = \beta_0 + \beta_1 x_1 + \beta_2 x_2 + \varepsilon$，标准方程组式（5-38）变为

$$\begin{cases} 9\hat{\beta}_0 + 45\hat{\beta}_1 + 285\hat{\beta}_2 = 419.65 \\ 45\hat{\beta}_0 + 285\hat{\beta}_1 + 2025\hat{\beta}_2 = 1930.45 \\ 285\hat{\beta}_0 + 2025\hat{\beta}_1 + 15333\hat{\beta}_2 = 10452.11 \end{cases}$$

方程组的解是$\hat{\beta}_0 = -8.3655$，$\hat{\beta}_1 = 34.8269$，$\hat{\beta}_2 = -3.7624$，因此，拟合回归模型为

$$\hat{y} = -8.3655 + 34.8269 x_1 - 3.7624 x_2$$

现在对二元线性回归方程或二元线性回归关系进行显著性检验。

表 5-11 $y - \hat{y}$ 的残差

y	21.89	47.13	61.86	70.78	72.81	66.36	50.34	25.31	3.17
$\hat{y}$	22.699	46.2387	62.2536	70.7437	71.709	65.1495	51.0652	29.4561	0.3223
$y - \hat{y}$	-0.809	0.8913	-0.3936	0.0363	1.101	1.2105	-0.7252	-4.1461	2.8847

根据式（5-13）和式（5-45）以及表 5-11 可得

$$S_T = \sum_{i=1}^{9} y_i^2 - \frac{1}{9}\left(\sum_{i=1}^{9} y_i\right)^2 = 4859.2364$$

$$S_E = \sum (y - \hat{y})^2 = 30.1087$$

$$S_R = S_T - S_E = 4859.2364 - 30.1087 = 4829.1277$$

$$df_T = n - 1 = 9 - 1 = 8, df_R = 2, df_E = df_T - df_R = 8 - 2 = 6$$

列出方差分析表 5-12，进行 F 检验。

表 5-12 二元线性回归关系方差分析表

方差来源	离差平方和	自由度 df	均方 MS	F 值	显著性
回归	4829.1277	2	2414.5639	481.1709	* *
误差或残差	30.1087	6	5.0181		
总和	4859.2364	8			

（4）建立一元二次多项式回归方程。将 x_1 还原为 x，x_2 还原为 x^2，即得 y 对 x 的一元二次多项式回归方程为 $\hat{y}=-8.3655+34.8269x-3.7624x^2$。

（5）计算多元决定系数 R^2 和 $R^2_{调整}$。因为 $\sum(y-\hat{y})^2=30.1087$，$\sum(y-\bar{y})^2=4859.2364$，根据式（5-43）和式（5-44）分别计算 R^2 和 $R^2_{调整}$，得

$$R^2=1-\frac{\sum(y-\hat{y})^2}{\sum(y-\bar{y})^2}=0.9938$$

$$R^2_{调整}=1-\frac{S_E/(n-p)}{S_T/(n-1)}=1-\frac{5.0181}{607.4046}=0.9917$$

表明 y 对 x 的一元二次多项式回归方程的拟合度是比较高的，或者说该回归方程估测的可靠程度比较高。对于多项式回归分析的问题也同样可以通过 Minitab 分析得到。在 Minitab 分析时，首先将数据输入工作表中，按照多项式回归分析的一般方法，对于上述的一元二次多项式回归方程 $\hat{y}=\beta_0+\beta_1x+\beta_2x^2$ 进行变量转换，令 $x_1=x$，$x_2=x^2$，则得到如图 5-13 所示的表格。

↓	C1	C2	C3
	x1(x)	x2(x-square)	y
1	1	1	21.89
2	2	4	47.13
3	3	9	61.86
4	4	16	70.78
5	5	25	72.81
6	6	36	66.36
7	7	49	50.34
8	8	64	25.31
9	9	81	3.17

图 5-13 数据输入结果

选择“Stat→Regression→Regression”，出现如图 5-14 所示的对话框。

选择“Results→Regression equation, table of coefficients, s, R-squared, and basic analysis of variance→OK”，就可以得到 Minitab 的分析结果，如图 5-15 所示。

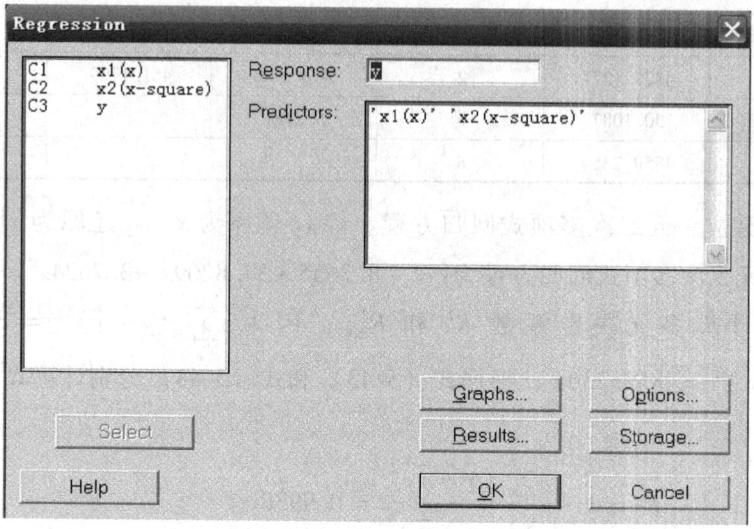

图 5-14 回归分析界面

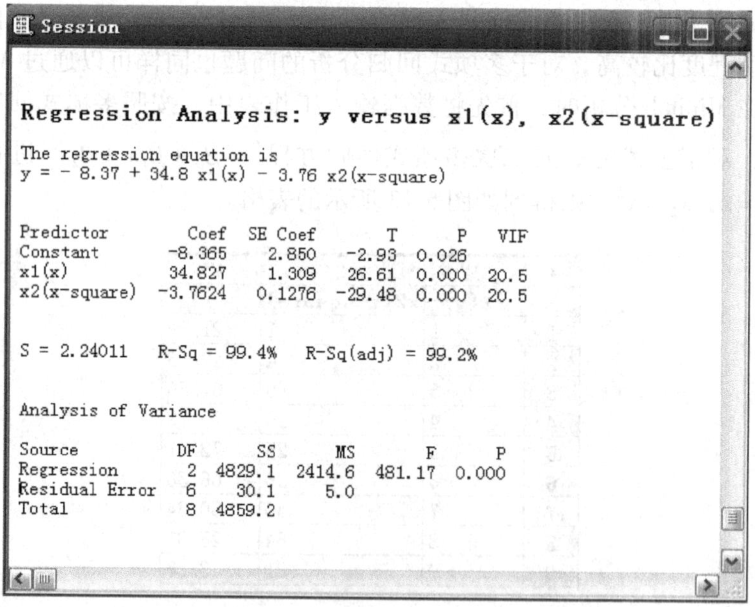

图 5-15 Minitab 输出结果

通过 Minitab 分析后得到的结果与计算所得出的结果基本吻合。

练 习 题

1. 为了研究某种添加剂对烘干时间的作用，测量的数据如表5-13所示。

表5-13 试验数据表

烘干时间/h	10.7	10.8	10.3	10.7	10.1	10.0	10.1	9.7	9.5	9.2
添加剂浓度（%）	5.0	5.2	5.4	5.6	5.8	6.0	6.2	6.4	6.6	6.8

（1）作出烘干时间 y 与添加剂浓度 x 关系的散点图。

（2）求出一元线性回归拟合模型。

（3）对（2）中的线性假设进行显著性检验。

2. 经过试验分析研究发现，卡车的耗油率 y（用每升汽油行驶的公里数表示）与卡车重量 x_1 和里程表读数 x_2 有关，对15个样本进行统计，试验数据如表5-14所示。

表5-14 试验数据表

耗油率 y	车重 x_1	里程数 x_2	耗油率 y	车重 x_1	里程数 x_2
7.28	10.5	15	4.85	26	84
5.63	23	71	5.08	26.5	25
5.26	27.5	36	5.51	15	124
6.58	14.5	113	4.75	30	25
5.01	30.5	39	6.03	15	75
6.73	14	97	5.26	22.5	192
5.37	21	195	5.6	16	139
7.28	8.5	8			

试求卡车的耗油率 y 关于卡车重量 x_1 和里程表读数 x_2 的回归方程。

3. 已知某类化学药品的产量 y 与原料的浓度 x 有关，经过试验测得的数据如表5-15所示。

表5-15 试验数据表

产量 y	40	48.2	52.5	48.5	44.5	34.5	28
浓度 x	7.5	9	11	13.5	17	23	5.3

试建立产量 y 与原料浓度 x 的回归模型。

第 6 章　统计过程控制

6.1　统计过程控制概述

统计过程控制（SPC：Statistical Process Control）是持续过程改进的基本工具，是应用数理统计方法进行过程控制的工具，根据反馈信息及时发现系统性因素出现的征兆，并及时采取措施消除其影响，使过程维持在仅受随机性因素影响的受控状态下，以达到质量控制的目的。

产品生产一般都需要经过多道工序，每道工序受到人、机器、材料、方法、自然环境、测量等因素的影响，导致产品质量波动，这些波动分为正常波动和异常波动。正常波动是由不可避免的偶然性因素造成的，它对产品质量的影响较小，在技术上很难消除，在经济上消除它也不值得，故可把它看做噪声而听之任之。异常波动是由系统原因造成的，它对产品质量的影响很大，但能够采取措施加以避免或消除，故在过程中异常波动及造成其发生的原因是应注意的对象。

统计过程控制通过恰当地选择产品生产过程中的控制点，及时采集生产过程中的质量特征值，从而能够实时地监控生产过程，发现质量隐患，及时调整生产过程，达到控制产品生产和提高产品质量的目的。统计过程控制是制造企业常用的质量管理方法之一。当生产过程仅受偶然性因素影响时，过程处于统计控制状态，简称受控状态；当生产过程中存在系统因素的影响时，过程处于统计失控状态，简称失控状态。由于过程波动具有统计规律性，当生产过程受控时，过程特性一般服从稳定的随机分布；而失控时，过程分布参数将发生改变。SPC 正是利用过程波动的统计性规律对过程进行分析控制的。它强调过程在受控和有能力的状态下运行，从而使产品和服务稳定地满足顾客的要求。

实施 SPC 分为分析阶段和控制阶段，在这两个阶段所使用的控制图分别被称为分析用控制图和控制用控制图。分析阶段的主要目的在于使过程处于统计稳态，且使工序能力满足生产要求。分析阶段首先要进行的工作是生产准备，即把生产过程所需的原料、劳动力、设备、测量系统等按照标准要求进行准备，确保生产是在影响生产的各要素无异常的情况下进行；然后就可以用生产过程收集的数据计算控制限，做成分析用控制图，检验生产过程是否处于统计稳态以及工序能力是否足够。如果任何一个不能满足，则必须寻找原因，进行改进，并重新准备生产及分析，直到达到了分析阶段的两个目的，则分析阶段可以宣告结束，进入 SPC 控制阶段。控制阶段的主要工作是使用控制用控制图进行监控，此时控制图的控制限已经根据分析阶段的结果而确定。将生产过程的数据及时绘制到控制图上，并密切观察控制图。控制图中点的波动情况可以显示出生产过程受控或失控。监控可以充分体现出 SPC 预防控制的作用。SPC 较适用于重复性生产过程，它有利于对生产过程作出可靠的评估；确定生产过程的统计控制限，判断生产过程是否失控和生产过程是否有能力；为生产过程提供一个早期报警系统，及时监控产品的生产情况，防止废品的发生；减少对常规检验的依赖性，用定时的观察以及系统的测量替代大量的检验工作。

6.2 控制图

过程质量控制的任务是要把质量特性值控制在规定的波动范围内，使过程处于受控状态，能稳定地生产合格品。控制图就是用来判断和预报生产过程中质量状况是否发生波动的一种有效方法，也是统计过程质量控制的重要工具之一。

6.2.1 控制图的基本原理

1. 三西格玛准则

如果生产过程处于稳定的受控状态，那么仅有随机因素造成产品特性值 x 的波动，且可以知道产品特性值 x 服从某种分布（如正态分布），当生产出现非随机因素时，则该分布参数就会改变。可以用假设检验判断这种分布参数的偏离，确定系统是否有非随机因素存在。设 x 服从正态分布 $N(\mu,\sigma^2)$，当工序不存在非随机因素时，可知 $P\{\mu-3\sigma<x<\mu+3\sigma\}=0.9973$，$x$ 落在上、下控制限外的概率为 0.27%。如果从处于受控状态的工序中抽取一个样品，那么可以认为 x 以 99.73% 的概率落在 $\mu\pm3\sigma$ 中，以 0.27% 的概率落在 $\mu\pm3\sigma$ 之外，0.27% 是小概率，小概率事件是不可能发生的，这就是 $\pm3\sigma$ 准则。控制图的基本形式如图 6-1 所示。控制图的纵坐标为样本统计量数值，横坐标为样本号，在具有统计意义的三条线段中，中间一条称为中心线，记作 *CL*（Central Line），上面一条虚线称为上控制限，记作 *UCL*（Upper Control Limit），下面一条虚线称为下控制限，记作 *LCL*（Lower Control Limit）。控制图的基本思想就是把要控制的质量特性值用点子描在图上，若点子全部落在上、下控制限内，且界限内的点子的排列是随机的，无系统因素引起的异常波动，就可判断生产过程是处于受控状态。否则，就应该判断生产过程是处于失控状态，应立即查明原因，设法调整，使其重

新处于受控状态。

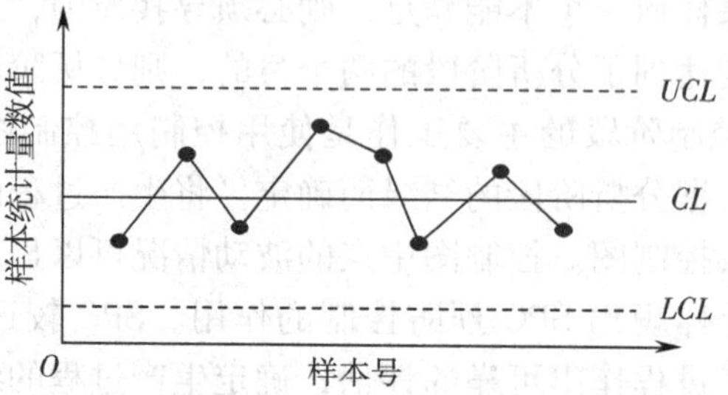

图 6-1　控制图的基本形式

2. 两类错误

控制图对过程的监控是通过抽样检验来进行的，抽样检验存在着两类错误，第一类错误是将正常判为异常，虚发警报，记为 α，这一类错误将造成寻找根本不存在的异常因素的损失；第二类错误是将异常判为正常，漏发警报，记为 β，第二类错误将造成废次品增加的损失。

如何减少两种错误所造成的损失？由于控制图上的三条线，*CL* 居中不动，*UCL* 与 *LCL* 互相平行，故只能改动它们之间的间隔距离。若间隔距离增大，则 α 减少，β 增加；反之，距离减小，则 α 增加，β 减小。可见，同时减小 α 和 β 是不可能的。通常的解决办法是根据使两种错误造成的总损失最小为原则来确定 *UCL* 与 *LCL* 二者之间的最优间隔距离。经验表明，休哈特提出的 3σ 方式较好。控制图之所以规定 3σ 界限，同时也是出于经济上的考虑。

6.2.2　控制图的判断准则

工序处于统计控制状态或稳定状态的判断条件有两个：一是点子落在控制限之内；二是在控制限内的点子排列无缺陷。否则，判定过程异常。只有以上两个条件同时满足，才可判定生产处于控制状态。

1. 点子落在控制限之内

点子落在控制限之内，包含：

（1）连续 25 个点子没有一点在控制限以外。

（2）连续 35 个点子中最多有一点在控制限以外。

（3）连续 100 个点子中最多有两点在控制限以外。

由于采用随机抽样，因此认为抽样数据是相互独立的。连续 n 次抽样中，随机事件 x 发生 k 次的概率应为 $P = C_n^k p^k (1-p)^{n-k}$，其中 p 表示单次试验时随机事件 x 发生的概率。

连续 35 个点子出现至少有一点在控制限以外的概率是

$$P = C_{35}^{0} p_{x>\pm3\sigma}^{0} (1 - p_{x>\pm3\sigma})^{35} + C_{35}^{1} p_{x>\pm3\sigma}^{1} (1 - p_{x>\pm3\sigma})^{34} = 0.9959$$

在这里，$p_{x>\pm3\sigma}=0.27\%$。可见，在过程正常的情况下，连续35个点子中出现至少有一点在控制限以外是小概率事件，在一次试验中它实际上不发生，若发生，即判断过程失控。

这三条判别准则判断的可靠性依次递增，所需要的样品个数依次递增，也即成本越来越高。在进行判断时，应从准则（1）开始，若不能判稳，则进行准则（2）；若仍不能判稳，则进行准则（3）；若准则（3）依旧不能判稳，则不能继续再应用判稳准则，而应尽力查找出该过程的异因。在统计软件Minitab中提供的相关测试标准，“1 point > 3 standard deviations from center line”，即存在1点超过3倍标准偏差就判为工序不稳定。显然这个测试标准要比前面提到的几个标准严格，使用者在实际操作中，可以根据实际放宽标准。

2. 点子排列的缺陷

如控制图的点子排列分布有缺陷，也不能判定生产过程或工序处于控制状态，控制图的缺陷状态有“偏离”、“倾向”、“接近”、“周期”等情况。

（1）偏离：较多的点子出现在中心线一侧时，称为偏离。如出现下列情况就可判定失控：连续9个点子在中心线一侧；或连续11个点子中至少有10个点子在中心线一侧；或连续14个点子中至少有12个点子在中心线一侧；或连续17个点子中至少有14个点子在中心线一侧；或连续20个点子中至少有16个点子在中心线一侧。在Minitab中提供了“9 points in a row on same side of center line”的判别准则，即连续9个点子出现在中心线的一侧，便可判为异常。点出现在中心线一侧的概率为$p=0.5$，则连续9个点子出现在中心线一侧的概率为$P=C_9^9 p^9 (1-p)^0=0.001953$，小概率事件的发生可断定异常。

（2）倾向：观察点有连续上升或下降趋向，称为倾向。Minitab中提供的相关标准有：“6 points in a row, all increasing or decreasing”，即连续6个点子递增或递减，便可判为异常。

（3）接近：观察点连续出现在控制限附近（$\pm2\sigma \sim \pm3\sigma$的范围），称为接近。Minitab中提供了“2 out of 3 points > 2 standard deviations from center line (same side)”，即3个连续的点子中，有2个点子在中心线的一侧，且距离中心线超过2个标准偏差。常用的判断标准有：连续3个点子中有2个点子出现在控制限附近；连续7个点子中有3个点子出现在控制限附近；连续10个点子中有4个点子出现在控制限附近；若生产过程正常，则观察点落在中心线同一侧2σ界限与3σ界限之间的概率为$\Phi(3)-\Phi(2)=0.998650-0.977250=0.0214$，3个点子中有2个点子在中心线同一侧的$2\sigma$界限与$3\sigma$界限之间，另一个点子在控制限内的任何处，发生这种情况的概率为$2\times C_3^2\times0.0214^2\times(0.9973-0.0214)=0.00268$。

Minitab 提供的判断标准有：(1) “4 out of 5 points > 1 standard deviation from center line (same side)”，即连续5个点子中，有4个出现在中心线一侧，且距离中心线超过1个标准偏差。(2) “15 points in a row within 1 standard deviation of center line (either side)”，即连续15个点子在距离中心线1个标准偏差的范围内。(3) “8 points in a row > 1 standard deviation from center line (either side)”，即连续8个点子距离中心线超过1个标准偏差的距离。

(4) 周期：虽然点子均落在控制限内，但如果出现周期性的变动情况，同样表明生产过程有系统性因素发生。Minitab 中提供的相关标准有：“14 points in a row, alternating up and down”，即连续14个点子上下交替，便可判为异常。

Minitab 中提供的标准都是一些常用的参考标准，实际过程中，根据生产特性，可以对标准加严、放宽，也可以增加新的检测标准等。

6.2.3 控制图的分类及应用范围

常用控制图可分为计量值控制图和计数值控制图两大类。

1. 计量值控制图

计量值控制图适用于以计量值为控制对象的场合。计量值表现为数轴上的所有点是连续的数值，如长度、强度等，只要测量精度能够达到，那么其特征值能以任意的精度表示。计量值控制图对工序中存在的系统性原因反应敏感，具有及时查明并消除异常的作用，其效果比计数值控制图显著。常用的计量值控制图有以下几种：

(1) 单值控制图（X 控制图）。X 控制图常应用于下列场合：从工序中只能获得一个测定值，如每日水力消耗；一批内的数据是均一的，不需取多个计量值，如某溶液的浓度；因费用或时间的关系，只允许得到一个计量值，如高压容器的破坏性试验；希望尽快发现并消除异常原因的；计量值间隔时间长的情况下。

(2) 均值 - 极差控制图（$\overline{X}-R$ 控制图）。这是最常用最基本的控制图，可以同时控制质量特性值的集中趋势，即平均值$\overline{X}$，以及其离散趋势，即极差 R 的变化。$\overline{X}-R$ 图常用于控制尺寸、重量、时间、强度、成分等计量值。

(3) 中位数 - 极差控制图（M_e-R 控制图）。M_e-R 控制图与$\overline{X}-R$ 控制图很相似，只是用中位数图（M_e 图）代替均值图（$\overline{X}$图）。由于中位数比平均值计算简单，且中位数受到异常数据的影响较小，所以多用于现场需要把测定数据直接记入控制图进行控制的场合，一般每组数据规定为奇数个。

(4) 单值 - 移动极差控制图（$X-R_s$ 控制图）。$X-R_s$ 控制图多用于对每一个产品都进行检验、采用自动化检查和测量的场合，取样费时、昂贵的场合以及如化工气体与液体流程式过程，产品均匀，多抽样也无太大意义的场合。它判断过程变化的检出力也要差一些。

(5) 平均值 - 标准差控制图($\overline{X}-S$ 控制图)。$\overline{X}-S$ 控制图与$\overline{X}-R$ 控制图很相似，只是用标准差 S 图代替极差 R 图而已。极差计算简便，故 R 图得到广泛应用，但当样本量 $n>10$ 时，应用极差估计总体标准差 σ 的效率减低，需要应用 S 图来代替 R 图。

2. 计数值控制图

计数值控制图用于以计数值为控制对象的场合。计数值表现为数轴上的整数形式，是离散型的数值，如一个产品批次的不合格品的件数。常用的计数值控制图有以下几种：

(1) 不良品数控制图（Pn 控制图)。用于控制对象为不合格品数的场合。设 n 为样本大小，P 为不合格品率，则 Pn 为不合格品数。如某家具装配公司对供应商送来的某一型号的螺钉进行抽查，从每一包装袋的物料内随机抽取一定数量的螺钉做检查，并记录下每一组抽查的不合格品数，此时便可以使用 Pn 控制图来记录并监控来料的质量。

(2) 不良品率控制图（P 控制图)。用于控制对象为不合格品率或合格品率等计数质量指标的场合。需要注意的是，在根据多种检查项目综合起来确定不合格品率的情况，当控制图显示异常后难以找出异常的原因。因此，使用 P 图时应选择重要的检查项目作为判断不合格品的依据。

(3) 缺陷数控制图（C 控制图)。用于控制一部机器、一个部件、一定的长度、一定的面积或任何一定的单位中所出现的不合格数目。如布匹上的疵点数、铸件上的砂眼数、机器设备的不合格数或故障次数、电子设备的焊接不良数、传票的误记数、每页印刷错误数等。

(4) 单位缺陷数控制图（U 控制图)。当样本量保持不变时，可以应用 C 控制图；当样本量变化时，则应换算为平均每单位的不合格数后再使用 U 控制图。如在制造厚度为 2mm 的钢板的生产过程中，一批样品是 $2m^2$ 的，下一批样品是 $3m^2$ 的，这时就应都换算为平均每平方米的不合格数，然后再对它进行控制。当样本量变化时，需要应用单位缺陷数 U 控制图。

6.2.4　计量值控制图

1. 单值控制图（X 控制图）

X 控制图是将所测各点的值直接在图上打点。具有判定迅速，处理及时的特点，但不能发现离散程度的变化。

(1) X 控制图的中心线和上、下控制限的确定

1) 如果生产条件与过去基本相同，生产过程相当稳定，即有一个较可靠的 μ 值和 σ 值时，则可遵照以往经验数据按照 $\pm 3\sigma$ 方式建立控制图的控制限，得

出上、下控制限：

$$\begin{cases} CL = \mu \\ UCL = \mu + 3\sigma \\ LCL = \mu - 3\sigma \end{cases} \tag{6-1}$$

2）如无经验数据，则应进行随机抽样，并估计出样本平均值$\overline{X}$和样本标准偏差 S，得到上、下控制限：

$$\begin{cases} CL = \overline{X} \\ UCL = \overline{X} + 3S \\ LCL = \overline{X} - 3S \end{cases} \tag{6-2}$$

（2）利用 Minitab 绘制控制图

Minitab 是国际上流行的一个统计软件包。现以一个实例介绍如何使用 Minitab14 绘制单值控制图。

例 6-1 已知零件的标准尺寸要求为（50.0 ± 2.0）mm，通过随机抽样的方法测得 30 组数据，见表 6-1，试绘制其 X 控制图。

表 6-1 X 控制图数据表

50.1	51.0	50.4	49.3	50.1	50.1
50.6	49.7	49.6	49.6	49.4	50.6
50.3	49.8	49.3	49.8	49.9	49.5
49.7	50.6	50.4	50.4	50.0	49.9
50.2	49.5	48.1	49.9	50.2	50.3

绘图步骤：

打开 Minitab14，在数据表内将上述数据输入到同一列数据栏中；依次单击 Stat→Control Charts→Variables Charts for Individuals→Individuals，将弹出如图 6-2 所示的对话框，选择所要检测的项目，单击 OK。选择 OK 确定后，得到控制图如图 6-3 所示。

从控制图中可见，样本均值$\overline{X}$ = 49.943，上、下控制限分别为 UCL = 51.319 和 LCL = 48.568。第 27 个数据点的下方有“1”标识，说明该点不符合第 1 个测试要求，即超出控制限，认为该生产失控，应当查明原因，并寻找解决措施。

2. 均值－极差控制图（$\overline{X} - R$ 控制图）

$\overline{X} - R$ 控制图是计量值控制图中使用范围最广的，用以观察分析均值$\overline{X}$以及离散程度 R 的变化。

（1）$\overline{X}$图的控制限

设生产过程正常，$X \sim N(\mu,\sigma^2)$，则$\overline{X} \sim N(\mu,\sigma^2/n)$，这里，$\mu$ 为 X 的总体平均值，σ 为 X 的总体标准差，n 为样本量。

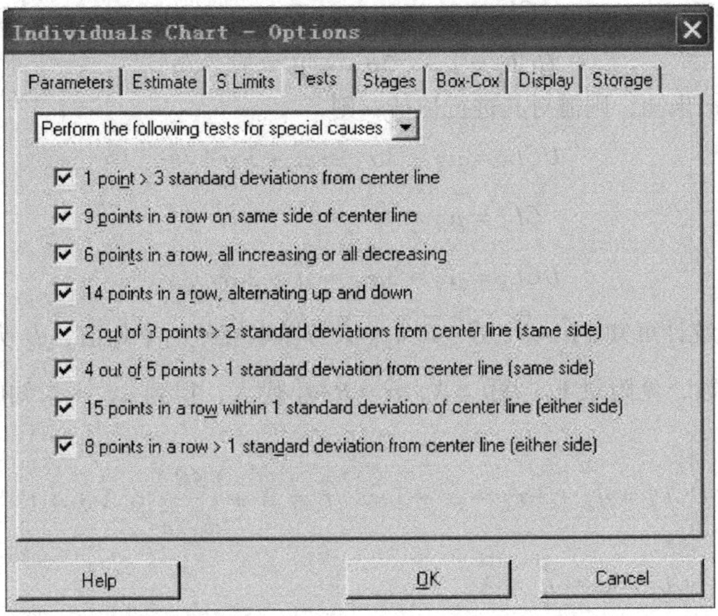

图 6-2　单值控制图 - 选项 - 检验对话框

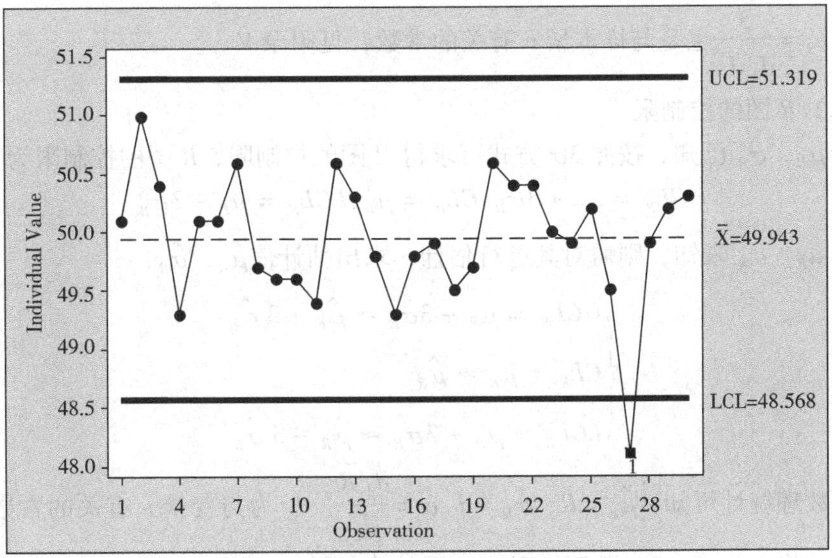

图 6-3　单值控制图

若 μ，σ 已知，则 $\overline{X}$ 图的控制限为

$$UCL_{\overline{X}} = \mu_{\overline{X}} + 3\sigma_{\overline{X}} = \mu + 3\sigma/\sqrt{n}$$

$$CL_{\overline{X}} = \mu_{\overline{X}} = \mu$$

$$UCL_{\overline{X}} = \mu_{\overline{X}} - 3\sigma_{\overline{X}} = \mu - 3\sigma/\sqrt{n}$$

若μ，σ未知，则需对其进行估计，则

$$UCL_{\overline{X}} = \mu_{\overline{X}} + 3\sigma_{\overline{X}} \approx \hat{\mu} + 3\hat{\sigma}/\sqrt{n}$$

$$CL_{\overline{X}} = \mu_{\overline{X}} \approx \hat{\mu}$$

$$UCL_{\overline{X}} = \mu_{\overline{X}} - 3\sigma_{\overline{X}} \approx \hat{\mu} - 3\hat{\sigma}/\sqrt{n}$$

由数理统计可知：$\hat{\mu} = \overline{\overline{X}}$，$\hat{\sigma} = \overline{R}/d_2$。$\overline{R}$为样本极差的平均值，$d_2$为与样本量$n$有关的常数，见附录E。将$\hat{\mu} = \overline{\overline{X}}$，$\hat{\sigma} = \overline{R}/d_2$代入，得到$\mu$，$\sigma$未知时的$\overline{X}$图的控制限为

$$UCL_{\overline{X}} = \mu_{\overline{X}} + 3\sigma_{\overline{X}} \approx \hat{\mu} + 3\hat{\sigma}/\sqrt{n} = \overline{\overline{X}} + \frac{3\overline{R}}{d_2\sqrt{n}} = \overline{\overline{X}} + A_2\overline{R}$$

$$CL_{\overline{X}} = \mu \approx \hat{\mu} = \overline{\overline{X}}$$

$$UCL_{\overline{X}} = \mu_{\overline{X}} - 3\sigma_{\overline{X}} \approx \hat{\mu} - 3\hat{\sigma}/\sqrt{n} = \overline{\overline{X}} - \frac{3\overline{R}}{d_2\sqrt{n}} = \overline{\overline{X}} - A_2\overline{R}$$

式中，$A_2 = \dfrac{3}{d_2\sqrt{n}}$也是与样本量$n$有关的常数，见附录E。

（2）R图的控制限

若μ_R，σ_R已知，按照3σ方式可求得R图的控制限，R图的控制限为

$$UCL_R = \mu_R + 3\sigma_R, CL_R = \mu_R, LCL_R = \mu_R - 3\sigma_R$$

若μ_R，σ_R未知，则需对其进行估计，求出估计值$\hat{\mu}_R$，$\hat{\sigma}_R$，

$$\begin{cases} UCL_R = \mu_R + 3\sigma_R \approx \hat{\mu}_R + 3\hat{\sigma}_R \\ CL_R = \mu_R \approx \hat{\mu}_R \\ LCL_R = \mu_R - 3\sigma_R \approx \hat{\mu}_R - 3\hat{\sigma}_R \end{cases} \tag{6-3}$$

由数理统计可知：$\hat{\mu}_R = \overline{R}$，$\hat{\sigma}_R = d_3\hat{\sigma} = \dfrac{d_3\overline{R}}{d_2}$，$d_3$为与变量$n$有关的常数，将上述两式代入式（6-3）即可得到的$R$图的控制限为

$$UCL_R = D_4\overline{R}, CL_R = \overline{R}, LCL_R = D_3\overline{R}$$

式中，$D_4 = 1 + 3d_3/d_2$，$D_3 = 1 - 3d_3/d_2$。D_3，D_4分别为与样本量n有关的常数，见附录E。

（3）$\overline{X} - R$图的作图顺序

如果先作$\overline{X}$图，则由于这时 R 图还未判稳，$\overline{R}$的数据不可用，故不可行；如果先作 R 图，由于 R 图中只有$\overline{R}$一个数据，故可行。当 R 图判稳后，再作$\overline{X}$图；若 R 图未判稳，则不能开始作$\overline{X}$图。

（4）利用 Minitab 绘制控制图

例 6-2　某厂生产一种零件，其长度要求为（49.50±0.10）mm，试叙述均值-极差控制图的作图步骤。

1）收集数据。本例每隔固定时间，从生产过程中抽取 5 个零件，测量其长度值，组成大小为 5 的样本，一共收集 25 个样本。

2）数据分组。按数据测量顺序或批次进行分组。样本大小为 n，通常取 3～5，这里 $n=5$。组数用 k 表示，这里 $k=25$。将分组后的数据填入抽样数据表 6-2 中。

表 6-2　抽样数据表

样本号	测量值					均值	极差
	X_1	X_2	X_3	X_4	X_5	$\overline{X_i}$	R_i
1	49.50	49.46	49.51	49.46	49.52	49.490	0.06
2	49.49	49.56	49.52	49.50	49.52	49.518	0.07
3	49.47	49.49	49.51	49.50	49.53	49.500	0.06
4	49.49	49.52	49.46	49.53	49.50	49.500	0.07
5	49.47	49.52	49.54	49.53	49.58	49.528	0.11
6	49.57	49.45	49.49	49.52	49.52	49.510	0.12
7	49.50	49.45	49.55	49.52	49.48	49.500	0.10
8	49.53	49.47	49.50	49.51	49.49	49.500	0.06
9	49.51	49.53	49.45	49.57	49.49	49.510	0.12
10	49.49	49.52	49.58	49.53	49.53	49.530	0.09
11	49.55	49.44	49.51	49.52	49.47	49.498	0.11
12	49.48	49.50	49.52	49.51	49.54	49.510	0.06
13	49.44	49.51	49.51	49.49	49.50	49.490	0.07
14	49.58	49.48	49.52	49.51	49.56	49.530	0.10
15	49.49	49.45	49.54	49.50	49.47	49.490	0.09
16	49.50	49.49	49.48	49.50	49.53	49.500	0.05
17	49.55	49.51	49.51	49.50	49.48	49.510	0.07
18	49.54	49.48	49.51	49.50	49.52	49.510	0.06
19	49.51	49.54	49.49	49.49	49.52	49.510	0.05
20	49.46	49.50	49.54	49.48	49.52	49.500	0.08
21	49.49	49.55	49.57	49.47	49.52	49.520	0.10
22	49.50	49.47	49.52	49.53	49.48	49.500	0.06
23	49.46	49.49	49.54	49.50	49.50	49.498	0.08
24	49.47	49.52	49.51	49.51	49.49	49.500	0.05
25	49.57	49.46	49.51	49.51	49.53	49.516	0.11
平均						$\overline{\overline{X}}=49.507$	$\overline{R}=0.08$

绘图步骤：

1）将上述数据存入到 Minitab 的工作表 C1 ~ C5 列。

2）依次单击 Data→Stack→ Row，然后选择 C1 ~ C5 列的数据，在 Store Stacked Data in 和 Store Row Subscripts in 后面填入 C6 列和 C7 列用来存储处理后的数据以及数据行号的位置。

3）依次单击 Stat→Control Charts→Variables Chart for Subgroups→Xbar-R，将弹出如图 6-4 所示的对话框。

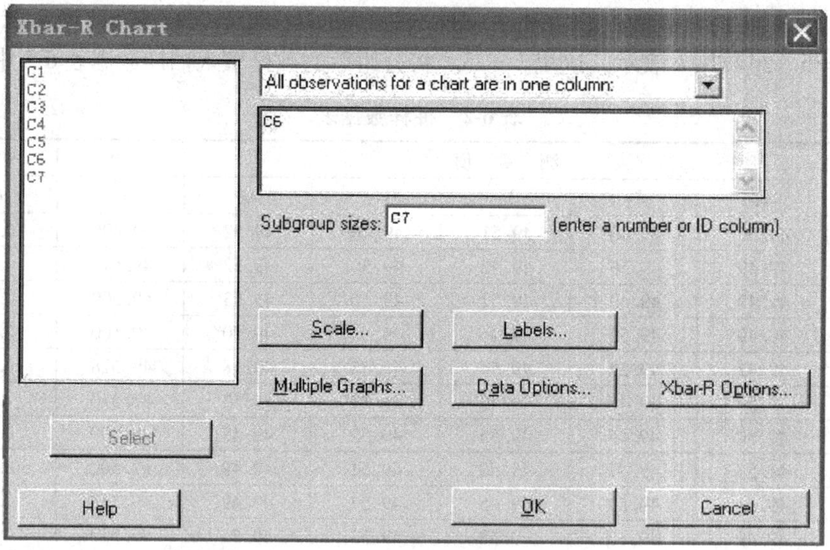

图 6-4　均值 - 极差控制图主对话框

4）在 All observations for a chart are in one column 下的文本框中选择处理后数据所在的位置 C6，并在 Subgroup Sizes 选择对应的行号 C7，也可以在 Xbar-R Options 选项中选择检测项目，最后单击 OK，便可得控制图，如图 6-5 所示。

通过观察$\overline{X}-R$ 图，发现所有的点都落在了上下限之间，极差 R 的均值为 0. 0743，X 的均值为 49. 50672，利用分析用控制图的判断规则，分析生产过程是否处于统计控制状态。本例经分析，生产过程处于统计控制状态。

3. 单值 - 移动极差控制图（$X-R_s$ 控制图）

$X-R_s$ 控制图与 $\overline{X}-R$ 控制图作用类似。它一般用在工序内部均一，不需要多个测量值；或者工序只能获得一个测量值，如一次化学反应的收率等；或者因费用或时间的关系，只能取一个测量值，如高压容器的破坏试验、复杂的化学分析等。$X-R_s$ 控制图的敏感性不强。

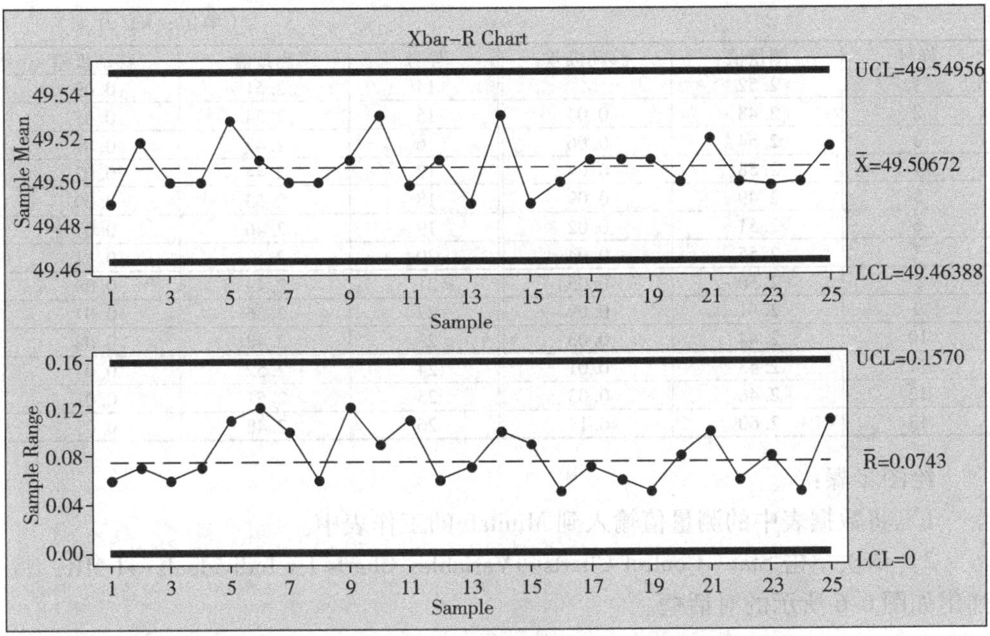

图 6-5　均值 - 极差控制图

（1）移动极差。设从过程抽取的样本为 x_i，$i=1，2，\cdots，n$，则移动极差为 $R_{s_i} = |x_i - x_{i+1}|$，$i=1，2，\cdots，n-1$；平均移动极差为 $\overline{R_s} = \frac{1}{n-1}\sum_{i=1}^{n-1} R_{s_i}$。

（2）计算控制限。用 $\overline{X}$ 作为 μ 的估计，$\overline{R_s}/d_2$ 作为 σ 的估计，根据 $\pm 3\sigma$ 原理得到 X 图的控制限为

$$CL = \overline{X}, UCL = \overline{X} + 3\overline{R_s}/d_2 = \overline{X} + E_2\overline{R_s}, LCL = \overline{X} - 3\overline{R_s}/d_2 = \overline{X} - E_2\overline{R_s}$$

式中，$E_2 = 3/d_2$ 可见附录 E，当 $n=2$ 时，$E_2 = 2.66$，将 E_2 带入以上各式，得

$$CL = \overline{X}, UCL = \overline{X} + 2.66\overline{R_s}, LCL = \overline{X} - 2.66\overline{R_s}$$

移动极差控制图（R_s 控制图）的控制限相当于 $n=2$ 时的极差控制图（R 控制图）的控制限。$n=2$ 时，$D_4 = 3.267$（见附录 E），所以 R_s 的控制限为

$$CL = \overline{R_s}, UCL = 3.267\overline{R_s}$$

（3）利用 Minitab 绘制 $X-R_s$ 控制图

例 6-3　某制药厂某种药品碱的单耗数据如表 6-3 所示，作 $X-R_s$ 控制图。

表 6-3　$X-R_s$ 控制图数据表

（单位：kg/万支）

样号	测量值	移动极差	样号	测量值	移动极差
1	2.52	/	14	2.51	0.09
2	2.48	0.04	15	2.54	0.03
3	2.54	0.06	16	2.47	0.07
4	2.58	0.04	17	2.44	0.03
5	2.49	0.09	18	2.53	0.09
6	2.51	0.02	19	2.46	0.07
7	2.55	0.04	20	2.57	0.11
8	2.50	0.05	21	2.49	0.08
9	2.41	0.09	22	2.56	0.07
10	2.44	0.03	23	2.48	0.08
11	2.43	0.01	24	2.52	0.04
12	2.46	0.03	25	2.51	0.01
13	2.60	0.14	26	2.48	0.03

绘图步骤：

1）将数据表中的测量值输入到 Minitab 的工作表中。

2）依次单击 Stat→Control Charts→Variables Charts for Individuals→I-MR，将弹出如图 6-6 所示的对话框。

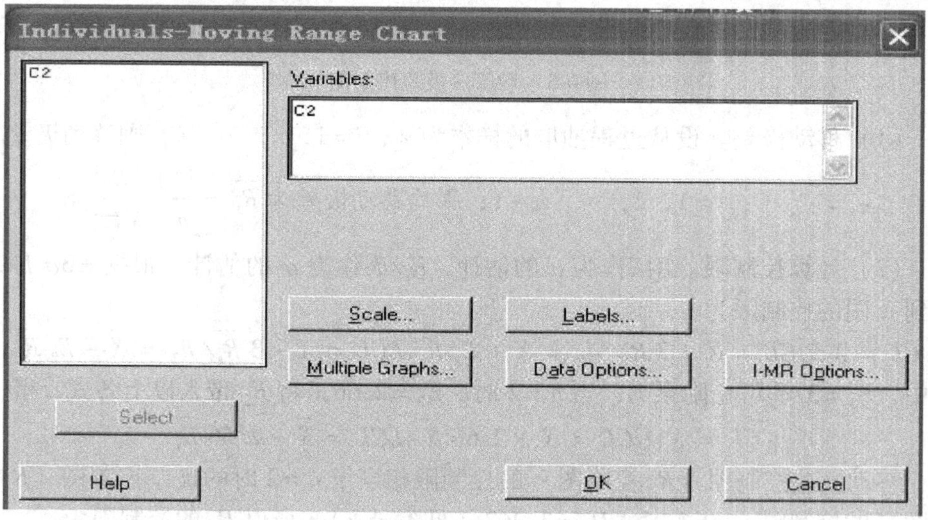

图 6-6　单值 - 移动极差控制图主对话框

3）在 Variables 下的文本框中只选择处理后数据所在的列，然后在 I-MR Options 选项中选择 Tests 选项，最后单击 OK，便可得控制图，如图 6-7 所示。

从图 6-7 的控制图中可以看出，该药品碱的单耗量稳定，没有异常情况。

4. $\overline{X}-S$ 控制图

极差计算简便，故 R 图得到广泛应用，但当样本量 $n>10$ 时，应用极差估

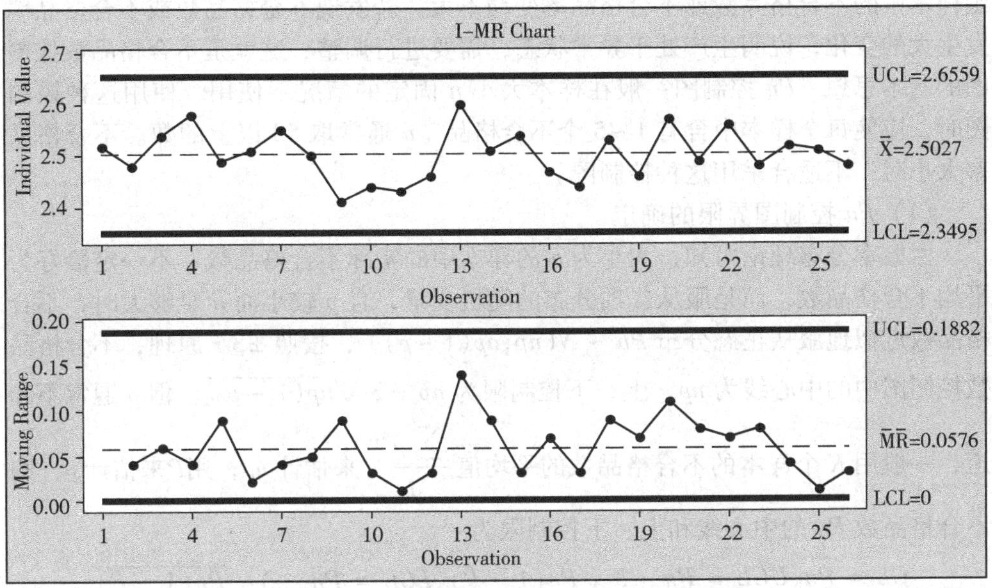

图 6-7　药品碱的单值 - 移动极差控制图

计总体标准差 σ 的效率降低，需要应用 S 图来代替 R 图。因此，当样本量 $2\leqslant n\leqslant 5$ 时，可采用 M_e-R 控制图或 $\overline{X}-R$ 控制图；当样本量 $n>5$ 时，建议采用 $\overline{X}-S$ 控制图，其中 S_i 表示第 i 组的样本标准偏差，$S_i=\sqrt{\dfrac{1}{n-1}\sum\limits_{j=1}^{n}(X_{ij}-\overline{X}_i)^2}$。

在大批量生产中，如芯片制造，常用 $\overline{X}-S$ 控制图来对生产过程进行监控。

（1）$\overline{X}$ 图的控制限为

$$CL_{\overline{X}}=\overline{\overline{X}},UCL_{\overline{X}}=\overline{\overline{X}}+A_3\overline{S},LCL_{\overline{X}}=\overline{\overline{X}}-A_3\overline{S}$$

式中，$\overline{S}$ 表示样本标准差的平均值，即 $\overline{S}=\dfrac{1}{k}\sum\limits_{i=1}^{k}S_i$。

（2）S 图的控制限为

$$CL_S=\overline{S},UCL_S=B_4\overline{S},LCL_S=B_3\overline{S}$$

这里，系数 A_3，B_3，B_4 见附录 E。

（3）利用 Minitab 绘制 $\overline{X}-S$ 控制图。Minitab 中提供了专门的 $\overline{X}-S$ 控制图工具，绘制过程与 $\overline{X}-R$ 类似：Stat→Control Charts→Variables Chart for Subgroups→Xbar - S。

6.2.5　计数值控制图

1. 不合格品数控制图（*Pn* 控制图）

在生产过程稳定时，产品不合格率 P 有一个比较固定的数值。设样本大小为 n，则 Pn 为样本的不合格品数。如果在生产过程中没有发生工序变化或失控，则样本中的不合格品数或不合格品率变动不大。若发现不合格品数或不合格品率发生大的变化，说明生产处于异常状态，需要进行调整，这就是不合格品数控制图的基本思想。Pn 控制图一般在样本大小 n 固定的情况下使用，使用这种控制图时，应使每个样本中含有 1 ~5 个不合格品，n 通常取 50 以上的数。不合格品率太小时，不适合采用这种控制图。

（1）Pn 控制图界限的确定

由概率分布理论可知，大小为 n 的样本中的实际不合格品数，不一定恰好为平均不合格品数，而是服从二项分布的随机变量，且 p 较小而 n 足够大时，不合格品数近似地服从正态分布 $Pn \sim N(np, np(1-p))$，按照 $\pm 3\sigma$ 原理，不合格品数控制图中的中心线为 np，上、下控制限为 $np \pm 3\sqrt{np(1-p)}$。但 p 通常不知道，一般用 K 个样本的不合格品数的平均值 $\frac{\sum Pn}{K}$ 来估计 np，用 $\overline{P}$ 来估计 p，则不合格品数 Pn 的中心线和上、下控制限为

$$CL = \overline{P}n, UCL = \overline{P}n + 3\sqrt{\overline{P}n(1-\overline{P})}, LCL = \overline{P}n - 3\sqrt{\overline{P}n(1-\overline{P})}$$

在这里，$\overline{P}n = \frac{\sum Pn}{K}$ 为平均不合格品数，$\overline{P} = \frac{\sum Pn}{\sum n}$ 为平均不合格品率。

（2）利用 Minitab 绘制控制图

例 6-4 某厂产品不合格品数统计资料如表 6-4 所示。

表 6-4 *Pn* 控制图数据表

组号	样本大小 n	不合格品数	组号	样本大小 n	不合格品数
1	100	2	14	100	0
2	100	2	15	100	4
3	100	4	16	100	1
4	100	0	17	100	6
5	100	0	18	100	2
6	100	3	19	100	1
7	100	4	20	100	3
8	100	5	21	100	3
9	100	6	22	100	7
10	100	2	23	100	2
11	100	1	24	100	0
12	100	4	25	100	3
13	100	3	总计	$\sum n = 2500$	$\sum Pn = 68$

绘图步骤：

1）将上述不合格品数输入 Minitab 工作表中。

2）依次单击 Stat→ Control Charts → Attributes Charts→NP，弹出如图 6-8 所示的对话框。在对话框中选择不合格品数所在的列号，然后在 Subgroup Sizes 后的文本框输入子组大小 100（注意，如果每个样本大小不同，则需将子组大小的数据输入到工作表中单独一列，然后在 Subgroup Sizes 后的文本框中输入对应的列号）。

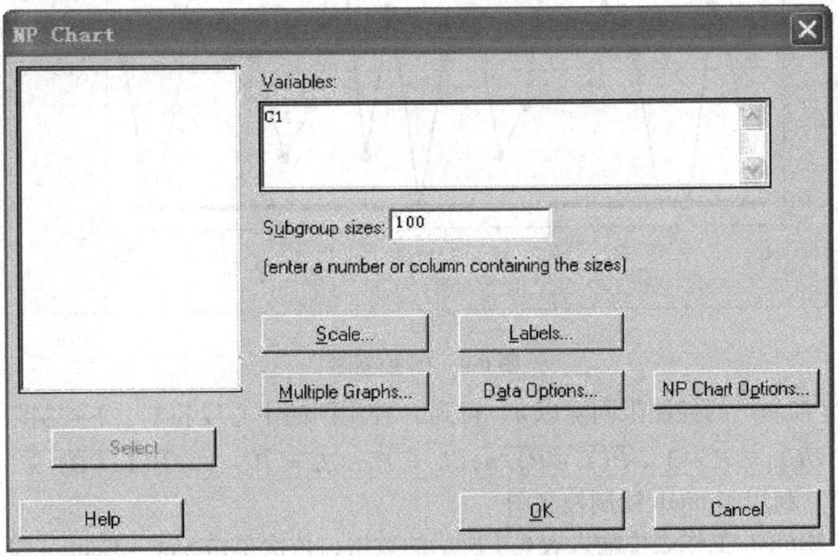

图 6-8　不合格数控制图主对话框

3）单击 NP Chart Options，选择 Tests 选项卡，在里面勾选出需要的检测项目，最后单击 OK，得到控制图，如图 6-9 所示。

从控制图可以看出，所有的点都在上下控制范围内，且波动随机，故认为生产属于受控状态。

2. 不合格品率控制图（P 控制图）

P 控制图通过产品的不合格品率来监测、控制生产过程和产品质量。若生产中产品不合格品率发生较大的波动，则认为生产处于异常状态，这就是 P 控制图的基本思想。该控制图常常用于极限量规检查零件外形尺寸或用目测检查零件外观从而确定不合格率的场合，也用于对光学元件和电子元件的检查。除了不合格品率外，对合格率、材料利用率、缺勤率、出勤率等也可以采用类似的控制方法。

（1）P 控制图界限的确定

由于样本中的不合格品数 Pn 与不合格品率有如下关系：$\frac{Pn}{n}=P$，$\bar{P}=\frac{\overline{Pn}}{n}$，

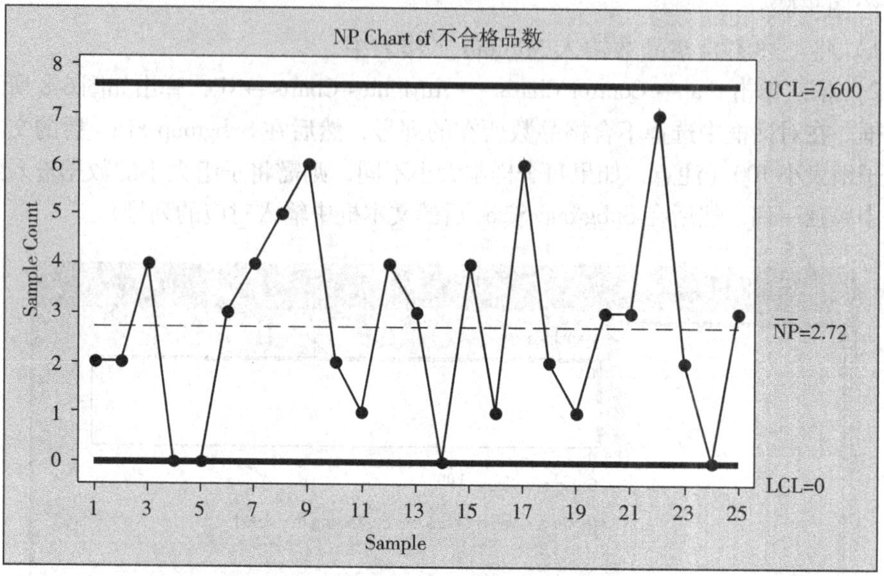

图 6-9　*Pn* 控制图

则将 *Pn* 控制图的控制限同除以 *n*，得到 *P* 控制图的中心线和上、下控制限为

$$UCL = \overline{P} + 3\sqrt{\overline{P}(1-\overline{P})/n}, CL = \overline{P}, LCL = \overline{P} - 3\sqrt{\overline{P}(1-\overline{P})/n}$$

（2）利用 Minitab 绘制控制图

在 Minitab 工作表中输入表 6-4 所示的数据，依次单击 Stat→ Control Charts→ Attributes Charts→ P，选取相应的列号，填入子组容量值 100，单击 OK 后，得到 *P* 控制图，如图 6-10 所示。从控制图中可以看出，不合格品数波动正常，推断生产处于受控状态。

（3）关于 *n* 值的讨论

1）由于样本中的样品数 $n = Pn/P$，Pn 一般取1 ~5，当不合格品率 *P* 减小时，*n* 增大，但实际中不可能由于 *P* 很小而无限制地增大 *n*。

2）根据控制限公式：$UCL = \overline{P} + 3\sqrt{\overline{P}(1-\overline{P})/n}$，$LCL = \overline{P} - 3\sqrt{\overline{P}(1-\overline{P})/n}$ 可知，当 *n* 增大时，控制限变窄，这时，生产过程稍有变化就会超出控制限，成为不必要的严格控制。反之，当 *n* 过小时，生产变异不容易发现。因此，当实际不合格品率很小，又不能增大 *n* 时，可以采用严格控制的方法解决。

3）如果所取的样本大小 *n* 不同，那么控制限就会随之发生变化，出现凹凸型。若想避免 *P* 控制图的凹凸，一般尽量使 *n* 固定不变，也可采用样本大小 *n* 的平均值 $\overline{n}$ 替代，以此作为控制限。

例 6-5　某螺钉生产商对不同批次螺钉抽样结果的数据如表 6-5 所示。请用 Minitab 绘制控制图。

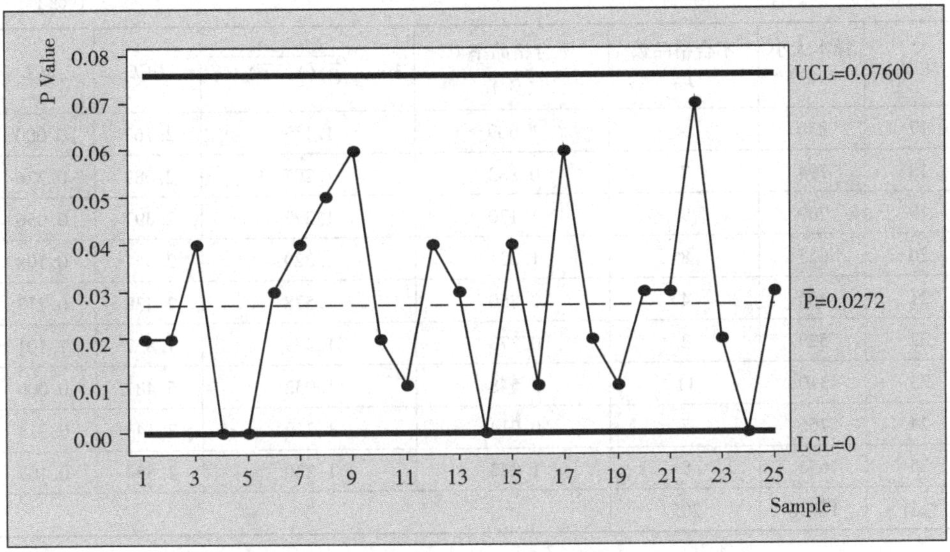

图6-10　*P*控制图

表6-5　不同批次螺钉抽样结果的数据

组号	样本大小 n	不合格品数 Pn	不合格品率 P (%)	$3\times\sqrt{\overline{P}(1-\overline{P})/n}$	*UCL*	*LCL*
1	835	8	0.958	1.177	2.135	0.219
2	679	12	1.767	1.306	3.073	0.000
3	698	6	0.860	1.288	2.147	0.428
4	783	6	0.766	1.216	1.982	0.450
5	483	7	1.449	1.548	2.997	0.099
6	539	5	0.928	1.465	2.393	0.538
7	430	11	2.558	1.641	4.199	0.000
8	600	8	1.333	1.389	2.722	0.056
9	824	6	0.728	1.185	1.913	0.457
10	206	9	4.369	2.370	6.739	0.000
11	703	6	0.853	1.283	2.137	0.430
12	850	8	0.941	1.167	2.108	0.226
13	378	19	5.026	1.750	6.776	0.000
14	670	11	1.642	1.314	2.956	0.000
15	766	5	0.653	1.229	1.882	0.576
16	480	8	1.667	1.553	3.219	0.000

（续）

组号	样本大小 n	不合格品数 Pn	不合格品率 P（%）	$3\times\sqrt{\overline{P}\ (1-\overline{P})\ /n}$	UCL	LCL
17	870	14	1.609	1.153	2.763	0.000
18	794	7	0.882	1.207	2.089	0.326
19	769	9	1.170	1.227	2.397	0.056
20	655	8	1.221	1.329	2.551	0.108
21	465	4	0.860	1.578	2.438	0.717
22	529	2	0.378	1.479	1.857	1.101
23	310	11	3.548	1.932	5.481	0.000
24	766	7	0.914	1.229	2.143	0.315
25	654	8	1.223	1.330	2.554	0.107
总计	15736	205				

绘图步骤：

1）将表 6-5 中的样本大小 n 和不合格品数输入到 Minitab 工作表中。

2）依次单击 Stat→Control Charts→Attributes→P，在 Variables 下输入不合格品数的列号，在 Subgroups Sizes 后面输入样本大小的列号，最后单击 OK 得到 P 控制图，如图 6-11 所示。

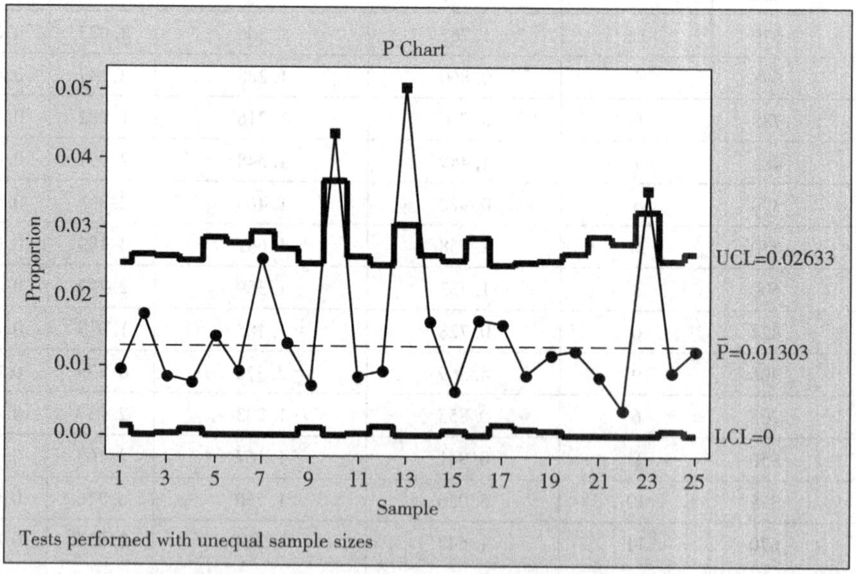

图 6-11　螺钉不合格品率控制图

从上面的控制图可以看出，有三组数据违反了第一个检测项目，即超出了控制限，故判定生产处于失控状态。

3. 缺陷控制图（C 控制图）

C 控制图的控制对象是一定单位（如长度、面积等）上的缺陷数。如一块瓷砖上的气孔数、一段金属线上的瑕疵数、一部机器装配完成后发现的故障数等。C 控制图就是通过监测控制产品上面的缺陷数来控制质量的。

（1）C 控制图界限的确定

产品上的缺陷分布常常服从泊松分布

$$P(x) = \mathrm{e}^{-\mu}\frac{\mu^x}{x!}$$

式中，x 为0，1，2，…；μ 为分布均值。当 μ 足够大时，泊松分布近似看做正态分布处理，这时标准偏差为$\sqrt{\mu}$。从一批稳定生产的产品中随机抽取样本，若以 C_1，C_2，C_3，…，C_n 表示各个样本缺陷数，则可得平均缺陷数$\overline{C}$和标准偏差$\sqrt{\overline{C}}$；当$\overline{C}$具有一定大小时，可以认为缺陷的分布为正态分布，即 $X \sim N(\overline{C},\overline{C})$，根据 $\pm 3\sigma$ 原理得到 C 控制图的中心线和上、下控制限为

$$UCL = \overline{C} + 3\sqrt{\overline{C}},\quad CL = \overline{C},\quad LCL = \overline{C} - 3\sqrt{\overline{C}}$$

（2）利用 Minitab 绘制缺陷数控制图

例 6-6 已知某铸件（$20\mathrm{cm}^2$）表面的缺陷数统计资料如表 6-6 所示。

表 6-6 C 控制图数据表

样本号	缺陷数	样本号	缺陷数
1	3	14	3
2	5	15	5
3	3	16	6
4	6	17	7
5	6	18	9
6	8	19	10
7	4	20	6
8	7	21	7
9	5	22	3
10	4	23	2
11	5	24	5
12	5	25	1
13	2	合计	127

1）将表 6-6 中的缺陷数输入到 Minitab 工作表中。

2）依次单击 Stat→Control Charts→Attributes→C，在 Variables 下输入缺陷数所在的列号。

3）单击 C Chart Options，再单击 Tests 选项卡，勾选出要检测的项目，如图 6-12 所示。

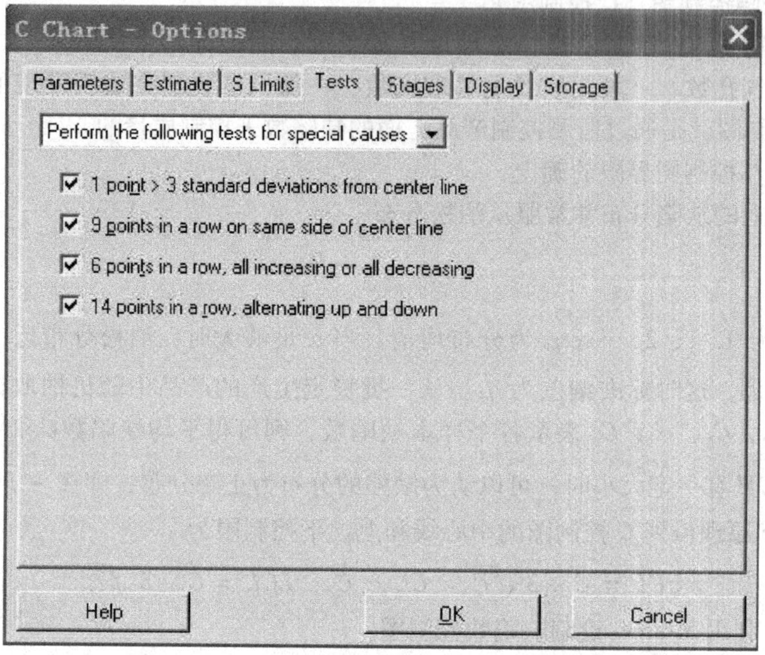

图 6-12　缺陷数控制图 – 选项 – 检验对话框

4）最后单击 OK，得到 C 控制图，如图 6-13 所示。

从控制图中可以看出，第 19 个数据违反第 3 条检测要求，即连续 6 个点递增，因此可以推断该生产受到非随机因素的影响。

4. 单位缺陷数控制图（U 控制图）

U 控制图主要用于对单位缺陷数进行控制的场合，是通过测定样本上单位数量（如面积、时间、长度等）内的缺陷数来控制产品质量。另外它也用于单位时间内的事故、灾害的发生次数等。

（1）U 控制图界限的确定

缺陷数 C 与单位缺陷数 U 存在如下的关系：$U = C/n$，在这里，n 为样本大小；单位平均缺陷数为$\overline{U} = \overline{C}/n$，$\overline{C} = n\,\overline{U}$。

将$\overline{C}$带入 C 控制图的控制限，同时两边同除以 n，可得到 U 控制图的控制限

$$CL = \overline{U} = \sum_{i=1}^{n} C_i/n,\quad UCL = \overline{U} + 3\sqrt{\overline{U}/n},\quad LCL = \overline{U} - 3\sqrt{\overline{U}/n}$$

（2）Minitab 14 中同样带有 U 控制图的绘制功能，与前面几个控制图操作类似，此处不再举例示范。

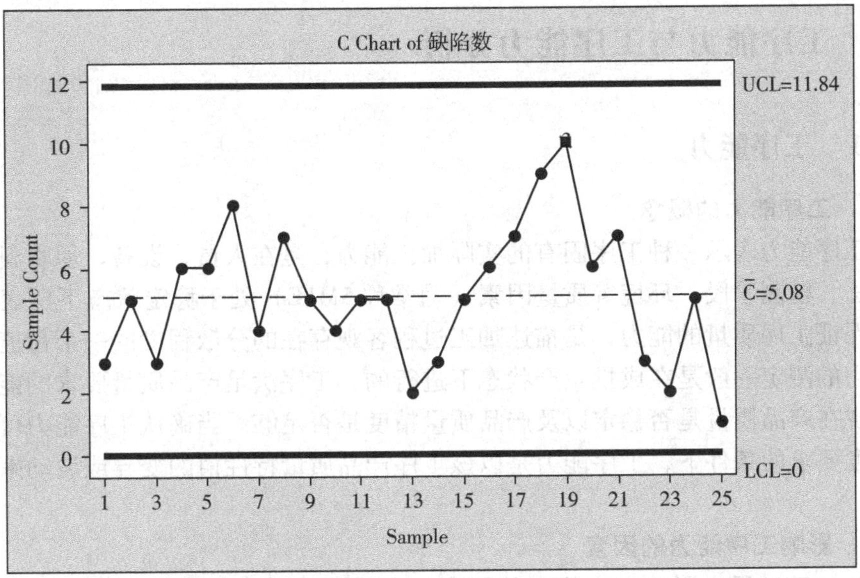

图6-13 *C* 控制图

应用控制图需要注意，如果控制图的控制对象能够定量，才能应用计量值控制图。如果只有定性的描述而不能够定量，那只能应用计数控制图。所控制的过程必须具有重复性，即具有统计规律。对于只有一次或少数几次的过程，显然难于应用控制图进行控制。一个过程往往具有各种各样的特性，在使用控制图时应选择真正代表过程的主要指标作为控制对象。选择控制图时，应根据所控制质量指标的数据性质来进行选择，如数据为计量值，应选择$\overline{X}-R$图、$\overline{X}-S$图、$X-R_s$图等；数据为计件值，应选择P或Pn图；数据为计点值，应选择C或U图。若为单指标可选择单指标控制图，若为多指标则必须选择多指标控制图。除此之外，还需要考虑其他要求，如检出力大小，抽取样品、取得数据的难易程度和是否经济等。

控制图是根据稳态下的条件（人员（Man）、设备（Machine）、原材料（Material）、加工方法（Method）、检测手段（Measure）、环境（Environment），即5M1E）来制订的。如果上述条件变化，如操作人员更换或通过学习操作水平显著提高，设备更新，采用新型原材料或更换其他原材料，改变工艺参数或采用新工艺，测量仪表或方法改变，环境改变等，这时，控制图也必须重新加以制订。控制图的计算以及日常的记录都应作为技术资料加以妥善保管。对于点子出界或界内点子排列非随机的异常情况以及当时的处理情况都应予以记录，因为这些都是以后出现异常时查找原因的重要参考资料。

6.3 工序能力与工序能力分析

6.3.1 工序能力

1. 工序能力的概念

工序能力表示一种工序固有的实际加工能力，是在人员、设备、原材料、加工方法、检测手段、环境等质量因素（通常称5M1E）处于稳定状态下所表现出来的保证工序质量的能力，是描述加工过程客观存在的分散程度的一个量值。工序能力的测定一般是在成批生产状态下进行的。工序满足产品质量要求的能力主要表现在产品质量是否稳定以及产品质量精度是否足够。当确认工序能力可以满足精度要求的条件下，工序能力是以该工序产品质量特性值的变异或波动来表示的。

2. 影响工序能力的因素

在加工过程中影响工序能力的因素，主要有这几个方面：在设备方面，如设备精度的稳定性、性能的可靠性、定位装置和传动装置的准确性、设备的冷却润滑的保护情况、动力的供应稳定程度等；在工艺方面，如工艺流程的安排，工序之间的衔接，工艺方法、工艺装配、工艺参数、测量方法的选择，工序加工的指导文件，工艺卡、操作规范、作业指导书、工序质量分析表等；在材料方面，如材料的成分，物理性能、化学性能处理方法，配套元器件的质量等；在操作者方面，如操作人员的技术水平熟练程度、质量意识、责任心、管理程度等；在环境方面，如生产线上的温度、湿度、噪声干扰、振动、照明、室内净化、现场污染程度等；在检测方面，如检测方法、检测工具、检测人员等。工序能力是5M1E的综合反映，5M1E对不同行业、不同企业、不同过程，及其对质量的影响程度有明显差别，起主要作用的因素称为主导因素。如对化工企业来说，一般设备、装置、工艺是主导因素；对机械加工的铸造过程来说，主导因素是工艺过程和操作人员的技术水平；在手工操作较多的冷加工、热处理及装配调试中，操作人员的水平是主导因素；环境条件则是精密设备和电子产品的主导因素等。

3. 工序能力分析的作用

工序能力分析是保证产品质量的基础工作。因为掌握了工序能力，才能控制制造过程的符合性质量。如果工序能力不能满足产品设计的要求，那么质量控制就无从谈起，所以说工序能力调查、测试分析是保证产品质量的基础。

工序能力分析是提高工序能力的有效手段。因为工序能力是由各种因素造成的，所以通过工序能力的测试分析，可以找到影响工序能力的主导因素，从而通过改进工艺，改造设备，提高操作水平，改善环境条件，制订有效的工艺方法和操作规程，严格工艺纪律等来提高工序能力。

工序能力分析为质量改进找到方向。因为工序能力显示加工的实际质量状态，它是产品质量保证的客观依据。通过工序能力的测试，为设计人员和工艺提供关键的工序能力数据，可以作为产品设计、签订合同的参考，为提高加工能力、改进产品质量找到改进方向。

6.3.2 工序能力指数

1. 工序能力指数的概念

工序能力指数是表示工序能力对产品设计质量要求的保证程度，它与产品的标准、公差或允许范围有关，通常记作 C_p。工序能力指数的大小 C_p，一般用产品质量标准规格的要求（记作 T）与制造时工序所具有满足要求的能力（记作 B）的比值来衡量：

$$C_p = \frac{\text{质量标准}}{\text{工序能力}} = \frac{T}{B} = \frac{T}{6\sigma}$$

式中，T 表示公差范围，即对产品质量的要求或标准；σ 表示工序的标准差，反映了经过该工序加工过程后，产品质量特性值分布的情况。

工序能力指数越大，说明工序能力越能满足技术要求，甚至有一定的能力储备。但是不能认为工序能力指数越大越好，C_p 值越大，表明加工精度越高，但对设备和操作人员的要求也高，加工成本也大，所以对 C_p 的选择应根据技术要求与经济性综合考虑决定。

2. 工序能力指数的计算

（1）当计量值为双侧公差，且分布中心与标准中心重合时，工序能力指数为

$$C_p = \frac{T}{6\sigma} = \frac{T_U - T_L}{6\sigma}$$

如果 σ 未知，则可以根据抽样实测值计算出的样本标准偏差 S 来估计。此时，工序能力指数为

$$C_p = \frac{T}{6\sigma} = \frac{T_U - T_L}{6S}$$

式中，T_U 为质量标准上限；T_L 为质量标准下限；$T = T_U - T_L$，如图6-14所示。

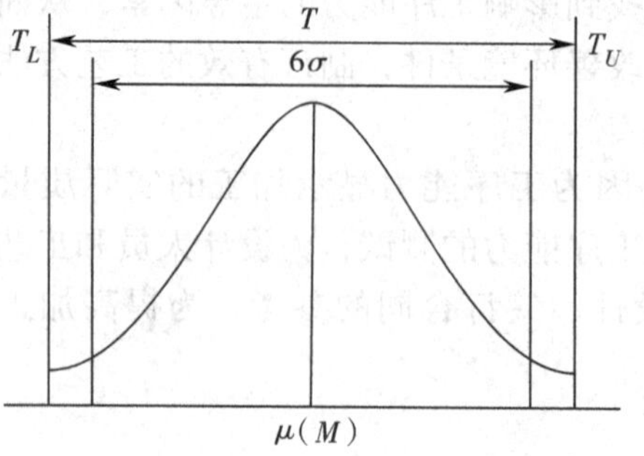

图 6-14　计量值为双侧公差，且分布中心与标准中心重合

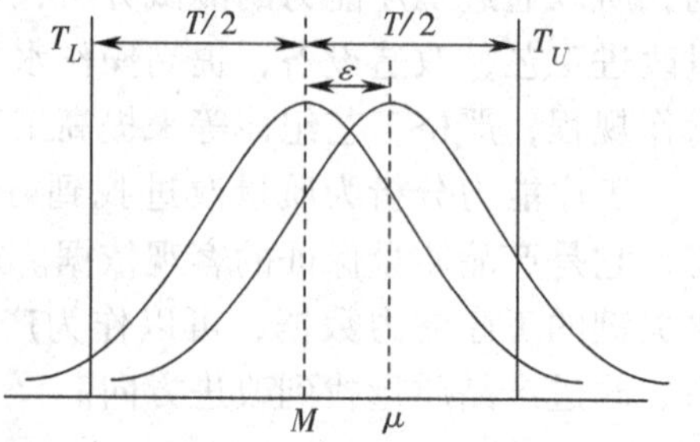

图 6-15　计量值为双侧公差，且分布中心与标准中心不重合

（2）当计量值为双侧公差，且分布中心 μ 与标准中心 M 不重合时，如图 6-15所示。令 $\varepsilon=|M-\mu|$，ε 为分布中心对标准中心的绝对偏移量。把 ε 与 $T/2$ 的比值称为偏移系数，记作 K，则 $K=\dfrac{\varepsilon}{T/2}=\dfrac{|M-\mu|}{T/2}$。

由图 6-15 可见，分布中心 μ 与标准中心 M 不重合，导致实际有效的标准范围不能完全利用。分布中心右侧的工序能力指数为 $C_{PU}=\dfrac{T/2-\varepsilon}{3\sigma}$，分布中心左侧的工序能力指数为 $C_{PL}=\dfrac{T/2+\varepsilon}{3\sigma}$。

由于左侧工序能力的增加弥补不了右侧工序能力的损失，因此，在出现偏移时，取两者较小的作为工序能力指数，并记作

$$C_{pk}=\frac{T/2-\varepsilon}{3\sigma}=C_p(1-K)$$

式中，$K=2\varepsilon/T$，$C_p=T/6\sigma$。当 $K=0$，即偏移量为 0 时，$C_{pk}=C_p$；当 $K\geqslant1$ 时，$C_{pk}=0$。

（3）计量值在单侧公差情况下的工序能力指数 C_p。如果只对产品设立不大于或不小于的单侧标准，这种标准就叫做单侧公差。如总是希望产品强度、寿命值越大越好，为此设立了最小标准；对于类似单位面积上的瑕疵、缺陷的情况，则希望越小越好，为此设立了最大标准。

对于这种只给定单侧标准的情况，特征值的分布中心 μ 与标准的距离就决定了工序能力的大小。此时，同样依照 $\pm3\sigma$ 原理来计算 C_p 的值。

1）当只规定了上标准界限时，如图 6-16 所示，工序能力指数为

$$C_{PU}=\frac{T_U-\mu}{3\sigma}\approx\frac{T_U-\overline{X}}{3S}$$

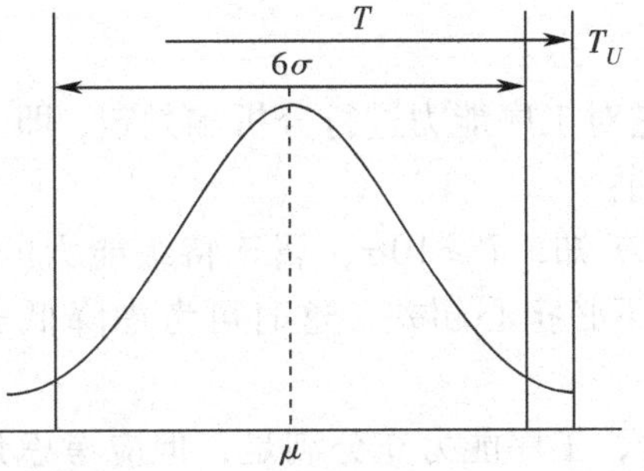

图6-16　计量值为上单侧公差

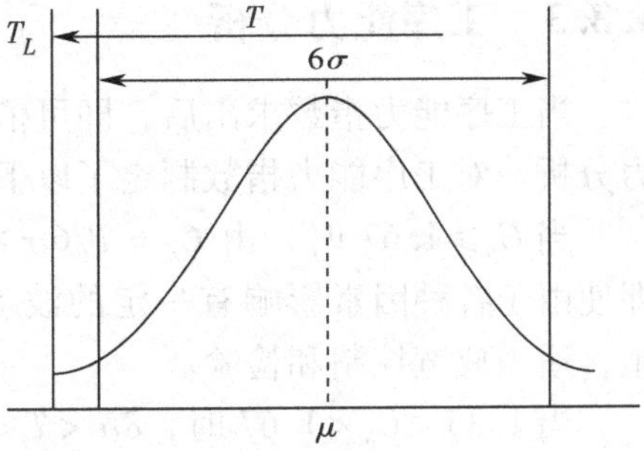

图6-17　计量值为下单侧公差

当$\mu \geqslant T_U$时，$C_p = 0$，这时，可能出现的不合格品率大于50%。

2）当只规定了下标准界限时，如图6-17所示，工序能力指数为

$$C_{PL} = \frac{\mu - T_L}{3\sigma} \approx \frac{\overline{X} - T_L}{3S}$$

当$\mu \leqslant T_L$时，$C_p = 0$，这时，可能出现的不合格品率大于50%。

（4）计件值情况下的工序能力指数C_p。这属于单侧公差检验的情况。如取不合格品数Pn作为检验产品的质量指标，设最大不合格品数$(Pn)_U$为产品标准要求，然后进行抽样检验。取样本k个，每个样本大小为n，其中不合格品数分别为$(Pn)_1$，$(Pn)_2$，…，$(Pn)_k$，则样本平均不合格品数为$\overline{Pn}$，其中

$$\overline{P} = \frac{(Pn)_1 + (Pn)_2 + \cdots + (Pn)_k}{kn} = \frac{\sum_{i=1}^{k}(Pn)_i}{kn}$$

利用二项分布性质及中心极限定理可知，不合格品数近似地服从$\mu = n\overline{P}$，$\sigma = \sqrt{n\overline{P}(1-\overline{P})}$的正态分布，亦即有$\mu = n\overline{P}$，$\sigma = \sqrt{n\overline{P}(1-\overline{P})}$，则工序能力指数为$C_p = \dfrac{T_U - \mu}{3\sigma} = \dfrac{(Pn)_U - P\overline{n}}{3\sqrt{n\overline{P}(1-\overline{P})}}$，在这里，$(Pn)_U$表示最大允许不合格品数，它是根据经验综合生产各方面因素制定的一个检测标准。

（5）计点值情况下的工序能力指数C_p。计点值情况与计件值的情况相同，也属于单侧公差。如果以缺陷数C作为检验产品的标准，并以C_U作为标准规定的上限，抽取k个样本，每个样本大小为n，其中缺陷数分别为C_1，C_2，…，C_k，则样本平均缺陷数为$\overline{C} = \dfrac{C_1 + C_2 + \cdots + C_k}{k} = \dfrac{\sum_{i=1}^{k} C_i}{k}$，利用泊松分布的性质及中心极限定理可得$\mu = \overline{C}$，$\sigma = \sqrt{\overline{C}}$，则工序能力指数为$C_p = \dfrac{C_U - \overline{C}}{3\sqrt{\overline{C}}}$。

6.3.3 工序能力分析

当工序能力指数求出后，即可依据它对工序能力进行分析和判定，即工序能力分析。对工序能力指数制定了以下准则：

当 $C_p \geqslant 1.67$ 时，由 $C_p = T/6\sigma \geqslant 1.67$ 知，$T \geqslant 10\sigma$，属于特级能力的工序，即使由于各种因素影响有一定的波动也不必担心超差，这时可考虑降低成本措施，适当放宽控制和检验。

当 $1.33 < C_p < 1.67$ 时，$8\sigma < T < 10\sigma$，工序能力充分满足，但应考虑是否经济，可适当放宽控制和检验。

当 $C_p = 1.33$ 时，由 $C_p = T/6\sigma = 1.33$，$T = 8\sigma$，这时工序能力较理想。

当 $1 \leqslant C_p \leqslant 1.33$ 时，$6\sigma < T < 8\sigma$，工序能力尚可，当接近 1 时，$T = 6\sigma$，应注意发生超差，需严格控制，检验不可放宽，否则会产生较多的不合格品。

当 $0.67 \leqslant C_p < 1$ 时，$4\sigma < T < 6\sigma$，工序能力不足，应采取措施提高工序能力，如已出现一些不合格品，则需严加检验，必要时进行全检。

当 $C_p \leqslant 0.67$ 时，$T = 4\sigma$，工序能力严重不足，必须追查原因，采取果断措施。

当工序能力过于充分时，可以采用降低工序能力的办法，可改用效率较高而精度较低的设备、工艺、原材料和技术水平，以提高经济效果；也可以采用更改设计，提高技术要求等措施，在保证一定经济性的基础上使产品质量得到提高。

当工序能力不足时，应制订和执行改善计划和措施，提高设备、工艺、原材料和技术水平，加严控制和检验，从而使工序能力得到提高。

通过对工序能力进行分析，可以对制造过程进行诊断，验证设计的合理性，并为技术经济分析提供可靠的资料和依据，从而为有效地提高生产活动的经济效果和产品质量而发挥重要作用。

6.3.4 用 Minitab 进行工序能力分析

Minitab14 提供了许多工序能力分析命令，下面以正态分布、威布尔（Weibull）分布以及二项分布为例利用 Minitab14 进行工序能力分析。

例 6-7 一个汽车制造厂的机器组装部门生产的某个零件，凸轮轴的长度的工程规范为（600 ±2）mm，每 2h 抽取 5 个样品测量，数据如表 6-7 所示。

表 6-7 样品数据

598.1	599.6	600	599.8	599.4	599.9	599.7	599.5	599.3	600.5
598.9	600.7	599.9	600.3	598.9	601.1	599.4	599.5	601.2	598.8
599.3	598.8	600.2	600.5	598.6	599.9	599.6	600.4	600.1	599.7
600.2	600.7	598.8	599.6	599.5	599.4	600.2	599.7	599.6	599.9

解：首先将数据输入工作表，然后在菜单栏依次单击 Stat→Quality Tools→Capability Analysis→Normal，在新窗口中选择数据排列为单列 Single Column，子组大小 5，在规格下限中输入 598，在规格上限中输入 602；另外，单击 Options，在里面的 Target 一项内填入目标值，即目标的平均值，最后单击 OK。输出结果如图 6-18 所示。

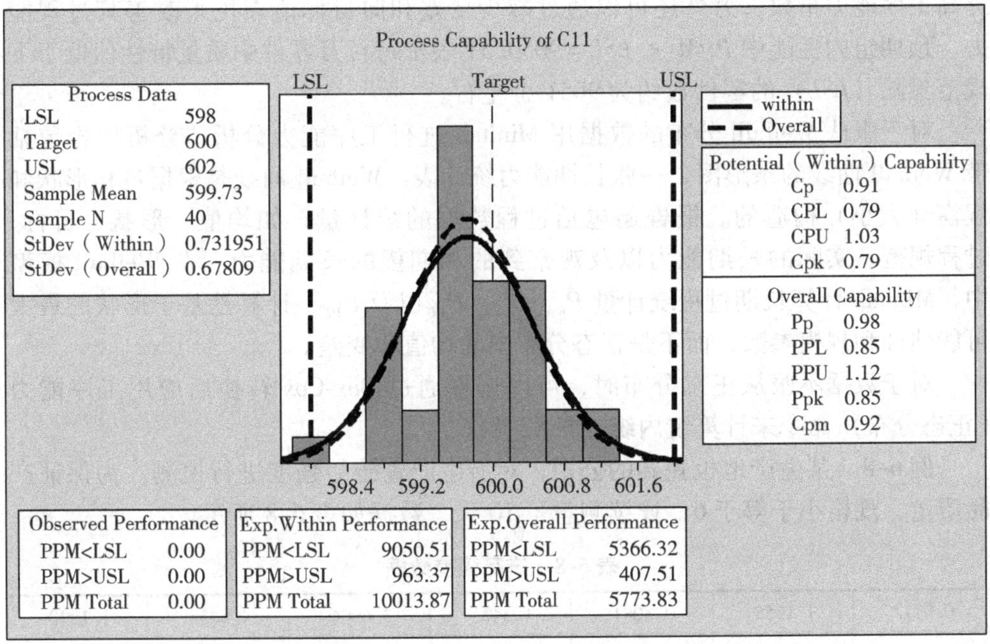

图 6-18　基于正态分布的过程能力

首先应注意 Minitab 中表述的差别。在 Minitab 中有两套计算工序能力的数值：(1) Potential (Within) Capability（潜在（组内）能力），计算该能力使用短期工序能力指数 C_p，C_{PL}，C_{PU}，C_{pk}。(2) Overall Capability（整体能力），计算该能力使用长期工序能力指数 P_p，P_{PL}，P_{PU}，P_{pk}。所谓潜在（组内）能力是指在任一时刻，工序处于稳态的工序能力；而整体能力则考虑了工具磨耗的影响，各批材料之间的变化及其他类似的可预期的微小的波动。换言之，潜在（组内）能力表示了组内变异，而整体能力则表示了组内变异和组间变异之和。

两套工序能力指数的计算公式很类似，以无偏移长期工序能力指数为例，当给定标准范围和总体标准差 σ 时，无偏移长期工序能力指数的计算公式为 $P_p = T/6\sigma$，它与无偏移短期工序能力指数的差别主要在标准差 σ 的估计上。如果把短期和长期的标准差分别记为 σ_{ST} 和 σ_{LT}，那么 σ_{ST} 可用样本标准差 S 或者样本极差 R 经过修正而得，即 $\sigma_{ST} = S/c_4$ 或 $\sigma_{ST} = R/d_2$，其中 c_4 和 d_2 均为修正系数。但

σ_{LT}只能通过样本标准差 S 而获得，并不需要作任何修正，因此无偏移长期工序能力指数的计算公式为 $P_p = T/6S$。

从统计数据可以看出过程均值（599.73）比目标值低，即有偏差；且分布的左边落在了下规范界限之外，意味着会存在不符合最低规范（598mm）的零件。C_p 为 0.91，C_{pk} 指数为 0.79，显示工序能力过低，表明需要通过改良工艺来提高工序能力指数，另外还可以通过减少变差和向目标值靠拢来改善其过程能力。预期组内性能中 $PPM < LSL = 9050.51$ 表示每百万零件中质量特性值低于下规范界限（LSL）的零件数约为 9051 个左右。

对于服从 Weibull 分布的数据用 Minitab 进行工序能力分析，分析报告包括带 Weibull 曲线的条形图，一张长期能力统计表。Weibull 曲线是根据过程形状和规模（大小）构造的。报告还包括过程数据的统计量，如均值、形状、目标、过程规范、实际的长期能力以及观察到的和期望的长期能力。在 Weibull 模型中，Minitab 计算长期过程统计量 P_p，P_{pk}，P_{PU}以及 P_{PL}，计算是基于形状的最大可能估计和规模参数，而不是正态分布中的均值和变差。

对于数据不服从正态分布时，可以选择通过 Box-Cox 转换后应用工序能力（正态分布）命令来计算组内统计量 C_p 和 C_{pk}。

例 6-8　某生产地板瓷砖的公司，对所生产瓷砖的强度进行检测。为保证产品质量，规格小于等于 6，连续测量了 10 天，数据如表 6-8 所示。

表 6-8　产品强度数据

0.3772	1.1558	0.8081	1.3425	3.6904	4.5458	1.1290
1.1235	0.2874	3.3864	2.3706	3.5720	0.25085	4.1501
1.5144	0.5755	0.3382	1.6974	4.6556	0.4811	0.1272
0.8288	1.1799	0.2984	1.2162	0.5787	2.8197	2.7225

解：首先将数据输入工作表，然后在菜单栏依次单击 Stat→Quality Tools→Capability Analysis→Nonnormal，在新窗口中选择数据排列为单列，在规格上限中输入 6，单击 OK。输出结果如图 6-19 所示。

P_{pk}和 P_{PU}两个指数均为 0.63，均在 1.33 之下，工序能力是不够的。$PPM > USL$ 表示每百万产品中质量特性值高于上规范界限的产品数为 14887。这意味着 1 百万个瓷砖中有 14887 个将超出上规范界限。

对于服从二项分布的数据也可以用 Minitab 进行工序能力分析。由二项分布所产生的工序能力报告包括：（1）P 图，用于验证过程是否受控。（2）不合格品率的累积图，用于验证收集的样本数据是否足够对稳定的不合格品率作出估计。（3）不合格品率的条形图，显示搜集的样本的长期不合格品率的分布。（4）不合格品率图，用于验证不合格品率是否受抽取的样本数影响。

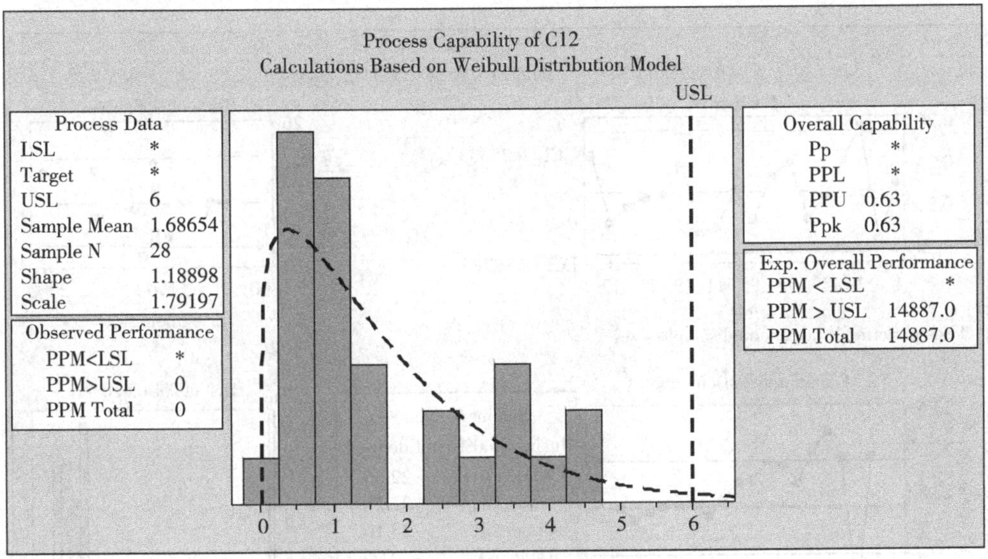

图 6-19　基于 Weibull 分布模型的工序能力分析

例 6-9　某公司要了解其新产品的合格率状况，连续 18 天记录了该产品的检验数和不合格品数，如表 6-9 所示，试用二项数据能力分析。

表 6-9　数据记录表

不合格数	440	390	500	460	430	420	470	445	407
样本数	1900	1910	1940	1900	1920	1960	1954	1899	1900
不合格数	420	400	376	480	424	415	430	401	465
样本数	1850	1900	1808	2000	1878	1854	1950	1888	1902

解：首先将数据输入工作表，然后在菜单栏依次单击 Stat→Quality Tools→Capability Analysis→Binomial，在新窗口中选择缺陷数为不合格数，实际样本量为样本数，单击 OK。输入结果如图 6-20 所示。*P* 图上有一个点失控。Rate of Defectives 图表示每个样本的大小及其所对应的不合格品百分率，该图显示出共有两个点失控，同时可以看出其不合格品率趋于 23%。累积不合格品率图（Cumulative % Defectives）显示出样本累积不合格品百分率，其 95% 的置信区间上下限分别为 23.10% 及 22.21%。从图中可以看出随着样本数的逐渐增加，累积不合格品率趋于稳定，且其稳定值 22.65% 与 *P* 图所反映出的不合格品率几乎相同。Dist of % Defectives 图表示出各个不合格品率区间所对应的样本数，如只有 1 个样本的不合格品率在 19.5% ~20.5% 的区间上，有 5 个样本的不合格品率在 20.5% ~21.5% 的区间上。

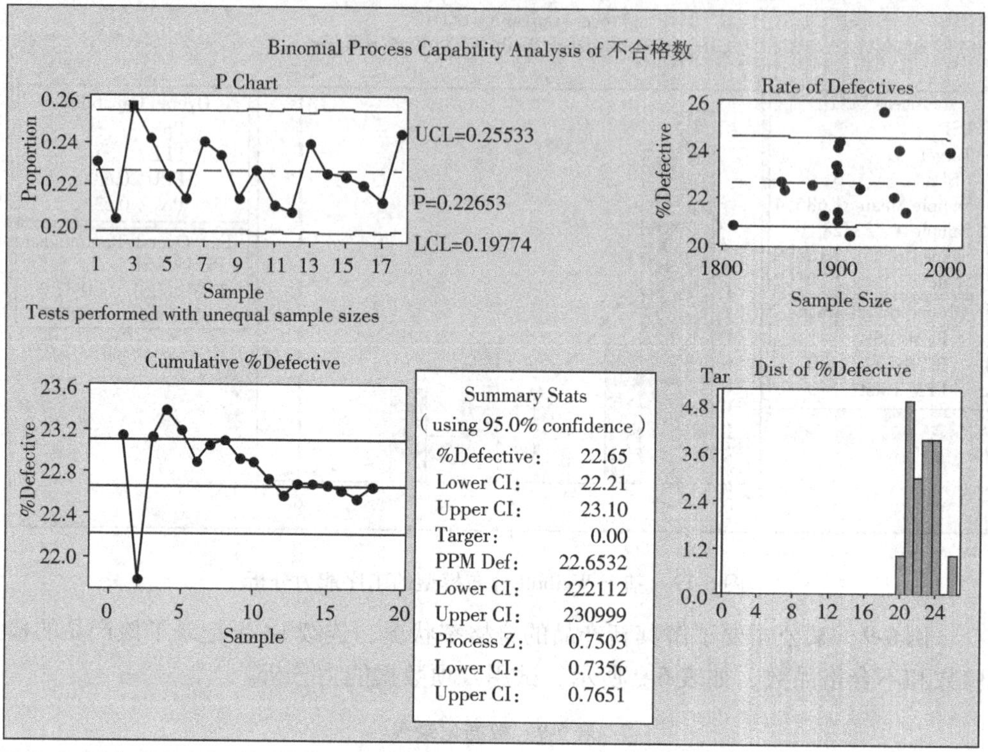

图 6-20　基于二项分布模型的工序能力分析

6.4　统计过程控制应用案例

某机械制造公司计划在公司内部实施成本核算期间发现，其下属的锻造分厂在生产其代表性的副轴产品时（约占该分厂生产价值总量的 80%），钢材利用率与理论计算差距较大；进一步调查发现，锻件报废是制造过程中浪费严重的主要问题。那么，是哪些环节出现报废？是什么原因造成的？又该如何进行整改控制？

1. 现场调查

为了提高产品合格率及钢材在副轴生产中的利用率，成立了质量控制（QC）小组，调研相关的生产流程，对整个副轴生产加工工艺进行了全面的分析。副轴加工工艺流程如图 6-21 所示。

（1）寻找主要报废因素。为了寻找出报废产生的原因，QC 小组对 1000 件副轴产品作了一个锻件报废项目调查，以分析哪些加工工序是产生浪费的主要因素或次要因素，调查结果如表 6-10 所示。

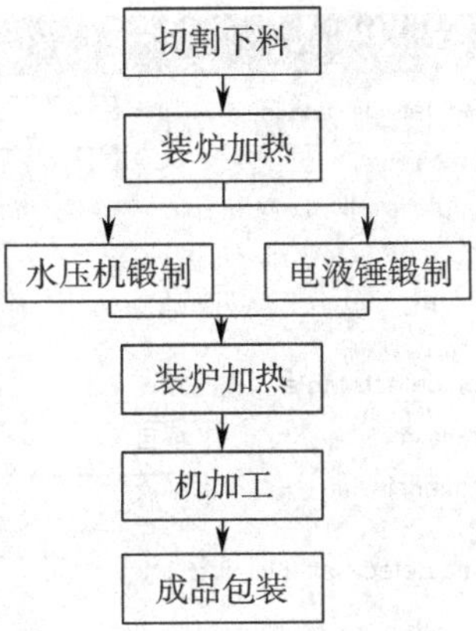

图6-21　副轴加工工艺流程

表6-10　副轴加工报废表

调查总数　1000	
项　目	频　次
过烧	2
裂纹	5
表面缺陷	8
错差大	10
局部填充不足	20
残留飞边过大	109
压伤	1
机械损伤	1
其他	2
合计	158

利用Minitab软件，在Minitab工作表中键入“副轴加工报废表”中的项目、频次等数据。依次单击Stat→Quality Tools→Pareto Chart，弹出如图6-22所示的对话框。选择Chart defects table选项，在Labels in里输入“项目”列，在Frequencies in里输入“频次”列，单击OK后可得到图6-23。根据图6-23的结果可以看出，在9类问题中，“残留飞边过大”和“局部填充不足”是导致产品报废的两大主要缺陷，占了总缺陷的81.6%，这就是需要重点解决的两个关键问题。

（2）寻找产生关键问题的根本原因。通过分析可以知道“残留飞边过大”和“局部填充不足”是报废的主要因素。那么是什么导致了这两个问题的形成？又是什么原因导致了其他问题的形成？分析发现，“残留飞边过大”是由于坯料

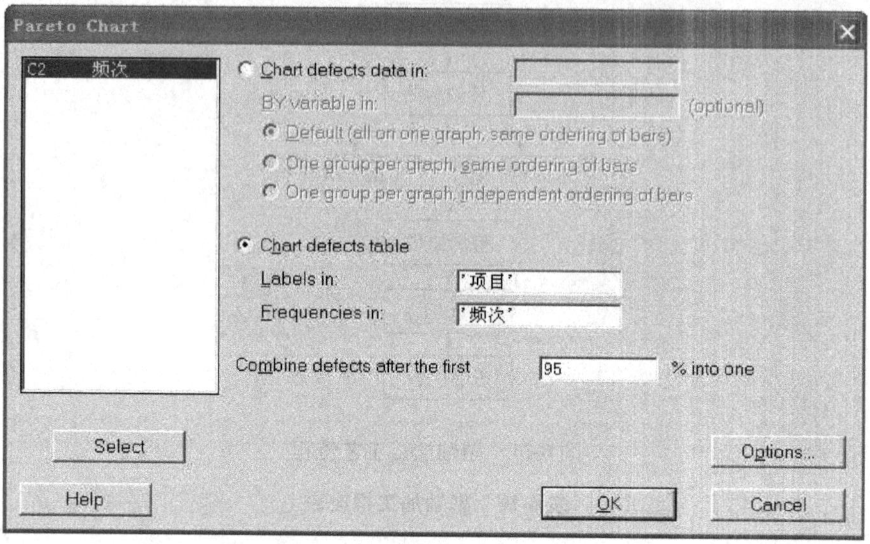

图 6-22　帕累托图主对话框

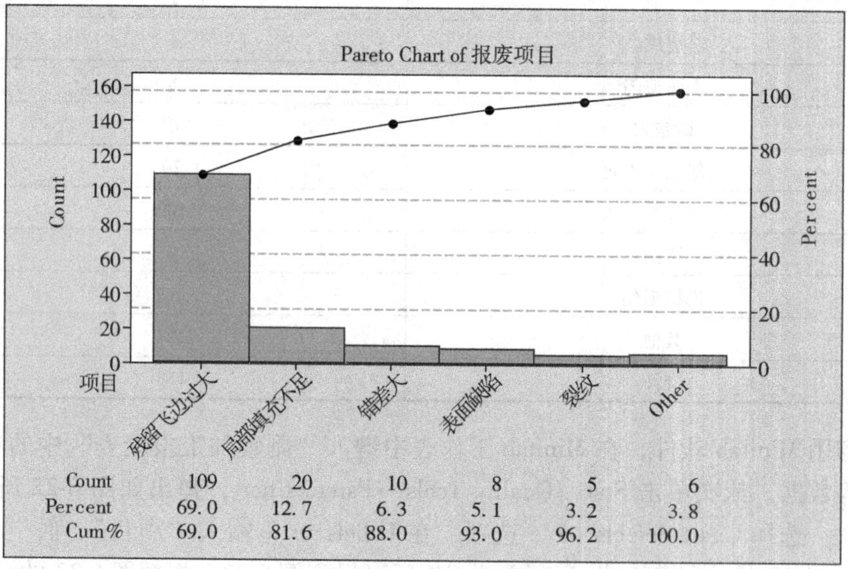

图 6-23　报废项目的帕累托图

超重导致的报废，“局部填充不足”是由于坯料不充足引起的报废，导致这两个问题的根本原因在于下料环节出现了问题。由于下料的过多或过少，导致了产品在后续生产中暴露出了质量缺陷。同样地，对其他的各项质量问题进行分析，寻找到各自问题产生的工艺原因，如表 6-11 所示。

表 6-11 报废问题与工序关系表

工序	报废项目及件数									量化报废程度
	飞边过大	填充不足	错差过大	表面缺陷	裂纹	过烧	机械损伤	压伤	其他	
	109	20	10	8	5	2	1	1	2	
下料	◎	◎								(109 +20) ×5 =695
锻压			◎	○		◎	△	△		(10 +2) ×5 +2 ×8 +1 ×2 =78
热处理					◎					5 ×5 =25
机加工							◎			1 ×5 =5
检验					○				△	2 ×5 +1 ×2 =12

注：◎表示强相关性，5 分/件；○表示弱相关性，2 分/件；△表示弱相关性，1 分/件。

根据表 6-11 的数据，作出以“工序”为项目，“量化报废程度”代替频次的 Pareto 图，如图 6-24 所示。

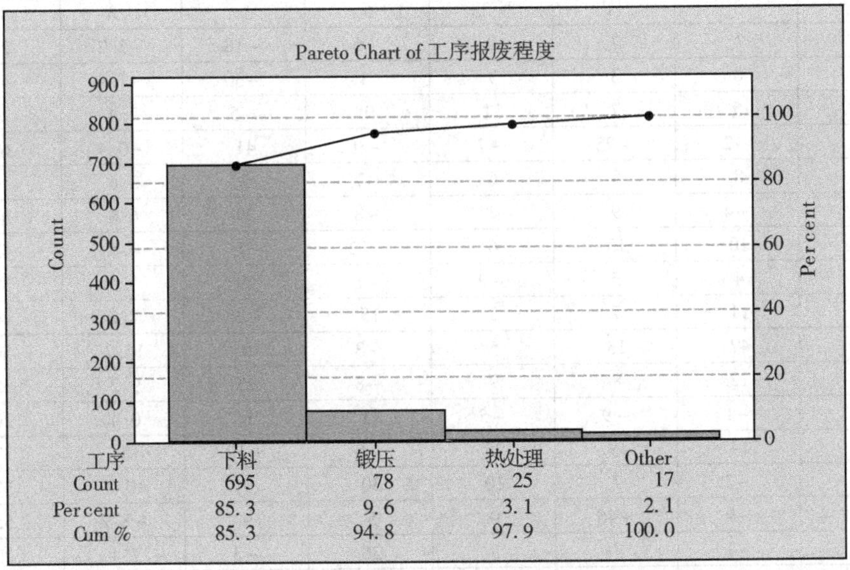

图 6-24 工序报废程度的帕累托图

从图 6-24 中可以看出，下料一道工序造成了 85.3% 的质量缺陷，下料工序是主要调查和改善的对象。

(3) 工序稳定性和工序能力分析。通过以上一系列对锻件废品的调查、分析，得出产生废品的主要工序是下料工段，主要原因是坯料重量规范没有受到有效控制。因此，对下料过程实施 SPC 控制，对下料量进行工序稳定性判断和工序能力分析，在工序处于稳定的情况下，判断工序能力指数是否满足要求，以确定是否需要改进。因为坯料重量具有计量特性值，又容易采集到样本，所以采用 $\overline{X}-R$ 控制图来纠正、预防下料过程坯料轻重失控的缺陷。

对于坯料的规格要求是(6600 ± 50)g。根据抽样规则，在连续生产状态下，分批次、按间隔抽取33组样本，每组样本5个测量值，如表6-12所示。

表6-12　坯料测量值

组　号	X_{i1}	X_{i2}	X_{i3}	X_{i4}	X_{i5}	$\overline{X}$	R
1	-9	5	-5	-2	20	1.8	29
2	15	20	-3	-10	-8	2.8	30
3	-7	5	2	15	42	11.4	49
4	6	10	4	2	-38	-3.2	48
5	-5	6	8	12	21	8.4	26
6	3	7	9	30	-1	9.6	31
7	1	8	20	4	-19	2.8	39
8	5	7	10	-3	-20	-0.2	30
9	2	5	9	-2	-24	-2	33
10	3	11	-25	6	9	0.8	36
11	1	7	0	-6	-18	-3.2	25
12	0	3	9	11	-30	-1.4	41
13	5	7	21	9	-5	7.4	26
14	-2	-25	-7	-9	41	-0.4	66
15	8	9	6	-7	2	3.6	16
16	-4	9	7	-8	29	6.6	37
17	10	13	6	-12	31	9.6	43
18	4	5	-9	-1	29	5.6	38
19	11	7	3	15	-25	2.2	40
20	47	13	5	-3	9	14.2	50
21	12	8	9	-8	25	9.2	33
22	-1	-9	-5	11	6	0.4	20
23	14	19	25	-6	-12	8	37
24	-2	7	10	30	9	10.8	32
25	-9	-46	0	5	9	-8.2	55
26	-1	7	8	26	-3	7.4	29
27	50	37	-45	-5	8	9	95
28	6	3	20	5	-9	5	29
29	48	24	50	40	49	42.2	26
30	4	5	19	-1	-5	4.4	24
31	7	-1	18	-7	7	4.8	25
32	-3	8	20	-3	9	6.2	23
33	18	15	-9	-5	10	5.8	27

利用上述数据绘制 $\overline{X}-R$ 控制图，在 Minitab 中输入数据，依次单击 Stat→

Control Charts→Variable Charts for Subgroups→Xbar－R Chart，选择相应数据，便可得控制图，如图 6-25 所示。

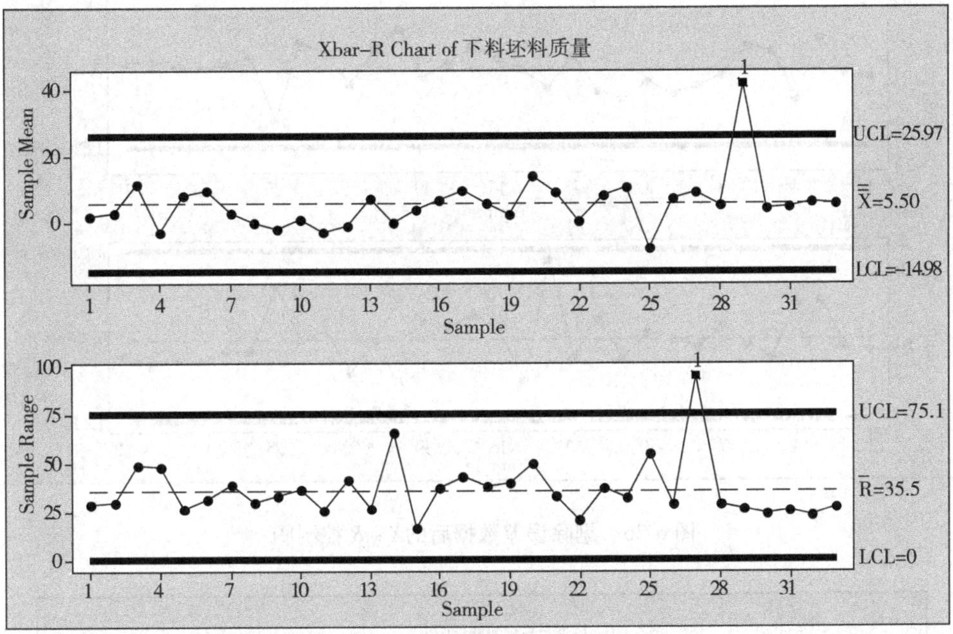

图 6-25　下料坯料质量的$\overline{X}-R$控制图

从图 6-25 中可以看出，第 27 和 29 组数据分别在$\overline{X}$和 R 控制图上超出界限，判断该生产过程失控。调查两组数据异常原因时发现，在测量第 27 组数据时，发生了支承圆钢的滑动托架下滑的事故，锯条与圆钢不垂直导致了较大偏差；根据现场处理记录来看，在发现问题后立即作了处理，因此后面的生产没有受到影响，可认为是正常生产。在追查第 29 组数据误差产生的原因时，发现由于现场灯泡坏了，光线不足导致了操作者误读游标卡尺刻度所致；在发现问题后立即更换灯泡，故后面几组测量的数据仍认为是准确的。在剔除了两组误差数据后，测得的数据能够反映真实的生产能力情况。对筛选后的数据重新制作控制图，如图 6-26 所示。

由图 6-26 可知，生产处于稳定状态。对稳定状态下的生产进行工序能力分析。用表 6-12 中有效数据，在 Minitab 中依次单击 Stat→Control Charts→Capability Analysis→Normal，下规格边界为－50，上规格边界是 50，得到工序能力分析图，如图 6-27 所示。

从直方图看，顶峰处于图的中间，顶峰左右两边分布大致对称，基本符合正态分布，因此采用正态分布分析工序能力是合理的。

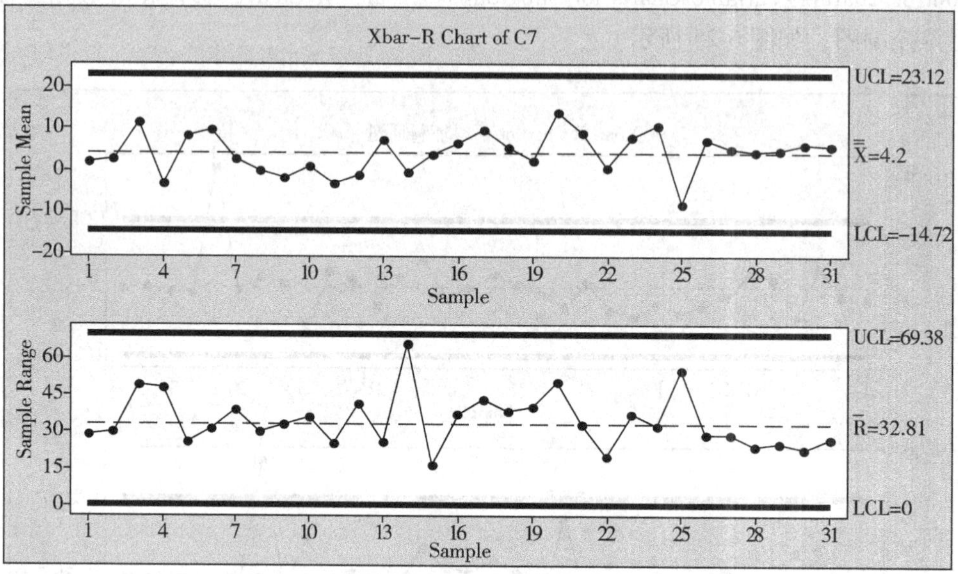

图 6-26　剔除误差数据后的$\bar{X}-R$控制图

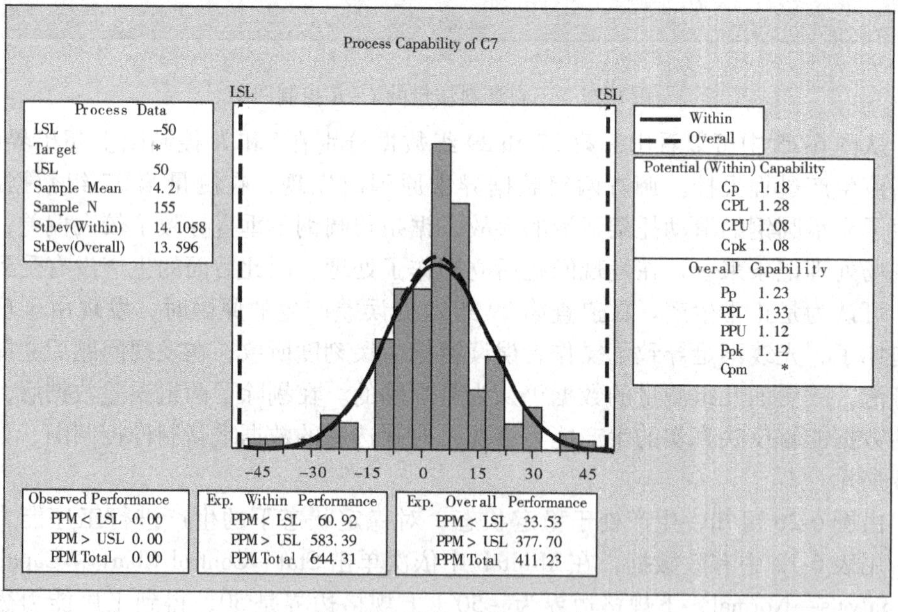

图 6-27　工序能力分析图

$P_p=1.23$，$P_{pk}=1.12$，表明工序能力欠缺，因此需要采取措施，提高工序能力，使 P_p 尽可能达到合理的 1.33 以上，且减小偏移。

2. 因果分析

为了找出影响造成下料问题的原因，根据5M1E的原理，QC小组从人、机、料、法、测、环等6个方面作出讨论和分析，并用Minitab画出因果图。依次单击Stat→Quality Tools→Cause and Effect便会弹出如图6-28和图6-29所示窗口。对于大原因里只有一个小原因的，可以选择Constant直接输入，对于大原因里有多个小原因的在表格里输成一列，在Causes里选择。对于多重原因可以在Sub里再选择。

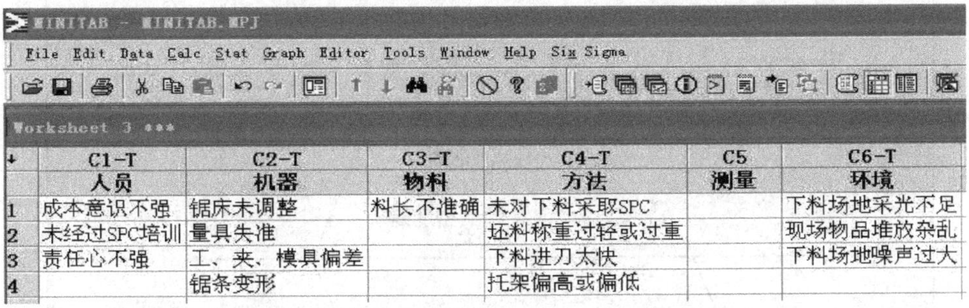

↓	C1-T 人员	C2-T 机器	C3-T 物料	C4-T 方法	C5 测量	C6-T 环境
1	成本意识不强	锯床未调整	料长不准确	未对下料采取SPC		下料场地采光不足
2	未经过SPC培训	量具失准		坯料称重过轻或过重		现场物品堆放杂乱
3	责任心不强	工、夹、模具偏差		下料进刀太快		下料场地噪声过大
4		锯条变形		托架偏高或偏低		

图6-28　输入的数据

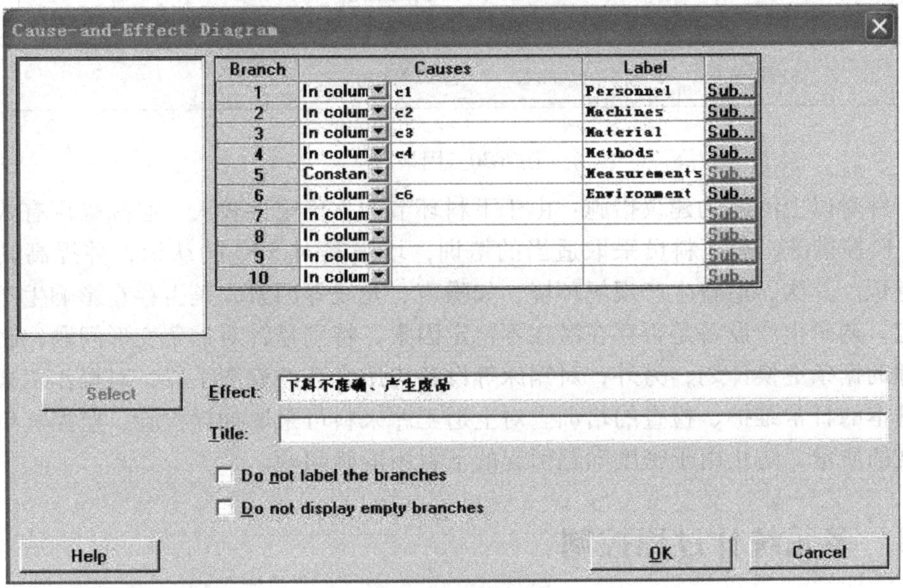

图6-29　因果图对话框

造成下料不准确的因果图如图6-30所示。对图6-30诸多原因逐项分析：

（1）切削长度不准确。锻件下料时利用长度来控制下料的量，由于在切削时，进刀太快、来料密度变化、切削的锯条弯曲或是切削的托架过高或过低导致的切削不准确，很容易产生下料不准确。

（2）下料环境影响下料员下料的准确性。如下料场地光线不足导致了测量料长的误差，噪声过大影响下料员心情。

（3）下料员主观问题。比如责任心不强、未经过 SPC 训练、成本意识不强。

（4）生产缺乏监控。由于下料环节频繁，且下料环节受到人员、环境等诸多因素的影响，因此在该环节容易产生生产不稳定或生产能力不够的问题。

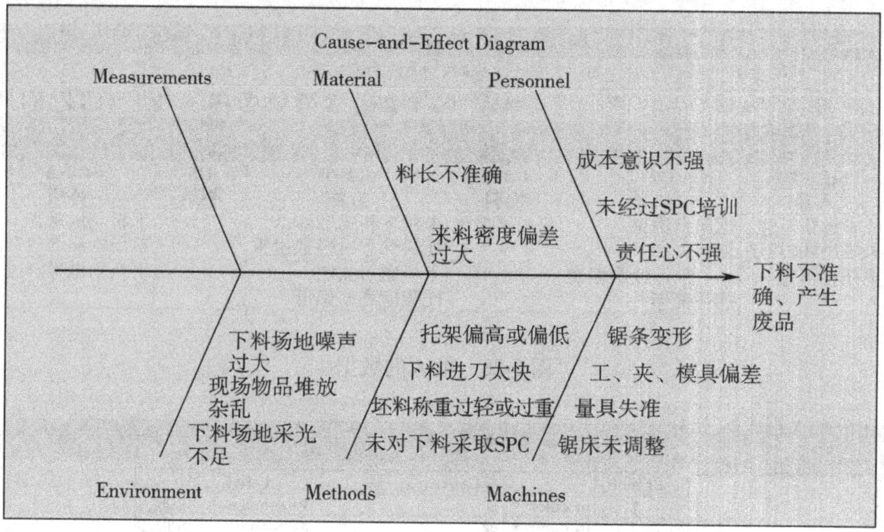

图 6-30　因果图

针对以上问题的建议措施：由于下料环节的不稳定性较大，必须采用有效的 SPC 监控措施，对下料员采取适当的培训，增强其对 SPC 的认识，并提高其成本意识。其次，追查生产现场环境，如噪声、光线等因素，是否存在影响生产的可能。调研生产设备是否存在潜在不稳定因素，特别是针对锯条变形问题，制订合理的锯条更换计划；另外，对锯床等设备应用合理的检测手段，对操作工人进行基本的日常维护、检查的培训。对上道工序来料可采取抽样检验，监控其单位长度的质量，防止由于密度问题引起的下料不准确问题。

6.5　多元统计过程控制

多元统计过程控制是以多元正态分布理论为基础的，多元统计过程控制涉及多元统计推断等内容。

6.5.1 常用的多元统计量及其分布

设总体 $X \sim N(\mu,\sigma^2)$，样本均值为 $\overline{X} = \frac{1}{n}\sum_{i=1}^{n} X_i$，样本方差为 $S^2 = \frac{1}{n}\sum_{i=1}^{n}(X_i - \overline{X})^2$，则当 σ 已知，检验均值的统计量 $u = \frac{\sqrt{n}(\overline{X}-\mu)}{\sigma} \sim N(0,1)$；当 σ 未知，检验均值的统计量 $t = \frac{\sqrt{n}(\overline{X}-\mu)}{S} \sim t(n-1)$。若 S_1^2，S_2^2 分别是来自总体 $N(\mu_1,\sigma_1^2)$，$N(\mu_2,\sigma_2^2)$ 的样本方差，样本容量分别为 m，n，则 $F = \frac{S_1^2/S_2^2}{\sigma_1^2/\sigma_2^2} \sim F(m-1,n-1)$。

在多元统计过程控制中，常用的统计量由统计量 u，t，F 发展而来的，与一元总体方差 σ^2、样本方差 S^2 相对应的多元统计量为总体协方差矩阵 $\boldsymbol{\Sigma}$ 与样本协方差矩阵 $\boldsymbol{S}$，则改写一元统计量 u，t，F 可得到下面形式的表达式

$$u^2 = n(\overline{X}-\mu)\sigma^{-2}(\overline{X}-\mu)$$
$$t^2 = n(\overline{X}-\mu)S^{-2}(\overline{X}-\mu)$$

与 u^2，t^2 相对应的多元统计量为

$$D^2 = n(\overline{\boldsymbol{X}}-\boldsymbol{\mu})^{\mathrm{T}}\boldsymbol{\Sigma}^{-1}(\overline{\boldsymbol{X}}-\boldsymbol{\mu})$$
$$T^2 = n(\overline{\boldsymbol{X}}-\boldsymbol{\mu})^{\mathrm{T}}\boldsymbol{S}^{-1}(\overline{\boldsymbol{X}}-\boldsymbol{\mu})$$

其中，$\overline{\boldsymbol{X}}$，$\boldsymbol{\mu}$ 都是 p 维向量。下面介绍 D^2，T^2 这两个统计量。

设 $\boldsymbol{X}_i \sim N_p(\boldsymbol{\mu},\boldsymbol{\Sigma})$，$i=1, 2, \cdots, n$，$\boldsymbol{X}_1$，$\boldsymbol{X}_2$，$\cdots$，$\boldsymbol{X}_n$ 独立同分布，概率密度函数为 $f(\boldsymbol{X}) = \frac{|\boldsymbol{\Sigma}|^{-\frac{1}{2}}}{(\sqrt{2\pi})^p}\exp\left\{-\frac{1}{2}(\boldsymbol{X}-\boldsymbol{\mu})^{\mathrm{T}}\boldsymbol{\Sigma}^{-1}(\boldsymbol{X}-\boldsymbol{\mu})\right\}$，$D^2 = (\boldsymbol{X}-\boldsymbol{\mu})^{\mathrm{T}}\boldsymbol{\Sigma}^{-1}(\boldsymbol{X}-\boldsymbol{\mu})$ 称为样本点 $\boldsymbol{X}$ 到均值中心 $\boldsymbol{\mu}$ 的马氏距离，且 $D^2 = (\boldsymbol{X}-\boldsymbol{\mu})^{\mathrm{T}}\boldsymbol{\Sigma}^{-1}(\boldsymbol{X}-\boldsymbol{\mu}) \sim \chi^2(p)$，样本均值向量为 $\overline{\boldsymbol{X}} = \frac{1}{n}\sum_{i=1}^{n}\boldsymbol{X}_i$，则 $\overline{\boldsymbol{X}} \sim N_p(\boldsymbol{\mu},\frac{1}{n}\Sigma)$，且有 $(\overline{\boldsymbol{X}}-\boldsymbol{\mu})^{\mathrm{T}}(\frac{1}{n}\Sigma)^{-1}(\overline{\boldsymbol{X}}-\boldsymbol{\mu}) \sim \chi^2(p)$，化简得 $n(\overline{\boldsymbol{X}}-\boldsymbol{\mu})^{\mathrm{T}}\boldsymbol{\Sigma}^{-1}(\overline{\boldsymbol{X}}-\boldsymbol{\mu}) \sim \chi^2(p)$。

当总体协方差矩阵 $\boldsymbol{\Sigma}$ 未知时，用样本协方差矩阵 $\boldsymbol{S}$ 代替 $\boldsymbol{\Sigma}$，则

$$T^2 = n(\overline{\boldsymbol{X}}-\boldsymbol{\mu})^{\mathrm{T}}\boldsymbol{S}^{-1}(\overline{\boldsymbol{X}}-\boldsymbol{\mu}) \tag{6-4}$$

称为霍特林（Hotelling）统计量，简称 T^2 统计量，它是一元 t 统计量的推广。

若一元统计总体为 $X \sim N(\mu,\sigma^2)$，则 $t = \dfrac{\bar{X}-\mu}{\sqrt{\dfrac{1}{n-1}\sum_{i=1}^{n}(X_i-\bar{X})^2}}\sqrt{n} \sim t(n-1)$，将其转换可得 $t^2 = n(\bar{X}-\mu)^{\mathrm{T}}\left[\dfrac{1}{n-1}\sum_{i=1}^{n}(X_i-\bar{X})^2\right]^{-1}(\bar{X}-\mu) \sim F(1,n-1)$，将它推广得到下面的多元情形的 T^2 分布。

设 $\boldsymbol{X}_i \sim N_p(\boldsymbol{\mu},\boldsymbol{\Sigma})$，$i=1, 2, \cdots, n$，样本容量 $n>p$，$\boldsymbol{\Sigma}>0$，样本均值向量和样本协方差矩阵分别为 $\bar{\boldsymbol{X}} = \dfrac{1}{n}\sum_{i=1}^{n}\boldsymbol{X}_i$，$\boldsymbol{S} = \dfrac{1}{n-1}\sum_{i=1}^{n}(\boldsymbol{X}_i-\bar{\boldsymbol{X}})(\boldsymbol{X}_i-\bar{\boldsymbol{X}})^{\mathrm{T}}$，则

$$T^2 = n(\bar{\boldsymbol{X}}-\boldsymbol{\mu})^{\mathrm{T}}\boldsymbol{S}^{-1}(\bar{\boldsymbol{X}}-\boldsymbol{\mu}) \sim T^2(p,n-1)$$

$$\frac{(n-p)}{(n-1)p}T^2 \sim F(p,n-p)$$

6.5.2 总体协方差矩阵已知的均值向量控制图

同一元控制类似，多元控制实质上就是一个假设检验问题。令多元正态分布的均值向量为$\boldsymbol{\mu}$，则工序均值向量控制等价于以下假设检验：

$$H_0:\boldsymbol{\mu} = \boldsymbol{\mu}_0, H_1:\boldsymbol{\mu} \neq \boldsymbol{\mu}_0$$

这里，$\boldsymbol{\mu}_0$ 为指定值或估计的标准值。

首先假定总体协方差矩阵 $\boldsymbol{\Sigma}$ 是已知的。当只有一个质量特性，即 $p=1$ 时，多元正态分布退化为一元正态分布 $N(\mu,\sigma_0^2)$。使用检验统计量 u 进行检验：

$$u = \sqrt{n}(X-\mu_0)/\sigma_0 \sim N(0,1)$$

通过把已知总体标准差的一元均值检验类推到多元情况，得到关于均值向量的检验统计量χ^2：

$$\chi^2 = n(\bar{\boldsymbol{X}}-\boldsymbol{\mu}_0)^{\mathrm{T}}\boldsymbol{\Sigma}_0^{-1}(\bar{\boldsymbol{X}}-\boldsymbol{\mu}_0) \sim \chi^2(p) \tag{6-5}$$

式中，$(\bar{\boldsymbol{X}}-\boldsymbol{\mu}_0)$为 p 维向量，$\boldsymbol{\Sigma}_0$为已知的或规定的总体协方差矩阵，给定显著水平 α，借助χ^2 表查到临界值，就可以检验由 $\bar{\boldsymbol{X}}$ 表达的均值向量$\boldsymbol{\mu}$ 是否显著偏离已知总体均值向量$\boldsymbol{\mu}_0$。由式（6-5）表示的统计量χ^2 建立的控制图，称为χ^2 图。取显著水平 α，则χ^2 图的上控制界限为

$$UCL = \chi_\alpha^2(p) \tag{6-6}$$

式中，$\chi_\alpha^2(p)$表示自由度为p 的χ^2 分布的上侧 α 分位数，即 $P\{\chi^2 > \chi_\alpha^2(p)\} = \alpha$。

在式（6-5）中，$(\bar{\boldsymbol{X}}-\boldsymbol{\mu}_0)^{\mathrm{T}}\boldsymbol{\Sigma}_0^{-1}(\bar{\boldsymbol{X}}-\boldsymbol{\mu}_0)$ 等价于由点 $\bar{\boldsymbol{X}} = (\bar{x}_1,\bar{x}_2,\cdots,\bar{x}_p)^{\mathrm{T}}$ 到 $\boldsymbol{\mu} = (\mu_{10},\mu_{20},\cdots,\mu_{p0})^{\mathrm{T}}$ 的马氏距离。距离是非负的，所以χ^2 图的下控制界总是为零。如果样本的χ^2 计算值大于控制界χ_0^2，就认为该工序失控，应当查明异常原因并予以排除。

6.5.3　总体协方差矩阵未知的均值向量控制图

χ^2 图假定 $\boldsymbol{\Sigma}_0$ 是已知的。但是，一般情况下 $\boldsymbol{\Sigma}_0$ 是未知的，人们总是利用有限的样本资料对 $\boldsymbol{\Sigma}_0$ 加以估计。此时，需要使用 T^2 图。类似于一元控制时的 t 图，把一元情况类推到 $p\geqslant 2$ 的多元情况，便得到关于均值向量的检验统计量 T^2：

$$T^2 = n(\overline{\boldsymbol{X}} - \boldsymbol{\mu}_0)^{\mathrm{T}}\boldsymbol{S}^{-1}(\overline{\boldsymbol{X}} - \boldsymbol{\mu}_0) \tag{6-7}$$

式中，$\overline{\boldsymbol{X}} - \boldsymbol{\mu}_0$ 为 p 维向量，$\boldsymbol{S}$ 为样本（子组）协方差矩阵，为了使式（6-7）右端成为标量，其第一个向量差必须转置为行向量。

由于 $\boldsymbol{\mu}_0$ 总是未知的，子组协方差矩阵 $\boldsymbol{S}$ 也波动很大。为此，$\boldsymbol{\mu}_0$ 和 $\boldsymbol{S}$ 要分别用各子组均值向量的平均向量 $\overline{\boldsymbol{X}}$ 和各子组协方差矩阵的平均阵 $\boldsymbol{S}_p$ 代替，即

$$T^2 = n(\overline{\boldsymbol{X}} - \overline{\overline{\boldsymbol{X}}})^{\mathrm{T}}\boldsymbol{S}_p^{-1}(\overline{\boldsymbol{X}} - \overline{\overline{\boldsymbol{X}}}) \tag{6-8}$$

式中，$\overline{\overline{\boldsymbol{X}}} = \dfrac{1}{m}\sum\limits_{j=1}^{m}\overline{\boldsymbol{X}}_j$，$\boldsymbol{S}_p = \dfrac{1}{m}\sum\limits_{j=1}^{m}\boldsymbol{S}_j$，$\overline{\boldsymbol{X}}_j$ 表示子组 j 的均值向量，$\boldsymbol{S}_j$ 表示子组 j 的协方差矩阵，m 表示可以利用的合理子组的数目，m 通常不小于 20。

当 $\boldsymbol{\mu} = \boldsymbol{\mu}_0$ 时，T^2 统计量乘以 $(n-p)/[p(n-1)]$，服从第一自由度为 p，第二自由度为 $n-p$ 的 F 分布：$\dfrac{n-p}{p(n-1)}T^2 \sim F_\alpha(p, n-p)$，即

$$T^2 \sim \frac{p(n-1)}{n-p}F_\alpha(p, n-p) \tag{6-9}$$

取虚报概率为 α，则 T^2 图的上控制界为 $UCL = \dfrac{p(n-1)}{n-p}F_\alpha(p, n-p)$。在这里，$F_\alpha(p, n-p)$ 表示第一自由度为 p，第二自由度为 $n-p$ 的 F 分布的上侧 α 分位数，即

$$P\left\{T^2 > \frac{p(n-1)}{n-p}F_\alpha(p, n-p)\right\} = \alpha$$

同 χ^2 图一样，T^2 图的下控制界为零。

当子组的 T^2 计算值 T_0^2 落在控制界内，判断工序处于统计受控状态；否则判断工序为失控状态，需要查明原因并予以排除。应当注意，同一元情况一样，用于建图的子组必须是经过检验属于受控的子组，对于原始资料中那些不受控的子组应当加以剔除，然后利用其中受控的子组重新计算 $\overline{\overline{\boldsymbol{X}}}$ 和 $\boldsymbol{S}_p$，并修正原来的控制界，直到全部子组都受控为止。应当注意，最后用于确定稳定控制界的子组应大于 p 个，在 p 较小时通常不少于 20 个，否则需要在同一工艺条件下补充采样。

例 6-10　某制药厂生产咖啡因的工序有两个主要控制指标：离心率(X_1)和收率(X_2)。为了保密，本例所有样本资料做了编码处理。采样时间为某年 8 月 1 日至同年 8 月 20 日。这组数据用于检验生产中工序的稳定性。表 6-14 给出了各

子组的 $\overline{X}_1$，$\overline{X}_2$ 和 S_{11}，S_{22}，S_{12}。比如第一组，原始编码数据如表 6-13 所示。

表 6-13　第一组原始编码数据

X_1	78.6	75.7	75.4	75.7	77.9	91.3	89.7	85.6	83.5	86.0
X_2	100.7	99.7	96.8	95.0	95.6	101.2	106.6	105.8	102.5	98.3

经计算得 $\overline{X}_1 = 81.94$，$\overline{X}_2 = 100.22$，$S_{11} = 36.47$，$S_{22} = 15.83$，$S_{12} = 16.68$。试研究表 6-14 的采样数据，看工序是否趋于稳定。

表 6-14　采样数据

子组序号	$\overline{X}_1$	$\overline{X}_2$	S_{11}	S_{22}	S_{12}	T_0^2
1	81.94	100.22	36.47	15.83	16.68	5.82
2	84.34	101.90	22.88	15.44	12.06	4.70
3	80.03	100.10	70.26	20.95	20.67	13.55
4	80.85	97.03	81.25	12.33	25.95	5.21
5	88.40	101.73	26.39	10.18	10.35	2.47
6	87.17	99.64	27.16	19.17	10.35	2.87
7	82.54	96.84	90.89	65.15	70.71	4.63
8	86.65	100.90	68.03	60.26	60.67	0.49
9	89.95	97.51	38.93	24.68	27.17	28.26
10	88.26	101.36	58.95	13.32	22.86	2.37
11	89.29	102.34	19.23	15.91	9.72	4.05
12	85.78	100.32	27.06	25.89	21.22	0.08
13	85.08	102.60	19.33	11.74	9.87	5.77
14	84.47	100.57	47.66	32.67	32.04	0.82
15	83.12	99.08	46.99	30.57	22.10	1.13
16	87.47	100.66	31.20	10.52	8.55	1.59
17	85.60	101.93	20.60	28.73	11.09	2.33
18	85.55	100.54	23.89	16.81	15.75	0.09
19	82.02	97.53	25.82	16.34	14.17	3.18
20	86.42	99.34	25.20	20.39	14.21	2.04
平均值	85.246	100.107	40.41	23.34	21.81	

解：先算出 $\overline{\overline{X}}$ 和 S_p

$$\overline{\overline{X}}=\begin{pmatrix}85.246\\100.107\end{pmatrix},S_p=\begin{pmatrix}40.41 & 21.81\\21.81 & 23.34\end{pmatrix}$$

将 $\overline{\overline{X}}$ 和 S_p 代入式（6-8）中，可以分别求出各子组的 T_0^2。比如对于第一子组，有

$$T_{01}^2=n(\overline{X}_1-\overline{\overline{X}})^{\mathrm{T}}S_p^{-1}(\overline{X}_1-\overline{\overline{X}})=5.82$$

各子组的 T_0^2 见表6-14第7列。

鉴于药品生产的特殊性，宁可冒着第Ⅰ类风险大些，取显著水平为0.05。根据式（6-8），本例 $p=2$，$n=10$，T^2 图的上控制界为

$$UCL=\frac{2\times 9}{8}F_{0.05}(2,8)=10.04$$

显然，第3号、第9号子组出界，这表明工序没有进入统计稳定状态。

练　习　题

1. 正常波动和异常波动的含义分别是什么？统计控制状态和非统计控制状态的含义分别又是什么？

2. 分析用控制图和控制用控制图的作用分别是什么？

3. 在控制图的应用过程中是否可以同时避免两种错误？为什么？

4. 常规计量值控制图和常规计数值控制图的主要特点分别有哪些？

5. 某车间加工某轴的键槽。槽深的尺寸要求为 $10^{+0.50}_{0}$ mm。现从铣床加工过程中按时间顺序随机抽取 $n=4$ 的25组样本。其具体测量值如表6-15所示。试根据这些资料绘制出该过程的 $\overline{X}-R$ 控制图，判断该过程是否处于统计控制状态，并用Minitab软件进行验证。

表6-15　$\overline{X}-R$ 控制图数据表

样本号	X_1	X_2	X_3	X_4	样本号	X_1	X_2	X_3	X_4
1	10.35	10.40	10.32	10.33	14	10.38	10.39	10.45	10.42
2	10.45	10.38	10.36	10.40	15	10.50	10.42	10.43	10.45
3	10.34	10.40	10.35	10.36	16	10.33	10.35	10.29	10.39
4	10.68	10.63	10.68	10.60	17	10.41	10.40	10.29	10.34
5	10.38	10.34	10.45	10.41	18	10.38	10.44	10.28	10.58
6	10.43	10.40	10.42	10.35	19	10.33	10.32	10.37	10.38
7	10.45	10.42	10.40	10.46	20	10.56	10.55	10.45	10.48
8	10.33	10.41	10.38	10.36	21	10.38	10.40	10.45	10.37
9	10.48	10.52	10.49	10.51	22	10.39	10.42	10.35	10.40
10	10.47	10.43	10.36	10.42	23	10.42	10.39	10.39	10.36
11	10.38	10.41	10.39	10.38	24	10.43	10.36	10.35	10.38
12	10.37	10.37	10.41	10.37	25	10.39	10.38	10.43	10.44
13	10.40	10.38	10.47	10.35					

6. 已知某零件不合格品率的统计资料如表6-16所示。试用 P 控制图和 Pn 控制图分析过

程是否处于统计控制状态，将 P 控制图和 Pn 控制图进行比较，并用 Minitab 软件进行验证。

表 6-16　P 控制图和 Pn 控制图数据表

样本号	样本量 n	不合格品率 P（%）	样本号	样本量 n	不合格品率 P（%）
1	835	1.0	14	250	3.2
2	808	1.5	15	830	1.7
3	780	0.8	16	798	0.9
4	252	2.4	17	813	1.1
5	430	1.6	18	818	0.9
6	600	0.8	19	581	1.4
7	822	1.3	20	464	0.9
8	814	1.0	21	807	1.4
9	206	2.9	22	595	1.2
10	703	1.1	23	500	2.4
11	850	2.2	24	760	0.9
12	709	1.6	25	420	1.9
13	350	1.4			

7. 表 6-17 给出 15 名两周岁婴儿的身高(X_1)，胸围(X_2)和上半臂围(X_3)的测量数据。假设男婴的测量数据 $\boldsymbol{X}_{(\alpha)}(\alpha = 1,2,\cdots,6)$ 为来自总体 $N(\boldsymbol{\mu}^{(1)},\boldsymbol{\Sigma})$ 的随机样本；女婴的测量数据 $\boldsymbol{Y}_{(\alpha)}(\alpha = 1,2,\cdots,9)$ 为来自总体 $N(\boldsymbol{\mu}^{(2)},\boldsymbol{\Sigma})$ 的随机样本。试利用表 6-17 的数据检验 $H_0:\boldsymbol{\mu}^{(1)} = \boldsymbol{\mu}^{(2)}(\alpha = 0.05)$。

表 6-17　某地区农村两周岁婴儿的体格测量数据

性别	身高（X_1）	胸围（X_2）	上半臂围（X_3）
男	78	60.6	16.5
男	76	58.1	12.5
男	92	63.2	14.5
男	81	59.0	14.0
男	81	60.8	15.5
男	84	59.5	14.0
女	80	58.4	14.0
女	75	59.2	15.0
女	78	60.3	15.0
女	75	57.4	13.0
女	79	59.5	14.0
女	78	58.1	14.5
女	75	58.0	12.5
女	64	55.5	11.0
女	80	59.2	12.5

第7章　试验设计

7.1　正交试验设计

在工业生产和科学研究实践中需要考虑的因素往往比较多，而且因素的水平数也常常多于2个，如果对每个因素的每个水平都相互搭配进行全面试验，试验的次数很多。如对于3因素4水平的试验，就需要做64次试验；对于4因素4水平的试验，全面试验次数为256次。可见，随着试验因素数量的增加，试验次数增加得更快，这些将要花费大量的人力和物力等。如果用正交设计来安排试验，则试验次数会大大地减少。正交试验设计是利用正交表科学地安排与分析多因素试验的方法，是最为常用的试验设计方法之一。

7.1.1　正交表

正交表是正交试验设计中安排试验和分析试验结果的基本工具，以下介绍它的特点及其使用方法。

1. 等水平正交表

(1) 等水平正交表。所谓等水平正交表，就是各因素的水平数是相等的。下面是一张常用的等水平正交表，如表7-1所示。

表7-1　正交表 $L_8(2^7)$

试验号	列号						
	1	2	3	4	5	6	7
1	1	1	1	1	1	1	1
2	1	1	1	2	2	2	2
3	1	2	2	1	1	2	2
4	1	2	2	2	2	1	1
5	2	1	2	1	2	1	2
6	2	1	2	2	1	2	1
7	2	2	1	1	2	2	1
8	2	2	1	2	1	1	2

表 7-1 的 $L_8(2^7)$ 是正交表的记号，等水平正交表常用符号 $L_n(r^m)$ 表示，其中，L 为正交表的代号；n 为正交表的横行数，表示需要做的试验次数；r 为因素的水平数；m 为正交表纵列数，表示最多能安排的因素个数。对于正交表 $L_8(2^7)$ 总共有 8 行、7 列，最多可以安排 7 个 2 水平的因素，试验次数为 8 次，而 7 因素 2 水平的全面试验次数为 $2^7=128$ 次，显然正交试验能大大地减少试验的次数。

（2）等水平正交表的特点。等水平正交表具有两个重要的性质：

1）表中任意一列，不同的数字出现的次数相同，也就是说每个因素的每个水平都重复相同的次数。如 $L_8(2^7)$ 中不同数字（或称水平）只有“1”、“2”两个，在每列中它们各出现 4 次。

2）表中任意两列，把同一行中的两个数字看成有序数字对时，所有可能的数字对（或称水平搭配）出现的次数相同。如在 $L_8(2^7)$ 中的任意两列中，同一行的所有可能有序数字对为（1，1），（1，2），（2，1），（2，2），共 4 种。

这两个性质合称为“正交性”，这使试验点在试验范围内排列整齐、有规律，也使试验点在试验范围内散布均匀，即“整齐可比、均衡分散”。

2. 混合水平正交表

在实际的科学实践中，有时由于试验条件的限制，某些因素不能多取水平；有时需要重点考察的因素可多取一些水平，而其他因素的水平数可适当减少。针对这些情况就产生了混合水平正交表。混合水平正交表就是各因素的水平数不完全相同的正交表，如 $L_8(4^1\times2^4)$ 就是一个混合水平正交表，如表 7-2 所示。

表 7-2　正交表 $L_8(4^1\times2^4)$

试验号	列号				
	1	2	3	4	5
1	1	1	1	1	1
2	1	2	2	2	2
3	2	1	1	2	2
4	2	2	2	1	1
5	3	1	2	1	2
6	3	2	1	2	1
7	4	1	2	2	1
8	4	2	1	1	2

正交表 $L_8(4^1\times2^4)$ 也可以简写为 $L_8(4\times2^4)$，它共有8行、5列，用该正交表安排试验，需要做8次试验，最多可安排5个因素，其中1个是4水平因素，4个是2水平因素。以 $L_8(4^1\times2^4)$ 为例，可以看出混合水平正交表也有两个重要的性质：

（1）表中的任意一列，不同的数字出现的次数相同。在表 $L_8(4^1\times2^4)$ 中，第1列有1，2，3，4四个数字，它们各出现2次；第2~5列，只有1，2两个数字，在每列中它们各出现4次。

（2）表中任意两列，同行两个数字组成的各种不同的水平搭配出现的次数是相同的，但不同的两列间所组成的水平搭配种类以及出现的次数是不完全相同的。如在表 $L_8(4^1\times2^4)$ 中，第1列是4水平的列，它与其他任何一个2水平列所组成的同行数字对一共有8种：（1，1），（1，2），（2，1），（2，2），（3，1），（3，2），（4，1），（4，2），它们各出现1次；第2~5列都是2水平的列，它们任两列组成的同行数字对为（1，1），（1，2），（2，1），（2，2）共4种，它们各出现2次。

从这两个性质可以看出，用混合水平的正交表安排试验时，每个因素的各水平之间的搭配也是均衡的。

7.1.2 正交试验的基本步骤

正交试验设计总的来说包括试验设计和数据处理。基本步骤可简单归纳为：

1. 明确试验目的，确定评价指标

任何一个试验都是为了解决某个问题，或是为了验证某些结论而进行的，所以任何一个正交试验都应该有一个明确的目的，这是正交试验设计的基础。

试验指标是表示试验结果特性的值，如产品的产量、产品的纯度等，可以用它来衡量或考核试验结果。

2. 挑选因素，确定水平

影响试验指标的因素很多，但由于试验条件所限，不可能全面考察，所以应对实际问题进行具体分析，根据试验的目的，选出主要因素，略去次要因素，以减少要考察的因素数。如果对问题了解不够，可以适当多取一些因素。确定因素的水平数时，一般尽可能使因素的水平数相等，以方便对试验数据进行处理。最后列出因素水平表。以上两点主要靠专业知识和实践经验来确定，也是正交试验设计能够顺利完成的关键。

3. 选正交表，进行表头设计

根据因素数和水平数来选择合适的正交表。一般要求因素数不大于正交表列数，因素水平数与正交表对应的水平数一致，在满足上述条件的前提下，选择较小的表。表头设计就是将试验因素安排到所选正交表相应的列中。

4. 明确试验方案，进行试验，得到结果

根据正交表和表头设计确定各试验方案，然后进行试验，得到以试验指标形式表示的试验结果。

5. 对试验结果进行统计分析

对正交试验结果的分析，通常采用极差分析法和方差分析法。通过试验结果分析可以得到因素主次顺序、优化方案等信息。

6. 进行验证试验，作进一步分析

最优方案是通过统计分析得出的，还需要进行试验验证，以保证最优方案与实际一致，否则还需要进行新的正交试验。

7.1.3 正交试验设计结果分析

为了寻找较好的试验条件，就应对试验所得的结果进行统计处理。正交试验的数据处理方法有两种，即极差分析法和方差分析法。

1. 极差分析法

极差分析法简单易行，计算量少，应用的比较普遍。通过极差分析法主要确定哪些因素对指标的影响大，哪些因素对指标的影响小或没有影响，根据因素对指标影响的大小次序，确定选择各因素的哪个水平对指标更加有利。

极差分析法的数据处理过程如下：

（1）把与各因素有关的结果相加填入正交表中，以各水平为单位，分别记为 K_1，K_2，…，也可以取其平均值，分别记为 $\overline{K}_1$，$\overline{K}_2$，…。此处 K_1，K_2，…分别表示各列的所对应的 1，2，…水平的试验指标值的总和，$\overline{K}_1$，$\overline{K}_2$，…则分别表示所对应的 K_1，K_2，…除以其对应的水平重复数所得的数。

（2）利用每个因素不同水平下的和数（K_1，K_2，…）或平均值（$\overline{K}_1$，$\overline{K}_2$，…）求极差 R_j，填入正交表中。

（3）确定水平及最优方案。

2. 方差分析法

极差分析法计算量少，通过综合分析比较，便能知道因素的主次，得出较好的生产条件，但是极差分析法不能估计试验误差的大小。也就是说，它不能区分因素各水平所对应的试验结果间的差异究竟是真正由于因素水平不同所引起的，还是由于试验误差所造成的。方差分析法可以弥补极差分析法的这些不足。为此，引入正交表的离差平方和的概念。

$$S_i^2=\frac{\text{第 } i \text{ 列同水平试验数据和的平方和}}{\text{水平重复数}}-\frac{(\text{试验数据总和})^2}{\text{试验数据总个数}} \tag{7-1}$$

用同水平试验数据之和的符号 K_1，K_2，…，以及试验数据总和符号 T，可把式（7-1）写成式（7-2）：

$$S_i^2 = \frac{K_1^2 + K_2^2 + K_3^2 + \cdots}{\text{水平重复数}} - \frac{T^2}{\text{试验数据总个数}} \tag{7-2}$$

S_i^2 称为正交表第 i 列的离差平方和，其自由度 f_i 为

$$f_i = \text{第 } i \text{ 列的水平数} - 1 \tag{7-3}$$

在没有重复试验、重复取样的情况下，总离差平方和与列离差平方和、总自由度与列自由度之间的关系如下：

$$S_T^2 = \sum S_i^2 \tag{7-4}$$

$$f_T = \sum f_i \tag{7-5}$$

式（7-4）和式（7-5）分别称为正交表的平方和分解公式及自由度分解公式。

在正交试验中，若将因素 A 安排在某张正交表的第 i 列上，则此因素 A 的离差平方和就是第 i 列的离差平方和，即 $S_A^2 = S_i^2$。因此，要计算某因素的离差平方和，只需把该因素所在列的离差平方和计算出来即可。交互作用的离差平方和，同样是它所在列的离差平方和。交互作用占有几列，其离差平方和就是所占各列的离差平方和之和。

以随机误差方差作为分母，因素的方差作为分子，进行单边 F－检验。F 的计算公式为

$$F_i = \frac{S_i^2/f_i}{S_e^2/f_e} \tag{7-6}$$

然后将所得的 F_i 值与临界值 $F_\alpha(f_i, f_e)$ 比较判断，若 $F_i \geqslant F_\alpha(f_i, f_e)$，即认为该因素对指标的影响显著；若 $F_i < F_\alpha(f_i, f_e)$，即认为该因素对指标的影响不显著。

上述的方差分析是针对无重复试验来做的，但是有重复试验的方差分析方法和无重复的基本相同，只是误差的估计稍复杂些，各列的离差平方和的计算公式为

$$S_i^2 = \frac{K_1^2 + K_2^2 + \cdots}{\text{该列水平重复数} \times \text{每号试验重复数}} - \frac{T^2}{\text{数据总个数}} \tag{7-7}$$

重复试验时，总的试验误差分为空列误差和重复试验误差两部分，把前者记为 $S_{e_1}^2$，后者记为 $S_{e_2}^2$，则总的试验误差的离差平方和 S_e^2 为

$$S_e^2 = S_{e_1}^2 + S_{e_2}^2 \tag{7-8}$$

其中，$S_{e_2}^2$ 的计算公式为

$$S_{e_2}^2 = \sum_{i=1}^{n}\sum_{j=1}^{m}(y_{ij} - \bar{y}_i)^2 = \sum_{i=1}^{n}\sum_{j=1}^{m} y_{ij}^2 - \frac{1}{m}\sum_{i=1}^{n}\left(\sum_{j=1}^{m} y_{ij}\right)^2 \tag{7-9}$$

式中，n 表示正交表的行数；m 表示每个试验条件下重复试验的次数；y_{ij} 表示对应的试验数据。$S_{e_2}^2$ 的自由度为

$$f_{e_2} = n(m-1) \tag{7-10}$$

7.2 正交试验设计实例分析

7.2.1 水平相等的单指标正交试验分析及 Minitab 实现

1. 无交互作用的单指标试验设计

各因素的水平相等的单指标的正交试验是一种较为常见的试验，而又以无交互作用的试验设计应用较为常见，通过一个例子加以说明，并用 Minitab 软件对试验结果进行验证。

例 7-1 某橡胶厂进行橡胶加工试验，共有 4 个影响因素，分别为促进剂总量（A），氧化锌总量（B），促进剂 D 占的比例（D），促进剂 M 占的比例（M）。4 个因素都具有 4 个水平，各因素的水平如表 7-3 所示，试采用合适的正交表进行分析，找出最好的试验方案。

表 7-3 橡胶配方试验的因素、水平表

水平 \ 因素	促进剂总量 A/g	氧化锌总量 B/g	促进剂 D 占的比例（D）（%）	促进剂 M 占的比例（M）（%）
1	2.9	1	20	34.7
2	3.1	3	25	39.7
3	3.3	5	35	44.7
4	3.5	7	40	49.7

解：这里有 4 个因素，每个因素都具有 4 个水平，为此，考虑选用正交表 L_{16}（4^5）来进行试验。将因素 A，B，D，M 分别安排在正交表的前 4 列，将第 5 列空置在后边，即第 5 列为空白列，当然，也可以将 A，B，D，M 这 4 个因素安排在其他的 4 列当中，即空白列不一定为第 5 列，不同的摆法就有不同的表头设计，不同的表头设计就会导致不同的试验方案。尽管如此，实践证明，这不会影响最终的分析结果，即各因素所起影响的大小以及最优组合的选取是基本一致的。

根据设计的表头，将正交表中各列数字的 1，2，3，4 分别对应为表 7-3 所示的各个水平，便得到了试验方案如表 7-4 所示。

表 7-4 橡胶配方试验表头设计

因素		A	B	D	M	
列号		1	2	3	4	5
处理号	1	1 (2.9)	1 (1)	1 (20)	1 (34.7)	1
	2	1	2 (3)	2 (25)	2 (39.7)	2
	3	1	3 (5)	3 (35)	3 (44.7)	3
	4	1	4 (7)	4 (40)	4 (49.7)	4
	5	2 (3.1)	1	2	3	4
	6	2	2	1	4	3
	7	2	3	4	1	2
	8	2	4	3	2	1
	9	3 (3.3)	1	3	4	2
	10	3	2	4	3	1
	11	3	3	1	2	4
	12	3	4	2	1	3
	13	4 (3.5)	1	4	2	3
	14	4	2	3	1	4
	15	4	3	2	4	1
	16	4	4	1	3	2

试验考察的指标为伸长率，根据表 7-4 所设计的正交表进行试验，得到的试验结果如表 7-5 所示。

表 7-5 橡胶配方试验结果

试验号 \ 因素	A	B	D	M		伸长率 S_i (%)
1	1	1	1	1	1	545
2	1	2	2	2	2	490
3	1	3	3	3	3	515
4	1	4	4	4	4	505
5	2	1	2	3	4	492
6	2	2	1	4	3	485
7	2	3	4	1	2	499
8	2	4	3	2	1	480
9	3	1	3	4	2	566

（续）

因素 / 试验号	A	B	D	M		伸长率 S_i（%）
10	3	2	4	3	1	539
11	3	3	1	2	4	511
12	3	4	2	1	3	515
13	4	1	4	2	3	533
14	4	2	3	1	4	488
15	4	3	2	4	1	495
16	4	4	1	3	2	476
K_1	2055	2136	2017	2047	2059	试验结果总和为 8134
K_2	1956	2002	1992	2014	2031	
K_3	2131	2020	2049	2022	2048	
K_4	1992	1976	2076	2051	1996	
$\overline{K}_1$	513.75	534	504.25	511.75	514.75	
$\overline{K}_2$	489	500.5	498	503.5	507.75	
$\overline{K}_3$	532.75	505	512.25	505.5	512	
$\overline{K}_4$	498	494	519	512.75	499	
极差 R	43.75	40	21	9.25	15.75	

分析正交试验的结果一般用极差分析法和方差分析法，这两种方法各有优劣，下面将分别用这两种方法对该例的试验结果（伸长率）进行分析。

极差分析法：

（1）计算各列的 K_1，K_2，K_3，K_4

第 1 列的 K_1 是第 1 列的数字“1”所对应的试验结果之和，即 $K_1=545+490+515+505=2055$；第 1 列的 K_2 是第 1 列的数字“2”所对应的试验结果之和，即 $K_2=492+485+499+480=1956$；以此类推，得到 $K_3=2131$，$K_4=1992$。同样可以计算其他各列的 K 值，所得的结果如表 7-5 所示。

（2）计算各列的平均值 $\overline{K}_1$，$\overline{K}_2$，$\overline{K}_3$，$\overline{K}_4$

$\overline{K}_1$(第 1 列) $=\dfrac{2055}{4}=513.75$，$\overline{K}_2$(第 1 列) $=\dfrac{1956}{4}=489$，$\overline{K}_3$(第 1 列) $=\dfrac{2131}{4}=532.75$，$\overline{K}_4$(第 1 列) $=\dfrac{1992}{4}=498$。同理，可计算其他各列的平均值，结果如表 7-5 所示。

（3）计算各列的极差 R

极差 R 越大，说明该因素的水平变化对指标的影响越大，这个因素也越重要；反之，说明这个因素越不重要。

因素 A 的极差等于第 1 列的 $\overline{K}_1$，$\overline{K}_2$，$\overline{K}_3$，$\overline{K}_4$ 中最大的减去最小的，即

$$R_A = \overline{K}_3 - \overline{K}_2 = 532.75 - 489 = 43.75$$

因素 B 的极差等于第 2 列的 $\overline{K}_1$，$\overline{K}_2$，$\overline{K}_3$，$\overline{K}_4$ 中最大的减去最小的，即

$$R_B = \overline{K}_1 - \overline{K}_4 = 40$$

因素 D 的极差等于第 3 列的 $\overline{K}_1$，$\overline{K}_2$，$\overline{K}_3$，$\overline{K}_4$ 中最大的减去最小的，即

$$R_D = \overline{K}_4 - \overline{K}_2 = 21$$

因素 M 的极差等于第 4 列的 $\overline{K}_1$，$\overline{K}_2$，$\overline{K}_3$，$\overline{K}_4$ 中最大的减去最小的，即

$$R_M = \overline{K}_4 - \overline{K}_2 = 9.25$$

从各列的极差 R 值可以看出，促进剂总量（A）的极差最大，所以促进剂总量是主要因素，其次是氧化锌总量（B），再次是促进剂（D）占的比例，最后是促进剂（M）占的比例，4 个因素的主次顺序是 A，B，D，M。

在确定了上述 4 个因素的主次顺序之后，再根据各个因素的平均值的大小来确定该因素的哪个水平为最佳水平，由于该试验的指标为伸长率，应该越大越好，所以，对应因素各水平的平均值也应越大越好。对于因素 A，K_3 为最大，故选 A_3 为试验条件，同理可得 B_1，D_4，M_4 分别为最佳的试验条件，故最佳的配方为 $A_3B_1D_4M_4$，这个组合在 16 个试验点中没有出现。从第 3 列的平均值中可以看出，D_3 和 D_4 差异不大，因此，在验证性试验中，通过比较 $A_3B_1D_4M_4$ 和 $A_3B_1D_3M_4$ 的试验结果（伸长率），再决定最佳的工艺配方。

方差分析法：

根据前述的理论，对本试验所得的结果进行计算，得到的结果如下所示：

$$\text{矫正数 } C = \frac{(\text{数据总和})^2}{\text{数据总个数}} = \frac{8134^2}{16} = 4135122.25$$

$$\text{总平方和 } S_T^2 = \sum S_i^2 - C = (545^2 + 490^2 + 515^2 + \cdots + 476^2) - C = 9999.75$$

$$A \text{ 的离差平方和 } S_A^2 = \frac{1}{4}(2055^2 + 1956^2 + 2131^2 + 1992^2) - C = 4424.25$$

$$B \text{ 的离差平方和 } S_B^2 = \frac{1}{4}(2136^2 + 2002^2 + 2020^2 + 1976^2) - C = 3746.75$$

$$D \text{ 的离差平方和 } S_D^2 = \frac{1}{4}(2017^2 + 1992^2 + 2049^2 + 2076^2) - C = 1010.25$$

$$M \text{ 的离差平方和 } S_M^2 = \frac{1}{4}(2047^2 + 2014^2 + 2022^2 + 2051^2) - C = 250.25$$

误差平方和 $S_e^2 = S_T^2 - S_A^2 - S_B^2 - S_D^2 - S_M^2$

$$=9999.75 - 4424.25 - 3746.75 - 1010.25 - 250.25 = 568.25$$

实际上，误差平方和等于各空白列离差平方和相加。故当空白列列数较少时，可先求出各空白列的离差平方和，然后相加即为误差平方和。方差分析表如表 7-6 所示。

表 7-6　橡胶配方正交试验的方差分析

变异来源	自由度 df	平方和 SS	均方 MS	F 值	$F_{0.1}(3,3)$
A	3	4424.25	1474.75	7.79 *	5.39
B	3	3746.75	1248.92	6.59 *	5.39
D	3	1010.25	336.75	1.78	5.39
M	3	250.25	83.42	0.44	5.39
误差 e	3	568.25	189.42		
总变异	15	9999.75			

F 检验（给定显著水平 $\alpha=0.10$）表明 A，B 有显著差异，而 D，M 的差异不显著。

Minitab 软件分析

极差分析法：

（1）启动 Minitab，进入 Minitab 的 Worksheet 后进行如下操作。

（2）依次单击 Stat→DOE→Taguchi→Create Taguchi Design。

（3）单击 4-Level Design，并在 Number of Factors 处选择“4”（4 因素 4 水平正交表）。

（4）单击 Designs，选择“L16（4 ** 4）”的正交表，即 $L_{16}(4^4)$。

（5）单击 Factors，在弹出的对话框中修改 Level Factors 为各因素的各真实水平。

＊注意：在为各个因素输入真实的水平的时候，需要注意的是将各个因素按照由小到大的顺序排列，如图 7-1 所示，否则将会出现分析结果与实际水平不符合的现象。

（6）完成后单击 OK，便可以得到如表 7-4 所示的正交表。

（7）在 Minitab 中的 Worksheet 的正交表的右边建立空白列输入伸长率的试验结果。

（8）依次单击 Stat→DOE→Taguchi→Analyze Taguchi Design。

（9）在弹出的对话框中，“Response data are in”选择试验结果（伸长率）所在列。

（10）单击 Options，在弹出的对话框中，选择 Larger is better，单击 OK。

（11）全部完成后单击 OK，便可得到试验结果如下（图 7-2）：

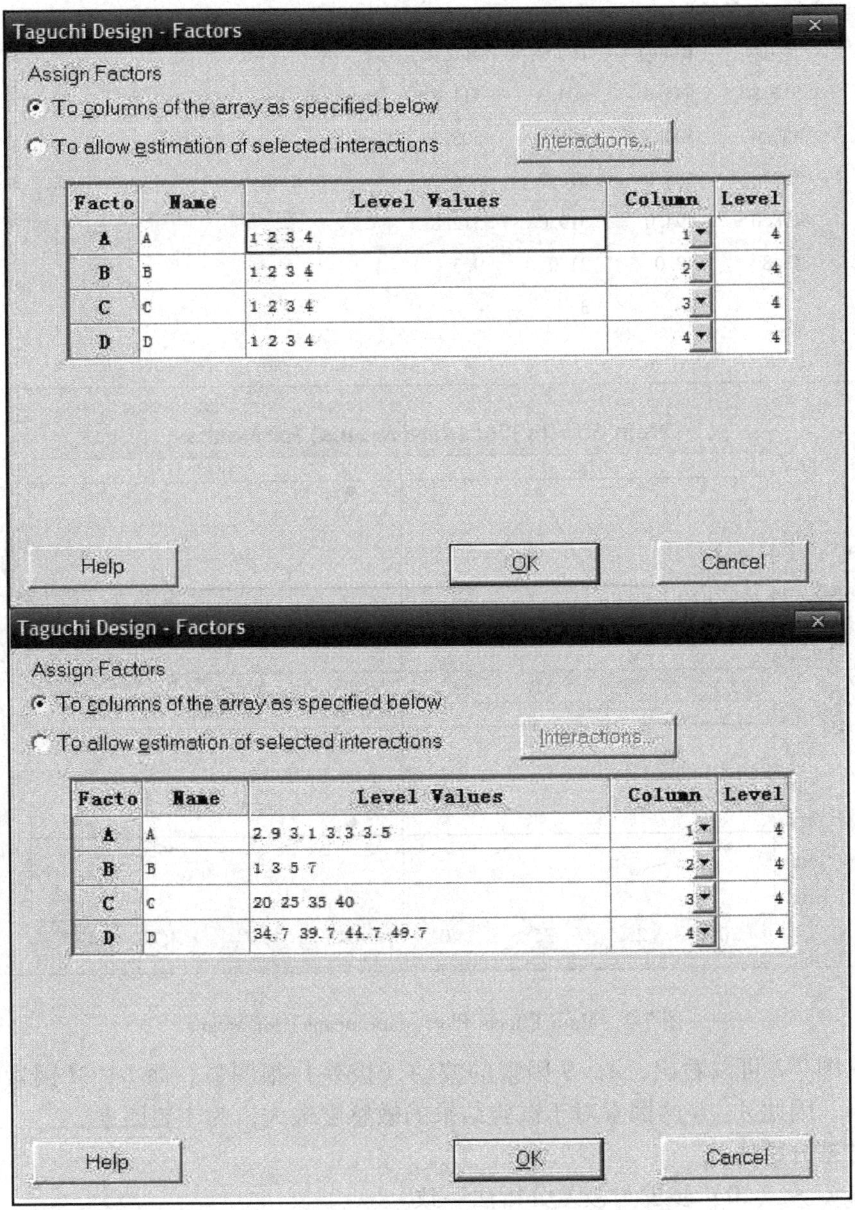

图 7-1 Minitab 中的因素输入

Taguchi Analysis：伸长率（%）versus A（g），B（g），D（%），M（%）

Larger is better

Response Table for Means

Level	A（g）	B（g）	D（%）	M（%）
1	513.8	534.0	504.3	511.8
2	489.0	500.5	498.0	503.5
3	532.8	505.0	512.3	505.5
4	498.0	494.0	519.0	512.8
Delta	43.8	40.0	21.0	9.3
Rank	1	2	3	4

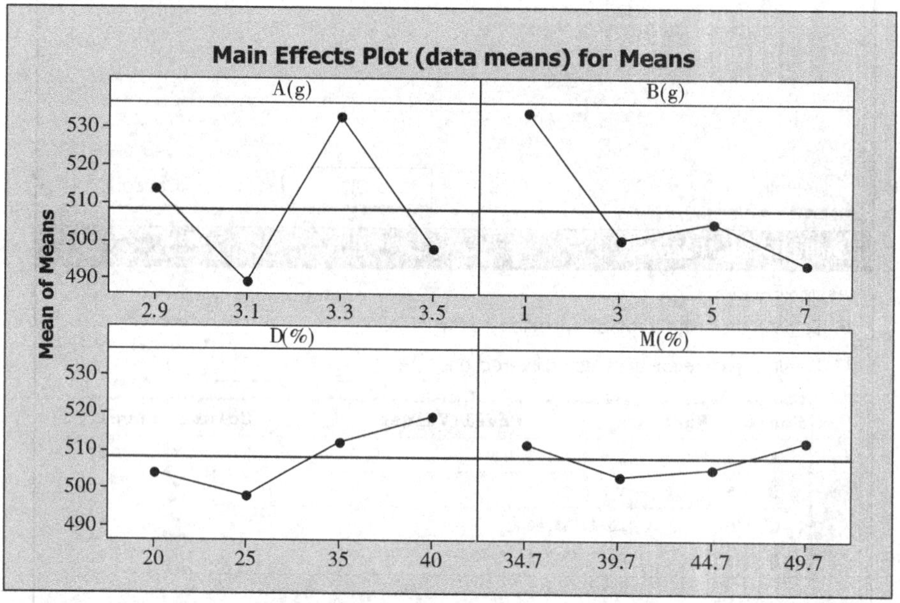

图 7-2　Main Effects Plot（data means）for Means

从图 7-2 可以看出，*A*，*B* 因素的波动（极差）很明显，而 *D*，*M* 因素相对较平稳，因此 *A*，*B* 两因素对于试验结果的敏感度最大，为主要因素。

方差分析法：

（1）～（10）步骤与极差分析法一致。

（11）单击 Analysis，在弹出的对话框中，选择 Fit linear model for 一列中的 Means。

（12）全部完成后单击 OK，便可得到试验结果如下：

Analysis of Variance for Means

Source	DF	Seq SS	Adj SS	Adj MS	F	P
A (g)	3	4424.3	4424.3	1474.75	7.79	0.063
B (g)	3	3746.7	3746.7	1248.92	6.59	0.078
D (%)	3	1010.2	1010.2	336.75	1.78	0.324
M (%)	3	250.3	250.3	83.42	0.44	0.741
Residual Error	3	568.3	568.3	189.42		
Total	15	9999.8				

Minitab 的默认显著性水平为 0.1，从上述方差分析可以看出，F 检验后，A，B 两因素的 P-值小于 0.1，表示有显著差异，而 D，M 两因素不显著。

试验值预测：

（1）依次单击 Stat→DOE→Taguchi→Predict Taguchi Results。

（2）只勾选 Mean。

（3）单击 Levels，选择 Select levels from a list，选择各因素相应的最优水平，确定以后即可得结果如下：

Taguchi Analysis：伸长率（%）versus A（g），B（g），D（%），M（%）

Predicted values

Mean

573.375

Factor levels for predictions

A (g)	B (g)	D (%)	M (%)
3.3	1	40	49.7

由预测结果可知，该最优方案（$A_3B_1D_4M_4$）下的预测值为 573.375，对比表 7-5 可知该方案并未有进行实际的试验，且其结果在表中所有的方案中最优，为最优方案，需要等待实际试验后加以确定。

2. 有交互作用的单指标试验设计

例 7-1 所介绍的试验方案的设计和试验结果的分析方法是因素间没有交互作用的情况。当因素间有交互作用，而且希望通过试验分析交互作用对指标的影响时，试验方案的设计与前面所讲的有所不同，现通过一个例子来加以说明，并在例子的最后用 Minitab 来对试验的结果进行验证。

例 7-2 为了提高某种产品的产量，寻求较好的工艺条件，进行了正交试验。考察的因素和水平如表 7-7 所示，并希望考虑因素间的交互作用。

表 7-7　因素水平表

水平＼因素	反应温度 A/℃	反应压力 B/kg	溶液浓度 C
1	60	2	0.5
2	65	2.5	1.0
3	70	3	2.0

这是3因素3水平的正交试验，试验指标为产量。根据该产品以往的试验经验，因素A和B，A和C以及B和C之间存在着不同程度的交互作用，为了更进一步地进行正交试验，选用正交表$L_{27}(3^{13})$来进行正交试验，在正交表的表头设计时，将因素A和B分列在第1，2列，A和B的两次交互分别列在第3，4列，因素C安排在第5列，A和C以及B和C之间的交互作用分别安排在第6，7，8，11这4列当中，由于剩余的4列为空列，为此，将其略去，并不影响试验结果。根据以上的表头设计进行试验，得到了如表7-8所示的试验结果。

表 7-8　表头设计及试验结果

序号＼因素	A	B	$(A\times B)_1$	$(A\times B)_2$	C	$(A\times C)_1$	$(A\times C)_2$	$(B\times C)_1$	$(B\times C)_2$	产量/kg
	1	2	3	4	5	6	7	8	11	
1	1(60)	1(2)	1	1	1(0.5)	1	1	1	1	1.30
2	1	1	1	1	2(1.0)	2	2	2	2	4.63
3	1	1	1	1	3(2.0)	3	3	3	3	7.23
4	1	2(2.5)	2	2	1	1	1	2	3	0.50
5	1	2	2	2	2	2	2	3	1	3.67
6	1	2	2	2	3	3	3	1	2	6.23
7	1	3(3)	3	3	1	1	1	3	2	1.37
8	1	3	3	3	2	2	2	1	3	4.73
9	1	3	3	3	3	3	3	2	1	7.07
10	2(65)	1	2	3	1	2	3	1	1	0.47
11	2	1	2	3	2	3	1	2	2	3.47
12	2	1	2	3	3	1	2	3	3	6.13
13	2	2	3	1	1	2	3	2	3	0.33
14	2	2	3	1	2	3	1	3	1	3.40
15	2	2	3	1	3	1	2	1	2	5.80
16	2	3	1	2	1	2	3	3	2	0.63
17	2	3	1	2	2	3	1	1	3	3.97
18	2	3	1	2	3	1	2	2	1	6.50

（续）

因素 / 序号	A	B	$(A\times B)_1$	$(A\times B)_2$	C	$(A\times C)_1$	$(A\times C)_2$	$(B\times C)_1$	$(B\times C)_2$	产量/kg
	1	2	3	4	5	6	7	8	11	
19	3(70)	1	3	2	1	3	2	1	1	0.03
20	3	1	3	2	2	1	3	2	2	3.40
21	3	1	3	2	3	2	1	3	3	6.80
22	3	2	1	3	1	3	2	2	3	0.57
23	3	2	1	3	2	1	3	3	1	3.97
24	3	2	1	3	3	2	1	1	2	6.83
25	3	3	2	1	1	3	2	3	2	1.07
26	3	3	2	1	2	1	3	1	3	3.97
27	3	3	2	1	3	2	1	2	1	6.57
K_1	36.73	33.46	35.63	34.30	6.27	32.94	34.21	33.33	32.98	
K_2	30.70	31.30	32.08	31.73	35.21	34.66	33.13	33.04	33.43	
K_3	33.21	35.88	32.93	34.61	59.16	33.04	33.30	34.27	34.23	
$\overline{K}_1$	4.08	3.72	3.96	3.81	0.70	3.66	3.80	3.70	3.66	总和 = 100.64
$\overline{K}_2$	3.41	3.48	3.56	3.53	3.91	3.85	3.68	3.67	3.71	
$\overline{K}_3$	3.69	3.99	3.66	3.85	6.57	3.67	3.70	3.81	3.80	
极差 R	0.67	0.51	0.40	0.32	5.87	0.19	0.12	0.14	0.14	

对表 7-8 的试验结果，采用极差分析法和方差分析法分别进行分析，以此得到试验的最佳配对。

极差分析法：

（1）计算各列的 K_1，K_2，K_3

第 1 列的 K_1 是第 1 列的数字“1”所对应的试验结果之和，即 $K_1=1.30+4.63+7.23+0.50+3.67+6.23+1.37+4.73+7.07=36.73$；以此类推，$K_2=30.70$，$K_3=33.21$。同样可以计算其他各列的 K 值，所得的结果如表 7-8 所示。

（2）计算各列的平均值 $\overline{K}_1$，$\overline{K}_2$，$\overline{K}_3$

$\overline{K}_1$（第 1 列）$=\dfrac{36.73}{9}=4.08$，$\overline{K}_2$（第 1 列）$=\dfrac{30.70}{9}=3.41$，$\overline{K}_3$（第 1 列）$=\dfrac{33.21}{9}=3.69$。同理，可计算其他各列的平均值，结果如表 7-8 所示。

（3）计算各列的极差 R

极差 R 越大，说明该因素的水平变化对指标的影响越大，因而这个因素越重要；反之，极差越小，说明这个因素越不重要。

因素 A 的极差等于第 1 列的$\overline{K}_1$，$\overline{K}_2$，$\overline{K}_3$ 中最大的减去最小的，即

$$R_A = \overline{K}_1 - \overline{K}_2 = 4.08 - 3.41 = 0.67$$

因素 B 的极差等于第 2 列的$\overline{K}_1$，$\overline{K}_2$，$\overline{K}_3$ 中最大的减去最小的，即

$$R_B = \overline{K}_3 - \overline{K}_2 = 3.99 - 3.48 = 0.51$$

以此类推，计算得到各列的极差 R，如表 7-8 所示。

比较极差可以得出结论：因素 C 的极差最大，因此，C 应为主要的因素，而试验指标为产量，应越大越好，故 C_3 优于 C_2 和 C_1；因素 A 的极差其次，故其应为 C 之后的主要因素，且 A_1 优于 A_2 和 A_3，同理可得 B_3 优于 B_2 和 B_1，故因选 $A_1B_3C_3$ 为最佳的试验配对。从表 7-8 中还可以看出因素 A 和 B 的交互作用比较明显，因此在试验的时候，要考虑到这两个因素之间的相互影响，各因素的由主到次的顺序为 C，A，B，$A\times B$，…。

方差分析法：

首先计算数据总和平方，即

$$T^2 = (1.30 + 4.63 + \cdots + 6.57)^2 = 100.64^2 = 10128.4096$$

$$\text{矫正数 } C = \frac{T^2}{\text{数据总个数}} = \frac{10128.4096}{27} = 375.1263$$

由此可得

$$S_A^2 = S_1^2 = \frac{36.73^2 + 30.70^2 + 33.21^2}{9} - C = 2.0387$$

$$S_B^2 = S_2^2 = \frac{33.46^2 + 31.30^2 + 35.88^2}{9} - C = 1.1666$$

$$S_C^2 = S_5^2 = \frac{6.27^2 + 35.21^2 + 59.16^2}{9} - C = 155.8695$$

交互作用的离差平方和用它所在的列的离差平方和之和来计算，即

$$S_{A\times B}^2 = S_3^2 + S_4^2 = \left(\frac{35.63^2 + 32.08^2 + 32.93^2}{9} - C\right) + \left(\frac{34.30^2 + 31.73^2 + 34.61^2}{9} - C\right) = 1.3189$$

$$S_{A\times C}^2 = S_6^2 + S_7^2 = \left(\frac{32.94^2 + 34.66^2 + 33.64^2}{9} - C\right) + \left(\frac{32.21^2 + 33.13^2 + 33.30^2}{9} - C\right) = 0.2820$$

$$S_{B\times C}^2 = S_8^2 + S_{11}^2 = \left(\frac{33.33^2 + 33.04^2 + 34.27^2}{9} - C\right) + \left(\frac{32.98^2 + 33.43^2 + 34.23^2}{9} - C\right) = 0.1810$$

误差的离差平方和用所有空列的平方和之和来估计，或由总的离差平方和减去各因素与交互作用的离差平方和来计算，即

$$S_T^2 = (1.30^2 + 4.63^2 + \cdots + 6.57^2) - C = 161.2015$$

$$S_e^2 = S_T^2 - S_A^2 - S_B^2 - S_C^2 - S_{A\times B}^2 - S_{A\times C}^2 - S_{B\times C}^2 = 0.3346$$

关于自由度，因素的自由度等于水平数减1，交互作用的自由度等于两个因素的自由度的乘积，误差的自由度等于总的自由度减去各因素与交互作用的自由度，即

$$f_A = 3 - 1 = 2,\quad f_B = 3 - 1 = 2,\quad f_C = 3 - 1 = 2$$

$$f_{A\times B} = 2 \times 2 = 4,\quad f_{A\times C} = 2 \times 2 = 4,\quad f_{B\times C} = 2 \times 2 = 4$$

$$f_e = 26 - 2 - 2 - 2 - 4 - 4 - 4 = 8$$

方差分析表如表7-9所示。

表7-9 方差分析表

方差来源	离差平方和	自由度	均方	F值	F临界值	显著性
A	2.0389	2	1.0195	20.2	$F_{0.05}(2, 16) = 3.63$	**
B	1.1666	2	0.5833	11.6	$F_{0.05}(2, 16) = 3.63$	**
C	155.8695	2	77.9348	1543.0	$F_{0.05}(2, 16) = 3.63$	**
$A\times B$	1.3199	4	0.3300	6.5	$F_{0.05}(4, 16) = 3.01$	**
$(A\times C)^{\Delta}$	0.2820	4				
$(B\times C)^{\Delta}$	0.1810	4				
e	0.3446	8				
总和	161.2015	26				
e^{Δ}	0.8076	16	0.0505			

其中$S_{A\times C}^2$和$S_{B\times C}^2$这两个值比较小，和S_e^2一起合并为$S_{e\Delta}^2$。

由表7-9可知，因素A，B，C均为高度显著，因素A的较好水平为A_1，因素B的较好水平为B_3，因素C的较好水平为C_3。又因为交互作用$A\times B$也高度显著，可列二元表计算出A和B各水平组合下的平均结果，如表7-10所示。

表7-10 因素A与B的交互作用二元表

B \ A	A_1	A_2	A_3
B_1	$\frac{1.3 + 4.63 + 7.23}{3} = 4.39$	$\frac{0.47 + 3.47 + 6.13}{3} = 3.36$	$\frac{0.03 + 3.4 + 6.8}{3} = 3.41$
B_2	3.47	3.18	3.79
B_3	4.39	3.70	3.87

在表7-10中，以A_1B_3和A_1B_1搭配的平均结果4.39最大，A_1B_3搭配效果较好，它与单独考察A和B取的较好水平是一致的，故较优的工艺条件为$A_1B_3C_3$。

Minitab软件分析：

方法一：将交互作用作为Minitab表格中的一列进行运算

极差分析法：

（1）启动 Minitab 后，按如下顺序操作。

（2）依次单击 Stat→DOE→Taguchi→Create Taguchi Design。

（3）单击 3-Level Design，并在 Number of Factors 处选择“9”（9 因素 3 水平正交表）。

（4）单击 Designs，选择“L27（3 ** 9）”的正交表，即 $L_{27}(3^9)$。

（5）单击 Factors，在弹出的对话框中修改 Level Factors 为各因素的各真实水平。

（6）完成后单击 OK，便可以得到如表 7-8 所示的正交表。

（7）在正交表的右边建立空白列输入产量的试验结果。

（8）依次单击 Stat→DOE→Taguchi→Analyze Taguchi Design。

（9）在弹出的对话框中，“Response data are in”选择产量所在列。

（10）单击 Options，在弹出的对话框中，选择 Larger is better，单击 OK。

（11）全部完成后单击 OK，便可得到试验结果如下（图 7-3）：

Taguchi Analysis：产量 /kg versus A，B，A * B 1，A * B 2，C，A * C 1，A * C 2，…

Response Table for Means

Level	A	B	A * B1	A * B2	C	A * C1	A * C2	B * C1	B * C2
1	4. 0811	3. 7178	3. 9589	3. 8111	0. 6967	3. 6600	3. 8011	3. 7033	3. 6622
2	3. 4111	3. 4778	3. 5644	3. 5256	3. 9122	3. 8511	3. 6811	3. 6711	3. 8089
3	3. 6900	3. 9867	3. 6589	3. 8456	6. 5733	3. 6711	3. 7000	3. 8078	3. 7111
Delta	0. 6700	0. 5089	0. 3944	0. 3200	5. 8767	0. 1911	0. 1200	0. 1367	0. 1467
Rank	2	3	4	5	1	6	9	8	7

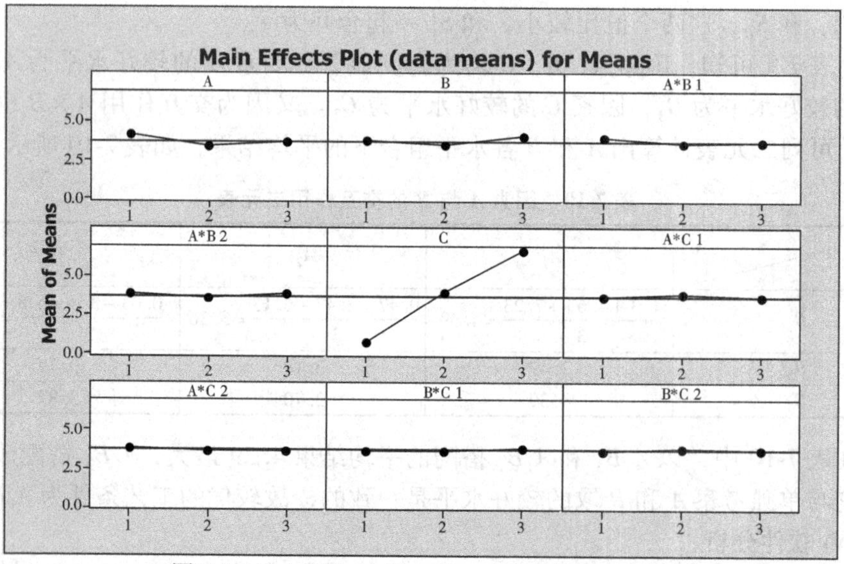

图 7-3　Main Effects Plot（data means）for Means

从图7-3可以看出，*C*因素的波动（极差）很明显，*A*，*B*两因素也有一定波动，而其他因素相对较平稳，因此*C*因素对于试验结果的敏感度最大，为主要因素。

方差分析法：

（1）~（10）步骤与极差分析法一致。

（11）单击Analysis，在弹出的窗口中，选择Fit linear model for一列中的Means。

（12）全部完成后，单击OK，便可得到试验结果如下：

Analysis of Variance for Means

Source	DF	Seq SS	Adj SS	Adj MS	F	P
A	2	2.039	2.039	1.0195	24.47	0.000
B	2	1.167	1.167	0.5833	14.00	0.002
A * B1	2	0.764	0.764	0.3818	9.16	0.009
A * B2	2	0.555	0.555	0.2777	6.66	0.020
C	2	155.870	155.870	77.9348	1870.27	0.000
A * C1	2	0.207	0.207	0.1036	2.49	0.145
A * C2	2	0.075	0.075	0.0375	0.90	0.444
B * C1	2	0.092	0.092	0.0459	1.10	0.378
B * C2	2	0.100	0.100	0.0502	1.20	0.349
Residual Error	8	0.333	0.333	0.0417		
Total	26	161.202				

Minitab的默认显著性水平为0.1，从上述方差分析可以看出，*F*检验后，*C*，*A*，*B*三因素的*P*-值小于0.1有显著差异，而其他因素不显著。

预测试验值：

（1）依次单击Stat→DOE→Taguchi→Predict Taguchi Results。

（2）只勾选Mean。

（3）单击Levels，选择Select levels from a list，选择各因素相应的最优水平，确定以后即可得结果如下：

Taguchi Analysis：产量/kg versus A，B，A * B 1，A * B 2，C，A * C 1，A * C 2，…

Mean

7.41852

Factor levels for predictions

A	B	A * B1	A * B2	C	A * C1	A * C2	B * C1	B * C2
1	3	1	1	3	1	1	1	1

由预测结果可知，该方案下的预测值为7.41852，对比表7-8可知该方案并未有进行实际的试验，且其结果在表中所有的方案中最优，为最优方案，需要再

进行实际试验后加以确定。

方法二：使用 Minitab 自带的交互作用功能运算

（1）进入 Minitab 后按如下顺序操作。

（2）依次单击 Stat→DOE→Taguchi→Create Taguchi Design。

（3）单击 3-Level Design，并在 Number of Factors 处选择"3"（3 因素 3 水平正交表）。

（4）单击 Designs，选择"L27（3 ** 3）"的正交表，即 $L_{27}(3^3)$。

（5）单击 Factors，在弹出的对话框中修改 Level Factors 为各因素的各真实水平，并选择 To allow estimation of selection，单击 Interactions，将 AB，AC，BC 挪到右边窗口，单击 OK，如图 7-4 所示。

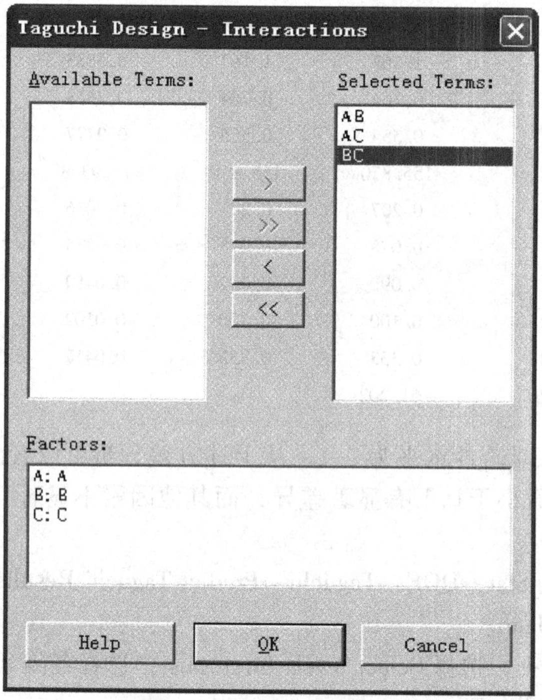

图 7-4　因素间交互作用

（6）完成后单击 OK，便可以得到只有 A，B，C 三列的正交表。

（7）在正交表的右边建立空白列输入试验结果"产量"。

（8）依次单击 Stat→DOE→Taguchi→Analyze Taguchi Design。

（9）在弹出的对话框中，"Response data are in"选择"产量"所在列。

（10）单击 Options，在弹出的对话框中，选择 Larger is better，单击 OK。

（11）单击 Analysis，在弹出的对话框中，选择 Fit linear model for 一列中的 Means。

（12）全部完成后单击OK，便可得到试验结果如下（图7-5、图7-6）：

Taguchi Design
Taguchi Orthogonal Array Design
L27 (3 * * 3)
Factors: 3
Runs: 27
Interactions
AB
AC
BC
Analysis of Variance for Means

Source	DF	Seq SS	Adj SS	Adj MS	F	P
A	2	2. 039	2. 039	1. 0195	23. 66	0. 000
B	2	1. 167	1. 167	0. 5833	13. 54	0. 003
C	2	155. 870	155. 870	77. 9348	1808. 89	0. 000
A * B	4	1. 319	1. 319	0. 3297	7. 65	0. 008
A * C	4	0. 282	0. 282	0. 0705	1. 64	0. 256
B * C	4	0. 181	0. 181	0. 0452	1. 05	0. 440
Residual Error	8	0. 345	0. 345	0. 0431		
Total	26	161. 202				

Response Table for Means

Level	A	B	C
1	4. 0811	3. 7178	0. 6967
2	3. 4111	3. 4778	3. 9122
3	3. 6900	3. 9867	6. 5733
Delta	0. 6700	0. 5089	5. 8767
Rank	2	3	1

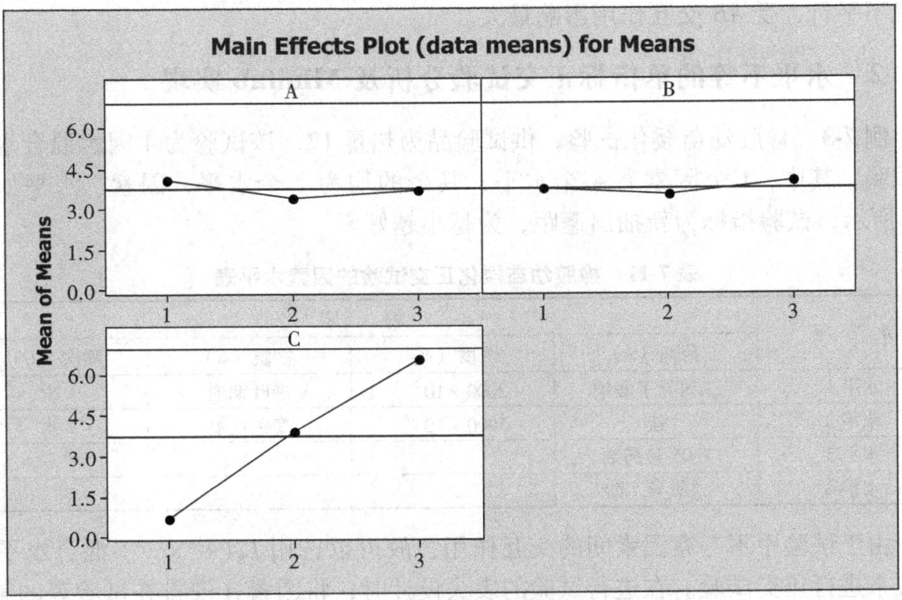

图7-5 Main Effects Plot (data means) for Means

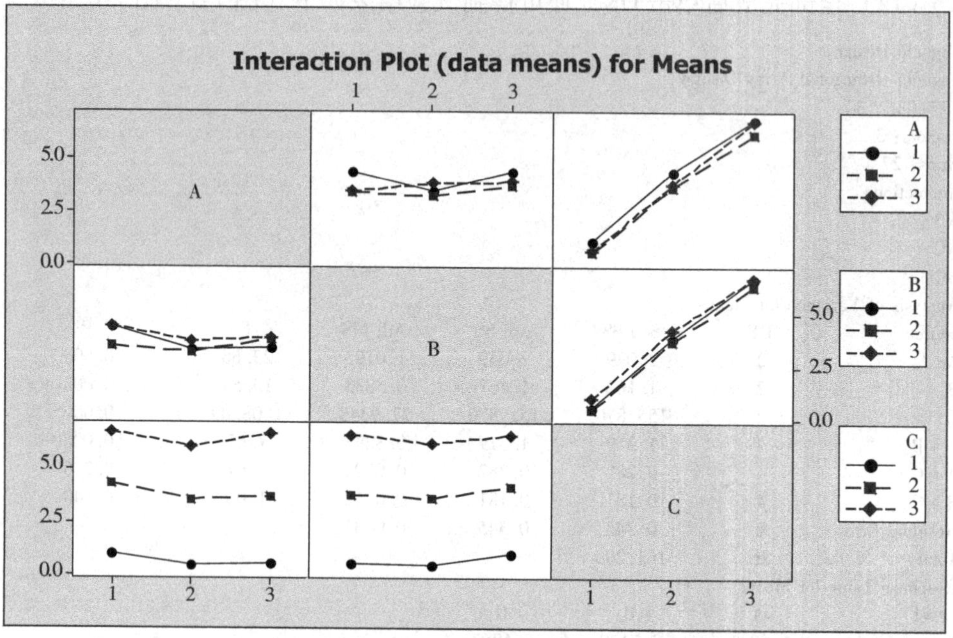

图 7-6 Interaction Plot (data means) for Means

由方差分析可得，只有 AB 的交互作用 $P<0.1$，说明只有 AB 的交互作用是显著的，BC，AC 的交互作用不显著。从图 7-6 也可得知，AB 交互作用的三条折线最不平行，受 AB 交互作用影响最大。

7.2.2 水平不等的单指标正交试验分析及 Minitab 实现

例 7-3 橡胶幼苗矮化试验，供试验品为热垦 17，该试验为 4 因素混合水平的试验，其中，1 个因素有 4 个水平，其余的均为 2 个水平，因素、水平如表 7-11所示，试验指标为新抽出蓬距，为越小越好。

表 7-11 橡胶幼苗矮化正交试验的因素水平表

水平	因素			
	药剂（A）	浓度（B）	物候（C）	喷次（D）
水平 1	二氯异丁酸钠	2000×10^{-6}	展叶期喷	1 次
水平 2	盐	5000×10^{-6}	变色期喷	2 次
水平 3	7305 号药剂			
水平 4	二氯异丁酸			

由于试验中不考察因素间的交互作用，故可以选用 $L_8(4^1\times2^4)$ 混合水平正交表来进行正交试验。在进行试验的表头设计时，将因素 A 安排在试验表的第 1 列，因素 B 安排在第 2 列，C，D 分列第 3，4 列，第 5 列为空列。根据上述方法

所设计的正交表进行试验，得到了如表 7-12 所示的试验结果。

表 7-12　试验方案及其结果表

因素		A	B	C	D		重复试验的试验结果 S_i			
列号		1	2	3	4	5	Ⅰ	Ⅱ	Ⅲ	$\sum$ 处理
处理号	1	1	1	1	1	1	8.24	9.64	15.46	33.34
	2	1	2	2	2	2	15.28	17.26	10.76	43.30
	3	2	1	1	2	2	16.62	15.2	20.56	52.38
	4	2	2	2	1	1	13.98	22.94	11.68	48.60
	5	3	1	2	1	2	40.32	35.25	29.46	105.03
	6	3	2	1	2	1	10.11	7.7	9.14	26.95
	7	4	1	2	2	1	33.64	31.9	24.84	90.38
	8	4	2	1	1	2	23.02	22.46	10.98	56.46
K_1		76.64	281.13	169.13	243.43	199.27				
K_2		100.98	175.31	287.31	213.01	257.17				
K_3		131.98								
K_4		146.84								
$\overline{K}_1$		38.32	70.28	42.28	60.86	49.82	161.21	162.35	132.88	456.44
$\overline{K}_2$		50.49	43.83	71.83	53.25	64.29				
$\overline{K}_3$		65.99								
$\overline{K}_4$		73.42								
极差 R		35.10	26.45	29.55	7.61	14.48				

对于以上的分析结果，采用极差分析法和方差分析法分别进行分析，以此得到试验的最佳配对。

极差分析法：

（1）计算各列的 K_1，K_2，K_3，K_4

第 1 列的 K_1 是第 1 列的数字“1”所对应的试验结果之和，即 $K_1=33.34+43.30=76.64$；以此类推，$K_2=100.98$；$K_3=131.98$；$K_4=146.84$。同样可以计算其他各列的 K 值，所得结果如表 7-12 所示。

（2）计算各列的平均值 $\overline{K}_1$，$\overline{K}_2$，$\overline{K}_3$，$\overline{K}_4$

$\overline{K}_1$（第 1 列）$=\dfrac{76.64}{2}=38.32$，$\overline{K}_2$（第 1 列）$=\dfrac{100.98}{2}=50.49$，$\overline{K}_1$（第 2 列）$=\dfrac{281.13}{4}=70.28$。同理，可计算其他各列的平均值，结果如表 7-12 所示。

（3）计算各列的极差 R

从上例可知，极差 R 越大，说明该因素的水平变化对指标的影响越大，因而这个因素越重要；反之，极差越小，说明这个因素越不重要。

因素 A 的极差等于第 1 列的$\overline{K}_1$，$\overline{K}_2$，$\overline{K}_3$，$\overline{K}_4$ 中最大的减去最小的，即

$$R_A = \overline{K}_4 - \overline{K}_1 = 73.42 - 38.32 = 35.10$$

因素 B 的极差等于第 2 列的$\overline{K}_1$，$\overline{K}_2$ 中最大的减去最小的，即

$$R_B = \overline{K}_1 - \overline{K}_2 = 70.28 - 43.83 = 26.45$$

以此类推，计算得到各列的极差 R，如表 7-12 所示。

由此可以得出结论：因素 A 的极差最大，因此，A 应为主要因素，而试验指标为新抽出蓬距，应为越小越好，故 A_1 优于 A_2，A_3 和 A_4；因素 C 的极差其次，故其应为 A 之后的主要因素，且 C_1 优于 C_2，同理可得 B_2 优于 B_1，D_2 优于 D_1，故应选 $A_1B_2C_1D_2$ 为最佳的试验配对。各因素的重要性顺序降序排列为 A，C，B，D。

方差分析法：

（1）求各种平方和

$$\text{矫正数 } C = \frac{(\text{数据总和})^2}{\text{数据总个数}} = \frac{456.44^2}{24} = 8680.729$$

$$\text{总平方和 } S_T^2 = \sum S_i^2 - C = (8.24^2 + 15.28^2 + \cdots + 10.98^2) - C = 2056.774$$

$$\text{重复间平方和} = \frac{1}{8}(161.21^2 + 162.35^2 + 132.88^2) - C = 69.681$$

$$A \text{ 的离差平方和 } S_A^2 = \frac{1}{6}(76.64^2 + 100.98^2 + 131.98^2 + 146.84^2) - C = 494.496$$

$$B \text{ 的离差平方和 } S_B^2 = \frac{1}{12}(281.13^2 + 175.31^2) - C = 466.577$$

$$C \text{ 的离差平方和 } S_C^2 = \frac{1}{12}(169.13^2 + 287.31^2) - C = 581.937$$

$$D \text{ 的离差平方和 } S_D^2 = \frac{1}{12}(243.43^2 + 213.01^2) - C = 38.556$$

$$\text{误差 } e_1 \text{ 平方和} = \text{空白列平方和} = \frac{1}{12}(199.27^2 + 257.17^2) - C = 139.683$$

$$\text{处理平方和} = \frac{1}{3}(33.34^2 + 43.3^2 + \cdots + 56.46^2) - C = 1721.254$$

$$\text{误差 } e_2 \text{ 平方和} = \text{总平方和} - \text{处理平方和} - \text{重复间平方和}$$
$$= 2056.774 - 1721.254 - 69.681 = 265.839$$

（2）进行方差分析

误差 e_2 是真正的试验误差，而误差 e_1 除含有试验误差外，还有模型误差。如果 $F = \dfrac{MS_{E_{e_1}}}{MS_{E_{e_2}}}$不显著，这时可将 e_1 平方和与 e_2 平方和合并，自由度也合并，并

以此合并的误差作为全试验的误差。反之，则不能合并，这时只能用 e_2 作为其他效应的误差。

本例中 $F = \frac{MS_{E_{e_1}}}{MS_{E_{e_2}}} = \frac{139.683/1}{265.839/14} = 7.36 > F_{0.05}(1,14) = 4.60$，故 F 显著，因此，e_1 和 e_2 不能合并。方差分析的结果如表 7-13 所示。

表 7-13　橡胶矮化混合水平正交试验的方差分析

变异来源	自由度（df）	平方和（SS）	均方（MS）	F 值	F 临界值	显著性
重复	2	69.681	34.841	1.83	$F_{0.05}(2,14)=3.74$	
A	3	494.496	164.832	8.68	$F_{0.05}(3,14)=3.34$	**
B	1	466.577	466.577	24.57	$F_{0.05}(1,14)=4.6$	**
C	1	581.937	581.937	30.56	$F_{0.05}(1,14)=4.6$	**
D	1	38.556	38.556	2.03	$F_{0.05}(1,14)=4.6$	
误差 e_1	1	139.683	139.683	7.36	$F_{0.05}(1,14)=4.6$	**
误差 e_2	14	265.839	18.9885			
总变异	23	2056.769				

由表 7-13 可知，A，B，C 的差异均达到极显著，而 D 的差异不显著。综上所述，本试验的最佳组合为 $A_1B_2C_1D_2$ 或 $A_2B_2C_1D_1$。其中，前一最佳组合与上述采用极差分析法所得的结果是一致的。

Minitab 软件分析

极差分析法：

（1）启动 Minitab，进入 Minitab 后按如下顺序操作。

（2）依次单击 Stat→DOE→Taguchi→Create Taguchi Design。

（3）单击 Mixed Level Design，并在 Number of Factors 处选择“4”。

（4）单击 Designs，选择“L8(4 ** 1，2 ** 3)”的正交表，即 $L_8(4^1 \times 2^3)$。

（5）单击 Factors，在弹出的对话框中修改 Level Factors 为各因素的各真实水平。

（6）完成后单击 OK，便可以得到表 7-12 所示的正交表。

（7）在正交表的右边建立空白列输入新抽出蓬距的试验结果，分三列分别输入三次的试验结果。

（8）依次单击 Stat→DOE→Taguchi→Analyze Taguchi Design。

（9）在弹出的对话框中，“Response data are in”选择新抽出蓬距试验结果所在列。

（10）单击 Options，在弹出的对话框中，选择 Smaller is better，单击 OK。

（11）全部完成后单击 OK，便可得到试验结果如下（图 7-7）：

Taguchi Analysis：Ⅰ，Ⅱ，Ⅲ，versus A，B，C，D

Response Table for Means

Level	A	B	C	D
1	12.77	23.43	14.09	20.29
2	16.83	14.61	23.94	17.75
3	22.00			
4	24.47			
Delta	11.70	8.82	9.85	2.54
Rank	1	3	2	4

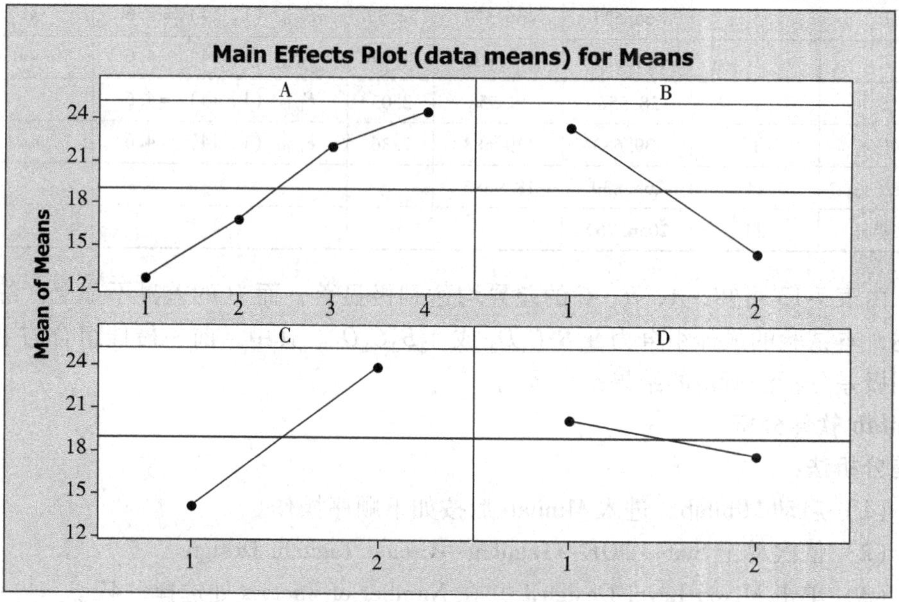

图 7-7　Main Effects Plot（data means）for Means

从图 7-7 可以看出，*A* 因素的波动（极差）很明显，*B*，*C* 两因素也有一定波动，而其他因素相对较平稳，因此 *A* 因素对于试验结果的敏感度最大，为主要因素。

方差分析法：

（1）～（10）步骤与极差分析法一致。

（11）单击 Analysis，在弹出的对话框中，选择 Fit linear model for 一列中的 Means。

（12）全部完成后单击 OK，便可得到试验结果如下：

Analysis of Variance for Means

Source	DF	Seq SS	Adj SS	Adj MS	F	P
A	3	164. 83	164. 83	54. 94	1. 18	0. 575
B	1	155. 53	155. 53	155. 53	3. 34	0. 319
C	1	193. 98	193. 98	193. 98	4. 17	0. 290
D	1	12. 85	12. 85	12. 85	0. 28	0. 692
Residual Error	1	46. 56	46. 56	46. 56		
Total	7	573. 75				

Minitab 的默认显著性水平为 0. 1，从上述方差分析可以看出，*F* 检验后，没有一个因素的 *P*-值小于 0. 1 有显著差异，所有因素都不显著。

7. 2. 3 水平相等的多指标正交试验分析及 Minitab 实现

前面的例子中，试验指标只有一个，叫做单指标试验。在实际问题中，用来衡量试验效果的指标常常不只一个，这类试验叫做多指标试验。而多指标试验中各指标的优劣水平之间往往存在一定的矛盾。为了兼顾各个指标，我们一般使用综合评分法，即在做完试验得出每个指标的结果之后，由专业人员根据实际生产的要求，对每号试验评出它各项指标的综合得分，然后以每号试验的得分作为单一的试验指标进行分析。现举例说明。

例 7-4 某厂 5t 冷风冲天炉在现有的设备条件和原料供应的情况下，探索好的生产条件，以达到在铁水温度平均为 1400℃ 以上且熔化速度为每小时 5t 左右的前提下，尽量减少焦炭的消耗，提高总焦铁比的目的。为此确定铁水温度、熔化速度、总焦铁比为试验指标，并选出 4 个因素，每个因素取 3 个水平，因素水平表如表 7-14 所示。

表 7-14 冲天炉试验因素水平表

因素 / 水平	*A* 熔化带 × 炉缸直径/mm	*B* 一排、二排风口尺寸/mm	*C* 风压 / (mm/kg)	*D* 批焦铁 比焦：铁
1	$\phi760\times\phi620$	$\phi40\times6$，$\phi40\times6$	130	13. 5
2	$\phi740\times\phi550$	$\phi30\times6$，$\phi25\times6$	160	14. 5
3	$\phi720\times\phi550$	$\phi20\times6$，$\phi25\times6$	150	12. 5

这是一个 4 因素 3 水平试验，选表 $L_9(3^4)$，将 4 个因素分别置于该表表头的第 1，2，3，4 列上，即可列出试验方案，现将方案列成表 7-15 所示。

表 7-15 冲天炉试验表头设计

因素 试验号	A 熔化带×炉缸 直径/mm	B 一排、二排风口 尺寸/mm	C 风压/（mm/kg）	D 批焦铁 比焦：铁
1	1（$\phi760\times\phi620$）	1（$\phi40\times6$，$\phi40\times6$）	1（130）	1（13.5）
2	1	2（$\phi30\times6$，$\phi25\times6$）	2（160）	2（14.5）
3	1	3（$\phi20\times6$，$\phi25\times6$）	3（150）	3（12.5）
4	2（$\phi740\times\phi550$）	1	2	3
5	2	2	3	1
6	2	3	1	2
7	3（$\phi720\times\phi550$）	1	3	2
8	3	2	1	3
9	3	3	2	1

确定铁水温度、熔化速度、总焦铁比为试验指标，试验结果如表 7-16 所示。

表 7-16 冲天炉试验结果表

试验号	试验指标		
	铁水温度 T_i	熔化速度 v_i	总焦铁比 F_i
1	1408	5.3	11.7
2	1397	5.2	13.2
3	1409	5.6	12.3
4	1409	5.2	11.9
5	1405	4.9	12.5
6	1412	5.1	13.0
7	1415	5.4	13.3
8	1415	5.3	12.2
9	1419	5.1	13.5

综合评分方法：

由于试验目的是在保证铁水温度平均在 1400℃以上，熔化速度平均每小时 5t 左右的前提下尽量提高焦铁比，我们规定一个评分办法：铁水温度（记作 T_i）以 1400℃为标准，每高 1℃就加 1 分，每低 1℃就扣 1 分；熔化速度（记作 v_i）以每小时 5t 为标准，每多 0.1t 或少 0.1t 都扣 1 分；总焦铁比（记作 F_i）以 1:12 为标准，每高 0.1 就加 1 分，每低 0.1 就扣 1 分，最后对各号试验结果把三者合并起来就是该号试验综合评分的分数（记作 M_i）。写成数学表达式即第 i 号试验得分是

$$M_i = (T_i - 1400) - 10\times|v_i - 5| + 10\times(F_i - 12), i = 1,2,\cdots,9$$

如：

$$M_1 = (1408 - 1400) - 10 \times |5.3 - 5| + 10 \times (11.7 - 12) = 2$$

$$M_2 = (1397 - 1400) - 10 \times |5.2 - 5| + 10 \times (13.2 - 12) = 7$$

……

$$M_9 = (1419 - 1400) - 10 \times |5.1 - 5| + 10 \times (13.5 - 12) = 33$$

这样就把多指标问题转化为单指标问题，就可以按照单指标问题进行各种分析了。最终计算结果如表7-17所示。

表7-17　冲天炉试验结果及综合评分表

试验号	试验指标			综合评分
	铁水温度 T_i	熔化速度 v_i	总焦铁比 F_i	
1	1408	5.3	11.7	2
2	1397	5.2	13.2	7
3	1409	5.6	12.3	6
4	1409	5.2	11.9	6
5	1405	4.9	12.5	9
6	1412	5.1	13.0	21
7	1415	5.4	13.3	24
8	1415	5.3	12.2	12
9	1419	5.1	13.5	33

至此，此例已转换为单指标试验设计，后续分析过程同例7-1完全相同，在此不再赘述，请读者自己完成。

综合评分的方法很多，读者可以灵活运用，根据实际情况，定义公式，以达到最佳判断效果。

Minitab软件分析：

（1）启动Minitab后，按如下顺序操作。

（2）依次单击Stat→DOE→Taguchi→Create Taguchi Design。

（3）单击3-Level Design，并在Number of Factors处选择“4”。

（4）单击Designs，选择“L9（3 ** 4）”的正交表，即$L_9(3^4)$。

（5）单击Factors，在弹出的对话框中修改Level Factors为各因素的真实水平。

（6）完成后单击OK，便可以得到如表7-15所示的正交表。

（7）在正交表的右边建立空白列输入铁水温度、熔化速度、总焦铁比的试验结果。

（8）新建一列命名为“综合评分”，依次单击Calc→Calculator，在Expression里输入表达式“（C5 - 1400） - 10 * ABSO（C6 - 5） + 10 * （C7 - 12）”，“Store result in variable”里选择“综合评分”。

(9) 完成后单击 OK，便生成自己定义的评分，作为试验结果。

(10) 最终化为单指标试验设计，把综合评分值当做试验结果，进行极差分析与方差分析，方法步骤与例 7-1 完全相同，在此不再赘述，请读者自己完成。

7.2.4 水平不等的多指标正交试验分析及 Minitab 实现

例 7-5 为了研究不同水胶比下，石灰石粉掺量和细度对流动度和力学性能的影响，为混凝土的配合比设计提供依据，采用水泥胶砂试件的正交试验设计方法。选取因素为石灰石粉的掺量（10%，18%，26%，34%）、水胶比（0.35，0.29）、石灰石粉细度（350m²/kg，610m²/kg），该试验指标分别为胶砂流动度和 7d 抗压强度，各项指标均为越大越好。该试验的因素水平表如表 7-18 所示。

表 7-18 试验的因素水平表

因素 / 水平	*A* 石灰石粉掺量 (%)	*B* 水胶比	*C* 石灰石粉细度 / (m²/kg)
1	10	0.35	610
2	18	0.29	350
3	26		
4	34		

该试验由 3 个因素构成，其中 1 个因素具有 4 个水平，其他的 2 个因素都具有 2 个水平，因此，考虑用正交表 $L_8(4\times 2^4)$ 来进行试验，该正交表共有 3 列，其中第一列有 4 个水平，而第 2，3 列有 2 个水平。为此，将因素 *A* 安排在第 1 列进行试验，因素 *B* 安排在第 2 列，因素 *C* 安排在第 3 列。根据以上的表头设计进行正交试验之后，得到了如表 7-19 所示的试验方案及其结果。

表 7-19 试验方案及其结果表

因素 / 试验号	*A*	*B*	*C*	试验结果 胶砂流动度/mm 原始 (x_i)	胶砂流动度/mm 减去120 (y_i)	7d 抗压强度/MPa 原始 (x_i)	7d 抗压强度/MPa 减去33.0 (y_i)
1	1 (10)	1 (0.29)	1 (350)	150	30	63.1	30.1
2	1	2 (0.35)	2 (610)	121	1	64.8	31.8
3	2 (18)	1	1	150	30	48.7	15.7
4	2	2	2	124	4	55.5	22.5
5	3 (26)	1	2	167	47	37.9	4.9
6	3	2	1	138	18	57.0	24.0
7	4 (34)	1	2	194	74	33.9	0.9
8	4	2	1	150	30	51.3	18.3

对于正交试验的结果，一般有极差分析法和方差分析法两种方法，这两种方法各有优劣，下面将分别采用这两种方法来对上述的试验结果进行分析。

极差分析法：

类似于前面几个单指标试验的极差分析法，只是在求平均值的过程中，要分别除以各水平数的个数，这样便得到了如表7-20所示的极差分析表。

表7-20 极差分析表

	石灰石粉掺量（%）		水胶比		石灰石粉细度/（m^2/kg）	
	胶砂流动度	7d抗压强度	胶砂流动度	7d抗压强度	胶砂流动度	7d抗压强度
K_1	271	127.9	661	183.6	588	220.1
K_2	274	104.2	533	228.6	606	192.1
K_3	305	94.9				
K_4	344	85.2				
$\overline{K}_1$	135.5	64.0	165.3	45.9	147.0	55.0
$\overline{K}_2$	137.0	52.1	133.3	57.2	151.5	48.0
$\overline{K}_3$	152.5	47.5				
$\overline{K}_4$	172.0	42.6				
极差 R	36.5	21.4	32.0	11.3	4.5	7.0
较优方案	A_4	A_1	B_1	B_2	C_2	C_1

从正交试验中的胶砂流动度的极差分析中可以看出，对于胶砂流动度，随着石灰石粉掺量的提高，其胶砂流动度也逐渐增大；而石灰石粉细度对胶砂强度的影响却并不那么明显。随着水胶比的降低，胶砂流动度也逐渐降低，又由于该指标为越大越好，故其最优的方案应为$A_4B_1C_2$。

对于7d抗压强度，随着石灰石粉掺量的提高，抗压强度逐渐降低；随着水胶比的降低，石灰石粉的细度提高，抗压强度也提高。又因为该指标为越大越好，故其最优的方案应为$A_1B_2C_1$。

同时，我们还可以看出，用所选定的两个试验指标（胶砂流动度和抗压强度）确定较优的试验条件时是相互矛盾的，其趋势正好相反，在这种情况之下，只能考虑其中哪个指标更加重要，或者是哪个指标能通过其他途径去解决，或者是取两者的中间值，以此来确定最优的方案。如在本例当中，胶砂流动度可以通过调整外加剂的掺量来解决，那么我们便可以更加注重抗压强度这一指标，或是在评定的时候给予该指标更多的权重。

方差分析法：

由于该试验有两个试验的指标，因此，我们对两个试验的指标分别采用方差分析的方法来进行计算。

对于胶砂流动度，由于最小的数据为121，为了方便进行方差计算，故对所得的数据同时减去120来进行处理，可参看上面的表7-19，根据方差理论可知，该处理不会影响方差分析的结果。

计算各个因素的方差如下：

数据总和 $T = \sum_{i=1}^{8} y_i = (30 + 1 + \cdots + 30) = 234$

$R = \sum_{i=1}^{8} y_i^2 = (30^2 + 1^2 + \cdots + 30^2) = 10726$，$C = \frac{T^2}{8} = \frac{234^2}{8} = 6844.5$

$S_A^2 = \frac{1}{2}(K_1^2 + K_2^2 + K_3^2 + K_4^2) - \frac{1}{8}(\sum_{i=1}^{8} x_i)^2 = 1734.5$

$S_B^2 = \frac{1}{4}(K_1^2 + K_2^2) - C = 2048.0$，$S_C^2 = \frac{1}{4}(K_1^2 + K_2^2) - C = 40.5$

$S_T^2 = R - C = 3881.5$，$S_e^2 = S_T^2 - S_A^2 - S_B^2 - S_C^2 = 58.5$

而对于抗压强度，计算同时减去33.0后的数据：

数据总和 $T = \sum_{i=1}^{8} y_i = 148.2$，$R = \sum_{i=1}^{8} y_i^2 = 3605.7$，$C = \frac{T^2}{8} = \frac{148.2^2}{8} = 2745.4$

$S_A^2 = \frac{1}{2}(K_1^2 + K_2^2 + K_3^2 + K_4^2) - \frac{1}{8}(\sum_{i=1}^{8} x_i)^2 = 501.9$

$S_B^2 = \frac{1}{4}(K_1^2 + K_2^2) - C = 253.1$，$S_C^2 = \frac{1}{4}(K_1^2 + K_2^2) - C = 98.0$

$S_T^2 = R - C = 860.3$，$S_e^2 = S_T^2 - S_A^2 - S_B^2 - S_C^2 = 7.3$

根据计算所得的平方和 S 值及其相应的自由度，计算各自的均方及其 F 值，并列出方差分析表，如表7-21所示。

表7-21 正交设计的抗压强度方差分析表

方差来源	平方和		自由度	均方		F	
	胶砂流动度	7d抗压强度		胶砂流动度	7d抗压强度	胶砂流动度	7d抗压强度
因素 A	1734.5	501.94	3	578.2	167.31	19.80 *	46.35 *
因素 B	2048.0	253.12	1	2048.0	253.12	70.14 *	70.12 *
因素 C	40.5	98.00	1	40.5	98.00	1.39	27.15 *
试验误差 e	58.5	7.22	2	29.2	3.61		
总和	3881.5	860.28	7				

临界值 $F_{0.05}(3,2) = 19.16$，$F_{0.05}(1,2) = 18.51$。比较各自的 F 与相应的临界值，可以看出，石灰石粉掺量和水胶比对胶砂流动度和7d抗压强度均具有显著的影响；石灰石粉细度对抗压强度有显著的影响，但是对胶砂流动度几乎没有什么影响。

Minitab 软件分析

极差分析法：

（1）启动Minitab，进入Minitab后按如下顺序操作。

（2）依次单击 Stat→DOE→Taguchi→Create Taguchi Design。
（3）单击 Mixed Level Design，并在 Number of Factors 处选择“3”。
（4）单击 Designs，选择“L8(4 **1，2 **4)”的正交表，即 $L_8(4^1 \times 2^4)$。
（5）单击 Factors，在弹出的对话框中修改 Level Factors 为各因素的各真实水平。
（6）完成后单击 OK，便可以得到如表 7-19 所示的正交表。
（7）在正交表的右边建立空白列输入试验结果“胶砂流动度”、“7d 抗压强度”。
关于“胶砂流动度”的分析：
（8）依次单击 Stat→DOE→Taguchi→Analyze Taguchi Design。
（9）在弹出的对话框中，“Response data are in”选择“胶砂流动度”所在列。
（10）单击 Options，在弹出的对话框中，选择 Larger is better，单击 OK。
（11）全部完成后单击 OK，便可得到试验结果如下（图 7-8）：

Taguchi Analysis：fluidity versus A，B，C
Larger is better
Response Table for Means

Level	A	B	C
1	135.5	165.3	147.0
2	137.0	133.3	151.5
3	152.5		
4	172.0		
Delta	36.5	32.0	4.5
Rank	1	2	3

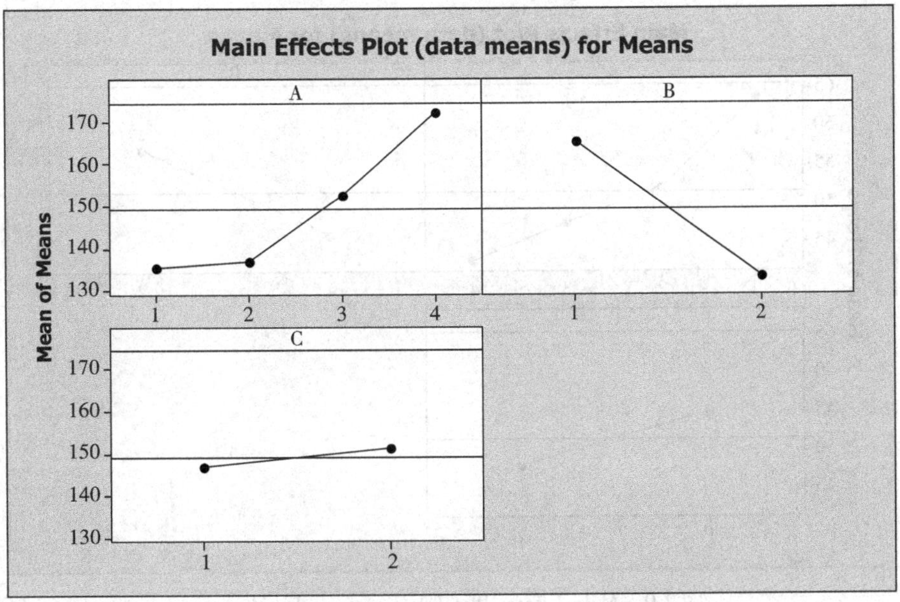

图 7-8 Main Effects Plot（data means）for Means

由所得结果和图 7-8 可知，*A* 因素对胶砂流动度的影响最大，*B*，*C* 次之。

关于“7d 抗压强度”的分析：

（1）～（7）步骤同前。

（8）依次单击 Stat→DOE→Taguchi→Analyze Taguchi Design。

（9）在弹出的对话框中，“Response data are in”选择“7d 抗压强度”所在列。

（10）单击 Options，在弹出的对话框中，选择 Larger is better，单击 OK。

（11）全部完成后单击 OK，便可得到试验结果如下（图 7-9）：

Taguchi Analysis：strenth versus A，B，C

Response Table for Means

Larger is better

Level	A	B	C
1	63.95	45.90	55.03
2	52.10	57.15	48.03
3	47.45		
4	42.60		
Delta	21.35	11.25	7.00
Rank	1	2	3

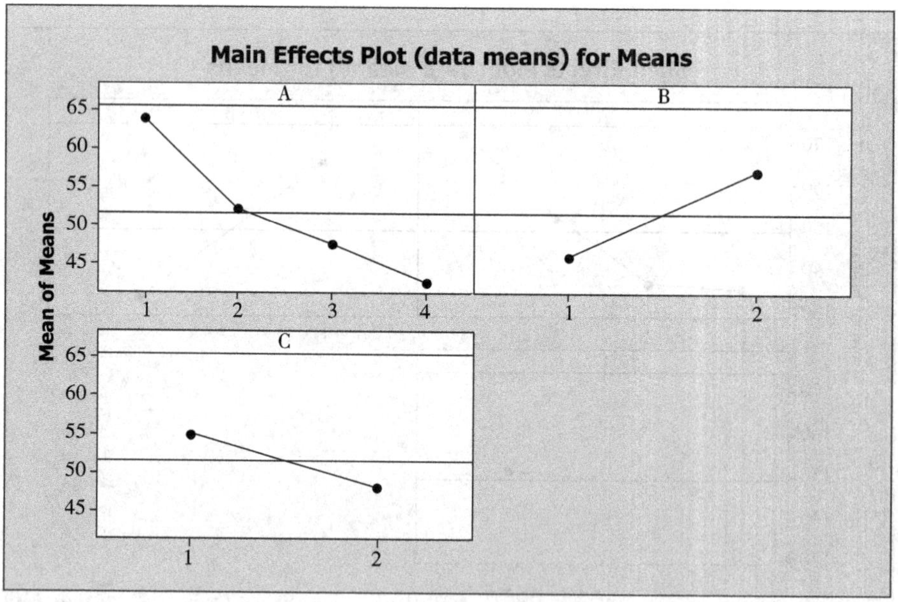

图 7-9　Main Effects Plot（data means）for Means

由所得结果和图 7-9 可知，*A* 因素对 7d 抗压强度的影响最大，*B*，*C* 次之，与前面所采用手工算法得出的结果一致。

方差分析法：

关于“胶砂流动度”的分析：

(1) ~ (10) 步骤与极差分析法一致。

(11) 单击 Analysis，在弹出的对话框中，选择 Fit linear model for 一列中的 Means。

(12) 全部完成后单击 OK，便可得到试验结果如下：

Analysis of Variance for Means

Source	DF	Seq SS	Adj SS	Adj MS	F	P
A	3	1734.50	1734.50	578.17	19.77	0.049
B	1	2048.00	2048.00	2048.00	70.02	0.014
C	1	40.50	40.50	40.50	1.38	0.360
Residual Error	2	58.50	58.50	29.25		
Total	7	3881.50				

Minitab 的默认显著性水平为 0.1，从上述方差分析可以看出，*F* 检验后，*A*，*B* 两因素的 *P*-值小于 0.1 有显著差异，而 *C* 因素不显著。

关于“7d 抗压强度”的分析：

(1) ~ (10) 步骤与极差分析法一致。

(11) 单击 Analysis，在弹出的对话框中，选择 Fit linear model for 一列中的 Means。

(12) 全部完成后单击 OK，便可得到试验结果如下：

Analysis of Variance for Means

Source	DF	Seq SS	Adj SS	Adj MS	F	P
A	3	501.945	501.945	167.315	46.32	0.021
B	1	253.125	253.125	253.125	70.07	0.014
C	1	98.000	98.000	98.000	27.13	0.035
Residual Error	2	7.225	7.225	3.613		
Total	7	860.295				

Minitab 的默认显著性水平为 0.1，从上述方差分析可以看出，*F* 检验后，*A*，*B*，*C* 因素的 *P*-值均小于 0.1 有显著差异，与前面所采用手工算法得出的结果一致。

预测选定方案的试验值：

下面采用 Minitab 对软件得出的最优方案 $A_4B_1C_2$ 对胶砂流动度进行预测：

依次单击 Stat→DOE→Taguchi→Predict Taguchi Results，只勾选 Mean，单击 Levels，单击 Select levels from a list，选择各因素相应的最优水平，确定以后即可得结果如下：

Taguchi Analysis：胶砂流动度 versus A，B，C

Predicted values

Mean

190.25

Factor levels for predictions

A	B	C
34	0.29	610

由预测结果可知，该方案下的预测值为 190.25，对比表 7-19，我们可以发现其实 $A_4B_1C_2$ 方案已经在试验中进行过，且与预测值有一定差距，但不影响其为最优值的结果，这同时告诉我们，在进行软件预测后需要实际试验以保证预测的准确性。

再对“7d 抗压强度”采用 Minitab 对软件得出的最优方案 $A_1B_2C_1$ 进行预测：

依次单击 Stat→DOE→Taguchi→Predict Taguchi Results，只勾选 Mean，单击 Levels，单击 Select levels from a list，选择各因素相应的最优水平，确定以后即可得结果如下：

Taguchi Analysis：7d 抗压强度 versus A，B，C

Predicted values

Mean

73.075

Factor levels for predictions

A	B	C
10	0.35	350

由预测结果可知，该方案下的预测值为 73.075，对比表 7-19 可知该方案并没有进行实际的试验，且其结果在表中所有的方案中最优，为最优方案，需要等待实际试验后加以确定。

练 习 题

1. 根据以下因素水平表设计正交试验方案。

表 7-22 试制痛可宁药试验因素水平表

因素 / 水平	*A* 异氰酸浓度	*B* 反应时间	*C* 后处理
1	5%	4h	NaOH 洗
2	10%	24h 间断反应	不洗
3	15%	24h 连续反应	Na_2CO_3 洗

以上不考察交互作用。

表 7-23 煮蓝试验因素水平表

因素 / 水平	*A* 温度	*B* 苛性钠	*C* 亚硝酸钠	*D* 水
1	180℃	50g	150g	300g
2	160℃	75g	200g	400g
3	140℃	100g	250g	500g

以上考察各主效应及任两因素间的交互作用。

2. 按下列要求选用正交表，并进行表头设计。

（1）5 个二水平因素 A，B，C，D，E，交互作用 $A\times B$，$B\times E$。

（2）6 个二水平因素 A，B，C，D，E，F，交互作用 $D\times E$。

（3）3 个三水平因素 A，B，C，交互作用 $A\times B$，$A\times C$，$B\times C$。

3. 在研究不同的配方对橡胶的弯曲指标的影响时，考察三个二水平因素 A，B，C 及交互作用 $A\times B$，$A\times C$，$B\times C$，选用表 L_8（2^7）表头设计及试验结果如表 7-24 所示。

表 7-24 橡胶弯曲正交试验表

因素 / 试验号	*A* 1	*B* 2	$A\times B$ 3	*C* 4	$A\times C$ 5	$B\times C$ 6	7	试验结果弯曲次数 /万次
1	1	1	1	1	1	1	1	1.5
2	1	1	1	2	2	2	2	2
3	1	2	2	1	1	2	2	2
4	1	2	2	2	2	1	1	1.5
5	2	1	2	1	2	1	2	2
6	2	1	2	2	1	2	1	3
7	2	2	1	1	2	2	1	2.5
8	2	2	1	2	1	1	2	2

用极差分析法求出各效应的主次顺序及最佳水平组合。

4. 某农科所做早稻追肥试验，表头设计及试验结果如表 7-25 所示。

表 7-25　早稻追肥正交试验表

试验号 \ 因素	N 1	P 2	K 3	4	试验结果产量（kg/亩[㊀]）
1	1（10kg/亩）	1（10kg/亩）	1（15kg/亩）	1	750
2	1	2（20kg/亩）	2（20kg/亩）	2	850
3	1	3（30kg/亩）	3（25kg/亩）	3	850
4	2（15kg/亩）	1	2	3	825
5	2	2	3	1	800
6	2	3	1	2	750
7	3（20kg/亩）	1	3	2	850
8	3	2	1	3	750
9	3	3	2	1	800

用方差分析法与极差分析法分析试验结果，并比较分析的结论。

5. 如果第 2 题中（3）用正交表 $L_{27}(3^{13})$ 设计试验方案，试验的结果如表 7-26 所示。

表 7-26 试验结果

试验号	1	2	3	4	5	6	7	8	9
数据（kg/cm^3）	103	98	97	95	96	99	94	99	101
试验号	10	11	12	13	14	15	16	17	18
数据（kg/cm^3）	85	82	98	85	90	85	91	89	80
试验号	19	20	21	22	23	24	25	26	27
数据（kg/cm^3）	73	90	77	84	80	76	89	78	85

分别用方差分析法与极差分析法分析此试验的结果并比较二者的结论。

6. 合成洗涤剂的复配技术是提高去污力、降低成本的重要途径。洗涤剂的去污作用是由多种成分按一定配方比例综合形成，这就是复配。国外的多数合成洗涤剂是复配型的。我国多数洗涤剂生产企业虽也采用复配技术，但从品种上看多数限于粉状洗涤剂，膏状洗涤剂刚刚开始制作。为了发展合成洗涤剂新品种，某市合成洗涤剂厂运用正交试验设计方法，生产出了“骏马”牌洗衣膏，既提高了洗涤剂的去污力，又降低了成本。

根据国内外技术资料和工厂多年实际经验，确定出影响去污力的因素主要是 LAS、AEO、五钠、纯碱、水玻璃、小苏打和食盐等成分的配方比例。经过分析和筛选，确定考察四项因素：LAS、AEO、五钠和小苏打。

㊀ 亩为非法定计量单位，1 亩 $=666.\dot{6}\,m^2$。

由于三水平便于进行趋势考察，每个因素都取了三个水平，因素水平表如表7-27所示。

表7-27 复配型合成洗衣膏配方试验的因素水平表

因素 水平	*A* AEO（%）	*B* LAS（%）	*C* 小苏打（%）	*D* 五钠（%）
1	1.5	19	2.5	16
2	2.5	21	2.0	12
3	3.5	23	3.0	14

试验计划如表7-28所示。

表7-28 复配型合成洗衣膏配方试验计划水平表

因素 试验号	*A* AEO（%）	*B* LAS（%）	*C* 小苏打（%）	*D* 五钠（%）
1	1（1.5）	1（19）	1（2.5）	1（16）
2	1	2（21）	2（2）	2（12）
3	1	3（23）	3（3）	3（14）
4	2（2.5）	1	2	3
5	2	2	3	1
6	2	3	1	2
7	3（3.5）	1	3	2
8	3	2	1	3
9	3	3	2	1

试验结果如表7-29所示。

表7-29 复配型合成洗衣膏配方试验结果计算分析表

试验计划					试验结果	
因素 试验号	*A* AEO（%）	*B* LAS（%）	*C* 小苏打（%）	*D* 五钠（%）	去污渍 （%）	配方成本 元/t
1	1（1.5）	1（19）	1（2.5）	1（16）	23	592.3
2	1	2（21）	2（2）	2（12）	21	548.8
3	1	3（23）	3（3）	3（14）	23	608.8
4	2（2.5）	1	2	3	25.4	585.05
5	2	2	3	1	23	645.05
6	2	3	1	2	28	601.55
7	3（3.5）	1	3	2	25	581.50
8	3	2	1	3	24	632.5
9	3	3	2	1	27.15	632.5

试用综合评分法分析试验结果。

7. 为了探索缝纫机胶压板的制造工艺，现取如下的因素作分析，如表 7-30 所示。

表 7-30　制造工艺试验表

因素 / 水平	A 压力/kg	B 温度/℃	C 时间/min
1	8	95	9
2	10	90	12
3	11		
4	12		

采用 L_8（4×2^4）的正交表进行正交试验得到试验的结果如表 7-31 所示。

表 7-31　制造工艺试验结果表

试验号 / 因素	A 压力	B 温度	C 时间	结果评分
1	1	1	1	22
2	1	2	2	19
3	2	1	1	11
4	2	2	2	13
5	3	1	2	5
6	3	2	1	14
7	4	1	2	10
8	4	2	1	17

结果评分值越大越好，请使用极差分析法和方差分析法分析试验结果，并求出最优的水平组合。

第 8 章　稳健性设计

8.1　稳健性设计及稳健性设计的思想

8.1.1　稳健性

稳健性是指产品对各种干扰因素的抵抗能力，反映了产品质量特性的变异程度。变异程度小的产品稳健性就高，变异程度大的产品稳健性就低。引起质量变异的干扰因素称为噪声，它可分为外部噪声、零件间噪声和内部噪声。外部噪声是指引起质量变异的使用环境或产品承受负荷的变化，如产品使用时的温度、湿度、污染等因素的变化；零件间噪声是指构成产品的零件间的质量变异；内部噪声是指产品在储存和使用过程中因发生材料变质、老化、磨损等引起质量变异的现象。在制造过程中，外部噪声、零件间噪声、内部噪声这三种噪声因素导致了所生产产品的质量特性或多或少都存在着一些差异。即使在完全相同的生产条件下生产出来的产品，其质量特性也不完全相同；同一件产品在不同的环境下使用，其质量特性也会有差异，这些现象就是质量变异。质量变异无处不在，杜绝质量变异是不可能的，而减少质量变异是大有可为的。稳健性设计的目的就是尽可能减少质量变异，设计出稳健可靠的产品。

与稳健性相关联的概念是稳定性，所谓稳定性是指当一个系统处于某种平衡状态时，如果受到外来作用的影响，系统能够保持原来的平衡状态，或者经过一个过渡过程后能够回到初始的平衡状态，称这个系统就是稳定的。例如，一台机器受到突然扰动后，在工人不进行任何操纵的情况下能够回到初始状态，则称该机器是稳定的；反之则称其是不稳定的。稳健性和稳定性都是反映产品或系统抗干扰能力的概念。稳健性体现在同一设计型号的不同产品在各种干扰因素存在时特性值仍然很接近，变异程度很小；稳定性强调某一系统受到干扰后保持和恢复自己原有性能的能力。稳定性是很早就应用于工程学中的概念，而稳健性则是质量工程学中的统计学概念。

8.1.2 稳健性设计的思想

减少产品质量变异的方式有两种：一种是消极的方式，也就是限制产品的使用环境，使用更高等级的元件；另一种积极的方式就是提高产品适应外部环境变化和抵抗内部干扰的能力。

稳健性设计的思想不是去控制波动源来改变外在环境，而是致力于改进产品内部的结构来提高抗干扰的能力。稳健性设计就是用试验设计来提高产品稳健性的方法，是提高产品开发和设计质量的重要技术，在许多工业发达国家展开了深入研究并得到了广泛的应用。

如果生产出的产品能够在各种噪声因素的干扰下保持性能指标很小的变异性，或者用廉价的零部件能组装出稳定可靠的产品，则认为该产品的设计是稳健的。稳健性设计通过对所开发产品的分析找出影响产品质量及其稳健性的主要因素，用先进的试验设计技术对产品开发研究所需进行的试验进行规划，通过试验来考察在波动情况下不同产品配方或工艺参数组合时的产品质量及其稳健性，找出主要因素对产品质量的影响规律，再用有效的优化方法对产品配方或工艺参数进行调整或优化，最后找出使产品的平均质量、稳健性及其产品成本均令人满意的产品配方或工艺参数。

8.2 *SN* 比及其试验设计应用

8.2.1 *SN* 比的概念及其表达

在无线电通信中，接收机输出功率可分为信号（Signal）与噪声（Noise）两部分。在理论上常把 *SN* 比（信噪比）用来表示信号功率与噪声功率的比值，即用 *SN* 比可测量出通信系统效率的高低，其比值以 η 表示，即

$$\eta = \frac{S}{N} = \frac{\text{信号功率}}{\text{噪声功率}} \tag{8-1}$$

η 值越大，则表示通信效果越好。

SN 比（Signal-Noise Ratio）是日本田口玄一博士于 1957 年在他的著作《试验设计法》中提出来的。此后，在产品设计中广泛采用 *SN* 比，并把它与试验设计结合起来以解决许多不同特性值的综合功能评价问题，例如，计量测试中的误差分析、动态特性的评价以及工艺设计中的稳定性计算等。实践表明可以把 *SN* 比作为评定质量好坏的一种测度。

质量特性测量值较大的产品，其绝对误差一般较大；质量特性测量值较小的产品，其绝对误差一般较小。标准差或极差仅反映了波动的绝对值大小，无法反

映波动的相对大小。实际上，质量特性测量值一般不会偏离目标值太远，误差方差 V_e 往往随平均值的变化而变化，例如，当目标值趋于零时，误差方差 V_e 也趋于零。为反映误差方差 V_e 的这种相对变化量，对于非负参数，如强度、重量、尺寸、输出电压等，在数理统计上，采用离散系数 CV 来表示，其计算式为

$$CV = \frac{\sigma}{\mu} \approx \frac{\sqrt{V_e}}{\bar{y}} \tag{8-2}$$

式中，σ 为总体标准差；μ 为总体均值；$\bar{y}$ 为样本均值；$\sqrt{V_e}$为样本误差标准差。$\sqrt{V_e}$是在试验设计或测量中，由于误差因素存在而产生的表征数据分散度的统计特征值，也称为误差标准差，其平方称为样本误差方差。

离散系数 CV 表征了产品质量特性的不良程度，离散系数值越大，说明产品质量波动越大。由式（8-2）可见，离散系数 CV 的大小是由标准差与均值的比值决定的。在一定的样本均值 $\bar{y}$ 下，产品质量的分散度越大（即$\sqrt{V_e}$越大），则 CV 值就越大，产品质量越差；反之，则 CV 值就越小，产品质量越好。因此，CV 值可以作为衡量产品质量优劣程度的一个指标。取离散系数 CV 值的倒数，即

$$\frac{1}{CV} = \frac{\mu}{\sigma} \approx \frac{\bar{y}}{\sqrt{V_e}} \tag{8-3}$$

$1/CV$ 则表示产品质量特性的优良程度。$1/CV$ 越大，说明产品质量波动越小；$1/CV$越小，说明产品质量分散性越大，质量越差。故也可以用 $1/CV$ 值来评价产品质量的优劣程度。

为了与损失函数表达式 $L(y) = k\sigma^2$ 中的 σ^2 在表达上取得一致，由式（8-3）得

$$\eta' = \left(\frac{1}{CV}\right)^2 = \frac{\mu^2}{\sigma^2} \approx \frac{(\bar{y})^2}{V_e} \tag{8-4}$$

称 η'为稳健性设计中的 SN 比（信噪比）。在实际计算 SN 比时，常取 η'的 10 倍对数值即所谓分贝值（decibel 记 dB）来表示 SN 比：

$$\eta = 10\lg\eta' = 10\lg\left(\frac{\mu^2}{\sigma^2}\right) \approx 10\lg\frac{(\bar{y})^2}{V_e} \tag{8-5}$$

式（8-5）就是稳健性设计中所用 SN 比的定义式。

由于 $\eta' = \frac{\mu^2}{\sigma^2}$表示产品质量特性值的稳定程度，因此，可以说提高产品质量与提高 SN 比是一致的。μ^2 与 σ^2 的实际值往往取其估计值，σ^2 的估计值是样本误差方差，即

$$\hat{\sigma}^2 = V_e \tag{8-6}$$

为了确定 μ^2 的估计值$\hat{\mu}^2$，设样本均值为 $\bar{y}$，则 $\bar{y}$ 的方差 $\sigma_{\bar{y}}^2$ 为

$$\sigma_{\bar{y}}^2 = \frac{\sigma^2}{n} \tag{8-7}$$

$(\bar{y})^2$ 的期望值 $E(\bar{y})^2$ 是 μ^2 的优良估计值，$E(\bar{y})^2$ 等于 μ^2 的估计值加上 $\bar{y}$ 的方差，即

$$\hat{\mu}^2 = E(\bar{y})^2 - \frac{\sigma^2}{n} \tag{8-8}$$

在式（8-8）中，$E(\bar{y})^2$ 为 $(\bar{y})^2$ 的期望值；n 为样本容量；σ^2 为总体方差。μ^2 的估计值

$$\hat{\mu}^2 = (\bar{y})^2 - \frac{V_e}{n} = \frac{1}{n}\left[\frac{(y_1 + y_2 + \cdots + y_n)^2}{n} - V_e\right] \tag{8-9}$$

设产品质量特性值的测量值为 $y_1, y_2, \cdots, y_n$，令 $\frac{1}{n}(\sum_{i=1}^{n} y_i)^2 = S_m, i = 1, 2, \cdots, n$，则有

$$\hat{\mu}^2 = \frac{1}{n}(S_m - V_e) \tag{8-10}$$

式中，V_e 为样本误差方差，即为 σ^2 的估计值；n 为样本容量。

由式（8-4）、式（8-10）得

$$\eta' = \left(\frac{1}{CV}\right)^2 = \frac{\mu^2}{\sigma^2} = \frac{\frac{1}{n}(S_m - V_e)}{V_e} \tag{8-11}$$

由式（8-11）可见，S_m 反映了产品质量特性值总的波动情况；样本误差方差 V_e 反映了误差波动情况；$\frac{1}{n}(S_m - V_e)$ 则是去除误差波动的纯效应。因此，式（8-11）是信号纯效应与误差效应的比值。可见，SN 比是判断各种输出特性的优劣程度和进行功能评价的一种有效方法。

仿照无线电通信理论中的作法，在实际计算中，取常用对数的 10 倍即分贝值来表示，得出 SN 比的计算式为

$$\eta = 10\lg \frac{\frac{1}{n}(S_m - V_e)}{V_e} \tag{8-12}$$

8.2.2 SN 比计算式的几种类型

在稳健性设计中，一般把产品质量特性值分为望目特性值、望小特性值、望大特性值。望目特性值是指质量特性值存在固定的目标值 m_0（$m_0 \neq 0$ 且 $m_0 < +\infty$），希望质量特性值围绕目标值波动，且波动越小越好，例如，零件的几何尺寸、稳压电源的输出电源等；望小特性值是指质量特性值不取负值，希望特性值越小越好，且波动越小越好，其期望值等于零，即 $E(m_0) = 0$，例如，零件的磨损量、

测量误差等；望大特性值是指质量特性值不取负值，希望特性值越大越好，且波动越小越好，其期望值无限大，即 $E(m_0) = +\infty$，例如，材料的强度、电视机的寿命等。上述望目、望小、望大特性值统称为静态特性值。

动态特性值即质量特性值存在可变的目标值，当施以信号时，目标值随之改变，希望特性值尽可能同目标值吻合，且偏差越小越好。例如，司机有了转弯的念头并确定目标值后，就操纵方向盘转弯。这里，方向盘的转向角是信号因素，转弯半径就是动态特性值。

针对产品要求不同的质量特性值，*SN* 比计算式将采取不同的表达式。

1. 望目特性值的 *SN* 比计算式

设产品质量特性值 Y 为随机变量，且有 $Y \sim N(\mu,\sigma^2)$，μ 为总体均值，$-\infty < \mu < +\infty$；σ^2 为总体方差，$\sigma > 0$。若特性值 y 为望目特性值，则存在目标值 $m_0(m_0 \neq 0)$，且希望 $\mu = m_0$，σ^2 越小越好。设有 n 件产品，其望目特性值 y 的数据为 y_1，y_2，…，y_n，μ 及 σ^2 的无偏估计值分别为

$$\hat{\mu} = \bar{y} \tag{8-13}$$

$$\hat{\sigma}^2 = V_e \tag{8-14}$$

用 $\bar{y}^2$ 的期望值 $E(\bar{y})^2$ 对 μ^2 进行估计，则有

$$E(\bar{y})^2 = E^2(\bar{y}) + V(\bar{y}) = \hat{\mu}^2 + \frac{\hat{\sigma}^2}{n}$$

因而

$$\hat{\mu}^2 = E(\bar{y})^2 - \frac{\hat{\sigma}^2}{n} = (\bar{y})^2 - \frac{\hat{\sigma}^2}{n} = (\bar{y})^2 - \frac{V_e}{n} \tag{8-15}$$

式中，$\hat{\mu}^2$ 为总体均值平方的估计值；$E(\bar{y})^2$ 为 $(\bar{y})^2$ 的期望值；n 为样本容量；$\hat{\sigma}^2$ 为总体方差的估计值；V_e 为样本误差方差，即 $\hat{\sigma}^2 = V_e$。

将式（8-15）代入式（8-4）得

$$\eta' = \frac{(\bar{y})^2 - \dfrac{V_e}{n}}{V_e} \tag{8-16}$$

则望目特性值 *SN* 比计算式为

$$\eta = 10\lg\frac{(\bar{y})^2 - \dfrac{V_e}{n}}{V_e} \tag{8-17}$$

式（8-17）中，样本误差方差 $V_e = \dfrac{1}{n}\sum_{i=1}^{n}(y_i - \bar{y})^2$，$\bar{y} = \dfrac{1}{n}\sum_{i=1}^{n} y_i$。

当样本容量 n 足够大时，式（8-17）可简化为

$$\eta = 10\lg \frac{(\bar{y})^2}{V_e} \tag{8-18}$$

2. 望小、望大特性值的 *SN* 比计算式

设产品质量特性值 $Y \sim N(\mu,\sigma^2)$，若希望 Y 较小，则等价于 μ 较小；同时希望其波动小，即方差 σ^2 也小。为了使量纲一致，取 μ^2 和 σ^2 作为评测指标，若令 $\eta = \dfrac{1}{\mu^2+\sigma^2}$，则 η 越大越好。根据数理统计理论可知

$$E(y^2) = \mu^2 + \sigma^2 \tag{8-19}$$

$$\eta = \frac{1}{\mu^2+\sigma^2} = \frac{1}{E(y^2)} \tag{8-20}$$

设 y 的 n 个观测值为 y_1，y_2，…，y_n，则 $E(y^2)$ 的无偏估计为

$$\hat{E}(y^2) = \frac{1}{n}\sum_{i=1}^{n} y_i^2 \tag{8-21}$$

$$\hat{\eta} = \frac{1}{\hat{E}(y^2)} = \frac{n}{\sum_{i=1}^{n} y_i^2} \tag{8-22}$$

因此，望小特性值的 *SN* 比计算式为

$$\eta = \frac{n}{\sum_{i=1}^{n} y_i^2} = \frac{1}{V_e} \tag{8-23}$$

类似地，对其取对数，化为分贝值，即

$$\eta = 10\lg \frac{n}{\sum_{i=1}^{n} y_i^2} = -10\lg \frac{1}{n}\sum_{i=1}^{n} y_i^2 \tag{8-24}$$

$$\eta = 10\lg \frac{1}{V_e} = -10\lg V_e \tag{8-25}$$

式（8-24）、式（8-25）均为望小特性值的 *SN* 比计算公式。

同理，如希望产品质量特性值越大越好，即为望大特性值，对望大特性值取倒数，则由望小特性值 *SN* 比计算公式直接导出望大特性值的 *SN* 比计算公式。若 y 为望大特性值，则 y 的倒数 $1/y$ 就是望小特性值。因此，由式（8-24）即可得望大特性值的 *SN* 比计算公式为

$$\eta = -10\lg \frac{1}{n}\sum_{i=1}^{n}\left(\frac{1}{y_i}\right)^2 \tag{8-26}$$

8.2.3 *SN* 比在寻求最佳工艺条件中的应用

在工业生产中，振动，噪声，磨损量，轴类零件的不回度、不平行度、不直度，零件加工尺寸误差，钢铁、有色金属的不纯成分，废气中有害成分，布料的

缩水率等特性值，一般地说是越小越好，希望目标值等于零。既然目标值为零，当然希望输出特性的误差尽可能地小，因此，可用样本误差方差 V_e 的分贝值来表征这类质量特性值的变异性。

设质量特性值的观测值为 y_1，y_2，…，y_n，评价时可取望小 SN 比计算式

$$\eta = 10\lg \frac{1}{V_e} = -10\lg V_e \tag{8-27}$$

$$V_e = \frac{1}{n}(y_1^2 + y_2^2 + \cdots + y_n^2) \tag{8-28}$$

式中，n 为试验重复次数。

例 8-1　为了减少水泵阀头部位的磨损量，提高其可靠性，进行正交试验设计。试验时选取的因素与水平如表 8-1 所示。除了 A，B，C，D，E 因素外，还要考虑 $A \times B$，$A \times C$ 的交互作用。

表 8-1　因素水平表

因素 / 水平	A 阀头材质	B 负载	C 滑动表面光洁度	D 润滑油	E 阀体材质
1	A_1	B_1	C_1	D_1	E_1
2	A_2	B_2	C_2	D_2	E_2

用 SN 比法选择最佳工艺参数的步骤如下：

1. 选择合适的正交表，进行表头设计

为了正确地选择正交表，首先进行各因素和交互作用自由度的计算。总体自由度 $f_T = f_A + f_B + f_C + f_D + f_E + f_{A\times B} + f_{A\times C} = 1+1+1+1+1+1+1 = 7$，要求试验的次数 $n \geqslant 1 + f_T = 8$。由于该试验有 5 个因素，且均为二水平，可以占 5 列，加上两个交互作用列共占 7 列，所以可以选择 $L_8(2^7)$ 正交表来安排试验。为了减少试验误差，采取重复试验。表头设计及试验方案如表 8-2 所示。

表 8-2　试验方案

试验号	因　素							磨损量 $R_{ij}/\mu m$ ($i=1, 2, \cdots, 8$; $j=1, 2, \cdots, 8$)							
	A	B	$A\times B$	C	$A\times C$	D	E								
	列　号														
	1	2	3	4	5	6	7								
1	1	1	1	1	1	1	1	12	12	10	13	3	3	16	20
2	1	1	1	2	2	2	2	6	10	3	5	3	4	20	18
3	1	2	2	1	1	2	2	9	10	5	4	2	1	3	2

（续）

试验号	因素 A	B	A×B	C	A×C	D	E	磨损量 R_{ij}/μm ($i=1, 2, \cdots, 8$; $j=1, 2, \cdots, 8$)							
	列号 1	2	3	4	5	6	7								
4	1	2	2	2	2	1	1	8	8	5	4	3	4	9	9
5	2	1	2	1	2	1	2	16	14	8	8	3	2	20	33
6	2	1	2	2	1	2	1	18	26	4	2	3	3	7	10
7	2	2	1	1	2	2	1	14	22	7	5	3	4	19	21
8	2	2	1	2	1	1	2	16	13	5	4	11	4	14	30

2. 计算分贝值

由于8次重复试验的磨损量都希望越小越好，即目标值为零，所以8次重复试验的磨损量具有同等重要的地位。

（1）计算各次试验的偏差平方和 $S_{T_1} \sim S_{T_8}$，第1号试验的偏差平方和

$$S_{T_1} = R_{11}^2 + R_{12}^2 + R_{13}^2 + R_{14}^2 + R_{15}^2 + R_{16}^2 + R_{17}^2 + R_{18}^2$$
$$= (12^2 + 12^2 + 10^2 + 13^2 + 3^2 + 3^2 + 16^2 + 20^2)\mu m^2 = 1231\mu m^2$$

第2号试验的偏差平方和

$$S_{T_2} = R_{21}^2 + R_{22}^2 + R_{23}^2 + R_{24}^2 + R_{25}^2 + R_{26}^2 + R_{27}^2 + R_{28}^2$$
$$= (6^2 + 10^2 + 3^2 + 5^2 + 3^2 + 4^2 + 20^2 + 18^2)\mu m^2 = 919\mu m^2$$

用同样方法，可以求出第3号～第8号试验的偏差平方和

$$S_{T_3} = 240\mu m^2; S_{T_4} = 356\mu m^2; S_{T_5} = 2082\mu m^2;$$
$$S_{T_6} = 1187\mu m^2; S_{T_7} = 1581\mu m^2; S_{T_8} = 1699\mu m^2$$

（2）计算样本误差方差 $V_{e_1} \sim V_{e_8}$，据式（8-28）得出

$$V_{e_1} = 1231/8\mu m^2 = 153.88\mu m^2;\ V_{e_2} = 919/8\mu m^2 = 114.88\mu m^2;$$
$$V_{e_3} = 240/8\mu m^2 = 30\mu m^2;\ V_{e_4} = 356/8\mu m^2 = 44.5\mu m^2;$$
$$V_{e_5} = 2082/8\mu m^2 = 260.25\mu m^2;\ V_{e_6} = 1187/8\mu m^2 = 148.38\mu m^2;$$
$$V_{e_7} = 1581/8\mu m^2 = 197.63\mu m^2;\ V_{e_8} = 1699/8\mu m^2 = 212.38\mu m^2。$$

（3）计算分贝值 $\eta_1 \sim \eta_8$，由式（8-27）得出

$$\eta_1 = -10\lg V_{e_1} = -10\lg 153.88\text{dB} = -21.9\text{dB}$$

同理得出 $\eta_2 \sim \eta_8$，即

$$\eta_2 = -20.6\text{dB};\ \eta_3 = -14.8\text{dB};\ \eta_4 = -16.5\text{dB};\ \eta_5 = -24.2\text{dB};$$

$\eta_6 = -21.7\text{dB}$；$\eta_7 = -23.0\text{dB}$；$\eta_8 = -23.3\text{dB}$。

将计算结果汇集列于表8-3中。

表8-3 计算结果

试验号	因素							$S_{T_i} = \sum_{j=1}^{8} R_{ij}^2$	分贝值 η_i/dB
	A	B	$A\times B$	C	$A\times C$	D	E		
	1	2	3	4	5	6	7		
1	1	1	1	1	1	1	1	1231	-21.9
2	1	1	1	2	2	2	2	919	-20.6
3	1	2	2	1	1	2	2	940	-14.8
4	1	2	2	2	2	1	1	356	-16.5
5	2	1	2	1	2	1	2	2082	-24.2
6	2	1	2	2	1	2	1	1187	-21.7
7	2	2	1	1	2	2	1	1581	-23.0
8	2	2	1	2	1	1	2	1699	-23.3
K_{1j}	-73.8	-88.4	-88.8	-83.9	-81.7	-85.9	-83.1		
K_{2j}	-92.2	-77.6	-77.2	-82.1	-84.3	-80.1	-82.9		$T=-166$
S_j	42.320	14.580	16.820	0.405	0.845	4.205	0.005		

3. 运用分贝值数据，进行方差分析

（1）计算8次试验分贝值总和T及各因素的水平合计值K_{ij}

$$T = \sum_{i=1}^{8} \eta_i = -166$$

$$K_{1A} = -21.9 + (-20.6) + (-14.8) + (-16.5) = -73.8$$

以此类推，计算K_{1B}，$K_{1(A\times B)}$，K_{1C}等，计算结果如表8-3所示。

（2）计算总的偏差平方和S_T及各因素的偏差平方和S_j

$$S_T = \sum_{i=1}^{8} \eta_i^2 - \frac{T^2}{8}$$

$$= [(-21.9)^2 + (-20.6)^2 + \cdots + (-23.3)^2] - \frac{(-166)^2}{8}$$

$$= 79.18$$

根据公式$S_j = \frac{1}{r}(K_{1j}^2 + K_{2j}^2) - \frac{T^2}{8}$，式中，$r$表示水平的重复次数，可求得

$$S_A = \frac{1}{4}[(-73.8)^2 + (-92.2)^2] - \frac{(-166)^2}{8} = 42.320$$

以此类推，计算$S_B = 14.580$；$S_{A\times B} = 16.820$；$S_C = 0.405$；$S_{A\times C} = 0.845$；

$S_D = 4.205$；$S_E = 0.005$。

（3）计算自由度 f

$$f_T = n - 1 = 8 - 1 = 7$$

$$f_A = f_B = f_{A\times B} = f_C = f_{A\times C} = f_D = f_E = m - 1 = 2 - 1 = 1$$

式中，m 表示水平数。列出 SN 比的方差分析如表 8-4 所示。

表 8-4　方差分析表

方差来源	平方和 S	自由度 f	均方 V	F 值	F_α	显著性
A	42.32	1	42.32	101.24		**
B	14.58	1	14.58	34.88		**
$A\times B$	16.82	1	16.82	40.24		**
C	0.405Δ	1	—		$F_{0.05}(1,3) = 10.13$	
$A\times C$	0.845Δ	1	—			
D	4.205	1	4.205	10.06	$F_{0.01}(1,3) = 34.12$	*
E	0.005Δ	1	—			
e	0	0				
e'	1.255	3	0.418			
T	79.18	7				

注：e'为 Δ 者相加之和。

（4）选取最佳因素的水平组合

由方差分析表（表 8-4）可知，A，B 两因素及其交互作用 $A\times B$ 均为高度显著，因此要制作 A，B 二元分析表来选择分贝值输出最高的组合。由表 8-3 的正交表 $L_8(2^7)$ 排列与 SN 比特性值对应来看，可以找到 A_1B_1，A_1B_2，A_2B_1，A_2B_2 各组的组合值，如表 8-5 所示。

表 8-5　A，B 二元表

B \ A	A_1	A_2
B_1	$-21.9 + (-20.6) = -42.5$	$-24.2 + (-21.7) = -45.9$
B_2	$-14.8 + (-16.5) = -31.3$	$-23.0 + (-23.3) = -46.3$

由表 8-5 中得出，A_1B_2 组输出分贝值最高（-31.3dB），因此，$A\times B$ 的最优组合为 A_1B_2，且 D 中 $K_{2j} > K_{1j}$，故选 D_2。因此，本试验最佳因素水平组合为 $A_1B_2D_2$。由此得出结论：阀头材质（A）选取第 1 水平，负载（B）选取第 2 水平，润滑油（D）选取第 2 水平进行设计。至于滑动表面光洁度（C）和阀体材

质（E）选取哪个水平，可以由设计人员综合考虑技术、经济条件来决定，因为这两个因素的效应不显著。

用 Minitab 软件进行例 8-1 的试验设计，获得最优试验条件。在 Minitab 中，依次按照如下步骤操作：

依次单击 Stat→DOE→Taguchi→Create Taguchi Design；

单击 2-Level Design，Number of factors：7；

单击 Display Available Designs，来查看可用设计，选择 $L_8(2^7)$（即 7 因素 2 水平 8 次试验），单击 OK；

单击 Designs，OK；

单击 Factors，更改 Name 列为 "A"、"B"、"A × B"、"C"、"A × C"、"D"、"E"，单击 OK，OK；

在 C8 ~ C15 列输入观测值，也即表 8-2 中 R_{ij}，共 8 列；

依次单击 Stat→DOE→Taguchi→Analyze Taguchi Design；

选择 C8 ~ C15 列为响应数据（Response data）；

单击 Options，选择 Smaller is better，单击 OK，OK；可获得结果如下：

Response Table for Signal to Noise Ratios

Smaller is better

Level	A	B	A * B	C	A * C	D	E
1	-18.43	-22.09	-22.18	-20.94	-20.41	-21.45	-20.76
2	-23.02	-19.37	-19.28	-20.52	-21.05	-20.01	-20.70
Delta	4.59	2.71	2.90	0.42	0.64	1.43	0.06
Rank	1	3	2	6	5	4	7

根据各因素的水平合计值 K_{ij} 极差大小（Delta 行）来进行排序，极差越大，说明该因素取不同水平时对结果影响越大。软件计算结果的排序与例 8-1 分析完全一致；其中，水平行 1，2 两行数值乘 4，便为上述分析的 K_{1j} 与 K_{2j} 行。这是因为这里各因素每种水平分别出现 4 次，例题中，K_{ij} 的计算是取各自水平之和，而软件中取各水平平均值。

8.3 产品的三次设计

8.3.1 产品的三次设计的定义

产品质量取决于设计质量、制造质量和使用质量，而设计质量是形成产品质量关键的第一步。三次设计方法能提高产品的设计质量，并取得了显著的效果。三次设计（three-stage design）就是在专业设计的基础上，用试验设计技术方法来选择最佳的参数组合和最合理的容差范围，在实现预期目标的前提下，尽量用价格低廉的低级元器件或零部件来代替高级元器件或零部件来组装整机产品的优化设计方法。三次设计由系统设计、参数设计、容差设计三阶段组成。

1. 系统设计

系统设计是三次设计的第一步，也称专业设计或方案设计。它是运用系统工程的思想和方法，包括运用专业技术、可靠性设计、数据统计等通用技术，对产品的结构、性能、寿命、传动、材料等进行设计，以探讨最经济合理地满足用户要求的整个设计过程。系统设计的质量完全由专业技术水平的高低来决定。为了设计出具有某种输出特性的产品，专业技术人员利用专业知识和技术，对该产品整体系统结构进行设计。如设计一部机床，根据其输出特性的要求，需要采用什么样的结构形式，选用什么样的材料和零部件，采用怎样的加工方法和工艺路线、怎样的装配技术以及如何进行调试检验等，都要靠专业技术人员完成。系统设计是三次设计的基础，可以帮助选择要考察的因素和水平。但对结构复杂，特别是参数多、特性值多的产品，要全面考察各种参数组合的综合效应，单凭专业技术进行定性的判断是不够的，因为它无法定量地找到经济合理的最佳参数组合，这就必须依靠参数设计和容差设计。

2. 参数设计

参数设计是在系统设计的基础上，运用试验设计技术方法，对影响产品输出特性值的各项参数进行研究，求得各参数组合与输出特性值的关系；在不增加成本、不提高元器件或零部件精度的要求下，找出输出特性值波动最小的最佳参数水平组合的一种优化设计。所谓好的参数水平组合，表现为该参数水平组合不仅使产品达到高的性能，而且即使环境变化或元器件、零部件、材料有所波动、劣化，按这种参数水平组合制造出的产品的性能波动也很小并保持稳定。运用参数设计方法组装的整机参数搭配合理，即使元器件是三级品、波动大，也可以达到整机的性能好、价格低廉的目的。参数设计是容差设计的基础。

3. 容差设计

容差设计是三次设计的第三步，简单地说，容差设计就是设计因素的容差，容差为公差的一半，因此容差设计又称公差设计。经过系统设计、参数设计后，选择了最佳参数组合，决定了参数组合的中心值，但有些产品仍然达不到设计的目标值或者输出特性值，或者输出特性值的波动仍然比较大，此时就需要考虑选用较好的原材料、元器件或零部件，把影响输出特性值的因素进一步控制在较小的波动范围内，即进行容差设计。在容差设计中必须把产品的质量和成本进行综合平衡。

8.3.2　质量波动及其损失

1. 质量波动

由同一名工人在同一台机床上按照同一标准和工艺方法加工同样的零件，其质量特性是参差不齐的。用这样的零件组装的整机产品在使用中输出的功能特性值也是波动的，这种波动一般称为质量特性值的波动，简称质量波动。引起产品质量波动的原因称为质量干扰，质量干扰通常分为外部干扰、内部干扰和随机干扰。在产品质量的形成过程中，由于受到诸如温度、湿度、照明、材质、尘埃、电源电压、人为因素等外界环境因素与条件变化而引起的干扰称为外部干扰；由于元器件、零部件在库存或使用中的劣化、老化、磨损、内部组织结构改变等内在因素变化而引起的干扰称为内部干扰；由于受 5M1E（即人员、原材料、设备、加工方法、检测手段、环境）因素的影响而引起元器件、零部件乃至整机质量特性值产生波动称为随机干扰，也称为产品间的差异引起的干扰。

2. 质量波动损失

产品具有质量波动的性质，合格品出厂流入用户手中，使用一段时间后，发生精度下降、输出功能不稳定等就是质量波动现象。这时，用户必须支付费用进行维修保养，这就意味着产品质量波动必然给用户带来损失。

质量特性值的波动分为正常波动和异常波动。质量波动损失包括正常波动损失和异常波动损失。正常波动损失是指质量特性值的波动未超出容差范围给用户与社会带来损失；异常波动损失是指因为质量特性值的波动超出容差范围给用户与社会带来损失。下面举一个实例来说明正常波动损失。

例 8-2　日本索尼工厂和美国索尼工厂生产的彩色电视机质量水平的比较。对两家工厂彩色电视机的彩色均匀度进行比较后，发现两家工厂用的是同样的设计图纸，但美国索尼工厂生产的电视机彩色均匀度不好，美国人也不喜欢这种电视机而喜欢日本索尼工厂生产的电视机。这是什么原因呢？经过分析研究，两家工厂生产的电视机彩色均匀度的公差 T 均为 10，但其分布特性不同，日本索尼工厂的产品质量特性值分布基本上是服从以目标值 m_0 为中心的正态分布，此时，标准差约为公差 T 的 1/6，即 $\sigma_{JP}=\frac{2\Delta}{6}=\frac{10}{6}$，不良品率约为 0.3%，当产品质量特性值分布中心和公差中心重合时，日本索尼工厂产品的工序能力指数 C_p 为

$$C_p=\frac{T}{6\sigma_{JP}}=\frac{10}{6\times\frac{10}{6}}=1$$

美国索尼工厂生产的电视机彩色均匀度的质量特性值分布呈均匀分布，不良

品率几乎等于零，标准差等于公差 T 的$\frac{1}{\sqrt{12}}$，即 $\sigma_{US}=\frac{2\Delta}{\sqrt{12}}=\frac{10}{\sqrt{12}}$。此时，美国索尼工厂的工序能力指数为

$$C_p=\frac{T}{6\sigma_{US}}=\frac{10}{6\times\frac{10}{\sqrt{12}}}=0.577$$

由此可见，美国索尼工厂的工序能力严重不足，需采取措施加以改进。

日本索尼工厂的电视机之所以受到欢迎的根本原因在于其产品质量特性值多分布于目标值附近，远离目标值的居少数。美国索尼工厂的质量特性值均匀地分布于标准界限内，接近目标值的居少数。在不良品率的对比上，日本索尼工厂为0.3%，美国几乎为零；此时，日本索尼工厂的少数不良品可以通过产品质量检验予以检出或用户索赔来解决；而美国索尼工厂的产品未暴露出不良品，即使进行产品质量检验，也检验不出不良品，从而几乎全部流入市场，出厂平均质量水平低于日本索尼工厂。日本索尼工厂接近目标值的优质品的比例大，而美国索尼工厂产品质量一般者居多，因而美国索尼工厂的产品出厂后给用户带来的损失就大于日本索尼工厂（详见后面损失函数的计算）。这个实例说明符合公差要求的产品并不一定都是用户满意的好产品，更重要的是还要看产品质量特性值是否接近于设计公差的中心值（目标值），产品质量特性值以接近目标值为最理想，越远离目标值越不理想。因此，工厂产品质量的好坏不应单纯看其特性值是否符合公差要求，同时还应看质量特性值接近目标值的程度。这是因为公差只是人为决定的判断标准，并不表示产品内在质量的好坏，而内在质量的好坏主要由质量特性值偏离设计中心值的大小来决定。

3. 质量损失函数

产品质量特性值偏离目标值时，不管偏离多少都将给用户与社会带来损失。为了计算损失的大小，我们建立质量波动的损失函数，简称质量损失函数。

设 m_0 为工厂的目标值，Δ_0 为容差，产品质量特性值的波动范围为 $m_0\pm\Delta_0$，它表示容许产品质量特性值 y 围绕 m_0 有 $\pm\Delta_0$ 的波动，也就是说只要波动不超过 $m_0\pm\Delta_0$ 就是良品，超出 $m_0\pm\Delta_0$ 就是不良品。设质量波动超过 $m_0\pm\Delta_0$ 作不良品处理，给工厂带来的损失为 A 元，超出 $m_0\pm\Delta_0$ 作为良品出厂或流入下道工序给用户或下道工序带来的损失为 D 元，显然，$D>A$；若质量波动未超过 $m_0\pm\Delta_0$，虽然作为良品通过，但由于存在质量波动，质量特性值 y 必偏离目标值 m_0，即使偏离不多也会带来损失，其损失必然小于 A 元。设质量特性值为 y 的产品，出厂后给用户造成的损失为 $L(y)$ 。若 y 等于目标值 m_0 时，$L(y)$ 为最小，设此时损失为零，即当 $y=m_0$（输出特性值达到输出目标值）时，则有

$$L(y)=L(m_0)=0 \tag{8-29}$$

当 $y=m_0$ 时，由于 $L(y)$ 的值取极小值，这时损失函数的导数为零，即

$$L'(y) = L'(m_0) = 0 \tag{8-30}$$

当质量特性值 y 偏离 m_0 达到 $\pm\Delta_0$ 时，即

$$\begin{aligned} y - m_0 = \Delta_0, y = m_0 + \Delta_0 \\ m_0 - y = \Delta_0, y = m_0 - \Delta_0 \end{aligned} \tag{8-31}$$

$$L(y) = L(m_0 + \Delta_0) = L(m_0 - \Delta_0) = D \tag{8-32}$$

围绕着目标值 m_0 对损失函数 $L(y)$ 作泰勒展开得出

$$\begin{aligned} L(y) &= L(m_0 + y - m_0) \\ &= L(m_0) + \frac{L'(m_0)}{1!}(y - m_0) + \frac{L''(m_0)}{2!}(y - m_0)^2 + \frac{L'''(m_0)}{3!}(y - m_0)^3 + \cdots \end{aligned} \tag{8-33}$$

由式（8-29）、式（8-30）知，泰勒展开式的第一项 $L(m_0)$ 和第二项 $L'(m_0)(y-m_0)$ 均为零。这样，损失函数的首项就是第三项，即质量损失函数在 $y=m_0$ 附近近似为二次曲线（抛物线）。若将三次以上的微分项略去，则损失函数近似地用泰勒展开式中的第三项表示

$$L(y) \approx \frac{L''(m_0)}{2!}(y - m_0)^2 \tag{8-34}$$

令 $\frac{L''(m_0)}{2!}=k$，则式（8-34）可写成

$$L(y) = k(y - m_0)^2 \tag{8-35}$$

根据式（8-32），把 $y = m_0 + \Delta_0$ 以及 $L(y) = L(m_0 + \Delta_0) = D$ 代入式(8-35)，得

$$D = L(m_0 + \Delta_0) = k(m_0 + \Delta_0 - m_0)^2 = k\Delta_0^2 \tag{8-36}$$

由式（8-36）知

$$k = \frac{L(m_0 + \Delta_0)}{\Delta_0^2} = \frac{D}{\Delta_0^2} \tag{8-37}$$

式（8-35）称为质量波动的损失函数的表达式，它既适用于大量生产，也适用于单件小批量生产。其中，比例常数 k 可由式（8-37）求出，那么，如何求出式（8-35）中的 $(y-m_0)^2$ 呢？对于大量生产来说，可用产品质量特性观测值 y_i 与目标值 m_0 之差的平方和的平均值计算

$$(y - m_0)^2 = \sigma^2 = \frac{1}{n}\sum_{i=1}^{n}(y_i - m_0)^2 \tag{8-38}$$

其中，σ^2 表示产品质量特性值分散情况。由式（8-38）得

$$L(y) = k(y - m_0)^2 = k\sigma^2 = \frac{k}{n}\sum_{i=1}^{n}(y_i - m_0)^2 \tag{8-39}$$

对于单件小批量生产来说，可用观测值 y 与目标值 m_0 之差平方计算，即取

$$(y-m_0)^2=\sigma^2 \tag{8-40}$$

由式（8-40），得

$$L(y)=k(y-m_0)^2=k\sigma^2 \tag{8-41}$$

式（8-38）和式（8-40）不同于通常所用的样本方差 σ^2 计算式

$$\sigma^2=\frac{1}{n}\sum_{i=1}^{n}(x_i-\bar{x})^2 \tag{8-42}$$

式（8-42）是着眼于观测值与样本均值之偏差，而式（8-38）与式（8-40）则着眼于样本观测值与目标值之偏差。现仍以例 8-2 日本索尼工厂同美国索尼工厂生产的彩色电视机质量对比加以说明。

在例 8-2 中，假定用户因彩色电视机的彩色均匀度的质量波动而蒙受损失 $D=6$元，两厂的产品质量波动容许范围为 $m_0\pm5$，容差 $\Delta_0=5$，则 $k=\frac{D}{\Delta_0^2}=\frac{6}{5^2}=0.24$。因此，质量波动损失函数为 $L(y)=k\sigma^2=0.24\sigma^2$。

已知日本索尼工厂的标准差为公差 T 的 1/6，美国索尼工厂的标准差为公差 T 的 $1/\sqrt{12}$，而容差 $\Delta_0=5$，$T=2\Delta_0=10$，因此，日本索尼工厂的产品样本方差 $\sigma_{JP}^2=(10/6)^2$，美国索尼工厂的产品样本方差 $\sigma_{US}^2=(10/\sqrt{12})^2$。由此可以计算出用户损失，见表 8-6。

表 8-6　两家工厂的质量波动损失

数据 / 工厂	标准值	σ	σ^2	k	$L(y)=k\sigma^2$	不良率
日本索尼工厂	$m_0\pm5$	10/6	$(10/6)^2$	$6/5^2$	$6/5^2\times(10/6)^2=0.67$ 元	0.27%
美国索尼工厂	$m_0\pm5$	$10/\sqrt{12}$	$(10/\sqrt{12})^2$	$6/5^2$	$6/5^2\times(10/\sqrt{12})^2=2$ 元	0

由表 8-6 可知，尽管日本索尼工厂的产品不良率比美国索尼工厂略高，但其质量波动损失（即给用户带来的损失）仅为美国索尼工厂的三分之一（0.67:2≈1:3)，所以其质量水平是美国索尼工厂的三倍。这就是日本索尼工厂生产的彩色电视机的竞争力大于美国索尼工厂的原因。

8.3.3　参数设计

1. 参数设计概述

参数设计是在系统设计决定了产品或系统及其构成后，以正交表为基本工具，运用试验设计技术进行的一种优化设计。参数设计的目的在于在受控因素水平变化时，探讨外部干扰、内部干扰和随机干扰的综合波动会发生多大变化，以寻求尽可能不受干扰影响的最佳参数水平组合，从而设计出质量稳定可靠、成本

合理的产品或系统。

产品设计的经验表明，元器件、零部件全部采用优质品，整机质量特性未必达到优质品，这是因为整机产品质量既取决于整机的设计质量，又取决于元器件和零部件及其参数水平的组合。若设计方法得当，搭配使用低质与优质元器件和零部件，也能设计出优质的整机产品来。参数设计正是使用一部分质低、波动大、成本低的元器件和零部件，运用试验设计技术设计出输出特性值（目的特性值）稳定的优质产品或系统的有效方法。参数设计是质量的优化设计，是设计出稳定性好、可靠性高的产品或系统的最重要的设计阶段，也是质量设计的核心阶段。

2. 参数设计的基本原理

参数设计是一种非线性设计。实践表明许多工业产品的目的特性与参数水平（因素水平）组合之间均存在着不同的非线性函数关系。图8-1为某些产品的质量特性 y 与原因特性的参数组合 x 之间存在的非线性关系。由图8-1知，当 x 处于 x_0 时，其波动值为 Δx_0，此时目的特性为 y_0，与目标值一致，但其波动幅度为 Δy_0；若通过参数设计找到新的参数水平组合，当 x 处于 x_1 时，此时波动值为 Δx_1，相应目的特性值为 y_1，其波动幅度为 Δy_1。可以看出，在 $\Delta x_1 > \Delta x_0$ 的情况下，$\Delta y_1 \ll \Delta y_0$，这是因为参数水平组合与目的特性值间存在非线性关系，只要合理地选择参数水平组合，就能大大减少目的特性值的波动范围，然而，此时目的特性值 y 也发生了偏移，即由 y_0 移至 y_1，产生了偏移量 $\sum = y_1 - y_0$。那么，如何来纠正这个偏移量 $\sum$，使其目的特性值的波动小，又不改变目的特性值呢？为此，需要在产品设计中找到一种参数水平值 z 与目的特性值 y 呈线性关系的零件，如图8-2，即 $y = \varphi(z) = az + b$，通过改变该零件的参数水平值 z，使其从原来的 z_1 移到 z_0，即取参数水平组合为 x_1z_0，使目的特性值从 y_1 下降到 y_0，并使 $y_0 - y_1 = -\sum$，于是，偏移量 $\sum$ 就得到补偿。现用例8-3加以说明。

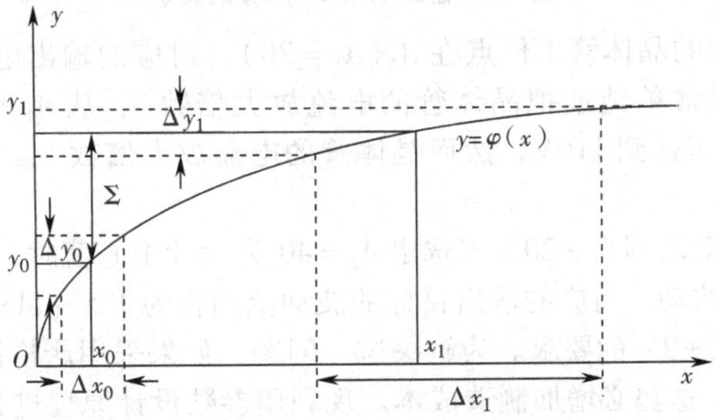

图8-1　目的特性与原因特性的非线性关系

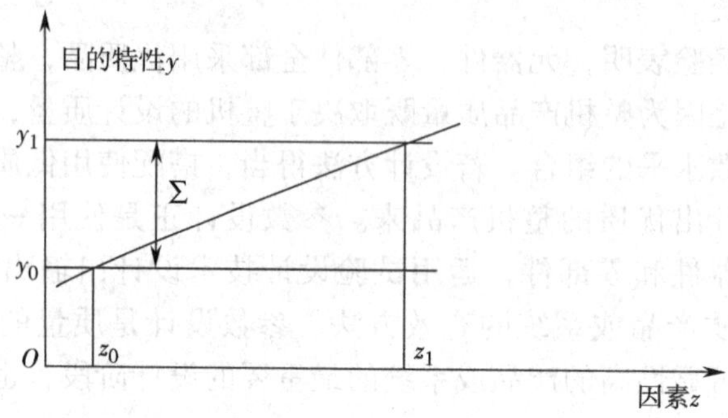

图 8-2 线性关系进行偏移量补偿

例 8-3 某晶体管稳压器输入为 220V 的交流电压，要求输出目标值为 110V 的直流电压，波动幅度必须控制在 ±2V。决定稳压电路输出特性的主要因素为晶体管的电流放大倍数 h_{FE}，h_{FE} 与输出直流电压呈非线性关系，调节电阻 R 的大小与输出直流电压呈线性关系，晶体管的电流放大倍数 h_{FE} 与输出电压之间的关系曲线，如图 8-3 所示。

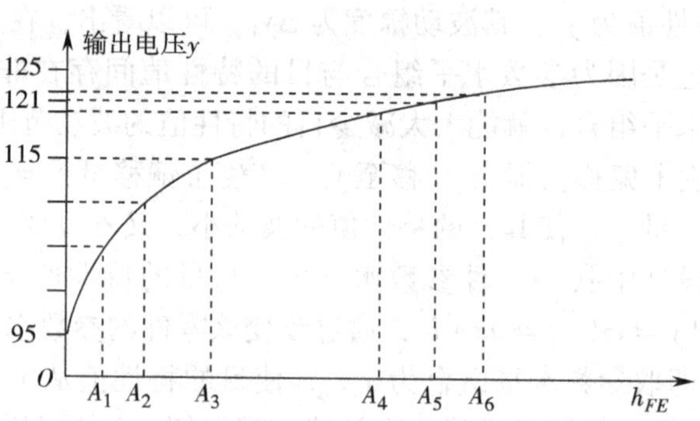

图 8-3 输出电压 y 与 h_{FE} 的关系

若稳压电源的晶体管工作点在 A_1（$A_1=20$），对应的输出电压为 105V。这时，设计人员常常单纯地把晶体管的电流放大倍数 h_{FE} 从 A_1 调整到 A_2（$A_2=40$），使输出电压达到 110V，然而晶体管的电流放大倍数 h_{FE} 总会有一定范围的波动。

若 h_{FE} 的波动范围为 ±20，当选定 $A_2=40$ 为设计中心值时，h_{FE} 将在 20 ~ 60（A_1 ~ A_3）之间波动，对应的输出目标的波动范围将为 105 ~ 118V，不符合波动幅度必须控制在 ±2V 的要求。为解决这一问题，如果采用严格挑选元件以减少 h_{FE} 的波动范围，这势必增加制造成本。现利用参数设计原理进行优化设计来解决该问题。由图 8-3 知，当 $A_5=140$ 时，对应着输出特性曲线变化的平滑区，此时输出电压波动幅度为 120 ~ 122V 之间，波动幅度大大减少，但这时的输出电压为121V，比要求的目标值110V产生了一个$\sum=11\text{V}$的偏移量。此偏移量可用线性元件电阻R来进行线性抵消，即通过改变电阻R的大小来调整输出电压，使其达到110V。当电阻从原来的R_2调整到R_5时，使电路产生$-\sum$的偏移量，把输出电压从121 V恢复到110V。这样可找到晶体管h_{FE}与电阻的最佳参数组合是A_5R_5，即h_{FE}取A_5，电阻R取R_5时，输出电压达到目标值110V，波动幅度下降到±1V，符合±2V的标准。

8.3.4 参数设计的应用案例

例8-4 以惠斯登电桥的设计为例介绍参数设计的方法。图8-4所示为惠斯登电桥，其中X为电流表的电流值，Y为未知电阻，A，B，C，D，F为已知电阻，E为已知电压，当预测未知电阻Y时，可将其置于a，b之间，调整电阻B使电流表的电流读数为零，则此时可通过关系式$Y=BD/C$求出未知电阻Y的值。通常，电流表的电流读数X不一定正好为零，设仍有±0.2mA左右的电流通过，根据电学知识，这些参数间的关系为

$$Y=\frac{BD}{C}-\frac{X}{C^2E}[A(C+D)+D(B+C)][B(C+D)+F(B+C)] \tag{8-43}$$

这种参数设计问题可以归结为，为了测量元器件的未知电阻Y，电桥元件的参数A，C，D，E，F的中心值应该选取什么数值才能使测量误差（与被测物体电阻的目标值Y相比，即相对误差）达到最小？

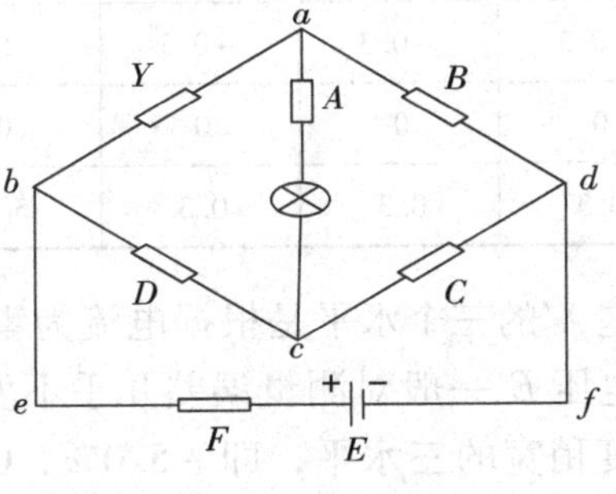

图8-4 惠斯登电桥

用SN比法求解该问题的步骤如下：

1. 选择因素水平

组成电桥的元件A，C，D，E，F是人们可以任意选择其中心值的，故可作为可控因素。电阻B是调整电流使电流表的读数为零的参数，而X的中心值要求为零，故两者都不是可控因素。但不管是否是可控因素，B与X总会在其中心值附近波动，故它们又都是带有误差的误差因素。在参数设计中，不论是可控因素还是误差因素通常都取三个水平。参数设计主要是利用非线性技术，故可控因

素的三个水平间距可以大些，而误差因素的三个水平的间距要小些。根据系统设计所确定的水平（即选作第二水平）$A_2=100\Omega$，$C_2=10\Omega$，$D_2=10\Omega$，$E_2=6V$，$F_2=10\Omega$ 作为初始条件，以初始条件为第二水平，第二水平的1/5为第一水平，第二水平的5倍为第三水平，可控因素水平如表8-7所示。

表8-7 可控因素水平表

水平	因素				
	A/Ω	C/Ω	D/Ω	E/V	F/Ω
1	20	2	2	1.2	2
2	100	10	10	6	10
3	500	50	50	30	50

本例中的内部干扰与外部干扰导致了电桥元件的波动，故可选为误差因素。假定选用廉价元件，并估计其变化范围，所选取误差因素的三个水平如表8-8所示。

表8-8 误差因素的三水平

水平	因素						
	A'（%）	B'（%）	C'（%）	D'（%）	E'（%）	F'（%）	X'/mA
1	-0.3	-0.3	-0.3	-0.3	-5.0	-0.3	-0.2
2	0	0	0	0	0	0	0
3	0.3	0.3	0.3	0.3	5.0	0.3	0.2

电流表的读数值误差X'的三个水平是根据电流为零时可能还有0.2mA的电流通过而确定的；电源电压E'一般对测量误差几乎不发生影响，假定选用廉价电池，按其中心值作幅度稍宽的三水平，即-5.0%，0.0%，5.0%。电阻对测量误差的影响是比较大的，按其标示电阻值作幅度较小的三水平，即-0.3%，0%，0.3%。

2. 选择正交表及表头设计

试验用一张内侧正交表（内表）L_N 安排可控因素；用一张外侧正交表（外表）L_M 安排误差因素。内表的每一个试验条件要对应一个外表，因此，试验条件共有 $N\times M$ 个，N 是内表的试验条件数，M 是外表的试验条件数。可控因素与误差因素以取三水平为宜。本例的内表与外表均选取 $L_{27}(3^{13})$。内表、外表的表头设计分别如表8-9、表8-10所示。

表 8-9　内表的表头设计

因素	A		C	D	E	F							
列号	1	2	3	4	5	6	7	8	9	10	11	12	13

表 8-10　外表的表头设计

因素	A'	B'	C'	D'	E'	F'	X'						
列号	1	2	3	4	5	6	7	8	9	10	11	12	13

3. 试验方案的确定

本例的内表是把可控因素 A，C，D，E，F 分别配列于 $L_{27}(3^{13})$ 正交表的第 1，3，4，5，6 列而得的，对应的 27 组试验条件（No. 1 ~ No. 27），如表 8-11 所示（该数据的计算过程在下文中给出）。

表 8-11　内表试验条件及数据值

No	A		C	D	E	F								数据 (dB)
	1	2	3	4	5	6	7	8	9	10	11	12	13	
1	1	1	1	1	1	1	1	1	1	1	1	1	1	-6.02
2	1	1	1	1	2	2	2	2	2	2	2	2	2	-6.02
3	1	1	1	1	3	3	3	3	3	3	3	3	3	-6.02
4	1	2	2	2	1	1	1	2	2	2	3	3	3	-6.02
5	1	2	2	2	2	2	2	3	3	3	1	1	1	-6.02
6	1	2	2	2	3	3	3	1	1	1	2	2	2	-6.02
7	1	3	3	3	1	1	1	3	3	3	2	2	2	-6.03
8	1	3	3	3	2	2	2	1	1	1	3	3	3	-6.02
9	1	3	3	3	3	3	3	2	2	2	1	1	1	-6.02
10	2	1	2	3	1	2	3	1	2	3	1	2	3	-7.24
11	2	1	2	3	2	3	1	2	3	1	2	3	1	-6.93
12	2	1	2	3	3	1	2	3	1	2	3	1	2	-6.02
13	2	2	3	1	1	2	3	2	3	1	3	1	2	-7.10
14	2	2	3	1	2	3	1	3	1	2	1	2	3	-6.23
15	2	2	3	1	3	1	2	1	2	3	2	3	1	-6.02
16	2	3	1	2	1	2	3	3	1	2	2	3	1	-7.36
17	2	3	1	2	2	3	1	1	2	3	3	1	2	-7.06
18	2	3	1	2	3	1	2	2	3	1	1	2	3	-6.02
19	3	1	3	2	1	3	2	1	3	2	1	3	2	-16.03

（续）

No	A		C	D	E	F								数据
	1	2	3	4	5	6	7	8	9	10	11	12	13	(dB)
20	3	1	3	2	2	1	3	2	1	3	2	1	3	-6.08
21	3	1	3	2	3	2	1	3	2	1	3	2	1	-6.03
22	3	2	1	3	1	3	2	2	1	3	3	2	1	-39.67
23	3	2	1	3	2	1	3	3	2	1	1	3	2	-7.92
24	3	2	1	3	3	2	1	1	3	2	2	1	3	-6.80
25	3	3	2	1	1	3	2	3	2	1	2	1	3	-19.50
26	3	3	2	1	2	1	3	1	3	2	3	2	1	-6.10
27	3	3	2	1	3	2	1	2	1	3	1	3	2	-6.03

本例的外表是把误差因素 A'，B'，C'，D'，E'，F'，X'分别也配列于 $L_{27}(3^{13})$ 正交表。内表有 27 组试验，该 27 组试验中的每组试验分别安排 27 张外表，在外表中的误差因素水平是根据内表各组试验的可控因素水平组合并结合可控因素各自取值幅度来确定的。如在内表的第 1 号试验中，由于可控因素 A，C，D，E，F 均取第 1 水平，因而误差因素 A'，B'，C'，D'，E'，F'，X'的三水平如表 8-12 所示，其中，A'，C'，D'，E'，F'的第 2 水平即是内表对应的水平，而 B'的第 2 水平按式（8-43）求出（其中 Y 按要求为 2，X'的第 2 水平按要求为 0）。

表 8-12　No. 1 试验条件可控因素第 1 水平的误差因素三水平

水　平	误差因素						
	A'/Ω	B'/Ω	C'/Ω	D'/Ω	E'/V	F'/Ω	X'/A
1	19.94	1.994	1.994	1.994	1.14	1.994	-0.0002
2	20.00	2.000	2.000	2.000	1.20	2.000	0
3	20.06	2.006	2.006	2.006	1.26	2.006	0.0002

A'，B'，C'，D'，F'的三水平分别为：中心值 $X(1-0.3\%)$，中心值 X，中心值 $X(1+0.3\%)$。E'的三水平为：中心值 $X(1-0.5\%)$，中心值 X，中心值 $X(1+0.5\%)$；X'的三水平为：$-0.0002\mathrm{A}$，$0\mathrm{A}$，$0.0002\mathrm{A}$。

如电阻 A 的中心值取 20.00Ω 时，则其误差因素的第 1 水平为 $20\times(1-0.3\%)=19.94\Omega$，第 2 水平为 20Ω，第 3 水平为 $20\times(1+0.3\%)=20.06\Omega$。又如电压 E 的中心值取 1.2V 时，则其误差因素的第 1 水平为 $1.2\times(1-5\%)=1.14\mathrm{V}$，第 2 水平为 1.2V，第 3 水平为 $1.2\times(1+5\%)=1.26\mathrm{V}$。

这样，把表 8-12 所示的误差因素三水平配列于 $L_{27}(3^{13})$ 正交表的第 1，2，3，4，5，6，7 列中，可得到外表（也称误差因素正交表），如表 8-13 所示，即

表 8-13 为内表（表 8-11）第 1 号试验条件所对应的外表。此外，与内表的 No. 2、No. 3、…、No. 27 试验条件相对应的外表，在处理上相同，从略。

把误差因素配列于外表后，可用表 8-13 的试验条件按式（8-43）进行计算。例如表 8-13 中第 1 号条件的 Y 值可由式（8-43）得到，即

$$
\begin{aligned}
Y &= \frac{BD}{C} - \frac{X}{C^2E}[A(C+D)+D(B+C)][B(C+D)+F(B+C)] \\
&= \frac{1.994^2}{1.994} - \frac{-0.0002}{1.994^2 \times 1.14} \times [19.94 \times (1.994+1.994) + 1.994 \times (1.994+1.994)] \times \\
&\quad [1.994 \times (1.994+1.994) + 1.994 \times (1.994+1.994)] \\
&= 2.055384
\end{aligned}
$$

对表 8-13 的其他试验条件都计算出 Y 值，共得 27 个数据，如表 8-13 “No. 1 条件” 栏所示。

表 8-13　No. 1 试验条件对应各误差因素的 Y 值

No	A'	B'	C'	D'	E'	F'	X'	e	e	e	e	e	e	Y 值
	1	2	3	4	5	6	7	8	9	10	11	12	13	
1	1	1	1	1	1	1	1	1	1	1	1	1	1	2.055
2	1	1	1	1	2	2	2	2	2	2	2	2	2	1.994
3	1	1	1	1	3	3	3	3	3	3	3	3	3	1.938
4	1	2	2	2	1	1	1	2	2	2	3	3	3	2.061
5	1	2	2	2	2	2	2	3	3	3	1	1	1	2.000
6	1	2	2	2	3	3	3	1	1	1	2	2	2	1.944
7	1	3	3	3	1	1	1	3	3	3	2	2	2	2.068
8	1	3	3	3	2	2	2	1	1	1	3	3	3	2.006
9	1	3	3	3	3	3	3	2	2	2	1	1	1	1.950
10	2	1	2	3	1	2	3	1	2	3	1	2	3	1.938
11	2	1	2	3	2	3	1	2	3	1	2	3	1	2.059
12	2	1	2	3	3	1	2	3	1	2	3	1	2	2.000
13	2	2	3	1	1	2	3	2	3	1	3	1	2	1.927
14	2	2	3	1	2	3	1	3	1	2	1	2	3	2.046
15	2	2	3	1	3	1	2	1	2	3	2	3	1	1.988
16	2	3	1	2	1	2	3	3	1	2	2	3	1	1.950
17	2	3	1	2	2	3	1	1	2	3	3	1	2	2.071
18	2	3	1	2	3	1	2	2	3	1	1	2	3	2.012
19	3	1	3	2	1	3	2	1	3	2	1	3	2	1.988

（续）

No	A′	B′	C′	D′	E′	F′	X′	e	e	e	e	e	e	Y值
	1	2	3	4	5	6	7	8	9	10	11	12	13	
20	3	1	3	2	2	1	3	2	1	3	2	1	3	1.930
21	3	1	3	2	3	2	1	3	2	1	3	2	1	2.044
22	3	2	1	3	1	3	2	2	1	3	3	2	1	2.012
23	3	2	1	3	2	1	3	3	2	1	1	3	2	1.953
24	3	2	1	3	3	2	1	1	3	2	2	1	3	2.068
25	3	3	2	1	1	3	2	3	2	1	2	1	3	2.000
26	3	3	2	1	2	1	3	1	3	2	3	2	1	1.941
27	3	3	2	1	3	2	1	2	1	3	1	3	2	2.056

同样，另外26张外表所示的试验条件也都进行试验或计算，共可得到27批数据，根据这27批数据，就可以进行数据分析。

4. 数据的统计分析

（1）计算内表各组试验条件的*SN*比。使*SN*比的η值（dB）最大化的参数水平组合，就是未知电阻测量值Y的误差方差最小化的最佳条件。*SN*比的计算式为

$$\eta = -10\lg\left(\frac{y_1^2 + y_2^2 + \cdots + y_n^2}{n}\right)\text{dB} \tag{8-44}$$

在这里，y_1，y_2，…，y_{27}表示内表的第1组试验条件对应的外表（表8-13）的27个数据。

用同样方法算出内表中其余26组试验条件的*SN*比的η值，可得到表8-11末列的数据，用此数据来进行方差分析。

（2）*SN*比的方差分析。计算27次试验分贝值总和$T = \sum_{i=1}^{27} \eta_i = -228.36$，然后把第$i$个因素的三水平值分别相加，得到各因素水平合计值$K_{ij}$，如表8-14所示。

（3）计算总偏差平方和S_T及各因素的偏差平方和S_j。

$$S_T = \sum_{i=1}^{27} \eta_i^2 - \frac{T^2}{n} = 1264.70$$

$$S_j = \frac{(K_{1j}^2 + K_{2j}^2 + K_{3j}^2)}{r} - \frac{T^2}{n}$$

式中，r为各水平的重复次数，求得数据如表8-14所示。

（4）计算自由度f。

$$f_T = n - 1 = 27 - 1 = 26$$

$$f_A = f_C = f_D = f_E = f_F = 3 - 1 = 2$$

$$f_e = f_T - \sum f_i = 26 - 2 \times 5 = 16$$

表 8-14 试验方案及结果计算分析

试验号	因素					分贝值 η_i/dB
	A	C	D	E	F	
	1	2	3	4	5	
1	1	1	1	1	1	-6.023
2	1	1	1	2	2	-6.022
3	1	1	1	3	3	-6.021
4	1	2	2	1	1	-6.023
5	1	2	2	2	2	-6.023
6	1	2	2	3	3	-6.021
7	1	3	3	1	1	-6.027
8	1	3	3	2	2	-6.022
9	1	3	3	3	3	-6.022
10	2	2	3	1	2	-7.239
11	2	2	3	2	3	-6.934
12	2	2	3	3	1	-6.021
13	2	3	1	1	2	-7.097
14	2	3	1	2	3	-6.233
15	2	3	1	3	1	-6.022
16	2	1	2	1	2	-7.360
17	2	1	2	2	3	-7.063
18	2	1	2	3	1	-6.021
19	3	3	2	1	3	-16.034
20	3	3	2	2	1	-6.083
21	3	3	2	3	2	-6.028
22	3	1	3	1	3	-39.673
23	3	1	3	2	1	-7.920
24	3	1	3	3	2	-6.803
25	3	2	1	1	3	-19.501
26	3	2	1	2	1	-6.095
27	3	2	1	3	2	-6.033
K_{1j}	-54.20	-92.91	-69.05	-114.98	-56.24	
K_{2j}	-59.99	-69.89	-66.66	-58.40	-58.63	$T=-228.36$
K_{3j}	-114.17	-65.57	-92.66	-54.99	-113.50	
S_j	243.14	47.99	45.91	252.28	233.20	$S_T=1264.70$

（5）进行方差分析，见表 8-15 计算结果。

1）将 A，C，D，E，F，e，T 填入表 8-15 的第 1 列，其中 e 为误差因素，即除去可控因素，其他的内外部干扰、随机干扰等对产品质量特性值有影响的其他因素的总称。

2）将各因素（可控因素和误差因素）的平方和填入第 2 列，其中 $S_e = S_T - S_A - S_C - S_D - S_E - S_F = 442.18$。

3）在第 3 列填入各因素自由度。

4）各误差因素平方和除以各自的自由度，得到均方值，填入第 4 列。

5）各因素均方相比，C 和 D 两因素远小于其他三因素，因此包含进误差因素 e，得到总误差因素 e'，可求出 e'的平方和、自由度、均方。

6）A，E，F 的均方与总误差因素 e'相比，可得 F 值。

7）可控因素 A，E，F 自由度为 2，总误差因素 e' 自由度为 20，求出 $\alpha = 0.01$ 及 $\alpha = 0.05$ 时的 F_α，用 F 值与 F_α 值比较，可得各因素的显著性。F 值高于 $F_{0.01}$的，为高显著因素，标记 **；介于 $F_{0.01}$与 $F_{0.05}$之间的为显著因素，标记 *；低于 $F_{0.05}$的为不显著因素，不予标记。

表 8-15　方差分析

方差来源	平方和 S	自由度 f	均方 V	F 值	F_α	显著性
A	243.14	2	121.57	4.54		*
C	47.99	2	24.00			
D	45.91	2	22.95		$F_{0.01}(2, 20) = 5.85$	
E	252.28	2	126.14	4.71	$F_{0.05}(2, 20) = 3.49$	*
F	233.20	2	116.60	4.35		*
e	442.18	16	27.64			
e'	536.08	20	26.80			
T	1264.70	26				

由表 8-15 可见，没有因素是高度显著的，A，E，F 为显著因素。通过结果分析，选 SN 比大的组合，如 A 因素，K_{1j}最大，选取第一水平，以此类推，可得最佳条件为 $A_1C_3D_2E_3F_1$；即电阻 A，C，D，F 分别取 20Ω、50Ω、10Ω、2Ω；电源 E 取 30V。

5. 用 Minitab 软件求解该案例的最优参数组合

利用 Minitab 软件获取 $L_{27}(3^{13})$ 的正交表，进行试验设计，如表 8-16 所示。

表 8-16 内表可控因素配列

No	*A*	*e*	*C*	*D*	*E*	*F*	*e*	*e*	*e*	*e*	*e*	*e*	*e*
1	1	1	1	1	1	1	1	1	1	1	1	1	1
2	1	1	1	1	2	2	2	2	2	2	2	2	2
3	1	1	1	1	3	3	3	3	3	3	3	3	3
4	1	2	2	2	1	1	1	2	2	2	3	3	3
5	1	2	2	2	2	2	2	3	3	3	1	1	1
6	1	2	2	2	3	3	3	1	1	1	2	2	2
7	1	3	3	3	1	1	1	3	3	3	2	2	2
8	1	3	3	3	2	2	2	1	1	1	3	3	3
9	1	3	3	3	3	3	3	2	2	2	1	1	1
10	2	1	2	3	1	2	3	1	2	3	1	2	3
11	2	1	2	3	2	3	1	2	3	1	2	3	1
12	2	1	2	3	3	1	2	3	1	2	3	1	2
13	2	2	3	1	1	2	3	2	3	1	3	1	2
14	2	2	3	1	2	3	1	3	1	2	1	2	3
15	2	2	3	1	3	1	2	1	2	3	2	3	1
16	2	3	1	2	1	2	3	3	1	2	2	3	1
17	2	3	1	2	2	3	1	1	2	3	3	1	2
18	2	3	1	2	3	1	2	2	3	1	1	2	3
19	3	1	3	2	1	3	2	1	3	2	1	3	2
20	3	1	3	2	2	1	3	2	1	3	2	1	3
21	3	1	3	2	3	2	1	3	2	1	3	2	1
22	3	2	1	3	1	3	2	2	1	3	3	2	1
23	3	2	1	3	2	1	3	3	2	1	1	3	2
24	3	2	1	3	3	2	1	1	3	2	2	1	3
25	3	3	2	1	1	3	2	3	2	1	2	1	3
26	3	3	2	1	2	1	3	1	3	2	3	2	1
27	3	3	2	1	3	2	1	2	1	3	1	3	2

在 Minitab14 中，依次按照如下步骤操作：

依次单击 Stat→DOE→Taguchi→Create Taguchi Design；

单击 3-Level Design，Number of factors：13；

单击 Designs，OK，OK；

在 C14 ~ C40 列输入数据，数据如表 8-17 所示；其中每一行代表一组实验的

27 个实验结果，共 27 组。

表 8-17 Minitab 田口设计数据

1	2	3	4	5	6	7	8	9
2. 06	1. 99	1. 94	2. 06	2. 00	1. 94	2. 07	2. 01	1. 95
2. 03	1. 99	1. 96	2. 04	2. 00	1. 97	2. 04	2. 01	1. 97
2. 03	1. 99	1. 96	2. 03	2. 00	1. 97	2. 04	2. 01	1. 98
2. 05	1. 99	1. 94	2. 06	2. 00	1. 95	2. 06	2. 01	1. 95
2. 06	1. 99	1. 94	2. 06	2. 00	1. 94	2. 07	2. 01	1. 95
2. 02	1. 99	1. 97	2. 02	2. 00	1. 98	2. 03	2. 01	1. 98
2. 09	1. 99	1. 91	2. 10	2. 00	1. 91	2. 10	2. 01	1. 92
2. 04	1. 99	1. 95	2. 05	2. 00	1. 96	2. 05	2. 01	1. 96
2. 03	1. 99	1. 96	2. 04	2. 00	1. 97	2. 04	2. 01	1. 97
3. 45	1. 99	0. 67	3. 46	2. 00	0. 68	3. 46	2. 01	0. 68
3. 23	1. 99	0. 87	3. 24	2. 00	0. 87	3. 24	2. 01	0. 88
2. 01	1. 99	1. 98	2. 02	2. 00	1. 98	2. 03	2. 01	1. 99
3. 35	1. 99	0. 77	3. 36	2. 00	0. 77	3. 37	2. 01	0. 77
2. 57	1. 99	1. 47	2. 57	2. 00	1. 48	2. 58	2. 01	1. 48
2. 04	1. 99	1. 96	2. 04	2. 00	1. 96	2. 05	2. 01	1. 97
3. 53	1. 99	0. 60	3. 54	2. 00	0. 60	3. 54	2. 01	0. 61
3. 33	1. 99	0. 78	3. 33	2. 00	0. 79	3. 34	2. 01	0. 79
2. 01	1. 99	1. 98	2. 02	2. 00	1. 98	2. 03	2. 01	1. 99
9. 68	1. 99	4. 99	9. 69	2. 00	4. 99	9. 70	2. 01	4. 99
2. 30	1. 99	1. 72	2. 31	2. 00	1. 72	2. 31	2. 01	1. 73
2. 10	1. 99	1. 90	2. 10	2. 00	1. 91	2. 11	2. 01	1. 91
125. 0	1. 99	110. 0	125. 1	2. 00	110. 0	125. 1	2. 01	110. 0
3. 89	1. 99	0. 28	3. 90	2. 00	0. 28	3. 91	2. 01	0. 28
3. 13	1. 99	0. 96	3. 14	2. 00	0. 97	3. 14	2. 01	0. 97
13. 79	1. 99	8. 74	13. 80	2. 00	8. 73	13. 81	2. 01	8. 73
2. 33	1. 99	1. 69	2. 34	2. 00	1. 69	2. 34	2. 01	1. 70
2. 13	1. 99	1. 87	2. 13	2. 00	1. 88	2. 14	2. 01	1. 88
10	**11**	**12**	**13**	**14**	**15**	**16**	**17**	**18**
1. 94	2. 06	2. 00	1. 93	2. 05	1. 99	1. 95	2. 07	2. 01
1. 96	2. 04	2. 00	1. 95	2. 02	1. 99	1. 97	2. 05	2. 01

（续）

10	11	12	13	14	15	16	17	18
1.97	2.03	2.00	1.96	2.02	1.99	1.98	2.04	2.01
1.94	2.06	2.00	1.93	2.04	1.99	1.95	2.07	2.01
1.94	2.06	2.00	1.93	2.05	1.99	1.95	2.07	2.01
1.98	2.02	2.00	1.96	2.01	1.99	1.99	2.03	2.01
1.90	2.09	2.00	1.89	2.08	1.99	1.91	2.11	2.01
1.95	2.04	2.00	1.94	2.03	1.99	1.97	2.06	2.01
1.96	2.03	2.00	1.95	2.02	1.99	1.98	2.05	2.01
0.53	3.40	2.00	0.53	3.37	1.99	0.54	3.41	2.01
0.75	3.19	2.00	0.75	3.17	1.99	0.76	3.20	2.01
1.98	2.02	2.00	1.97	2.01	1.99	1.99	2.03	2.01
0.64	3.29	2.00	0.63	3.28	1.99	0.64	3.31	2.01
1.43	2.55	2.00	1.41	2.54	1.99	1.43	2.56	2.01
1.96	2.04	2.00	1.95	2.03	1.99	1.97	2.05	2.01
0.45	3.48	2.00	0.45	3.45	1.99	0.46	3.49	2.01
0.66	3.28	2.00	0.66	3.26	1.99	0.67	3.29	2.01
1.98	2.02	2.00	1.97	2.01	1.99	1.99	2.03	2.01
5.73	9.36	2.00	5.73	9.34	1.99	5.73	9.39	2.01
1.69	2.29	2.00	1.68	2.28	1.99	1.70	2.31	2.01
1.90	2.10	2.00	1.89	2.09	1.99	1.91	2.11	2.01
122.1	120.3	2.00	121.0	119.3	1.99	122.2	120.4	2.01
0.09	3.82	2.00	0.10	3.78	1.99	0.10	3.84	2.01
0.85	3.09	2.00	0.85	3.07	1.99	0.86	3.11	2.01
9.86	13.29	2.00	9.85	13.27	1.99	9.90	13.36	2.01
1.66	2.32	2.00	1.65	2.31	1.99	1.67	2.34	2.01
1.86	2.13	2.00	1.85	2.12	1.99	1.88	2.14	2.01

19	20	21	22	23	24	25	26	27
1.99	1.93	2.04	2.01	1.95	2.07	2.00	1.94	2.06
1.99	1.95	2.02	2.01	1.98	2.05	2.00	1.96	2.03
1.99	1.96	2.02	2.01	1.98	2.04	2.00	1.97	2.03
1.99	1.93	2.04	2.01	1.96	2.07	2.00	1.94	2.05
1.99	1.93	2.04	2.01	1.95	2.07	2.00	1.94	2.06

（续）

19	20	21	22	23	24	25	26	27
1.99	1.97	2.01	2.01	1.99	2.03	2.00	1.98	2.02
1.99	1.90	2.08	2.01	1.92	2.10	2.00	1.91	2.09
1.99	1.94	2.03	2.01	1.97	2.05	2.00	1.96	2.04
1.99	1.95	2.02	2.01	1.98	2.04	2.00	1.97	2.03
1.99	0.60	3.31	2.01	0.61	3.35	2.00	0.61	3.33
1.99	0.81	3.11	2.01	0.82	3.15	2.00	0.82	3.13
1.99	1.97	2.01	2.01	1.99	2.03	2.00	1.98	2.02
1.99	0.69	3.22	2.01	0.71	3.25	2.00	0.70	3.24
1.99	1.44	2.51	2.01	1.46	2.54	2.00	1.45	2.52
1.99	1.95	2.03	2.01	1.97	2.05	2.00	1.96	2.04
1.99	0.52	3.39	2.01	0.53	3.42	2.00	0.53	3.40
1.99	0.72	3.20	2.01	0.73	3.23	2.00	0.73	3.21
1.99	1.97	2.01	2.01	1.99	2.03	2.00	1.98	2.02
1.99	5.35	8.99	2.01	5.35	9.04	2.00	5.35	9.02
1.99	1.69	2.27	2.01	1.72	2.29	2.00	1.71	2.28
1.99	1.89	2.08	2.01	1.91	2.11	2.00	1.90	2.09
1.99	115.3	114.0	2.01	116.4	115.1	2.00	115.3	114.1
1.99	0.19	3.71	2.01	0.18	3.76	2.00	0.19	3.72
1.99	0.91	3.02	2.01	0.92	3.06	2.00	0.92	3.03
1.99	9.25	12.72	2.01	9.29	12.81	2.00	9.29	12.78
1.99	1.67	2.29	2.01	1.69	2.32	2.00	1.68	2.31
1.99	1.86	2.11	2.01	1.88	2.14	2.00	1.87	2.12

注：由于电流有正有负，观测值 Y 也会出现负值。Minitab 软件田口设计中，观测值不允许有负值，因此取绝对值作为观测值。由于计算时也是对观测值平方值进行计算，不影响结果。

由于有未安排试验列（或称空列），同时存在不显著的因素，方差分析时，把它们在一起作为总误差因素，这里采用了自定义田口设计，来手动选择因子。

依次单击 Stat→DOE→Taguchi→Define Custom Taguchi Design，选择因子（Factors）为“ACDEF”，单击 OK；

依次单击 Stat→DOE→Taguchi→Analyze Taguchi Design；

选择 C14 ~ C40 列（'1' – '27'）为响应数据（Response data）；

单击 Analysis，勾选两列的 Signal to Noise ratios，其余不勾选，单击 OK；

单击 Options，选择 Smaller is better，单击 OK，OK；可获得结果如下：

Response Table for Signal to Noise Ratios

Smaller is better

Level	A	C	D	E	F
1	-6.022	-10.323	-7.672	-12.775	-6.250
2	-6.666	-7.765	-7.406	-6.488	-6.514
3	-12.686	-7.285	-10.296	-6.111	-12.611
Delta	6.663	3.038	2.889	6.664	6.362
Rank	2	4	5	1	3

Analysis of Variance for SN ratios

Source	DF	Seq SS	Adj SS	Adj MS	F	P
A	2	243.17	243.17	121.58	4.40	0.030
C	2	48.01	48.01	24.01	0.87	0.438
D	2	45.91	45.91	22.96	0.83	0.454
E	2	252.25	252.25	126.12	4.56	0.027
F	2	233.15	233.15	116.57	4.22	0.034
Residual Error	16	442.15	442.15	27.63		
Total	26	1264.64				

要说明的是，软件中，未自动把 C，D 因素列为误差因素，因此误差因素自由度为 16，且 F 值也与例题中不相同，但这只是处理问题的不同方法，并不会影响结果。通过结果分析得最优参数组合也为 $A_1C_3D_2E_3F_1$，亦即理想的条件为电阻 A 取 20Ω，电阻 C 取 50Ω，电阻 D 取 10Ω，电阻 F 取 2Ω，电源电压 E 取 30V。

8.3.5　容差设计

在工业生产中，人们把零部件、产品质量特性值容许变化的范围称为公差，常以 δ 表示，而把公差的一半叫做容差，常以 Δ 表示，即

$$\Delta = \delta/2 \tag{8-45}$$

$$\delta = 2\Delta \tag{8-46}$$

容差表征的是一种允许极限。当产品超过容差时，因质量变异变成了不合格品。容差设计又称公差设计，它是在参数设计完成后进行的，其主要方法仍然采用试验设计法。简而言之，容差设计就是在参数设计决定了参数中心值后，就各参数水平的波动范围和误差因素来决定容差的设计过程。

容差设计的任务是针对主要误差因素，选择波动值较小的优质元器件、零部件，以减少质量特性值的波动，但这样势必会使成本提高。所以，只有在参数设

计未能使得内、外干扰充分缩小时，才进行容差设计。不过在试验设计中，参数设计完成后一般都应进行容差设计。

通过容差设计来确定各参数最合理的容差，使总损失（质量与成本之和）达到最佳（最小）。由于若干参数的容差减少需要增加成本，但由此会提高质量，减少功能波动的损失，因此，要寻找使总损失最小的容差设计方案。用于容差设计的主要工具有质量损失函数和正交多项式回归。

在容差设计中，为减少用户的损失需要进行质量损失函数的计算，以此来对容差设计方案的优劣进行评价。由质量波动的损失函数表达式 $L(y) = k\sigma^2 = k(y - m_0)^2$ 可知，$L(y)$ 的大小取决于比例常数 k 和质量波动 $(y - m_0)^2$ 。比例常数 k 的表达式为

$$k = \frac{D}{\Delta_0^2} \tag{8-47}$$

式中，D 为质量波动给用户带来的损失，由经验估计决定；Δ_0 为用户要求的容差。对于质量波动$(y-m_0)^2$，其中 y 为质量特性观测值，m_0 为质量特性目标值。由于 y 与 D 已知，为求出质量波动损失需进一步求出 m_0 和 Δ_0，即求出 $m_0 \pm \Delta_0$。

图 8-5 是质量的经济损失函数 $L(y)$ 曲线，y 为产品质量特性值，m_0 为目标值。当 y 对于 m_0 有偏离时就会产生损失，这时的质量损失函数 $L(y)$ 称为 y 偏离目标 m_0 造成的经济损失函数。损失函数 $L(y)$ 是随 y 与 m_0 的偏离而逐步增加，$(m_0 - \Delta_0, m_0 + \Delta_0)$ 为公差范围，Δ_0 为容差。

现设不良品损失为 A，如图 8-5 所示，可以找到一点 y_0 使 $L(y_0) = A$，由图 8-5 中知，当 $|y - m_0| < \Delta_0$ 时，$L(y) < A$；当 $|y - m_0| > \Delta_0$ 时，$L(y) > A$；当 $|y - m_0| = \Delta_0$ 时，$L(y) = A$，因此，目标值的确定应兼顾工厂企业与用户双方的利益，先选取质量曲线与成本曲线两者之和的损失函数 $L(y)$ 的最小值 m_0，然后再选取能保证 $L(y) \leqslant A$ 的 $|y_0 - m_0|$ 作为 Δ_0。这是平衡生产厂家与用户双方利益的标准值。若改变标准值，使其沿着生产厂家获益即降低成本的方向变化，生产厂家固然可以获益，但用户可能因支出修理、废弃或重购费用而受损失。例如，把 m_0 由原来位置移向左边的 m_0' 点，生产厂家可降低 a 元成本，但用户却会增加 a_0 元损失，且 $a_0 > a$，如图 8-5 所示。因此，有人认为生产厂家为降低成本而改变目标值 m_0 与容差 Δ_0，这种做法并不可取，为了说明问题，举例说明如下。

例 8-5 有一晶体管稳压电源，输入交流电压 220V，输出直流电压的目标值为 110V。在用户使用过程中，若稳压电源的直流输出电压 y 与目标值 m_0 之间产生 10V 的偏差，稳压电源就丧失功能。此时用户因维修、废弃、重购而蒙受损失，平均损失 40 元，则

$$D = L(110 \pm 10) = k\Delta_0^2 = k \times 10^2 \text{ 元} = 40 \text{ 元}$$

$$k = \frac{D}{\Delta_0^2} = \frac{40}{10^2} \text{元}/\text{V}^2 = 0.4 \text{ 元}/\text{V}^2$$

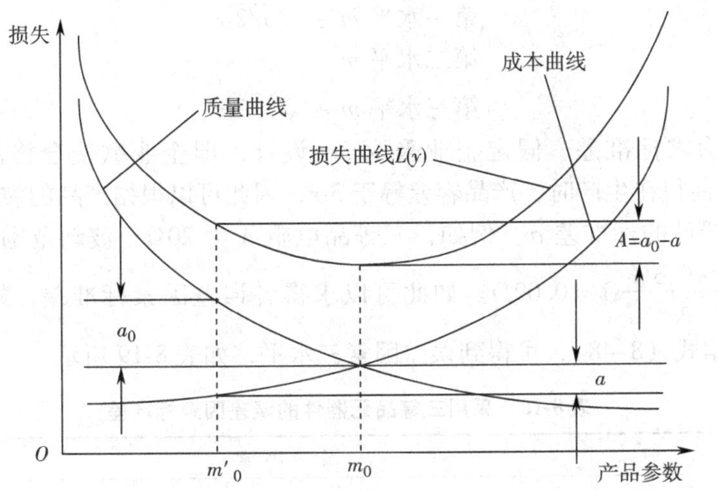

图 8-5　经济损失函数 $L(y)$ 曲线

损失函数为 $L(y) = k(y - m_0)^2 = 0.4(y - 110)^2$

如果生产厂家输出电压为105V，偏离目标值5V，但未超过用户使用的极限值10V，当然，用户还可以使用。那么，此产品能否作为合格品出厂呢？现通过计算来回答这一问题。若产品出厂流入用户手中，用户要蒙受损失为

$$L(105) = 0.4(105 - 110)^2 \text{元} = 10 \text{元}$$

如果生产厂家支付2元便可对产品进行返修（更换电阻、焊接改装等），使输出电压提高5V达到110V，这时输出电压的初始波动损失降为零。因此，生产厂家若只从本厂利益考虑，为节省2元的返修费，却会给社会增加10元－2元＝8元的损失。所以，从企业职能和对社会的贡献来说，这种做法是得不偿失的。

8.3.6　容差设计的应用案例

仍以前述的惠斯登电桥质量设计为例来说明。通过参数设计，已找到最佳参数水平为 $A_1C_3D_2E_3F_1$，但为使测量误差得到充分衰减。因此，需进一步进行容差设计，其步骤如下：

（1）围绕着参数设计所确定的最佳参数水平组合 $A_1C_3D_2E_3F_1$，根据专业技术知识可以选用低质廉价的元器件。据此，可以选用三等品进行试验设计与计算分析。

（2）为了简化计算，选取与参数设计相同的因素为误差因素，记为 $A'B'C'D'E'F'X'$，误差因素的中心值（第二水平），即取最佳参数组合值。对任何一个误差因素，设其中心值为 m，波动的标准差为 σ，因此，可以取下列三水平作为一种最为理想的情况：

$$
\begin{aligned}
&\text{第一水平 } m-\sqrt{3/2}\sigma \\
&\text{第二水平 } m \\
&\text{第三水平 } m+\sqrt{3/2}\sigma
\end{aligned} \tag{8-48}
$$

（3）为求标准差，假定企业采取 3σ 设计，即企业欲使合格品率控制在99.73%，使得在生产时，产品容差等于 3σ，因此可以根据产品的波动范围，来确定此元器件的标准差 σ。例如，三等品电阻 A 为 20Ω，波动范围为 ±0.3%，则 $\sigma_A=\dfrac{20\times0.3\%}{3}\Omega=0.02\Omega$。如此可以求得各误差因素标准差，如表 8-18 所示。再根据式（8-48），可得到误差因素三水平，如表 8-19 所示。

表 8-18　采用三等品元器件的误差因素标准差

	误差因素						
	A'/Ω	B'/Ω	C'/Ω	D'/Ω	E'/V	F'/Ω	X'/A
种　类	电阻	电阻	电阻	电阻	电池	电阻	电流表
波　动	±0.3%	±0.3%	±0.3%	±0.3%	±5.0%	±0.3%	±0.2mA
中心值	20.000	10.000	50.000	10.000	30.00	2.000	0
标准差	0.02	0.01	0.05	0.01	0.50	0.002	—
$\sqrt{3/2}\sigma$	0.024	0.012	0.061	0.012	0.61	0.002	—

表 8-19　可控因素最佳组合的误差因素三水平

水　平	误差因素						
	A'/Ω	B'/Ω	C'/Ω	D'/Ω	E'/V	F'/Ω	X'/A
1	19.976	9.988	49.939	9.988	29.39	1.998	-0.0002
2	20.000	10.000	50.000	10.000	30.00	2.000	0.0000
3	20.024	10.012	50.061	10.012	30.61	2.002	0.0002

（4）误差因素配列及试验计算。将误差因素安排在正交表适当的列上称为误差因素配列。表 8-8 所示的误差因素三水平为 3^7 型因素，可以从三水平正交表中任选一种。今把 A'，B'，C'，D'，E'，F'，X'安排于 $L_{36}(3^{13})$ 正交表的第 1，2，3，4，5，6，7 列上，求出 36 种条件的测量误差，可得数据列于表 8-20 中。

表 8-20　测量误差数据

No	A'	B'	C'	D'	E'	F'	X'	e	e	e	e	e	e	最佳条件
	1	2	3	4	5	6	7	8	9	10	11	12	13	$(Y-2)$
1	1	1	1	1	1	1	1	1	1	1	1	1	1	0.001
2	2	2	2	2	2	2	2	2	2	2	2	2	1	0.000

（续）

No	A′	B′	C′	D′	E′	F′	X′	e	e	e	e	e	e	最佳条件
	1	2	3	4	5	6	7	8	9	10	11	12	13	(Y-2)
3	3	3	3	3	3	3	3	3	3	3	3	3	1	-0.001
4	1	1	1	1	2	1	2	2	3	3	3	3	1	-0.002
5	2	2	2	2	3	2	3	3	1	1	1	1	1	-0.003
6	3	3	3	3	1	3	1	1	2	2	2	2	1	0.006
7	1	1	2	3	1	2	3	3	1	2	2	3	1	-0.004
8	2	2	3	1	2	3	1	1	2	3	3	1	1	-0.001
9	3	3	1	2	3	1	2	2	3	1	1	2	1	0.005
10	1	1	3	2	1	3	2	3	2	1	3	2	1	-0.005
11	2	2	1	3	2	1	3	1	3	2	1	3	1	0.001
12	3	3	2	1	3	2	1	2	1	3	2	1	1	0.003
13	1	2	3	1	3	2	1	3	3	2	1	2	2	-0.002
14	2	3	1	2	1	3	2	1	1	3	2	3	2	0.005
15	3	1	2	3	2	1	3	2	2	1	3	1	2	-0.003
16	1	2	3	2	1	1	3	2	3	3	2	1	2	-0.006
17	2	3	1	3	2	2	1	3	1	1	3	2	2	0.011
18	3	1	2	1	3	3	2	1	2	2	1	3	2	-0.005
19	1	2	1	3	3	3	1	2	2	1	2	3	2	0.008
20	2	3	2	1	1	1	2	3	3	2	3	1	2	0.000
21	3	1	3	2	2	2	3	1	1	3	1	2	2	-0.008
22	1	2	2	3	3	1	2	1	1	3	3	2	2	0.002
23	2	3	3	1	1	2	3	2	2	1	1	3	2	-0.006
24	3	1	1	2	2	3	1	3	3	2	2	1	2	0.003
25	1	3	2	1	2	3	3	1	3	1	2	2	3	-0.003
26	2	1	3	2	3	1	1	2	1	2	3	3	3	-0.002
27	3	2	1	3	1	2	2	3	2	3	1	1	3	0.005
28	1	3	2	2	2	1	1	3	2	3	1	3	3	0.006
29	2	1	3	3	3	2	2	1	3	1	2	1	3	-0.002
30	3	2	1	1	1	3	3	2	1	2	3	2	3	-0.004
31	1	3	3	3	2	3	2	2	1	2	1	1	3	0.002
32	2	1	1	1	3	1	3	3	2	3	2	2	3	-0.006
33	3	2	2	2	1	2	1	1	3	1	3	3	3	0.004
34	1	3	1	2	3	2	3	1	2	2	3	1	3	0.002
35	2	1	2	3	1	3	1	2	3	3	1	2	3	0.004
36	3	2	3	1	2	1	2	3	1	1	2	3	3	-0.005

（5）求各因素的水平合计值

因素 A 的三个水平合计值（K_{1A}，K_{2A}，K_{3A}）分别为 $K_{1A}=-0.00013$，$K_{2A}=0.00010$，$K_{3A}=0.00010$；同理，计算出由误差因素 B'，C'，D'，E'，F'，X' 的三个水平合计值，如表 8-21 所示。

表 8-21　误差因素各水平合计值

水平合计值	因素						
	A'	B'	C'	D'	E'	F'	X'
K_{1j}	-0.00013	-0.02931	0.02951	-0.02953	0.00002	0.00009	0.04151
K_{2j}	0.00010	-0.00011	0.00007	0.00011	0.00004	-0.00010	0.00003
K_{3j}	0.00010	0.02949	-0.02951	0.02950	0.00002	0.00008	-0.04147
极差 R	0.00022	0.05881	0.05902	0.05903	0.00002	0.00019	0.08298

由表可知，因素 B，C，D，X 对结果有比较显著的影响。

（6）容差设计

假设公司生产惠斯登电桥式试验仪器，所用元件的质量等级、波动与价格如表 8-22 所示。又假定本试验仪器的设计寿命为 2 年，电阻与电流表每年的折旧费用为 50%，年产量为 12 万件，每件产品 680 元，该产品的电阻值容差为 ±0.5Ω。

表 8-22　元件的等级、波动与价格

等　级	波动与价格	电　阻	电　池	电　流　表
三等品	波动 价格	±0.3% 1 元	±5% 4 元	±0.2mA 8 元
二等品	波动 价格	±0.15% 2 元	±2.5% 8 元	±0.1mA 15 元
一等品	波动 价格	±0.06% 5 元	±1.0% 20 元	±0.05mA 50 元
优等品	波动 价格	±0.02% 10 元	±0.5% 50 元	±0.02mA 150 元

根据已算得的数据与假设，就可以决定采用什么等级的电阻、电池与电流表，其方法如下：

1）确定电阻的等级，由极差分析知，电阻 A，F 的效应不显著，故 A，F 可使用三等品；电阻 B，C，D 高度显著，而它们的极差 R 大致相当，对质量的影响程度也相当，可以比较它们全用三等品、全用二等品、全用一等品、全用优等品时的质量波动损失大小与年度成本高低。

损失函数L为$L=L_1+L_2$，式中，L_1为质量波动损失，$L_1=k\sigma^2$；L_2为三个电阻的年度成本。

当然，我们希望能够在确定了比例常数$k(k=D/\Delta_0^2)$，并用试验的方法求出各种等级的电阻所带来的波动纯效应，然后来找出最佳方案；但在生产应用中，由于零部件间存在交互作用，无法真实测得这种纯效应，因此并不常采用试验的方法。另外，在生产实践中，由于质量引起的内外部质量损失是由多方面原因引起的，比如返修率、停工损失、产品质量事故处理等内部损失，以及客户索赔、退货、保修费等外部损失，想要明确确定用户损失D也是很困难的。因此，用式（8-49）来处理。

$$L_1 = k\sigma^2 = \rho P \times \eta_i \times \eta_{V_i} \tag{8-49}$$

式中，P为产品价格；ρ为质量损失率，它代表了由质量波动引起的损失；ρP表示某一件产品由质量引起的成本。更一般地，ρ表示内外损失成本之和与企业净产值之比，它是质量指标体系中一项重要的经济性指标；η_i是不同因素在质量波动损失中的比重，比重大的因素引起的损失大；η_{V_i}表示不同等级产品的波动表征系数，三等品为1.000，其余由各等级与三等品容差比值的平方来确定，以二等品为例，其容差为三等品的1/2，那么产生的方差就为三等品的1/4，则波动表征系数为0.25。

式（8-49）中，$\rho P\times\eta_i$表示比例常数k；η_{V_i}是方差σ^2的度量。

由表8-22知，B，C，D的三个电阻的总价格分别为三等品3元，二等品6元，一等品15元，优等品30元。企业目标控制质量损失率$\rho=4\%$，电阻元件对质量的影响为80%，于是，全用三等品的质量波动损失为

$$L_1 = \rho P \times \eta_i \times \eta_{V_i} = 4\% \times 680 \times 80\% \times 1.000\text{元} = 21.76\text{元}$$

因电阻的年折旧费用为50%，故三个三等品电阻的年度成本

$$L_2 = 3 \times 1 \times 0.50\text{元} = 1.50\text{元}$$

于是，质量波动损失与年度电阻成本的合计值为

$$L = L_1 + L_2 = (21.76 + 1.50)\text{元} = 23.26\text{元}$$

若三个电阻分别采用波动值的标准值为原来1/2的二等品、1/5的一等品、1/15的优等品，则根据上述不同等级产品的波动表征系数的表述法，可以得到三个电阻的质量损失率将分别下降为现在的$(1/2)^2=1/4$、$(1/5)^2=1/25$和$(1/15)^2=1/225$。

因此，全用二等品的质量波动损失与年度电阻成本的合计值为

$$L = L_1 + L_2 = (4\% \times 680 \times 80\% \times 0.25 + 2 \times 3 \times 0.50)\text{元} = (5.44 + 3.00)\text{元} = 8.44\text{元}$$

全用一等品、全用优等品时的质量波动损失及年度电阻成本如表8-23所示。

表 8-23 电阻的容差设计

等　　级	年度成本/元	波动表征系数（%）	质量波动损失/元	合计值/元
三等品	1.5	100.00	21.76	23.26
二等品	3.0	25.00	5.44	8.44
一等品	7.5	4.00	0.87	8.37
优等品	15.0	0.44	0.10	15.10

由表 8-23 知，电阻 B，C，D 用一等品是便宜的。若同使用三等品比较，对于每件产品，年度经济效益为

$$(23.26-8.37)\text{元}=14.89\text{元}$$

按设计寿命为 2 年计算，年产量 12 万件，则可增收益为

$$14.89\times 12\text{万元}=178.68\text{万元}$$

2）确定电流表的等级，若电流表分别采用读数误差的标准值为原来 1/2 的二等品、1/4 的一等品、1/10的优等品，则电流表的质量损失率分别下降为现在的 1/4、1/16、1/100。按照上述电阻 B，C，D 的算法，得表 8-24 所示的数据。可知，电流表选用二等品是经济合理的。

表 8-24 电流表的容差设计

等　　级	年度成本/元	波动表征系数（%）	质量波动损失/元	合计值/元
三等品	4.0	100.00	5.44	9.44
二等品	7.5	25.00	1.36	8.86
一等品	25.0	6.25	0.34	25.34
优等品	75.0	0.01	0.000544	75.00

3）确定电池的等级，因为电池 E 的效应不显著，因此，电池可选用三等品。根据上述的计算与分析可得出仪器惠斯登电桥容差设计的最佳方案如表8-25所示。

表 8-25 容差设计最佳方案表

元　　件	等　　级	价格/元	成本/元	质量波动损失/元	合计值/元
A	三等品	1	0.5		0.5
B	一等品	5	2.5	0.29	2.79
C	一等品	5	2.5	0.29	2.79
D	一等品	5	2.5	0.29	2.79
E	三等品	4	2.0		2.00
F	三等品	1	0.5		0.5
X	二等品	15	7.5	1.36	8.86

表8-25的数据表明，电阻A，F的容差为±0.3%，电阻B，C，D的容差为±0.06%，电池E的容差为±5%，电流表X的容差为±0.1mA。

练 习 题

1. 某气动换向装置的设计中，关键是要使换向末速度v达到$v_0=960\text{mm/s}$。根据力学原理，换向末速度的运动方程为$v=\sqrt{\frac{Ag}{E}\left(\frac{\pi}{2}B^2C-2D\right)}$，其中$A$为换向行程（待选参数），$B$为换向活塞直径（待选参数），$C$为气缸内气压（待选参数），$D$为换向阻力（不可控，但可测，大约在750±20N），E为系统质量（可在90±5kg取值），$g=9800\text{mm/s}^2$为重力加速度。在这个问题中可控因素、噪声因素及其水平如表8-26所示。

表8-26 因素水平表

水平		1	2	3
可控因素	换向行程A/mm	52	56	60
	换向活塞直径B/mm	22	24	26
	气缸内气压C/（N/mm²）	2.2	2.6	3.0
噪声因素	换向行程A'/mm	$A-0.2$	A	$A+0.2$
	换向活塞直径B'/mm	$B-0.1$	B	$B+0.1$
	气缸内气压C'/（N/mm²）	$C-0.2$	C	$C+0.2$
	换向阻力D/N	730	750	770
	系统质量E/kg	85	90	95

试通过稳健性设计确定最优参数，使v尽量接近目标值v_0，而使波动小。

2. 钛合金以其速度高、重量轻、耐用性好和具有良好抗腐蚀性等优点被广泛使用，但它的磨削性能差，即使采用特制的砂轮磨削钛合金，其表面的粗糙度也只能达到$R_a\geq0.6\mu\text{m}$，为进一步降低表面粗糙度，特选如表8-27所示的4个三水平可控因素。

表8-27 因素水平表

可控因素 \ 水平	1	2	3
工件转数A/（r/min）	112	160	80
砂轮的进给量B/（mm/r）	0.03	0.06	0.09
工件纵向进给量C/（mm/r）	0.82	3.30	1.65
磨削深度D/mm	0.0005	0.0025	0.00125

选用$L_9(3^4)$作为内表，并把A，B，C，D这4个因素依次放在$L_9(3^4)$的1，2，3，4列上。由于本例的质量特性Y（表面粗糙度）不可计算，只能通过试验。为减少试验次数，外表采用综合噪声因素的2水平N_1和N_2，试验结果如表8-28所示。

表 8-28 试验结果表

试验号 \ 元素	A	B	C	D	y_{i1}	y_{i2}
	1	2	3	4		
1	1	1	1	1	0.162	0.148
2	1	2	2	2	0.259	0.313
3	1	3	3	3	0.178	0.206
4	2	1	2	3	0.204	0.211
5	2	2	3	1	0.226	0.244
6	2	3	1	3	0.167	0.178
7	3	1	3	2	0.213	0.228
8	3	2	1	3	0.157	0.188
9	3	3	2	1	0.238	0.271

试按照望小特性参数设计方法选出最佳参数设计方案。

3. 为找到电缆用合成橡胶的最佳生产条件，选取了如表 8-29 所示的 7 个可控因素，并依次放在 $L_8(2^7)$ 正交表上。

表 8-29 因素水平表

可控因素 \ 水平	1	2
老化防止剂用量 A/PHR	2	3
硫化剂用量 B/PHR	2	4
石蜡用量 C/PHR	5	7
硫化时间 D/min	20	30
催化剂用量 E/PHR	0.1	0.2
填料用量 F	30	50
老化防止剂种类 G	Ⅰ	Ⅱ

现对其牵拉强度、延伸率和热变化率测得一批数据如表 8-30 所示。

表 8-30 试验数据表

i	牵拉强度/（N/cm^2）				延伸率（%）				热变化率（%）	
	老 化 前		老 化 后		老 化 前		老 化 后			
1	20	20	24	21	430	430	430	400	22.1	6.4
2	19	21	19	22	500	600	430	400	6.8	6.3
3	16	20	13	19	400	500	280	380	13.7	7.5
4	19	21	21	21	550	600	550	550	12.7	11.7

（续）

i	牵拉强度/（N/cm^2）				延伸率（%）				热变化率（%）	
	老　化　前		老　化　后		老　化　前		老　化　后			
5	19	22	23	19	500	580	450	400	6.1	18.2
6	19	18	20	19	540	450	480	400	9.3	6.2
7	21	21	20	23	550	550	500	530	16.6	9.1
8	19	21	16	15	500	450	350	330	5.9	6.1

上述三个指标值中，牵拉强度和延伸率是望大特性，而热变化率是望小特性，请寻找这三个指标的综合最佳生产条件。

第9章　测量系统分析

9.1　测量系统分析概述

测量是指对某具体事物赋予数值。赋值过程即为测量过程，而赋予的数值为测量值，用来获得测量结果的装置称为量具，测量系统是指用于测量的仪器、量具、标准、操作、方法、夹具、软件、人员、环境和假设等的集合。测量系统分析（MSA：Measurement System Analysis）是指用统计学方法来研究测量系统中的变差源以及它们对测量结果的影响，并根据可接受的原则来判断测量系统的符合性。

9.2　测量系统分析的相关术语

（1）标准（standard）。指由权威机构设定或建立的某种物品或由仪器、程序等组成的一个整体，如用来度量数量、重量、长度或质量的规则。

（2）真值（true value）。指被测零件的“实际值”。尽管该值未知且无法知道，但它是测量系统的目标，测量值应该尽可能经济地与该值接近。

（3）参考值（reference value）。指某个被用作参考比较的零件值，也被称为基准值。

（4）变差（variation）。泛指零件之间的差异，其产生原因可分为普通原因和特殊原因。仅由随机原因造成的变差称为过程固有变差（inherent variation）或随机变差（random variation）。

（5）分辨力（discrimination）。指测量仪器能够检测出并准确地显示相对于参考值变化量的能力。产品的分辨力一般规范为1/10，该规则的意义为测量设备要能分辨出至少1/10的过程变差。

9.3　测量系统变差的类型

测量系统变差总的来说可以分为两类：准确度和精度。

准确度是指“接近”真值或可接受基准值的能力。准确度由位置变差评估，包括偏倚、稳定性和线性。

精确度是指重复读数彼此之间的“接近度”，精确度包括重复性和再现性。

测量系统的准确度和精确度示意如图 9-1 所示。因此，测量系统变差可以分为五类：偏倚、稳定性、线性、重复性和再现性。

1. 偏倚

偏倚是指测量结果的期望与真值的差值，可以用多次测量的平均值与参考值之差来计算得到，如图 9-2 所示。

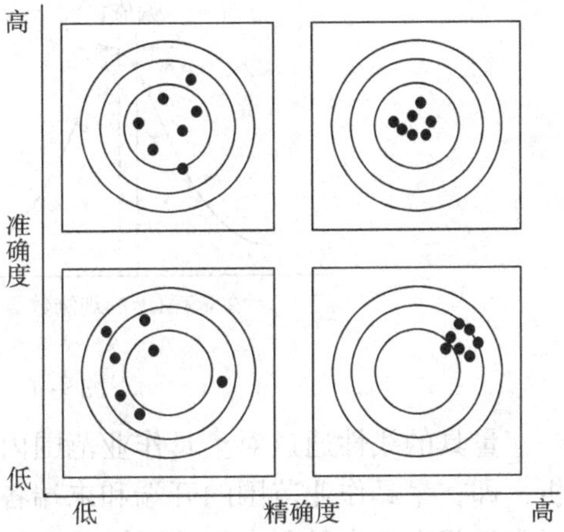

图 9-1　准确度和精确度示意图

对测量仪器而言，偏倚等同于系统误差。造成偏倚过大的原因主要有评价人操作不当、仪器磨损、仪器校准不正确、标准或基准值误差等。

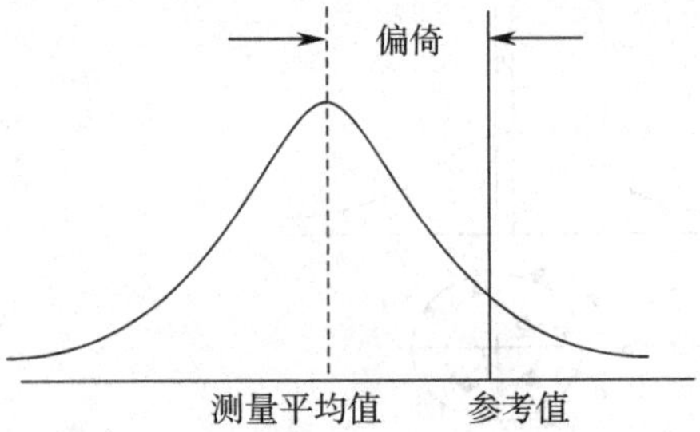

图 9-2　偏倚示意图

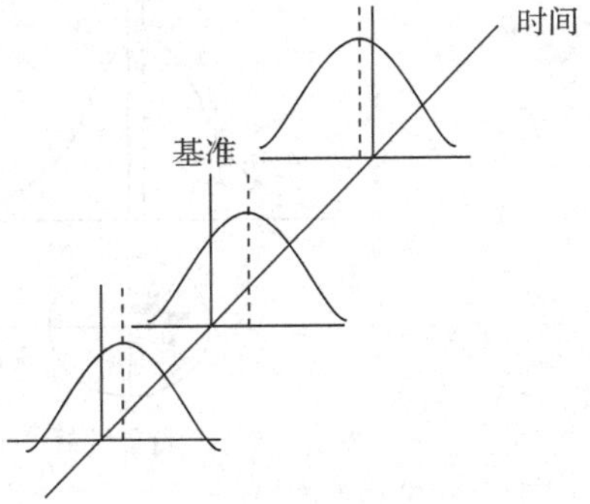

图 9-3　稳定性示意图

2. 稳定性

稳定性是指一个测量系统在一段时间获得对同一标准件或零件单一特性的测量总变差，如图 9-3 所示。常用均值－极差控制图或均值－标准差控制图来进行测量系统稳定性分析。如果稳定性有问题，均值和极差控制图会出现漂移或非控制状态。

3. 线性

线性是指在测量设备预期工作量程内各偏倚值的差异。测量系统的线性示意图如图 9-4 所示。

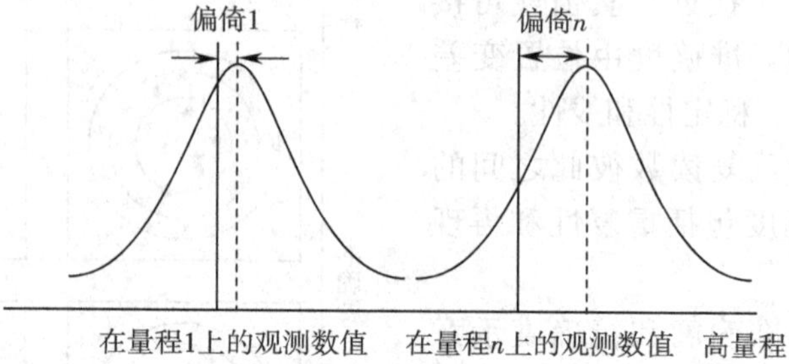

图 9-4　线性示意图

量具的线性通过对量具作业范围内偏倚的分析而确定，并且至少要作两次分析，即在量具作业范围的开端和末端各作一次，量具作业范围的中部也应考虑。通常希望在整个量程上偏倚不随量程的增长而线性变化，即在各个量程范围内偏倚均为 0 是理想状态。

4. 重复性

重复性是指由同一个操作人员，采用同种量具，对同一零件的同一特性进行多次测量时所获得的测量值变差，是用来评价“人的内部变异”，测量系统的重复性示意图如图 9-5 所示。

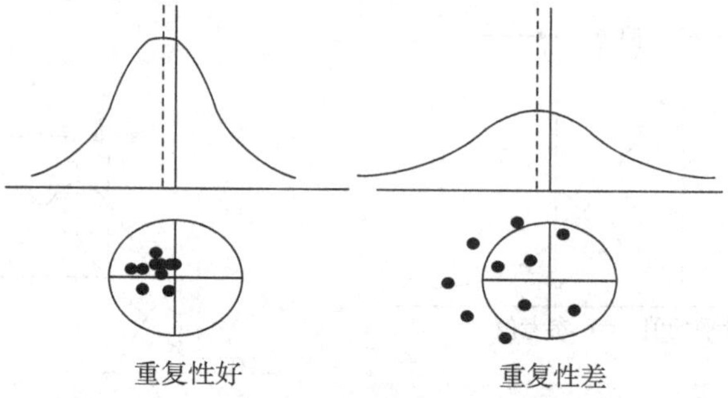

图 9-5　重复性示意图

5. 再现性

再现性是指不同操作人员，采用相同的测量仪器，对测量同一零件的同一特性的平均值进行测量时的变差（三同一异），是用来评价“人之间的变异”，测量系统的再现性示意图如图 9-6 所示。

从图 9-6 可以看出，评价人 A 的测量值均值与评价人 B，C 的测量值均值相差较大，因此 A 的测量值再现性要比 B，C 的差，即 B 和 C 的测量值之间有较好的再现性。从图中还能看出 A 的测量值具有较好的重复性，而 B，C 的重复性较差。因此，不能判断 B，C 的测量值是否是准确的。

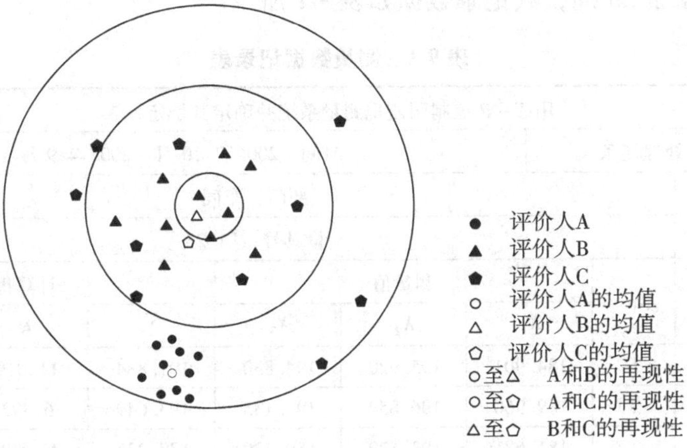

图 9-6　再现性示意图

9.4　测量系统分析的实施

测量系统能力的确定是许多过程和质量改进的基础。实施测量系统分析的主要目的是观察总变差中量具变差所占的比例，分离系统中的变差源以及评估量具是否可以广泛应用于项目和其他测量。实施计量型测量系统的研究，主要从稳定性、偏倚、线性、重复性和再现性这几个方面进行。

9.4.1　稳定性分析

在进行测量系统分析前，首先应该使测量系统处于稳定工作状态，即测量系统不能失控，这是测量系统分析的前提。稳定性分析的基本步骤为：

（1）取得一个样件，并建立参考值。样件可以由有资格的外部实验室进行检测，也可以选择一件落在工作测量范围中间的生产件，并将它指定为偏倚分析的基准件，在实验室内测量该样件，测量次数必须多于 10 次，并计算读数的平均值，将平均值视为“参考值”。

（2）每天测量样件三至五次。将数据按时间顺序画在 $\overline{X}-R$ 图上，观察是否有不受控的情况，其中，极差控制图反映了测量系统重复性随时间的变化。“极差受控”表明该测量系统的重复性处于统计受控状态；均值控制图反映了测量系统的偏倚随时间的变化情况，“均值受控”表明该测量系统的偏倚稳定性也处于受控状态，可以接受。

例 9-1　QC 小组需要对硬度测量系统进行检查，为此必须先确定硬度测量系统工作的稳定状态，已知标准为 190HC。QC 小组每周测量一次，每次三个子样，总共记录了25周，其记录数据如表9-1所示。

表9-1　测量数据记录表

用 $\overline{X}-R$ 控制图监视测量系统并确定其稳定性							
产品：热处理坯条			时间：2006年10月~2007年9月				
特性：硬度	部门：车间						
单位：HC	量具号：L1823						
月-日	No.	测量值			计算值		
		X_1	X_2	X_3	$\overline{X}$	R	参考值 X
10-16	1	184.901	195.920	194.830	191.884	11.019	190
10-22	2	189.960	196.852	194.135	193.649	6.892	190
10-29	3	181.681	193.579	189.439	188.233	11.898	190
11-06	4	184.682	174.581	190.973	183.412	16.392	190
11-14	5	207.856	182.416	189.944	193.405	25.440	190
11-22	6	182.439	192.681	189.014	188.045	10.242	190
11-30	7	194.895	182.774	186.683	188.117	12.121	190
12-07	8	192.774	204.658	174.928	190.787	29.730	190
12-14	9	194.226	184.054	196.389	191.556	12.335	190
12-21	10	189.557	203.361	184.723	192.547	18.638	190
12-29	11	185.454	205.015	211.913	200.794	26.459	190
01-06	12	195.374	180.870	174.930	183.725	20.444	190
01-13	13	191.583	183.875	183.907	186.455	7.708	190
01-28	14	199.919	201.081	182.127	194.376	18.954	190
02-29	15	184.908	201.094	197.044	194.349	16.186	190
03-07	16	192.501	179.839	188.732	187.024	12.662	190
03-21	17	191.385	176.905	199.431	189.241	22.526	190
04-08	18	181.638	187.176	194.470	187.761	12.832	190
04-23	19	186.449	189.988	190.691	189.043	4.242	190
05-07	20	184.108	207.793	199.583	197.161	23.685	190
06-08	21	197.333	188.071	191.205	192.203	9.262	190
07-09	22	194.015	187.194	192.744	191.318	6.821	190
08-07	23	197.310	179.132	185.410	187.284	18.178	190
09-15	24	191.067	192.608	191.776	191.817	1.541	190
09-28	25	177.806	203.571	192.913	191.430	25.765	190

将数据输入Minitab工作表，依次单击Stat→Control Charts→Variables Charts for Subgroups→Xbar-R；得出其均值与极差控制图，如图9-7所示。

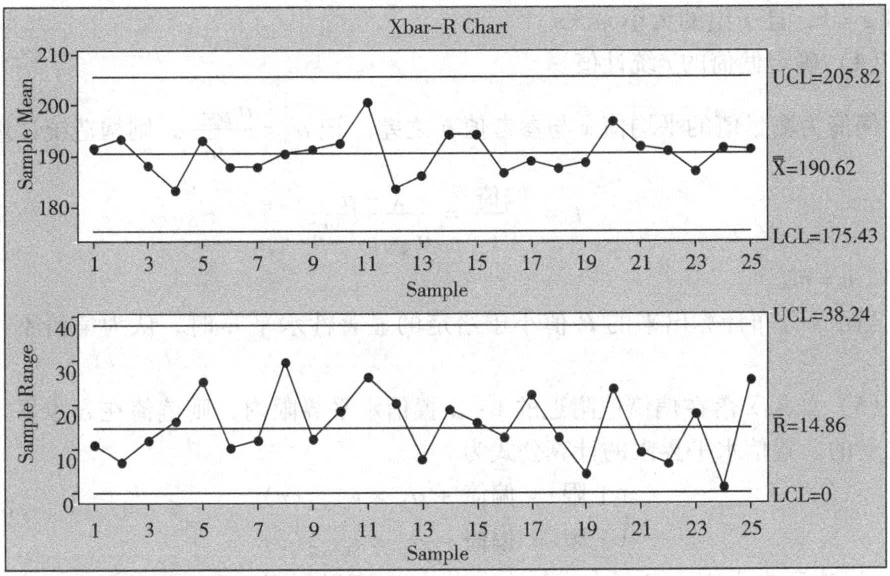

图 9-7　均值 - 极差控制图

图 9-7 显示该测量过程受控，测量系统处于稳态工作模式，可以进行下一步测量系统分析。另外，对测量系统稳定性的研究应该是一个持续的过程，不仅要进行短期研究，更重要的是要进行长期的监视。

9.4.2　偏倚分析

量具的偏倚分析是通过对可获得基准值的样本进行测量来完成的。偏倚分析通常采用独立样本法，即让同一个评价人以同样的方法测量样件 $n \geqslant 10$ 次，并通过数值分析确定偏倚量及检验偏倚的显著型。在取得一个样件，并建立参考值的基础上，其实施步骤如下：

（1）让一个评价者以正常方式测量样件。实施人员记录测量值，并画出这些数值的直方图。评审直方图以确定是否存在特殊原因，若有特殊原因或异常点，应重新进行试验；若无，则继续分析。

（2）计算测量值的平均值。计算公式为

$$\bar{x} = \frac{1}{n}\sum_{i=1}^{n} x_i \tag{9-1}$$

式中，n 为测量值的个数，也称为子组容量。

（3）计算重复性标准差。计算公式为

$$\sigma_{重复性} = \frac{R}{d_2^*} \tag{9-2}$$

式中，R 表示测量值的极差；常用的 d_2^* 值可以从附录 F 中查到，查表时子组的

数量 $g=1$，且子组的大小 $m=n$。

（4）确定偏倚的 t 统计值。

偏倚为测量值的平均值 $\bar{x}$ 与参考值 μ 之差。记 $\sigma_b=\frac{\sigma_{重复性}}{\sqrt{n}}$，则构造统计量

$$t=\frac{偏倚}{\sigma_b}=\frac{\bar{x}-\mu}{\sigma_{重复性}/\sqrt{n}} \tag{9-3}$$

式中，$n=m$。

当由 t 分布计算出来的 P-值小于给定的显著性水平 α 时，认为偏倚不可接受。

（5）如果 $\bar{x}$ 落在偏倚值附近的 $1-\alpha$ 置信水平界限内，则偏倚在 α 水平上是可接受的。置信水平界限的计算公式为

$$\begin{cases}上限=偏倚+\sigma_b\times t_{1-\alpha/2}(v)\\ 下限=偏倚-\sigma_b\times t_{1-\alpha/2}(v)\end{cases} \tag{9-4}$$

式中，v 表示自由度，且 $v=n-1$；$t_{1-\alpha/2}$（v）可以利用标准 t 分布表查到，置信水平 α 通常取 0.05。

例 9-2 QC 小组让一位操作员对一件样品连续测量 15 次，得到经过坯条热处理后的硬度值如表 9-2 所示。

表 9-2 坯条热处理后的硬度值

测量序号	1	2	3	4	5	6	7	8	9	10	11	12	13	14	15
硬度值	189.96	190.78	190.18	190.61	191.77	191.93	187.29	189.81	190.94	192.40	189.25	190.72	189.28	189.07	189.76

将数据输入 Minitab 工作表，依次单击 Graph→Histogram→With Fit，得到测量数据的直方图，如图 9-8 所示。

图 9-8 显示数据呈正态分布。可以把表 9-2 中的硬度值数据存储于 Minitab 的工作表中的某列，再用 Minitab 对该列的数据作 t 检验，依次单击 Stat→Basic Statistics→1-Sample t，在 Sample in Columns 对话框中选择该列；勾选 Perform Hypothesis test，在 Hypothesized mean 对话框中输入 190（已知基准值为 190），可得 t 检验分析结果如表 9-3 所示。

表 9-3 t 检验分析结果

One-Sample T：硬度值

Test of mu = 190 vs not = 190

Variable	N	Mean	StDev	SE Mena	95% CI	T	P
硬度值	15	190.250	1.295	0.334	(189.533，190.967)	0.75	0.467

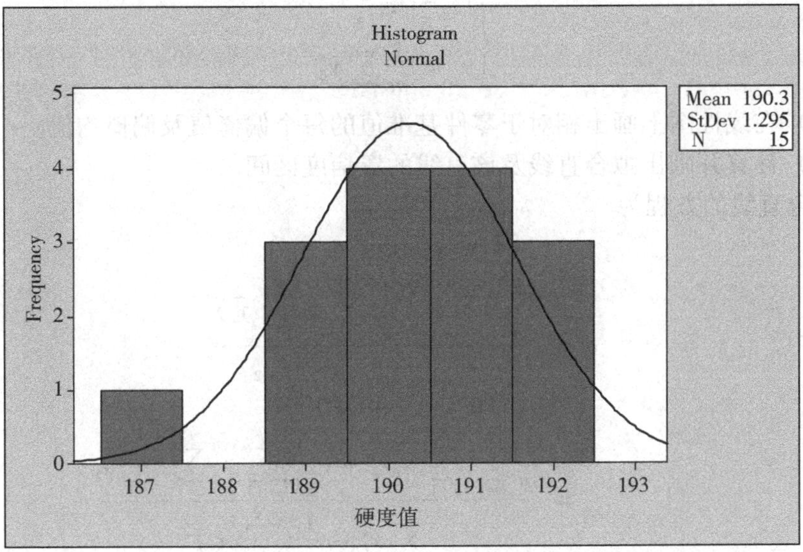

图9-8 硬度值直方图

由输出结果可知，硬度值的置信水平为95%的置信区间为（189.533，190.967），基准值190落在了此区间内。同时，P-值为0.467远大于0.05，故无法拒绝其总体均值在190的假设，即 $H_0:\mu=190$ 的假设是成立的，也就是说这个测量过程的偏倚不显著，可以接受。

9.4.3 线性分析

线性分析是指分析偏倚在规定量程范围内的变化，量具在测量范围内的变化保持线性关系是度量测量系统状态的重要指标之一。其分析步骤如下：

（1）选择至少5个零件（$g\geqslant 5$），以覆盖被研究量具的整个工作量程。

（2）对每个零件进行更高精度的全尺寸测量，以确定每个零件的参考值，并确定是否覆盖了被研究量具的整个工作量程。

（3）让经常使用该量具的操作者按正常程序测量每个零件至少10次（$m\geqslant 10$）。在测量时，尽量随机选择零件，以减少评价人对测量中偏倚的“记忆”，提高分析的可信度。

（4）计算每次测量零件的偏倚以及每个零件的偏倚平均值。设 $i(i=1, 2, \cdots, g)$ 为零件序号，$j(j=1, 2, \cdots, m)$ 为测量次数的序号，x_i 为零件基准值，x_{ij} 表示第 i 个零件第 j 次的测量值，y_{ij} 为测量值 x_{ij} 的偏倚值，$\bar{y}_i$ 为对应基准值 x_i 的偏倚均值，则有

$$\begin{cases} y_{ij} = x_{ij} - x_i \\ \bar{y}_i = \dfrac{1}{m}\sum_{j=1}^{m} y_{ij} \end{cases} \tag{9-5}$$

（5）在线性图上画出相对于零件基准值的每个偏倚值及偏倚均值。

（6）计算并画出拟合直线及该直线的置信度区间。

拟合直线的方程为

$$\bar{y}_i = ax_i + b \tag{9-6}$$

其中，

$$a = \frac{\sum_{i=1}^{g} x_i\bar{y}_i - (\frac{1}{g}\sum_{i=1}^{g} x_i \sum_{i=1}^{g} \bar{y}_i)}{\sum_{i=1}^{g} x_i^2 - \frac{1}{g}(\sum_{i=1}^{g} x_i)^2}$$

$$= \frac{\frac{1}{m}\sum_{i=1}^{g}\sum_{j=1}^{m} x_i y_{ij} - (\frac{1}{gm}\sum_{i=1}^{g} x_i \sum_{i=1}^{g}\sum_{j=1}^{m} y_{ij})}{\sum_{i=1}^{g} x_i^2 - \frac{1}{g}(\sum_{i=1}^{g} x_i)^2}$$

$$b = \bar{\bar{y}} - a\bar{x},\quad \bar{\bar{y}} = \frac{1}{g}\sum_{i=1}^{g}\bar{y}_i,\quad \bar{x} = \frac{1}{g}\sum_{i=1}^{g} x_i$$

回归直线的斜率 a 越小，表示测量系统的线性越好。

（7）计算拟合直线的拟合优度。

$$R^2 = 1 - \frac{\sum_{i=1}^{g}\sum_{j=1}^{m}(y_{ij} - \hat{y})^2}{\sum_{i=1}^{g}\sum_{j=1}^{m}(y_{ij} - \bar{\bar{y}})^2} = \frac{\sum_{i=1}^{g}(\hat{y} - \bar{\bar{y}})^2}{\sum_{i=1}^{g}\sum_{j=1}^{m}(y_{ij} - \bar{\bar{y}})^2} \tag{9-7}$$

式中，$\hat{y}$为 $\bar{y}$ 的拟合值；R^2 表征了偏倚随基准变化的相关性，当其大于 0.8 时，为强相关，R^2 值越大说明测量系统的线性越好。

（8）计算并画出拟合直线的置信区间。

对于一个已知的 x_0，其显著性水平 α 下的置信区间为

$$\begin{cases} \text{上限}: b + ax_0 + t_{1-\alpha/2}(gm-2)\sqrt{\hat{\sigma}^2\left[1 + \dfrac{1}{gm} + \dfrac{(x_0 - \bar{x})^2}{\sum_{i=1}^{g}(x_i - \bar{x})^2}\right]} \\ \text{下限}: b + ax_0 - t_{1-\alpha/2}(gm-2)\sqrt{\hat{\sigma}^2\left[1 + \dfrac{1}{gm} + \dfrac{(x_0 - \bar{x})^2}{\sum_{i=1}^{g}(x_i - \bar{x})^2}\right]} \end{cases} \tag{9-8}$$

式中，$\hat{\sigma}^2 = \sqrt{\dfrac{\sum_{i=1}^{g}\sum_{j=1}^{m}(y_{ij} - \hat{y})^2}{gm-2}}$。

（9）在线性图上画出“偏倚=0”的直线。

如果“偏倚=0”的整个直线都位于置信水平区间内，则该测量系统的线性是可接受的。

另外，如果图示法分析表明该测量系统的线性是可接受的，则斜率 $a=0$，截距 $b=0$ 的假设应为真。

因此，分别对回归系数 a，b 进行假设检验，且下面式子均成立：

$$|t_a| = \frac{|a|}{\dfrac{s}{\sqrt{\sum (x_i - \bar{x})^2}}} \leqslant t_{1-\alpha/2}(gm-2) \tag{9-9}$$

$$|t_b| = \frac{|b|}{\left(\sqrt{\dfrac{1}{g} + \dfrac{\bar{x}^2}{\sum (x_i - \bar{x})^2}}\right)s} \leqslant t_{1-\alpha/2}(gm-2) \tag{9-10}$$

式（9-9）、式（9-10）均成立，说明对应的 t 检验得出的 P-值均大于显著性水平 α，即无法拒绝对回归系数 $a=0$、$b=0$ 的假设，所以测量系统的线性不显著，线性可以接受。反之，式（9-9）、式（9-10）均不成立，则系统的线性不可接受。

例9-3　QC小组要确定此硬度测量系统的线性，选定5个零件，1位评价人，对每个零件测量12次，读数如表9-4所示。

表9-4　硬度测量数据

零件序号		1	2	3	4	5
试验次数	1	152.065	176.301	200.714	222.828	247.847
	2	152.021	176.578	200.299	223.593	248.063
	3	151.279	175.630	200.562	223.857	248.449
	4	151.244	176.070	199.349	224.332	248.209
	5	152.431	176.569	199.882	222.991	247.546
	6	152.266	176.266	199.883	225.192	248.364
	7	151.662	176.693	199.725	224.587	248.356
	8	151.612	175.803	199.220	224.511	249.052
	9	153.161	175.560	199.432	224.601	248.046
	10	152.046	176.230	200.235	224.446	247.756
	11	151.275	175.780	200.288	223.913	248.181
	12	151.622	176.408	200.292	224.339	247.904
零件序号（基准值）		1（150）	2（175）	3（200）	4（225）	5（250）
零件平均值		151.890	176.157	199.990	224.099	248.148
基准值 x		150	175	200	225	250
偏倚		1.890	1.157	−0.010	−0.901	−1.852

用 Minitab 进行偏倚分析、首先将零件号、标准值和测量值输入到 Minitab 的工作表中，部分数值如图 9-9 所示。

用 Minitab 作出偏倚 - 基准值的线性拟合。依次单击 Stat→Quality Tools→Gage Study→Gage Linearity and Bias Study；接下来在 Part numbers 对话框中输入“零件号”；在 Reference Values 对话框中输入“标准值”；在 Measurement data 对话框中输入“测量值”，单击 OK，输出结果如图 9-10 所示。

由图 9-10 观察可知该测量系统存在线性问题。“偏倚 =0”的直线与置信区间带交叉而不是被包含其中；另外从对拟合直线斜率和截距的假设检验中可知，*P*-值均小于显著性水平 0.05，说明测量值的线性显著。因此该测量系统的线性是不可接受的，有待进一步分析改进。

工作表 1 ***

↓	C1 零件号	C2 标准值	C3 测量值
1	1	150	152.065
2	1	150	152.021
3	1	150	151.279
4	1	150	151.244
5	1	150	152.431
6	1	150	152.266
7	1	150	151.662
8	1	150	151.612
9	1	150	153.161
10	1	150	152.046
11	1	150	151.275
12	1	150	151.622
13	2	175	176.301
14	2	175	176.578
15	2	175	175.630

图 9-9　数据的录入

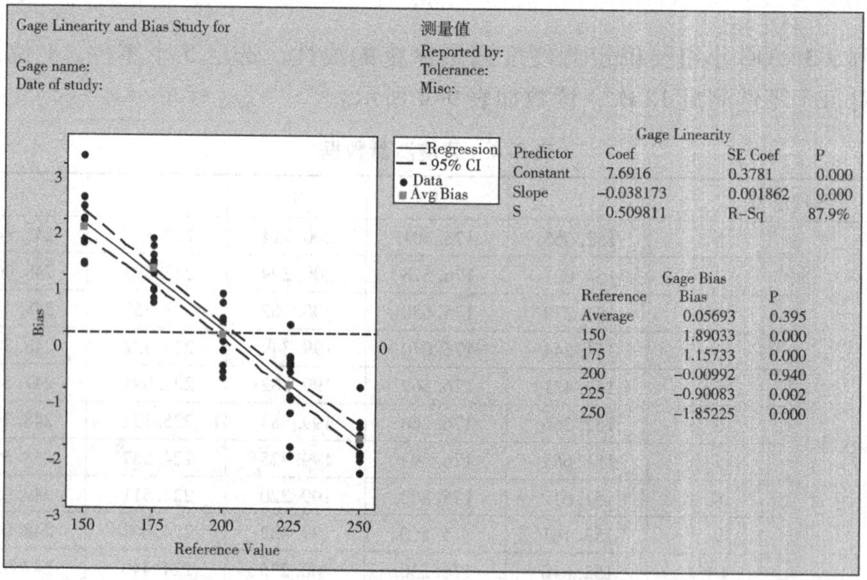

图 9-10　量具线性和偏倚

由表 9-5 可知量具研究作出的平均偏倚为 0.05693，在量程的中程值 200 处，偏倚不显著，但在小量程 150 和大量程 250 处偏倚均显著。可知，该测量系统存在着一定的线性偏倚。QC 小组应该改良测量设备，使拟合直线的斜率尽可能地小，从而减少线性所带来的测量误差。

表 9-5　量具分析作出的平均偏倚

Gage Bias		
Reference	Bias	P
Average	0.05693	0.395
150	1.89033	0.000
175	1.15733	0.000
200	-0.00992	0.940
225	-0.90083	0.002
250	-1.85225	0.000

9.4.4　双性（*GRR* 或 *R&R*）分析

双性是指重复性与再现性。测量系统必须同时满足以下情况方能认为测量系统可以接收：

（1）通过均值-极差控制图没有发现特殊原因。

（2）数据分级 *ndc*（number of distinct categories）经四舍五入取整后，必须大于或等于5。

（3）双性占总变差的百分比 *R&R%* 的接收准则

1）小于10%：测量系统可以接收。

2）介于10%到30%之间：基于应用的重要性、经济性等原因，该量具可能会被接受。此时应该计算风险参数（BREAKPOINT）的值，当该值小于37.8时，该量具才能被接收。

3）大于30%：该量具需要改进，不可接收。

风险参数的计算公式为

$$\text{BREAKPOINT} = RPN \times R\&R\%/100 \tag{9-11}$$

式中 *RPN* 表示风险顺序数，该值来自于FMEA小组或FMEA文件。

对于计量型量具，进行双性研究有如下三种不同的方法：极差法、均值极差法和方差分析法。

1. 极差法

极差法能够快速地检查以验证 *GRR* 是否有变化。这种方法只能为测量系统提供变差的整体情况，不能将变差分解成重复性和再现性。用极差法进行研究时通常选用两个评价人和五个零件，两个评价人分别测量每个零件一次。评价人A测量的每个零件数值与评价人B测量的每个零件数值通常是不同的。设 R_i 为对于第 i（$i=1, 2, \cdots, n$）个零件不同评价人测量值的极差，$\overline{R}$ 为这些测量值极差的平均值，则 *GRR* 占总过程变差百分比的计算公式如下：

$$\overline{R} = \frac{1}{n}\sum_{i=1}^{n} R_i \tag{9-12}$$

$$GRR = \left(\frac{\overline{R}}{d_2^*}\right) \tag{9-13}$$

$$\%GRR = 100 \times \left(\frac{GRR}{\text{过程标准差}}\right) \tag{9-14}$$

式（9-13）中的 d_2^* 可在附录 F 中查到，且这里取 $m=2$，$g=n$。

计算出 *GRR* 占总过程变差百分比后，再按照相应的接收准则快速判断量具是否可以接收。

例 9-4 两个评价人分别测量 5 个零件，所得测量结果如表 9-6 所示，若已知过程标准差为 0.0777，试用极差法对该测量系统进行分析，并讨论该系统是否需要改进。

表 9-6 测量结果数据

零件	评价人 A	评价人 B	极差（A，B）
1	0.85	0.80	0.05
2	0.75	0.70	0.05
3	1.00	0.95	0.05
4	0.45	0.55	0.10
5	0.50	0.60	0.10

解：由 $m=2$，$g=5$，查表可得 $d_2^*=1.19105$

极差的平均值 $$\overline{R} = \frac{1}{n}\sum_{i=1}^{n} R_i = \frac{0.35}{5} = 0.07$$

$$GRR = \left(\frac{\overline{R}}{d_2^*}\right) = \left(\frac{\overline{R}}{1.19105}\right) = 0.0588$$

$$\%GRR = 100 \times \left(\frac{GRR}{\text{过程标准差}}\right) = 75.7\%$$

%*GRR* 被确定为 75.7%，该值大于 30%，根据接收准则，得出的结论是需要对测量系统进行改进。

2. 均值极差法（average and range method）

均值极差法是一种可同时对测量系统提供重复性和再现性估计值的研究方法。该方法允许将测量系统变差分解成重复性和再现性两个独立的部分，不足之处在于其不能确定两者之间的相互作用。均值极差法的研究步骤如下：

（1）取得一个能够代表过程变差实际情况或预期范围的样本，该样本容量 n 必须大于 5。

（2）选择两到三名平时使用该量具的操作人员，并给其编号为 A，B，C 等，对零件从 1 到 n 进行编号。

（3）让每位评价人按正常测量程序以随机顺序对这几个零件进行测量，并记录测量结果。

（4）计算每位评价人对每个零件的读数的平均值

$$\overline{X}_{Mj} = \frac{1}{n}\sum_{i=1}^{n} X_{Mji} \tag{9-15}$$

式中，M 表示评价人，$i(i = 1,2,\cdots,n)$ 表示测量的次序，$j(j = 1,2,\cdots,m)$ 表示零件号。

（5）计算每位评价人对每个零件的读数的极差值

$$R_{Mj} = \max(X_{Mji}) - \min(X_{Mji}) \tag{9-16}$$

（6）计算所有零件每次读数的平均值，此值称为评价人每次测量均值，分别记录到评价人A、评价人B、评价人C中所对应的表格中。

$$M_i = \frac{1}{m}\sum_{j=1}^{m} X_{Mji} \tag{9-17}$$

（7）计算出每个人读数的平均值并进行记录，记为 $\overline{X}_A$，$\overline{X}_B$，$\overline{X}_C$。

$$\overline{X}_M = \frac{\sum_{i=1}^{n} M_i}{n} \tag{9-18}$$

（8）分别将A，B，C测量各个零件的极差相加除以零件个数，得到每个评价人极差的平均数，结果记为 $\overline{R}_A$，$\overline{R}_B$，$\overline{R}_C$。

$$\overline{R}_M = \frac{\sum_{j=1}^{m} R_{Mj}}{m} \tag{9-19}$$

（9）将上面所求的极差平均值的和除以评价人数，结果记作$\overline{\overline{R}}$。

$$\overline{\overline{R}} = \frac{\sum \overline{R}_M}{\text{评价人数量}} \tag{9-20}$$

（10）根据零件编号顺序画出由每位评价人对每个零件多次读值的平均值，且多位评价人的均值图重叠画出，以便于观察评价人之间的变差。如多位评价人的均值图的趋势均一致，则说明评价人之间是一致的。

（11）计算并绘制均值图的控制限，并记作 UCL_X 和 LCL_X。控制限以内的区域表示的是零件之间的变差（代表了过程变差），因此，应该有一半或一半以上的平均值落在控制限外，否则，说明测量系统的有效分辨率不足或者这样的样本不能代表预期的过程变差。

$$\begin{cases} UCL_X = \overline{\overline{X}} + A_2 \times \overline{\overline{R}} \\ LCL_X = \overline{\overline{X}} - A_2 \times \overline{\overline{R}} \end{cases} \tag{9-21}$$

其中，A_2 与样本子组容量有关，见附录E。

（12）以零件编号顺序画出由每个评价人对每个零件多次读值的极差，多个评价人之间的极差图重叠画出，以便于观察。

（13）计算并绘制极差图的控制限，并将其记作 UCL_R 和 LCL_R。极差图中不允许出现超出控制限的点，因为极差图是用来确定测量过程是否受控的，因此不管测量误差有多大，控制限都将包含该误差。如果某个评价人的测量值在控制限之外，则说明他使用的方法与其他人不一致。如果所有的评价人均有一些超出控制限范围的点，则说明该测量系统对评价人的技巧较敏感，需要进行改进。

$$\begin{cases} UCL_R = D_4 \times \overline{\overline{R}} \\ LCL_R = D_3 \times \overline{\overline{R}} \end{cases} \tag{9-22}$$

其中，D_3，D_4 与样本子组容量有关，见附录 E。

（14）对于极差图中反映的任何超出控制限的点，让原来的评价人对原来的零件进行重新测量，或剔除那些读值，然后根据修改后的抽样数量重新平均并计算。

（15）计算每位评价人对每个零件读数的平均值之和，然后除以评价人数，可得每个零件的平均值。

$$\overline{X}_j = \frac{\sum_{M=A}^{C} \overline{X}_{Mj}}{\text{评价人数}} \tag{9-23}$$

（16）将零件平均值的最大值减去零件平均值的最小值，并将结果记作 R_{Part}，它表示的是零件平均值的极差。

$$R_{Part} = \max(\overline{X}_j) - \min(\overline{X}_j) \tag{9-24}$$

（17）找出 $\overline{X}_A$，$\overline{X}_B$，$\overline{X}_C$ 中的最大值和最小值，并计算它们的差，将结果记作 $\overline{X}_{Diff}$。

$$\overline{X}_{Diff} = \max(\overline{X}_M) - \min(\overline{X}_M) \tag{9-25}$$

（18）计算设备变差（EV）、人员变差（AV）、双性（$R\&R$）、零件间变差（PV）、总变差（TV）。

1）设备变差（EV）的计算公式

$$EV = \overline{\overline{R}} \times K_1 \tag{9-26}$$

式中，K_1 为重复性常数，其计算公式为 $K_1 = \frac{1}{d_2^*}$，决定 d_2^* 的两个参数分别为 m = 重复测量次数，g = 零件数 × 评价人数；当试验次数为 2 时，$K_1 = 0.8862$；当试验次数为 3 时，$K_1 = 0.5908$。

2）人员变差（AV）的计算公式

$$AV = \sqrt{(\overline{X}_{Diff} \times K_2)^2 - (EV^2/(nr))} \tag{9-27}$$

式中，n 表示零件数；r 表示测量次数；K_2 为再现性常数。

K_2 计算公式为 $K_2 = \frac{1}{d_2^*}$，决定 d_2^* 的两个参数分别为 m = 评价人数，$g = 1$。

当评价人数为2时，$K_2=0.7071$；当评价人数为3时，$K_2=0.5231$。

注：如果根号下所得的数值为负数，则认为该评价人的变差（AV）为零。

3）双性（$R\&R$）的计算公式

$$R\&R = \sqrt{AV^2 + EV^2} \tag{9-28}$$

4）基于研究变差或产品公差时，零件间的变差（PV）计算公式

$$PV = R_{Part} \times K_3 \tag{9-29}$$

式中，K_3 为零件变差常数，其计算公式为 $K_3=\dfrac{1}{d_2^*}$，决定 d_2^* 的两个参数分别为 $m=$零件数，$g=1$。表9-7给出了 K_3 的取值。

表9-7　K_3 取值

零件数	6	7	8	9	10
K_3	0.3742	0.3534	0.3375	0.3249	0.3146

5）总变差（TV）的计算公式

$$TV = \sqrt{R\&R^2 + PV^2} \tag{9-30}$$

这里需要指出的是，测量系统的变差应该是由普通原因而不是特殊原因造成的，即具有统计稳定性。因此，测量系统的精度应高于过程变差和公差这两者中的精度较高者，即测量系统的变差应小于过程变差和公差两者中的较小者。所以在测量系统分析中，如果已知过程变差和公差，可以用过程变差或公差来计算研究总变差。

如果基于过程变差，且它的值是以 6σ 为基础，则可用过程变差计算研究总变差 TV，相应的 TV 和 PV 可按以下公式进行计算：

$$TV = \frac{过程变差(6\sigma)}{6} \tag{9-31}$$

$$PV = \sqrt{TV^2 - R\&R^2} \tag{9-32}$$

如果基于公差，计算 TV 时应该用公差除以6，同时计算出相应的公差百分比。

6）计算各变差占总变差的百分比

$$\begin{cases} \%EV = 100 \times (EV/TV) \\ \%AV = 100 \times (AV/TV) \\ \%R\&R = 100 \times (R\&R/TV) \\ \%PV = 100 \times (PV/TV) \end{cases} \tag{9-33}$$

数据分级数 ndc 的计算公式为 $ndc=1.41\times(PV/R\&R)$，它是对过程变差作出有效判断的一个标准，应四舍五入到整数，并且要能大于或等于5才符合标准。

例9-5　在研究硬度测量系统的双性前，QC小组首先应该直观地给出不同

的操作工人测量不同零件所得的结果，即操作工人间所造成的误差与工人－零件交互所造成的误差。为此，采用 Minitab 中的“Gage Run Chart”功能来对该案例进行直观的分析。QC 小组选择了 3 名测量员工和若干具有不同硬度且经过热处理的坯条，其具体数据如表 9-8 所示。

表 9-8 *R&R* 分析数据记录表

评价者与测量次数	重复性与再现性分析数据记录表										均　值
	1	2	3	4	5	6	7	8	9	10	
A. 1	198. 2	198. 1	187. 5	177. 5	181. 3	187. 3	176. 2	187. 9	197. 6	201. 2	189. 28
A. 2	198. 1	198. 6	187. 3	176. 9	180. 6	186. 8	177. 9	188. 3	198. 2	200. 1	189. 28
A. 3	197. 9	198. 4	187. 9	177. 2	180. 3	187. 1	176. 7	188. 6	197. 8	200. 8	189. 27
均值 $\overline{X}_{Aj}$	198. 07	198. 37	187. 57	177. 20	180. 73	187. 07	176. 93	188. 27	197. 87	200. 70	$\overline{X}_A=189.277$
极差 R_{Aj}	0. 3	0. 5	0. 6	0. 6	1. 0	0. 5	1. 7	0. 7	0. 6	1. 1	$R_A=0.76$
B. 1	199. 6	199. 9	189. 5	178. 6	183. 4	188. 3	178. 2	189. 2	198. 6	203. 3	190. 86
B. 2	199. 3	200. 6	188. 9	179. 3	182. 6	187. 9	177. 9	188. 6	199. 2	202. 9	190. 72
B. 3	199. 5	200. 2	189. 6	179. 5	182. 9	188. 4	177. 6	188. 9	198. 9	203. 4	190. 89
均值 $\overline{X}_{Bj}$	199. 47	200. 23	189. 33	179. 13	182. 97	188. 20	177. 90	188. 90	198. 90	203. 20	$\overline{X}_B=190.823$
极差 R_{Bj}	0. 3	0. 7	0. 7	0. 9	0. 8	0. 5	0. 6	0. 6	0. 6	0. 5	$R_B=0.62$
C. 1	197. 2	196. 1	186. 5	176. 5	180. 6	186. 3	175. 2	185. 9	195. 6	200. 2	188. 01
C. 2	196. 9	197. 6	185. 3	174. 9	179. 5	185. 8	176. 3	186. 3	197. 2	199. 9	187. 97
C. 3	197. 3	197. 2	185. 9	175. 5	179. 8	186. 1	176. 5	186. 4	196. 5	199. 6	188. 08
均值 $\overline{X}_{Cj}$	197. 13	196. 97	185. 90	175. 63	179. 97	186. 07	176. 00	186. 20	196. 43	199. 90	$\overline{X}_C=188.020$
极差 R_{Cj}	0. 4	1. 5	1. 2	1. 6	1. 1	0. 5	1. 3	0. 5	1. 6	0. 6	$\overline{R}_C=1.03$
部件均值	198. 22	198. 52	187. 60	177. 32	181. 22	187. 11	176. 94	187. 79	197. 73	201. 27	$\overline{\overline{X}}=189.373$ $R_P=24.32$ $\overline{X}_{Diff}=2.803$
$\overline{\overline{R}}=\{[\overline{R}_A=0.76]+[\overline{R}_B=0.62]+[\overline{R}_C=1.03]\}/[\text{评价人数}=3]$											0. 803
$UCL_R=D_4\times\overline{\overline{R}}=2.58\times0.803$											2. 073
$LCL_R=D_3\times\overline{\overline{R}}=0.00\times0.803$											0
$UCL_X=\overline{\overline{X}}+A_2\,\overline{\overline{R}}=189.3+1.02\times0.803$											190. 12
$LCL_X=\overline{\overline{X}}-A_2\times\overline{\overline{R}}=189.3-1.02\times0.803$											188. 48

通过 Minitab 画出统计控制图（具体方法见图 9-15 的生成步骤）。

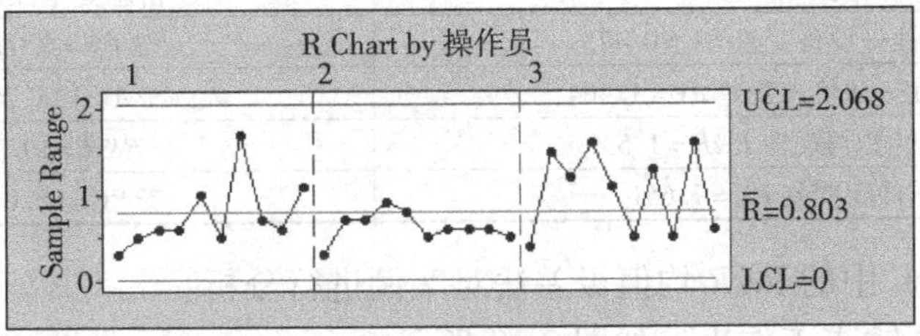

图 9-11 零件评价人均值控制图

由图 9-11 可以看出，点都在控制限内，说明测量过程受控。

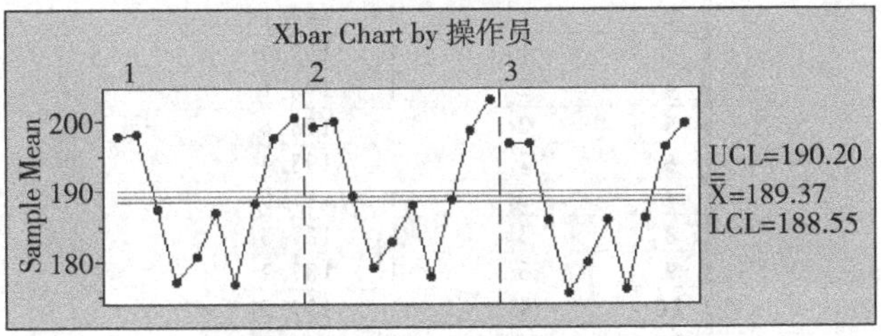

图 9-12 重复性极差控制图

由图 9-12 可以看出，大部分点都落在控制限外，说明测量系统能反应出零件间的变差，分辨能力满足要求。接下来计算变差：

（1）设备变差（EV）的计算

$$EV = \bar{R} \times K_1 = 0.803 \times 0.591 = 0.475$$

（2）人员变差（AV）的计算

$$AV = \sqrt{(\overline{X}_{Diff} \times K_2)^2 - (EV^2/(nr))}$$

$$= \sqrt{(2.803 \times 0.5231)^2 - (0.475^2/(10 \times 3))} = 1.464$$

（3）双性（$R\&R$）的计算

$$R\&R = \sqrt{EV^2 + AV^2} = \sqrt{0.475^2 + 1.464^2} = 1.539$$

（4）基于研究变差时，零件间变差（PV）的计算

$$PV = R_{Part} \times K_3 = 24.32 \times 0.3146 = 7.651$$

（5）基于研究变差时，总变差（TV）的计算

$$TV = \sqrt{R\&R^2 + PV^2} = \sqrt{1.539^2 + 7.651^2} = 7.804$$

将计算得到的各变差汇总，并计算出占总变差的百分比和贡献率，所得结果如表 9-9 所示。

表 9-9　测量变差分析

变　差　类	占总变差百分比
重复性—设备变差 $EV=0.475$	$\%EV=6.09\%$
再现性—评价人变差 $AV=1.464$	$\%AV=18.76\%$
重复性和再现性 $R\&R=1.539$	$\%R\&R=19.72\%$
零件间变差 $PV=7.651$	$\%PV=98.04\%$

采用 Minitab 中的 *R&R* 均值极差法对案例进行分析：

首先将数据输入工作表，如图 9-13 所示。

Worksheet 1 ***

↓	C1 零件号	C2 操作人员	C3 测量值	C4
1	1	1	198.2	
2	1	1	198.1	
3	1	1	197.9	
4	2	1	198.1	
5	2	1	198.6	
6	2	1	198.4	
7	3	1	187.5	
8	3	1	187.3	
9	3	1	187.9	
10	4	1	177.5	
11	4	1	176.9	
12	4	1	177.2	
13	5	1	181.3	
14	5	1	180.6	
15	5	1	180.3	
16	6	1	187.3	

图 9-13　在 Minitab 中录入数据

再作出量具运行图：依次单击 Stat→Quality Tools→Gage Study→Gage Run Chart，接下来在 Part numbers 对话框中选择“C1 零件号”；在 Operators 对话框中选择“C2 操作人员”；最后在 Measurement data”对话框中选择“C3 测量值”，单击 OK，得到的量具运行图如图 9-14 所示。

从图 9-14 中可以很直观地看出不同操作人员对应的测量值分布，其中 2 号操作工的读数总是比其他两人略微高一些，3 号操作工总是比其他两名操作工的读数略低；另外也可观察到不同零件的测量值偏离均值的程度也不同，零件间变差较大。可以采用 Minitab 的均值 – 极差法对此测量系统的 *R&R* 性能进行研究，具体分析步骤如下：

依次单击 Stat→Quality Tools→Gage study→Gage R&R study（Crossed），分析方法选择 Xbar and R，单击 OK，得到的结果如图 9-15 和表 9-10 所示，并对结果进行总结，如表 9-11 所示。

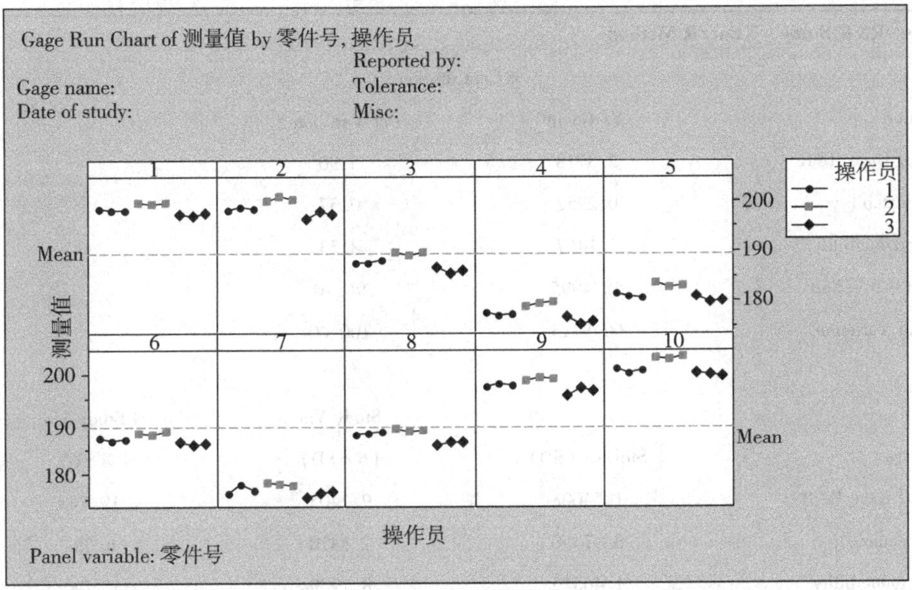

图 9-14　量具运行图

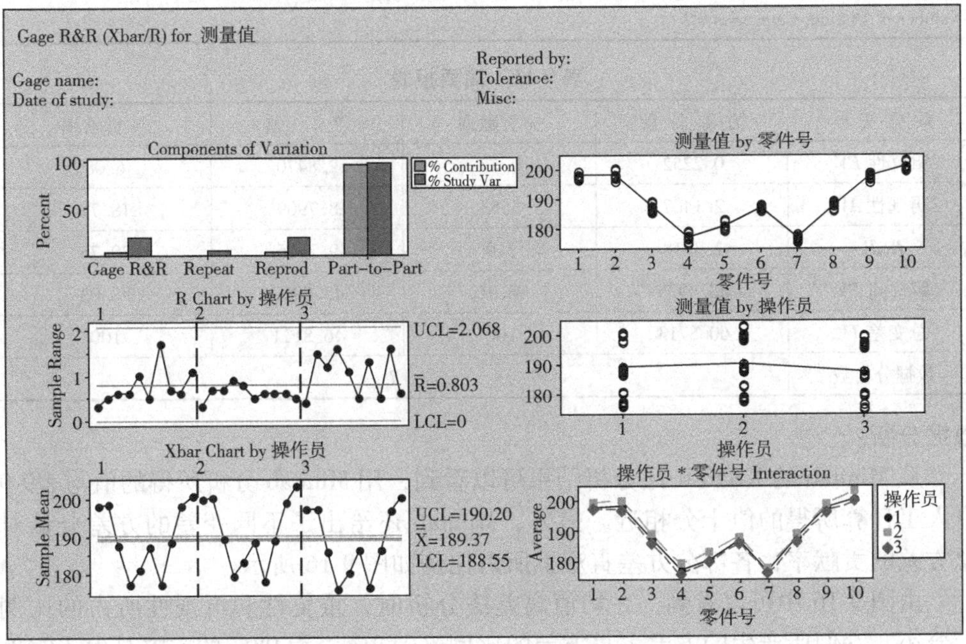

图 9-15　均值-极差法和 ANOVA 法分别对应的 *R&R* 性能图

表 9-10 Minitab 分析结果

Gage R&R Study - XBar/R Method

Source	VarComp	% Contribution (of VarComp)
Total Gage R&R	2.3718	3.90
Repeatability	0.2252	0.37
Reproducibility	2.1467	3.53
Part - To - Part	58.4995	96.10
Total Variation	60.8713	100.00

Source	StdDev (SD)	Study Var (6 * SD)	% Study Var (%SV)
Total Gage R&R	1.54008	9.2405	19.74
Repeatability	0.47450	2.8470	6.08
Reproducibility	1.46515	8.7909	18.78
Part - To - Part	7.64850	45.8910	98.03
Total Variation	7.80201	46.8121	100.00

Number of Distinct Categories = 7

表 9-11 简要报表

系统变异	方差分量	%贡献率	变 差	%贡献率
重复性 *EV*	0.2252	0.37	2.8470	6.08
再现性 *AV*	2.1467	3.53	8.7909	18.78
R&R	2.3718	3.9	9.2405	79.74
零件间 *PV*	58.4995	96.10	45.8910	98.03
总变差 *TV*	60.8713	100	46.8121	100
数据分析数	7			

数据分析：

从 Minitab 的 XBar/R 法分析结果可以看到，用 Minitab 分析所得的值与表9-9中人工计算所得的值十分相近。另外，Minitab 还给出了不同变差的方差分量对总方差的贡献率，各部分方差直观上所占比例如图 9-16 所示。

由图 9-16 中可以看到，在均值离差法分析时，重复性和再现性所占的比例十分小，它们所产生的方差占总方差的比例不到 2%，而 98% 的方差是由于零件间的波动所造成的，如图 9-17 和图 9-18 所示。

从图 9-17 和图 9-18 的对比可以看出，10 个样品零件在 190 的均值附近有较

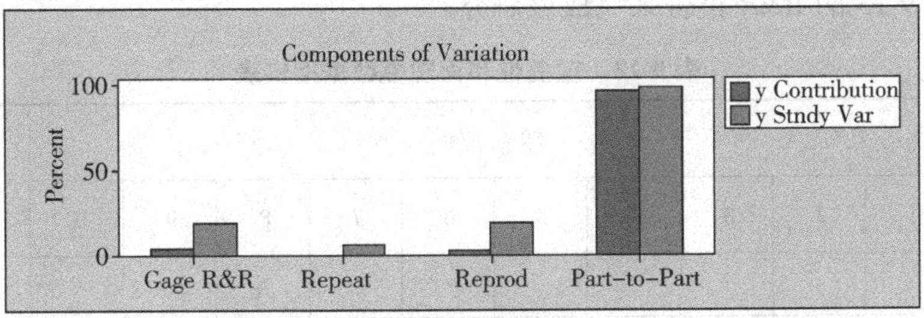

图 9-16　方差比例图

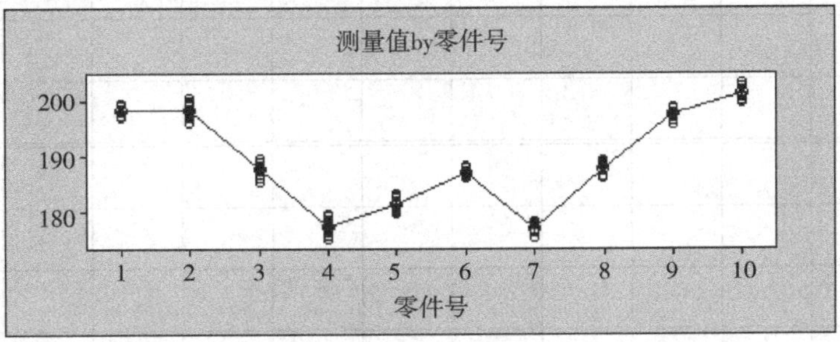

图 9-17　不同零件号的均值波动

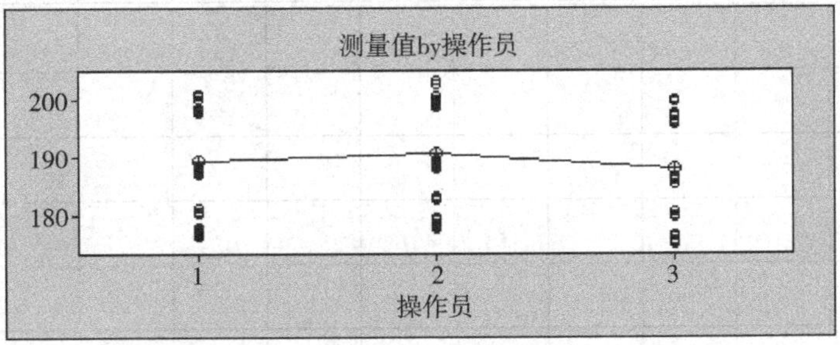

图 9-18　不同操作人员的均值波动

大幅度的波动，造成了系统误差，而操作人员的读数与其相比较还是很一致的。

由于%*R&R* 所占的成分小于 30%，数据分级数 $ndc=7$，可见，该测量系统还是可以勉强用于测量过程偏差的。但是由数据分析可以看出再现性的成分比重复性大，其原因可能为：

1）评价人需要更好的关于如何使用量具和读数的培训。

2）量具刻度不清晰。

3）需要夹具帮助提高评价人使用量具的一致性。

由于均值极差法步骤比较烦琐，在实际操作中，通常使用表 9-12 的数据搜集表和表9-13的 $R\&R$ 报告来完成该研究。

表9-12　重复性和再现性数据搜集表

评价人/试验次数	零件 1	2	3	4	5	6	7	8	9	10	平均值
A 1											
2											
3											
平均值											$\overline{X}_A=$
极差											$\overline{R}_A=$
B 1											
2											
3											
平均值											$\overline{X}_B=$
极差											$\overline{R}_B=$
C 1											
2											
3											
平均值											$\overline{X}_C=$
极差											$\overline{R}_C=$
零件平均值											$\overline{\overline{X}}=$ $R_P=$
$\{[\overline{R}_A=\quad]+[\overline{R}_B=\quad]+[\overline{R}_C=\quad]\}/[$评价人数$=\quad]=$											$\overline{\overline{R}}$
$\overline{X}_{Diff}=[$最大值$\overline{X}_{max}=\quad]-[$最小值$\overline{X}_{min}=\quad]$											$\overline{X}_{Diff}$
UCL_R① $=[\overline{\overline{R}}=\quad]\times[D_4=\quad]$											

① 2次测量时 $D_4=3.27$，3次测量时 $D_4=2.58$。UCL_R 代表个别 R 值的控制限。圈出那些超过控制限的点，查明其原因并采取纠正措施。重复以相同的评价人使用相同的量具读取这些值；或剔除这些数值，并从其余的观测值中重新计算 $\overline{\overline{R}}$，以及其限值。

表 9-13　量具重复性和再现性报告

零件编号和名称：　　量具名称：　　日期：

特性：　　量具编号：　　执行者：

规范：　　量具型式：

从数据表：$\overline{\overline{R}}=$　　$\overline{X}_{Diff}=$　　$R_P=$

测量单元分析		总变差%（TV）
重复性 - 设备变差（EV） $EV=\overline{\overline{R}}\times K_1$ $=$ ____ × ____ $=$ ____	试验次数 / K_1 2 / 0.8862 3 / 0.5908	$\%EV=100\ [EV/TV]$ $=100$ [____/____] $=$ ____%
再现性 - 评价人变差（AV） $AV=\sqrt{(\overline{X}_{Diff}\times K_2)^2-(EV^2/(nr))}$ $=\sqrt{(\_\_\times\_\_)^2-(\_\_^2/(\_\_\times\_\_))}$ $=$ ____ $n=$零件数　$r=$试验次数	评价人数 / 2 / 3 K_2 / 0.7071 / 0.5231	$\%AV=100\ [AV/TV]$ $=100$ [____/____] $=$ ____%
重复性和再现性（GRR） $GRR=\sqrt{EV^2+AV^2}$ $=\sqrt{\_\_^2+\_\_^2}$ $=$ ____	零件数量 / K_3 2 / 0.7071	$\%GRR=100\ [GRR/TV]$ $=100$ [____/____] $=$ ____%
零件变差（PV） $PV=R_P\times K_3$ $=$ ____ × ____ $=$ ____	3 / 0.5231 4 / 0.4467 5 / 0.4030 6 / 0.3742	$\%PV=100\ [PV/TV]$ $=100$ [____/____] $=$ ____%
总变差（TV） $TV=\sqrt{GRR^2+PV^2}$ $=\sqrt{\_\_^2+\_\_^2}$ $=$ ____	7 / 0.3534 8 / 0.3375 9 / 0.3249 10 / 0.3146	$ndc=1.41\ (PV/GRR)$ $=1.41$ (____/____) $=$ ____

例 9-6　A，B，C 3 个测量人员分别对 10 组弹簧的压缩长度进行了测量，数据如表 9-14 所示，试进行量具数据搜集及重复性和再现性报告实例及分析。

进行量具的重复性与再现性分析的步骤如下：

（1）分别计算 A，B，C 对每个样品三次测试结果的均值和极差，填入表中对应的行。

（2）计算 A 测得所有样品的总平均值及总平均值的均值 $\overline{X}_A$ 与极差的 $\overline{R}_A$，同理得到 $\overline{X}_B$，$\overline{X}_C$ 以及 $\overline{R}_B$，$\overline{R}_C$。

（3）最后求出 $\overline{\overline{R}}$，$\overline{X}_{Diff}$，$\overline{R}_P$，将数值填入表 9-15 完成数据分析。

表 9-14　量具重复性与再现性数据搜集表数据实例

1. A	1	9.281	9.279	9.272	9.282	9.278	9.273	9.281	9.271	9.382	9.270	9.2869
2.	2	9.281	9.279	9.271	9.283	9.279	9.273	9.279	9.271	9.378	9.268	9.2862
3.	3	9.279	9.281	9.271	9.282	9.280	9.272	9.278	9.272	9.381	9.269	9.2865
4.	均值	9.280	9.280	9.271	9.282	9.279	9.273	9.279	9.271	9.380	9.269	$\overline{X}_A$ = 9.2865
5.	极差	0.002	0.002	0.001	0.001	0.002	0.001	0.003	0.001	0.004	0.002	$\overline{R}_A$ = 0.0019
6. B	1	9.281	9.279	9.272	9.282	9.278	9.274	9.281	9.273	9.382	9.270	9.2872
7.	2	9.281	9.279	9.271	9.283	9.279	9.274	9.281	9.273	9.378	9.268	9.2867
8.	3	9.279	9.281	9.271	9.282	9.280	9.272	9.280	9.272	9.381	9.269	9.2867
9.	均值	9.280	9.280	9.271	9.282	9.279	9.273	9.281	9.273	9.380	9.269	$\overline{X}_B$ = 9.2869
10.	极差	0.002	0.002	0.001	0.001	0.002	0.002	0.001	0.001	0.004	0.002	$\overline{R}_B$ = 0.0018
11. C	1	9.283	9.280	9.272	9.284	9.279	9.273	9.281	9.272	9.382	9.271	9.2877
12.	2	9.281	9.279	9.272	9.283	9.279	9.273	9.279	9.272	9.378	9.270	9.2866
13.	3	9.281	9.282	9.273	9.282	9.283	9.272	9.278	9.273	9.381	9.269	9.2874
14.	均值	9.282	9.280	9.272	9.283	9.280	9.273	9.279	9.272	9.380	9.270	$\overline{X}_C$ = 9.2872
15.	极差	0.002	0.003	0.001	0.002	0.004	0.001	0.003	0.001	0.004	0.002	$\overline{R}_C$ = 0.0023
零件均值		9.281	9.280	9.272	9.283	9.279	9.273	9.280	9.272	9.380	9.269	$\overline{\overline{X}}$ = 9.2869 R_P = 0.1110
$\overline{\overline{R}}$ = {[$\overline{R}_A$ = 0.0019] + [$\overline{R}_B$ = 0.0018] + [$\overline{R}_C$ = 0.0023]}/[评价人数 = 3] =											0.0020
$\overline{X}_{Diff}$ = [最大值 $\overline{X}_C$ = 9.2872] − [最小值 $\overline{X}_A$ = 9.2865] =											0.0007
UCL_R = [$\overline{\overline{R}}$ = 0.002] × [D_4 = 2.58] =											0.00516

表 9-15 量具重复性和再现性报告实例

<table>
<tr><td>零件编号和名称：
特性：
规范：
从数据表：$\overline{\overline{R}}=0.002$</td><td colspan="3">量具名称：
量具编号：
量具型式：
$\overline{X}_{Diff}=0.0007$</td><td>日期：
执行者：

$R_P=0.111$</td></tr>
<tr><td colspan="4">测量单元分析</td><td>总变差%（TV）</td></tr>
<tr><td rowspan="3">重复性－设备变差（EV）
$EV=\overline{\overline{R}}\times K_1$
$=0.002\times0.59$
$=0.001$</td><td colspan="2">试验次数</td><td>K_1</td><td rowspan="3">$\%EV=100[EV/TV]$
$=100[0.001/0.035]$
$=3.4\%$</td></tr>
<tr><td colspan="2">2</td><td>0.8862</td></tr>
<tr><td colspan="2">3</td><td>0.5908</td></tr>
<tr><td rowspan="2">再现性－评价人变差（AV）
$AV=\sqrt{(\overline{X}_{Diff}\times K_2)^2-(EV^2/(nr))}$
$=\sqrt{(0.0007\times0.52)^2-(0.001^2/(10\times3))}$
$=0.0004$
n ＝零件数＝10　r＝试验次数＝3</td><td>评价人数</td><td>2</td><td>3</td><td rowspan="2">$\%AV=100[AV/TV]$
$=100[0.0004/0.035]$
$=1.1\%$</td></tr>
<tr><td>K_2</td><td>0.7071</td><td>0.5231</td></tr>
<tr><td rowspan="2">重复性和再现性（GRR）
$GRR=\sqrt{EV^2+AV^2}$
$=\sqrt{0.001^2+0.0004^2}$
$=0.001$</td><td colspan="2">零件数量</td><td>K_3</td><td rowspan="2">$\%GRR=100[GRR/TV]$
$=100[0.001/0.035]$
$=3.5\%$</td></tr>
<tr><td colspan="2">2</td><td>0.7071</td></tr>
<tr><td rowspan="4">零件变差（PV）
$PV=R_P\times K_3$
$=0.111\times0.31$
$=0.035$</td><td colspan="2">3</td><td>0.5231</td><td rowspan="4">$\%PV=100[PV/TV]$
$=100[0.035/0.035]$
$=99.9\%$</td></tr>
<tr><td colspan="2">4</td><td>0.4467</td></tr>
<tr><td colspan="2">5</td><td>0.4030</td></tr>
<tr><td colspan="2">6</td><td>0.3742</td></tr>
<tr><td rowspan="4">总变差（TV）
$TV=\sqrt{GRR^2+PV^2}$
$=\sqrt{0.001^2+0.035^2}$
$=0.035$</td><td colspan="2">7</td><td>0.3534</td><td rowspan="4">$ndc=1.41(PV/GRR)$
$=1.41(0.035/0.001)$
$=49.35$</td></tr>
<tr><td colspan="2">8</td><td>0.3375</td></tr>
<tr><td colspan="2">9</td><td>0.3249</td></tr>
<tr><td colspan="2">10</td><td>0.3146</td></tr>
</table>

3. 方差分析法（ANOVA）

方差分析法（ANOVA：analysis of variance）是一种标准的统计技术，可以用它来分析测量误差和测量系统研究中的其他变差来源。在变差分析中，可将变差分成四类：零件、评价人、零件与评价人之间的交互作用以及因量具所造成的重复误差。ANOVA 方法有利于更好地估计变差，从试验数据中得到更多信息（如零件与评价人之间交互作用所产生的影响）；但 ANOVA 法中的数值计算更加复杂，而且要求运用一定程度的统计学知识来解释它的结果。为了在测量系统分析的研究中对试验设计模型中的方差组成进行估计，这里采用二因素随机效应模型来描述测量过程的重复性和再现性。

$$X_{ijk} = \mu + O_i + P_j + (OP)_{ij} + R_{k(ij)} \tag{9-34}$$

式中，X_{ijk}表示第i个操作者对第j个零件进行第k次测量的值；μ为未知常数（总均值）；O_i，P_j，$(OP)_{ij}$，$R_{k(ij)}$分别表示操作者、零件、操作者与零件间交互作用和重复测量效应的随机变量，且假设$O_i \sim N(0, \sigma_O^2)$，$P_j \sim N(0, \sigma_P^2)$，$(OP)_{ij} \sim N(0, \sigma_{OP}^2)$，$R_{k(ij)} \sim N(0, \sigma_R^2)$，其中$O_i$，$P_j$，$(OP)_{ij}$，$R_{k(ij)}$相互独立。

在二因素随机效应模型中，观测值X_{ijk}的总波动（方差）等于各随机波动之和：

$$\sigma_X^2 = \sigma_O^2 + \sigma_P^2 + \sigma_{OP}^2 + \sigma_R^2 \tag{9-35}$$

测量系统分析就是要估计这些方差成分，并同各准则进行比较，以确定测量系统是否满足要求。

方差分析法依赖于所有观测值平方和的正交分解。设总偏差平方和为SS_T；操作者的偏差平方和为SS_O，均方和为MS_O；零件的偏差平方和为SS_P，均方和为MS_P；零件和操作者交互作用的偏差平方和为SS_{OP}，均方和为MS_{OP}；重复测量效应的偏差平方和为SS_R，均方和为MS_R，则

$$\begin{cases} X = \sum_{i=1}^{I}\sum_{j=1}^{J}\sum_{k=1}^{K} X_{ijk}, \overline{X} = \dfrac{X}{IJK} \\ X_i = \sum_{j=1}^{J}\sum_{k=1}^{K} X_{ijk}, \overline{X}_i = \dfrac{X_i}{JK} \\ X_j = \sum_{i=1}^{I}\sum_{k=1}^{K} X_{ijk}, \overline{X}_j = \dfrac{X_j}{IK} \\ X_{ij} = \sum_{k=1}^{K} X_{ijk}, \overline{X}_{ij} = \dfrac{X_{ij}}{K} \end{cases} \tag{9-36}$$

计算各偏差平方和：

$$\begin{cases} SS_O = JK\sum_{i=1}^{I}(\overline{X}_i - \overline{X})^2 = \dfrac{1}{JK}\sum_{i=1}^{I} X_i^2 - \dfrac{X^2}{IJK} \\ SS_P = IK\sum_{j=1}^{J}(\overline{X}_j - \overline{X})^2 = \dfrac{1}{IK}\sum_{j=1}^{J} X_j^2 - \dfrac{X^2}{IJK} \\ SS_{OP} = K\sum_{i=1}^{I}\sum_{j=1}^{J}(\overline{X}_{ij} - \overline{X}_i - \overline{X}_j + \overline{X})^2 = \left(\dfrac{1}{K}\sum_{i=1}^{I}\sum_{j=1}^{J} X_{ij}^2 - \dfrac{X^2}{IJK}\right) - SS_O - SS_P \\ SS_R = \sum_{i=1}^{I}\sum_{j=1}^{J}\sum_{k=1}^{K}(X_{ijk} - \overline{X}_{ij})^2 = \sum_{i=1}^{I}\sum_{j=1}^{J}\sum_{k=1}^{K} X_{ijk}^2 - \dfrac{1}{K}\sum_{i=1}^{I}\sum_{j=1}^{J} X_{ij}^2 \\ SS_T = \sum_{i=1}^{I}\sum_{j=1}^{J}\sum_{k=1}^{K}(X_{ijk} - \overline{X})^2 = \sum_{i=1}^{I}\sum_{j=1}^{J}\sum_{k=1}^{K} X_{ijk}^2 - \dfrac{X^2}{IJK} \end{cases} \tag{9-37}$$

同时有

$$SS_T = SS_O + SS_P + SS_{OP} + SS_R \tag{9-38}$$

将得到的各项平方和除以相应的自由度，得到各均方和，即

$$\begin{cases} MS_O = \dfrac{SS_O}{I-1} \\ MS_P = \dfrac{SS_P}{J-1} \\ MS_{OP} = \dfrac{SS_{OP}}{(I-1)(J-1)} \\ MS_R = \dfrac{SS_R}{IJ(K-1)} \end{cases} \tag{9-39}$$

基于均方和的结果，可以通过下列各式得到方差成分估计值：

$$\begin{cases} \sigma_O^2 = \dfrac{MS_O - MS_{OP}}{JK} \\ \sigma_P^2 = \dfrac{MS_P - MS_{OP}}{IK} \\ \sigma_{OP}^2 = \dfrac{MS_{OP} - MS_R}{K} \\ \sigma_R^2 = MS_R \end{cases} \tag{9-40}$$

并且

$$\sigma_X^2 = \sigma_O^2 + \sigma_P^2 + \sigma_{OP}^2 + \sigma_R^2 \tag{9-41}$$

在式（9-40）和式（9-41）两式中，方差成分 σ_R^2 表示测量系统重复性的波动度量，它反应了测量过程中量具本身的波动水平；方差成分的平方和 $\sigma_O^2 + \sigma_{OP}^2$ 表示测量系统再现性波动的度量，反应了测量过程中操作者之间的波动。表9-16给出了零件测量方差分析表。

表 9-16　零件测量方差分析表

波　动　源	自　由　度	均　　方
操作者	$I-1$	MS_O
零件	$J-1$	MS_P
操作者×零件	$(I-1)(J-1)$	MS_{OP}
重复性	$IJ(K-1)$	MS_R

因此，仿照方差分析原理，构造出相应的 F 统计量，并估计各种方差成分占总波动的百分比大小。

采用 Minitab 中的 *R&R* 方差分析法来进行案例分析：

采用 Minitab 对例 9-5 改用 ANOVA 分析法来进行分析，依次单击 Stat→

Quality Tools→Gage study→Gage R&R study（Crossed），分析方法选择 ANOVA，单击 OK，输出结果如表 9-17 所示。

表 9-17　方差分析法分析结果

量具 R&R 研究 - 方差分析法

包含交互作用的双因子方差分析表

来源	自由度	SS	MS	F	P
零件号	9	6752.39	750.266	1689.18	0.000
操作人员	2	118.30	59.150	133.17	0.000
零件号 * 操作人员	18	7.99	0.444	2.11	0.016
重复性	60	12.63	0.210		

Gage R&R Study-ANOVA Method

Two-Way ANOVA Table With Interaction

Source	DF	SS	MS	F	P
零件号	9	6752.39	750.266	1689.18	0.000
操作员	2	118.30	59.150	133.17	0.000
零件号 * 操作员	18	7.99	0.444	2.11	0.016
Repeatability	60	12.63	0.210		
Total	89	6891.32			

Alpha to remove interaction term = 0.25

Gage R&R

Source	VarComp	% Contribution (of VarComp)
Total Gage R&R	2.2452	2.62
Repeatability	0.2104	0.25
Reproducibility	2.0348	2.38
操作员	1.9569	2.29
操作员 * 零件号	0.0779	0.09
Part-To-Part	83.3135	97.38
Total Variation	85.5588	100.00

Source	StdDev (SD)	Study Var (6 * SD)	% Study Var (%SV)

数据分析：

首先，考察一下零件和工人之间的互动水平，即工人对测量的零件是否有交互作用，这对后续的分析是非常重要的。通过 Minitab 可以直观地画出员工和零件号之间的交互作用图，如图9-19所示。

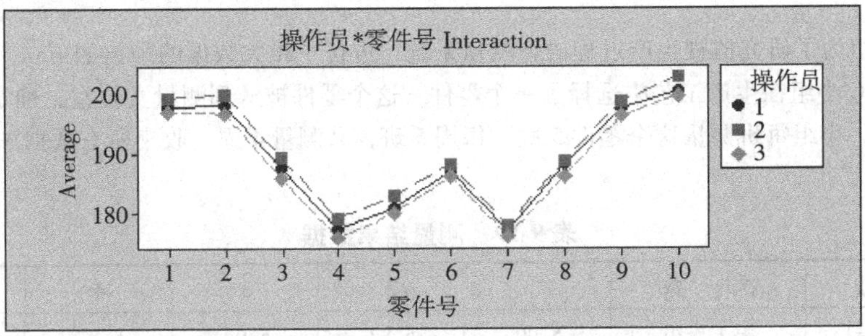

图9-19　操作人员和零件号交互作用图

从图9-19中，可以反映出3位操作人员测量每个零件的均值基本一致，但不同的零件测量均值差异较大，因此，可以推测出操作人员和零件号这两个因素可能存在显著交互作用。从方差分析表中得到交互（interaction）项的*P*-值为0.016<0.25，说明交互作用显著，由于均值-极差分析法没有将零件和人的交互作用考虑进去，面对这种有着显著的交互关系的模型，使用ANOVA法显然比均值-极差分析法更加准确。

由Minitab的ANOVA法分析所产生的各种数据，可以组成MSA的简要分析报表以便查看，如表9-18所示。

表9-18　ANOVA法分析报表

变差类别	6×SD	变差（%）	贡献率（%）
重复性	2.7525	4.96	0.25
再现性	8.3933	15.12	2.29
人×零件	1.6747	3.02	0.09
R&R	8.9904	16.20	2.62
零件	54.7657	98.68	97.38
总变差	55.4988	100	100
数据分析数＝	8		

从表中可以看到，测量系统的误差贡献率仅为2.62%，零件本身变差所占的贡献率为97.38%，这说明绝大部分测量误差是由于零件本身的变差所造成的，由数据分级数为8，可以看出此测量系统本身的测量精度是优良的（*R&R*所占比重较少）。因此，测量系统本身具有测量变差的资格，可以否定测量值变差过大是由测量系统造成的假设，应该改善生产工艺，减少零件间的变差。

练　习　题

QC 小组为了研究监视生产过程的新测量系统，进行了相关数据的采集如下：

（1）QC 小组在生产工艺中选择了一个零件，这个零件被送到测量实验室，确定其基准值为6.00mm，小组每班测量这个零件5 次，每周5 班，共测量4 周，收集所有数据如表 9-19 所示。

表 9-19　测量结果数据

	次　数	1	2	3	4	5
第一周	第 1 班组	5.90	5.87	5.92	5.87	6.15
	第 2 班组	6.16	6.27	6.21	5.97	5.86
	第 3 班组	6.13	5.96	6.11	6.02	6.18
	第 4 班组	5.86	5.90	6.03	6.13	5.87
	第 5 班组	6.10	5.90	6.00	5.87	6.13
第二周	第 1 班组	6.01	6.23	5.87	5.90	6.12
	第 2 班组	5.98	5.87	6.13	5.99	5.86
	第 3 班组	5.91	6.03	6.01	5.96	5.87
	第 4 班组	5.83	5.90	5.85	6.03	5.82
	第 5 班组	5.81	6.03	5.84	5.90	5.87
第三周	第 1 班组	5.90	6.03	5.87	6.12	5.89
	第 2 班组	6.12	5.89	6.07	6.08	5.98
	第 3 班组	6.00	5.87	6.16	6.03	5.85
	第 4 班组	6.15	5.98	6.02	6.26	5.84
	第 5 班组	5.89	5.93	6.02	5.83	6.13
第四周	第 1 班组	6.10	5.99	5.89	6.02	6.01
	第 2 班组	6.03	5.78	6.11	6.02	5.88
	第 3 班组	6.06	6.13	5.84	5.89	6.12
	第 4 班组	6.09	6.12	5.86	5.87	6.12
	第 5 班组	5.89	5.87	6.04	5.96	6.02

（2）让一个测量员以常规方式对这个零件测量 10 次，测量数据如表 9-20 所示。

表 9-20　测量结果数据

测 量 次 数	1	2	3	4	5	6	7	8	9	10	11	12	13	14	15
基准值/mm	6.0	6.0	6.0	6.0	6.0	6.0	6.0	6.0	6.0	6.0	6.0	6.0	6.0	6.0	6.0
测量值/mm	5.8	5.7	5.9	5.9	6.0	6.1	6.0	6.1	6.4	6.3	6.0	6.1	6.2	5.6	6.0

（3）在测量系统的量程范围内选择 5 个零件，每个零件经过全尺寸检测测量并确定好其

基准值，由一名测量员分别对每个零件测量12次，测量数据如表9-21所示。

表9-21　测量结果数据

零　件		1	2	3	4	5
基 准 值		2.00	4.00	6.00	8.00	10.00
次数	1	2.70	5.10	5.80	7.60	9.10
	2	2.50	3.90	5.70	7.70	9.30
	3	2.40	4.20	5.90	7.80	9.50
	4	2.50	5.00	5.90	7.70	9.30
	5	2.70	3.80	6.00	7.80	9.40
	6	2.30	3.90	6.10	7.80	9.50
	7	2.50	3.90	6.00	7.80	9.50
	8	2.50	3.90	6.10	7.70	9.50
	9	2.40	3.90	6.40	7.80	9.60
	10	2.40	4.00	6.30	7.50	9.20
	11	2.60	4.10	6.00	7.60	9.30
	12	2.40	3.80	6.10	7.70	9.40

（4）另外再选择10个零件，对每个零件，由3个评价人分别对这个零件重复测量3次，测量结果记录如表9-22所示。

表9-22　重复性与再现性分析数据记录表

评价者与测量次数	重复性与再现性分析数据记录表									
	1	2	3	4	5	6	7	8	9	10
A1	0.29	-0.56	1.34	0.47	-0.8	0.02	0.59	-0.31	2.26	-1.36
A2	0.41	-0.68	1.17	0.5	-0.92	-0.11	0.75	-0.2	1.99	-1.25
A3	0.64	-0.58	1.27	0.64	-0.84	-0.21	0.66	-0.17	2.01	-1.31
B1	0.08	-0.47	1.19	0.01	-0.56	-0.2	0.47	-0.63	1.8	-1.68
B2	0.25	-1.22	0.94	1.03	-1.2	0.22	0.55	0.08	2.12	-1.62
B3	0.07	-0.68	1.34	0.2	-1.28	0.06	0.83	-0.34	2.19	-1.5
C1	0.04	-1.38	0.88	0.14	-1.46	-0.29	0.02	-0.46	1.77	-1.49
C2	-0.11	-1.13	1.09	0.2	-1.07	-0.67	0.01	-0.56	1.45	-1.77
C3	-0.15	-0.96	0.67	0.11	-1.45	-0.49	0.21	-0.49	1.87	-2.16

请根据（1）、（2）、（3）、（4）中给出的信息，对系统的稳定性、偏倚、线性、双性进行分析，并给出系统的相关评价，确定是否可以接受。

第10章　可　靠　性

10.1　可靠性发展概况

高品质的产品一直是人们追求的目标，作为衡量产品质量的重要指标之一的可靠性，它的诞生可以追溯到1939年，当时美国航空委员会提出了飞机事故率的概念，这可能是最早由官方提出的可靠性指标。

1952年11月美国成立了“电子设备可靠性顾问委员会”（AGREE），该委员会对电子产品的设计、生产、试验等各个方面的可靠性问题，作了全面的调查研究，并于1957年6月发表了《军用电子设备的可靠性报告》，这是可靠性工程学发展的奠基性文件。1962年在美国召开了第一届可靠性与可维修性学术会议暨第一届电子设备故障物理学术会议，它标志着对可靠性的研究扩展到对产品故障的机理研究方面。

日本于1956年从美国引进可靠性技术，在1960年成立了可靠性及质量控制专门小组。日本在可靠性技术的民用化上取得巨大进展，带来了“日本制造”产品的世界性畅销，取得了巨大的经济效益。

国际电子技术委员会（IEC）于1965年设立了“可靠性技术委员会”，1977年改名为“可靠性与可维修性技术委员会”，它主要负责对可靠性标准的规范化、可靠性管理、数据收集等方面进行国际间协调的工作。

我国的可靠性工作起始于20世纪50年代末期。1979年颁发了可靠性国家标准GB1977-79《电子元器件失效试验方法》，明确提出了军工产品和民用产品的可靠性定量指标。GJB299-87《电子设备可靠性预计手册》等一系列标准的实施，标志着我国产品的可靠性技术达到了一个新的水平。

10.2　可靠性的基本概念

根据国家标准规定，可靠性的基本定义是产品在规定条件下和规定时间内，完成规定功能的能力，它反映了产品保持原有功能的概率，产品的可靠性用其可靠度来衡量，可靠度是用概率表示的产品的可靠性程度。

在可靠性的上述定义中，含有以下要素：

(1) 产品

可靠性问题的研究对象是产品，它是泛指的，可以是元件、零件、部件、设备，甚至整个系统。研究可靠性问题时首先要明确对象，不仅要确定具体的产品，而且还应明确它的内容和性质。

(2) 规定条件

“规定条件”是指产品的工作条件和环境条件等。产品的环境条件（如温度、压力、载荷、振动、腐蚀等）对可靠性都会产生影响。

(3) 规定时间

“规定时间”是指产品执行任务的时间。任务时间长短随产品对象不同和任务不同而不同。例如，火箭的飞行要求在几分到几十分钟内可靠，而卫星则要求在几年到十几年内可靠。但某些产品的可靠性规定周期、次数等会更恰当些。

(4) 规定功能

“规定功能”是指产品的用途，也就是产品规定了的、必须具备的功能及其技术指标。产品规定功能的多少和技术指标的高低直接影响到产品可靠性指标的高低。一般来说，所谓“完成规定功能”是指在规定的使用条件下能维持所规定的正常工作而不失效。应注意“失效”不一定仅仅指产品不能工作，因为有些产品虽然还能工作，但由于其功能参数已漂移到规定界限之外了，即不能按规定正常工作，也应视为“失效”。

(5) 能力

“能力”的强弱是指产品完成其规定功能的可能性大小，通常用概率来度量这种可能性。

如上所述，讨论产品的可靠性问题时，必须明确对象、使用条件、使用期限、规定的功能等因素，而用概率来度量产品的可靠性时就是产品的可靠度。

系统可分为可修复系统与不可修复系统两大类。不可修复系统是指系统或其组成单元一旦失效，系统将处于报废状态，这是指技术上不能够修复或者经济上不值得修复。可修复系统是指系统的组成单元发生故障后，经过维修能够使系统恢复到正常工作状态。维修包括修理和更换。

失效（failure，对于可修复的产品，通常称为故障），其定义为“产品丧失规定的功能”。这不仅指规定功能的完全丧失，亦包括规定功能的降低等。

失效可作如下的分类：按失效原因可以分为误用失效和本质失效；按发生失效所对应的产品的生命周期可以分为早期失效、偶然失效以及耗损失效；按失效的时间特性可以分为突然失效和渐变失效；按照失效的程度可以分为完全失效和部分失效；按失效后果的严重性可以分为致命失效、严重失效和轻度失效；按失效的独立性可以分为独立失效和从属失效；按照失效的关联性可以分为关联失效和非关联失效，所谓关联失效是指在解释试验结果或计算可靠性特征数值时必须计入的失效。

10.3 可靠性的特征量

为了量化产品或系统的可靠性，需要规定一些可靠性的数值指标。常用的可靠性指标有可靠度、失效率、平均寿命、寿命方差和寿命标准差、可靠寿命与中位寿命及特征寿命等。

有了统一的可靠性尺度或评价产品可靠性的数值指标，就可在设计产品时用数学方法来计算和预测其可靠性或在产品生产出来后用试验方法等来考核和评定其可靠性。

10.3.1 可靠度与不可靠度

可靠度（reliability）可定义为“产品在规定的条件下和规定的时间内，完成规定功能的概率”，通常以“R”表示。考虑到它是时间的函数，又可称为可靠度函数，表示为$R(t)$。就概率分布而言，它又叫做可靠度分布函数，它表示在规定的使用条件下和规定的时间内，无故障地发挥规定功能的产品占全部工作产品（累积起来）的百分率。因此，$R(t)$的取值范围是$[0, 1]$。

若“产品在规定的条件下和规定的时间内完成规定功能”的这一事件（E）的概率以$P(E)$表示，则可靠度作为描述产品正常工作时间（寿命）这一随机变量（T）的概率分布可写成

$$R(t) = P\{T > t\} \tag{10-1}$$

与可靠度相对应的是不可靠度，表示“产品在规定的条件下和规定的时间内不能完成规定功能的概率”，也称为累积失效概率，一般记为F或$F(t)$。由定义可知$R(t)+F(t)=1$，则

$$F(t) = 1 - R(t) = P\{T < t\} \tag{10-2}$$

设有N个同一型号的产品，开始工作（$t=0$）后到任意时刻t时，有$n(t)$个失效，则

$$R(t) \approx \frac{N - n(t)}{N} \tag{10-3}$$

$$F(t) \approx \frac{n(t)}{N} \tag{10-4}$$

对不可靠度函数$F(t)$求导，则得失效密度函数$f(t)$，即

$$f(t) = \frac{dF(t)}{dt} = -\frac{dR(t)}{dt} \tag{10-5}$$

由式（10-5）可得

$$F(t) = \int_0^t f(t)\,dt \tag{10-6}$$

失效密度函数又称为故障密度函数。可靠度函数与不可靠度函数如图 10-1a 所示，对应的失效密度函数 $f(t)$ 如图 10-1b 所示。

由图 10-1 可见，不可靠度函数 $F(t)$ 为累积失效密度函数。

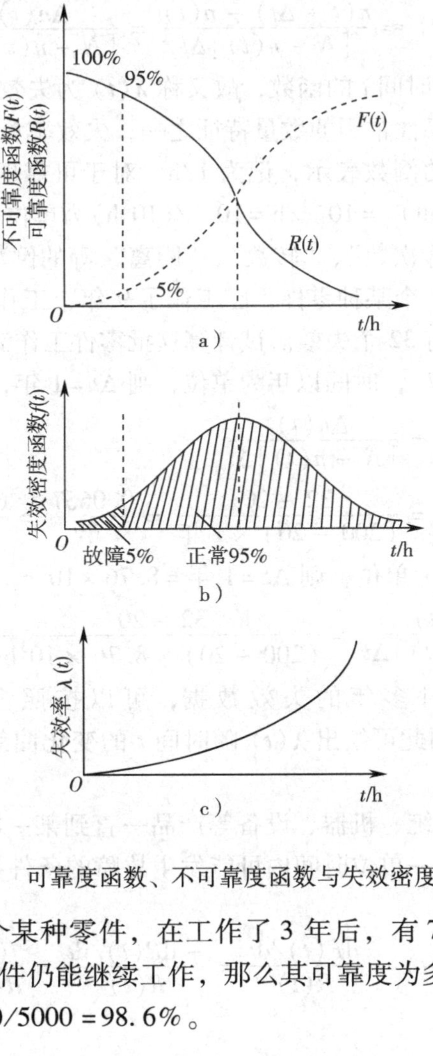

图 10-1　可靠度函数、不可靠度函数与失效密度函数

例 10-1　有 5000 个某种零件，在工作了 3 年后，有 70 个发生故障（或失效），其余的 4930 个零件仍能继续工作，那么其可靠度为多少？

解：$R(3) = 4930/5000 = 98.6\%$。

10.3.2　失效率

失效率（failure rate）的定义为“工作到某时刻 t 时尚未失效的产品，在该时刻 t 以后的下一个单位时间内发生失效的概率”。失效率的观测值即为“在某

时刻 t 以后的下一个单位时间内失效的产品数与工作到该时刻尚未失效的产品数之比”。

设有 N 个产品，从 $t=0$ 开始工作，到时刻 t 时产品的失效数为 $n(t)$，而到时刻 $t+\Delta t$ 时产品的失效数为 $n(t+\Delta t)$，即在 $[t,t+\Delta t)$ 时间区间内有 $\Delta n(t)=n(t+\Delta t)-n(t)$ 个产品失效，则定义该产品在时间区间 $[t,t+\Delta t)$ 内的失效率为

$$\lambda(t)\approx\frac{n(t+\Delta t)-n(t)}{[N-n(t)]\Delta t}=\frac{\Delta n(t)}{[N-n(t)]\Delta t} \tag{10-7}$$

因失效率 $\lambda(t)$ 是时间 t 的函数，故又称 $\lambda(t)$ 为失效率函数。

失效率是产品可靠性常用的数量特征之一，失效率愈高，则可靠性愈低。失效率的单位多用时间的倒数表示，记为 1/h。对于可靠度高、失效率低的产品，则采用 Fit（Failure Unit）$=10^{-9}/\text{h}=10^{-6}/(10^3\text{h})$ 为单位。有时不用时间的倒数而用与其相当的“动作次数”、“转数”、“距离”等的倒数更适宜些。

例 10-2　今有 200 个某种零件，已工作了 9 年，工作满 8 年时共有 20 个失效，工作满 9 年时共有 32 个失效。试计算这批零件工作满 8 年时的失效率。

解：根据式（10-7），时间以年为单位，则 $\Delta t=1$ 年，

$$\lambda(8)=\frac{\Delta n(t)}{[N-n(t)]\Delta t}$$

$$=\frac{32-20}{(200-20)\times1\text{年}}=\frac{0.0667}{\text{年}}=\frac{6.67\%}{\text{年}}$$

如果时间以 10^3h 为单位，则 $\Delta t=1$ 年 $=8.76\times10^3$h，因此

$$\lambda(8)=\frac{\Delta n(t)}{[N-n(t)]\Delta t}=\frac{32-20}{(200-20)\times8.76\times10^3\text{h}}=\frac{0.76\%}{10^3\text{h}}=\frac{7.6}{10^6\text{h}}$$

如果有这批零件多年的失效数据，可以按照上述算法求出 $\lambda(1)$，$\lambda(2)$，$\lambda(3)$，…，因此可绘出 $\lambda(t)$ 随时间 t 的变化曲线，称该曲线为这批零件的失效率曲线。

失效率 $\lambda(t)$ 是系统、机器、设备等产品一直到某一时刻 t 为止尚未发生故障的可靠度 $R(t)$ 在下一单位时间内可能发生故障的条件概率。因此，失效率的表达式也可以写成

$$\lambda(t)=\frac{\mathrm{d}F(t)/\mathrm{d}t}{R(t)}=\frac{-\mathrm{d}R(t)/\mathrm{d}t}{R(t)}=\frac{f(t)}{R(t)} \tag{10-8}$$

或

$$\lambda(t)=\frac{-\mathrm{d}\ln R(t)}{\mathrm{d}t} \tag{10-9}$$

由式（10-9）可知，$\lambda(t)$ 是瞬时失效率，亦可称为 $R(t)$ 条件下的 $f(t)$。

当可靠度函数 $R(t)$ 或不可靠度函数 $F(t)=1-R(t)$ 已求出，则可按式

(10-9) 求出 $\lambda(t)$。反之，如果失效率函数 $\lambda(t)$ 已知，由式（10-10）亦可求得 $R(t)$，即

$$R(t) = \exp\left[-\int_0^t \lambda(t)\mathrm{d}t\right] \tag{10-10}$$

即可靠度函数 $R(t)$ 是把 $\lambda(t)$ 由 0 至 t 进行积分之后作为指数的指数函数。

失效率函数有三种类型：随时间的增长而增长的如图 10-1c 所示；另两类是随时间的增长而下降的和与时间无关而保持一定值的，分别如图 10-2c 和图 10-3c 所示。图 10-1 和图 10-2 还给出了 $R(t)$、$f(t)$、$\lambda(t)$ 间的关系。

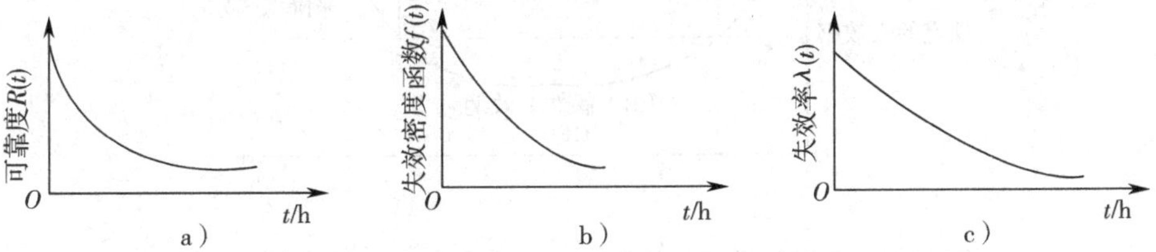

图 10-2　$R(t)$、$f(t)$、$\lambda(t)$ 间的关系图

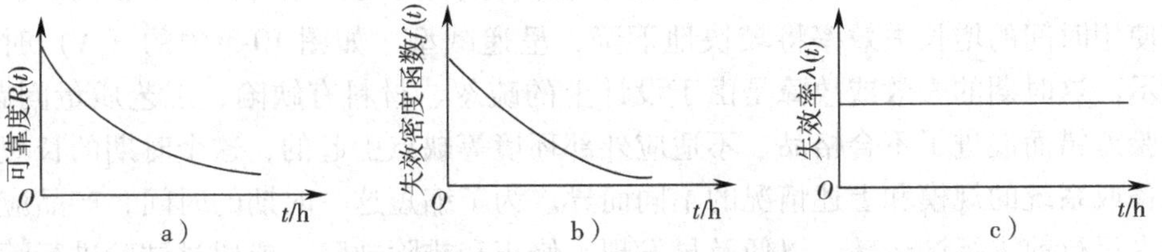

图 10-3　$R(t)$、$f(t)$、$\lambda(t)$ 间的关系图

当 $\lambda(t) = \lambda$ 为一常数时，如图 10-3c 所示，则式（10-10）变为

$$R(t) = e^{-\lambda t} \tag{10-11}$$

在图 10-2c 中，失效率 $\lambda(t)$ 是随时间的增长而下降的，由于这种失效率函数形态的特点，产品在开始使用时失效率高，容易发生故障，但愈往后产品愈可靠，不易发生故障。具有这种失效率函数形态的产品可借助于长期的使用试验，选取优质产品的类型。在图 10-3 中，故障发生的形式是随机的，失效率为常量，可靠度呈指数分布，如式（10-11）所示，这是可靠性的最基本的形式。这时，因为在任何时间故障的发生率都是相同的，所以故障是无法预测的且更换零件也不能避免故障。在图 10-1c 中，失效率函数是随时间的增长而上升的。常见于滚动轴承等机械零件的磨损，这种情况的失效密度函数 $f(t)$ 形态接近于正态分布，因此故障将集中在偏离平均值 $\pm 3\sigma$ 的时间范围内发生。在这种情况下，若能在

故障即将发生以前及时对设备进行预防性维修，则可避免故障的发生。

由许多零件构成的机器、设备或系统，在不进行预防性维修时，或者对于不可修复的产品，其失效率曲线的典型形态如图 10-4 所示。由于它的形状与浴盆的剖面相似，所以又称为浴盆曲线（bath-tub curve）。它是由上述三种形态的失效率曲线组成，反映了产品在其全部工作过程中的三个不同时期的失效率。

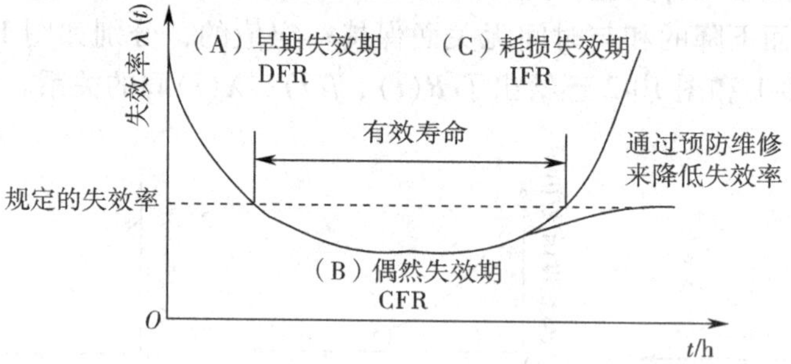

图 10-4　不进行维修的机器、设备或系统的典型失效率曲线

1. 早期失效期（DFR 型）

早期失效期出现在产品投入使用的初期，其特点是开始时失效率较高，但随着使用时间的增长失效率将较快地下降，呈递减型，如图 10-3 中的（A）时期所示。这时期的失效或故障是由于设计上的疏忽、材料有缺陷、工艺质量问题、检验差错而混进了不合格品、不适应外部环境等缺点引起的，这个时期的长短随设备或系统的规模和上述情况的不同而异。为了缩短这一时期的时间，产品应在投入运行前进行试运转，以便及早发现、修正和排除缺陷；或通过试验进行筛选剔除不合格品；或进行规定的跑合和调整，以便改善其技术状况。

2. 偶然失效期（CFR 型）

在早期失效期之后期，产品的失效率降至一个较低的水平，且在相当一段时期内大致维持不变，如图 10-4 中的（B）时期所示。这时期故障的发生是偶然的或随机的，故称为偶然失效期。这时的失效原因是由非预期的过载、错误操作、意外及一些尚不清楚的偶然因素所造成。偶然失效期是设备或系统等产品的最佳状态时期，在规定的失效率下其持续时间称为使用寿命或有效寿命。人们总是希望在容许的费用内尽可能地延长使用寿命。台架寿命试验、可靠性试验，一般都是在消除了早期故障之后针对偶然失效期而进行的。

3. 耗损失效期（IFR 型）

耗损失效期出现在设备、系统等产品投入使用的后期，其特点是失效率随工作时间的增长而上升，如图 10-4 中的（C）时期所示。这是因为构成设备、系统的部分零件已过度磨损、疲劳、老化、腐蚀。若能预计到耗损失效期到来之前及时更换或保养耗损的零件，就可以将系统的偶然失效期延长，从而延长设备或系统的使用寿命。当然，在实际应用中必须考虑维修的经济性。

可靠性研究虽涉及上述三种失效类型或三种失效期，但研究的重点是偶然失效，因为它发生在设备的正常使用期间。

这里要特别指出，浴盆曲线的特点反映的是不可修复且较为复杂的设备或系统在投入使用后失效率的变化情况。在一般情况下，凡是由于单一的失效机理而引起失效的零件、部件，应归于 DFR 型；而固有寿命集中的多属于 IFR 型。只有在较为复杂的设备或系统中，由于零件繁多且对它们的设计、使用材料、制造工艺、工作（应力）条件、使用方法等不同，失效因素各异，才形成包含有上述三种失效类型的浴盆曲线。

10.3.3 平均寿命

在产品寿命指标中，最常用的是平均寿命（Mean Life），平均寿命的概念对于不可修复（失效后无法修复或不修复，仅进行更换）的产品和可修复（发生故障后经修理或更换零件即恢复功能）的产品，含义是不同的。

对于不可修复的产品，其寿命是指它失效前的工作时间。因此，平均寿命就是指该产品从开始使用到失效前的工作时间（或工作次数）的平均值，或称为失效前平均时间，记为 *MTTF*（Mean Time To Failure）：

$$MTTF = \frac{1}{N}\sum_{i=1}^{N} t_i \qquad (10\text{-}12)$$

式中，N 为测试的产品总数；t_i 为第 i 个产品失效前的工作时间，单位为 h。

对于可修复的产品，其寿命是指相邻两次故障间的工作时间。因此，它的平均寿命即为平均无故障工作时间或称为平均故障间隔，记为 *MTBF*（Mean Time Between Failure）：

$$MTBF = \frac{1}{\sum_{i=1}^{N} n_i}\sum_{i=1}^{N}\sum_{j=1}^{n_i} t_{ij} \qquad (10\text{-}13)$$

式中，N 为测试的产品总数；n_i 为第 i 个产品的故障数；t_{ij} 为第 i 个产品从第 $j-1$ 次故障到第 j 次故障的工作时间，单位为 h。

例 10-3 某种电灯泡从开始使用到发生失效的时间数据为（单位为 h）：200，120，232，143，540，试求其平均寿命。

解：$MTTF = (200 + 120 + 232 + 143 + 540)/5\text{h} = 247\text{h}$。

MTTF 与 *MTBF* 的理论和数学表达式的实际内容都是一样的，故通称为平均寿命。这样，如果从一批产品中任取 N 个产品进行寿命试验，得到第 i 个产品的寿命数据为 t_i，则该产品的平均寿命 θ 为

$$\theta = \frac{1}{N}\sum_{i=1}^{N} t_i \tag{10-14}$$

也可以表示为

$$\theta = \frac{\text{所有产品总的工作时间}}{\text{总的故障数}}$$

若进行寿命试验的产品数 N 较大，寿命数据较多，用上列各式计算较烦琐，则可将全部寿命数据按一定时间间隔分组，并取每组的寿命数据的中值 t_i 作为该组各寿命数据的近似值，则总的工作时间就可近似地用各组的寿命数据中值 t_i 与相应频数（该组的数据数）Δn_i 的乘积之和 $\sum_{i=1}^{N} t_i \Delta n_i$ 来表示，故平均寿命 θ 又可表达为

$$\theta = \frac{1}{N}\sum_{i=1}^{N} (t_i \Delta n_i) \tag{10-15}$$

式中，N 为总的寿命数据数；n_i 为分组数；t_i 为第 i 组的寿命数据的中值，单位为 h；Δn_i 为第 i 组的寿命数据个数（失效频数）。

若产品总体的失效密度函数 $f(t)$ 已知，则根据期望 $E(x)$ 的定义可得

$$\theta = E(T) = \int_0^{+\infty} tf(t)\,dt \tag{10-16}$$

将式（10-5）代入式（10-16），得

$$\theta = \int_0^{+\infty} t\left(-\frac{dR(t)}{dt}\right)dt = -\int_0^{+\infty} t\,dR(t) = -\int_0^{+\infty} d(tR(t)) + \int_0^{+\infty} R(t)\,dt$$

$$= -[tR(t)]\big|_0^{+\infty} + \int_0^{+\infty} R(t)\,dt$$

因当 $t=0$ 时，$tR(t)=0$；当 $t=+\infty$ 时，$\lim_{t\to+\infty}[tR(t)]=0$，所以上式的 $[tR(t)]\big|_0^{+\infty}$ 项为零，得

$$\theta = \int_0^{+\infty} R(t)\,dt \tag{10-17}$$

上式中的 θ 就是 $MTTF$ 或 $MTBF$。由此可见，在一般情况下，对可靠性函数 $R(t)$ 在从 0 到 $+\infty$ 的时间区间上进行积分计算，就可求出产品总体的平均寿命。

当 $\lambda(t)=\lambda$ 为常数时，由式（10-11）可知 $R(t)=e^{-\lambda t}$，将它代入式（10-17），得

$$\theta = \int_0^{+\infty} R(t)\,dt = \int_0^{+\infty} e^{-\lambda t}dt = \frac{-1}{\lambda}\int_0^{+\infty} e^{-\lambda t}d(-\lambda t) = -\frac{1}{\lambda}[e^{-\lambda t}]\big|_0^{+\infty} = \frac{1}{\lambda} \tag{10-18}$$

即当可靠度函数 $R(t)$ 为指数分布时，平均寿命 θ 等于失效率 λ 的倒数。当 $t=\theta=1/\lambda$ 时，由式（10-12）知 $R(t)=e^{-1}=0.3679$，即能够工作到平均寿命的产品仅有 36.79% 左右。

10.3.4 寿命方差和寿命标准差

平均寿命是一批产品中各个产品的寿命的算术平均值，它只能反映这批产品寿命分布的中心位置，而不能反映各产品寿命 t_1，t_2，t_3，…，t_n 与此中心位置的偏离程度。寿命方差和寿命标准差就是用来反映产品寿命离散程度的特征值。

当产品的寿命数据 t_i，$i=1$，2，…，N 为离散型变量时，一批数量为 N 的产品（母体）的寿命方差为

$$V(t) = [\sigma(t)]^2 = \frac{1}{N}\sum_{i=1}^{N}(t_i - \theta)^2 \tag{10-19}$$

寿命标准差为

$$\sigma(t) = \sqrt{\frac{1}{N}\sum_{i=1}^{N}(t_i - \theta)^2} \tag{10-20}$$

式中，N 为该母体取值的总次数，$N \to +\infty$ 或是个相当大的数；θ 为测试产品的平均寿命，单位为 h；t_i 为第 i 个测试产品的实际寿命，单位为 h。

当 N 为不大的数或对于子样（即对于某一数组）来说，其寿命方差和均方差（标准差）则分别为

$$V(t) = \frac{1}{N-1}\sum_{i=1}^{N}(t_i - \theta)^2 \tag{10-21}$$

$$\sigma(t) = \sqrt{\frac{1}{N-1}\sum_{i=1}^{N}(t_i - \theta)^2} \tag{10-22}$$

连续型变量的总体寿命方差可由失效密度函数 $f(t)$ 直接求得

$$V(t) = [\sigma(t)]^2 = \int_0^{+\infty}(t-\theta)^2 f(t)\mathrm{d}t \tag{10-23}$$

式中，$\sigma(t)$ 为寿命标准差。

10.3.5 可靠寿命、中位寿命和特征寿命

产品的可靠度与它的使用期限有关，用可靠度函数 $R(t)$ 表示。当 $R(t)$ 为已知时，就可以求得任意时间 t 的可靠度。反之，若确定了可靠度，也可以求出相应的工作寿命。可靠寿命就是指可靠度为给定值 R 时的工作寿命，并以 t_R 表示。

可靠度 $R=50\%$ 的可靠寿命，称为中位寿命，用 $t_{0.5}$ 表示。当产品工作到中位寿命 $t_{0.5}$ 时，可靠度与累积失效概率均等于 0.5，产品中将有半数失效。

可靠度 $R=\mathrm{e}^{-1}$ 的可靠寿命称为特征寿命，用 $T_{\mathrm{e}^{-1}}$ 表示。

例 10-4 若某产品的失效率为常数 $\lambda(t)=\lambda=0.25\times10^{-4}/\mathrm{h}$，可靠度函数 $R(t)=\mathrm{e}^{-\lambda t}$，试求可靠度 $R=99\%$ 的相应可靠寿命 $t_{0.99}$、产品的中位寿命和特征寿命。

解：由 $R(t_R)=e^{-\lambda t_R}$两边取对数，得 $\ln R(t_R) = -\lambda t_R$，

得
$$t_R = -\ln R(t_R)/\lambda,$$

所以 $t_{0.99} = -\ln R(t_{0.99})/\lambda = -\ln(0.99)/(0.25\times10^{-4})\text{h} = 402\text{h}$，

中位寿命 $\qquad t_{0.5} = -\ln R(t_{0.5})/\lambda = 27725.9\text{h}$，

特征寿命 $\qquad T_{e^{-1}} = -\ln(e^{-1})/\lambda = 40000\text{h}$。

10.4 常用概率分布在可靠性中的应用

产品可靠性的所有数量特征，都与该产品的寿命分布函数有密切关系。如果已知寿命分布函数，则失效密度函数、失效率函数以及可靠寿命等许多特征量都可以求出。即使不知道具体的寿命分布函数，但如果已知寿命分布的类型，也可以通过对分布的参数估计，求得某些可靠性特征量的估计量。

在可靠性工程中，常用的概率分布有指数分布、对数正态分布、威布尔分布、二项分布、泊松分布等。

10.4.1 指数分布

指数分布的寿命分布函数为

$$F(t) = \begin{cases} 0 & t<0 \\ 1-e^{-\lambda t} & t\geqslant 0 \end{cases} \tag{10-24}$$

式中，λ 是常数。

其失效密度函数、可靠度函数、平均寿命分别为

$$f(t) = \begin{cases} 0 & t<0 \\ \lambda e^{-\lambda t} & t\geqslant 0 \end{cases}$$

$$R(t) = 1 - F(t) = e^{-\lambda t}(t\geqslant 0)$$

$$\theta = MTTF = \int_0^{+\infty} R(t)\,\mathrm{d}t = \int_t^{+\infty} e^{-\lambda t}\,\mathrm{d}t = \frac{1}{\lambda} \tag{10-25}$$

可以看出，当失效率为常数时，可靠度服从指数分布，它的大小仅取决于工作时间，其平均寿命 $MTTF$ 等于失效率的倒数。

寿命方差 $[\sigma(t)]^2 = V(T) = \int_{-\infty}^{+\infty} t^2 f(t)\,\mathrm{d}t - [E(T)]^2 = \frac{1}{\lambda^2}$ （10-26）

对于任意给定的可靠度 R，有 $R(t) = e^{-\lambda t} = R$

将上式两边取自然对数，得

$$t_R = \frac{1}{\lambda}\ln\frac{1}{R} \tag{10-27}$$

中位寿命为

$$t_{0.5} = \frac{1}{\lambda}\ln 2 \tag{10-28}$$

特征寿命为

$$t_{e^{-1}} = \frac{1}{\lambda} \tag{10-29}$$

例 10-5 有一批同型号同规格的电子元件，根据以往资料得知其失效时间服从指数分布，这种设备在 50h 的工作时间内，将有 20% 失效。试求这种元件的中位寿命和可靠度 $R=0.95$ 情况下的寿命。

解：已知 $t=50\text{h}$，根据指数寿命分布函数可得

$$F(50) = 1 - e^{-50\lambda} = 0.2$$

故平均寿命 $\theta = 1/\lambda = 223\text{h}$，

中位寿命 $t_{0.5} = 223 \times \ln 2\text{h} = 155\text{h}$，

$R=0.95$ 的可靠寿命 $t_{0.95} = 233 \times \ln\ (100/95)\ \text{h} = 12\text{h}$。

10.4.2 对数正态分布

对数正态分布，记为 $\ln T \sim N(\mu,\ \sigma^2)$，$T$ 的分布密度函数和分布函数分别为

$$f(t) = \frac{1}{\sqrt{2\pi}\sigma t} e^{-\frac{(\ln t-\mu)^2}{2\sigma^2}}, t > 0 \tag{10-30}$$

$$F(t) = \int_0^t \frac{1}{\sqrt{2\pi}\sigma x} e^{-\frac{(\ln t-\mu)^2}{2\sigma^2}} dx = \Phi\left(\frac{\ln t - \mu}{\sigma}\right) \tag{10-31}$$

平均寿命和寿命方差分别为

$$\theta = E(T) = e^{\mu + \frac{\sigma^2}{2}} \tag{10-32}$$

$$V(T) = e^{2\mu} + \sigma^2(e^{\sigma^2} - 1) \tag{10-33}$$

可靠度函数

$$R(t) = 1 - F(t) = 1 - \Phi(\frac{\ln t - \mu}{\sigma}) \tag{10-34}$$

失效率函数

$$\lambda = \frac{f(t)}{R(t)} = \frac{\frac{1}{t\sigma\ \sqrt{2\pi}}\exp\left[-\frac{1}{2}\left(\frac{\ln t - \mu}{\sigma}\right)^2\right]}{1 - \Phi\left(\frac{\ln t - \mu}{\sigma}\right)} = \frac{\Phi\left(\frac{\ln t - \mu}{\sigma}\right)}{t\sigma\left[1 - \Phi\left(\frac{\ln t - \mu}{\sigma}\right)\right]} \tag{10-35}$$

由于对数正态分布是一种偏态分布，而且随机变量 x 的取值 $x>0$，与零件的强度、寿命等取值相吻合。因此，在机械零件的疲劳强度、疲劳寿命、耐磨寿命、维修时间等分布的研究，以及恒定应力加速寿命试验后样本失效时间的统计

分析中，得到广泛应用。

在实际应用中，一般处理对数正态分布的数据时，先将各个数据取对数，然后按正态分布进行处理，这样可简化计算，便于工程应用。

例 10-6 已知某机械零件的疲劳寿命服从 $\mu=4.5$，$\sigma=1$ 的对数正态分布，求该零件在 $t=110\text{h}$ 时的可靠度及失效率，该零件在 $t=90\text{h}$ 时的可靠度又是多少？

解：在 110h 时的零件可靠度为

$$R(110)=1-F(t)=1-\Phi\left(\frac{\ln t-\mu}{\sigma}\right)=1-\Phi\left(\frac{\ln 110-4.5}{1}\right)$$

$$=1-\Phi(0.2005)=41.87\%$$

在 110h 时的失效率为

$$\lambda(110)=\frac{\Phi\left(\frac{\ln t-\mu}{\sigma}\right)}{t\sigma\left[1-\Phi\left(\frac{\ln t-\mu}{\sigma}\right)\right]}=\frac{\Phi\left(\frac{\ln 110-4.5}{1}\right)}{110\times1\times0.4187}\text{h}^{-1}=\frac{\Phi(0.2005)}{46.09}\text{h}^{-1}$$

$$=0.01261\text{h}^{-1}$$

在 90h 时的零件可靠度 $R(90)=1-\Phi\left(\frac{\ln 90-4.5}{1}\right)=50\%$

由此可见，当 $Z=\frac{\ln t-\mu}{\sigma}=0$ 或 $R(t)=50\%$ 时，

$$\ln t=\mu=\ln t_{0.5} \tag{10-36}$$

式中，$\ln t_{0.5}$ 为对数中位寿命，也是正态分布随机变量 $Y=\ln t_r$ 的均值或数学期望。

对数正态分布的中位寿命为

$$t_{0.5}=\text{e}^{\mu} \tag{10-37}$$

由公式（10-32）得对数正态分布的平均寿命为

$$\theta=t_{0.5}\text{e}^{\frac{\sigma^2}{2}} \tag{10-38}$$

又 $t_{0.5}=e^{\mu}=e^{4.5}\text{h}=90\text{h}$

故平均寿命 $\theta=t_{0.5}\text{e}^{\frac{\sigma^2}{2}}=90\times\text{e}^{\frac{1}{2}}\text{h}=148.38\text{h}$

10.4.3 威布尔分布

威布尔分布的寿命分布函数和失效密度函数分别为

$$F(t)=1-\text{e}^{-\frac{(t-\gamma)m}{t_0}},t\geqslant\gamma \tag{10-39}$$

$$f(t)=\frac{m}{t_0}(t-\gamma)^{m-1}\text{e}^{-\frac{(t-\gamma)m}{t_0}},t\geqslant\gamma \tag{10-40}$$

可靠度函数（$t\geqslant\gamma$）及失效率函数分别为

$$R(t)=\text{e}^{-\frac{(t-\gamma)m}{t_0}} \tag{10-41}$$

$$\lambda(t) = \frac{m}{t_0}(t-\gamma)^{m-1} \tag{10-42}$$

若设 $t_0=\eta^m$，即 $\eta=t_0^{\frac{1}{m}}$，将 η 代入密度函数式（10-40），可得

$$f(t) = \frac{m}{\eta}\left(\frac{t-\gamma}{\eta}\right)^{m-1} \mathrm{e}^{-\left(\frac{t-\gamma}{\eta}\right)^m} \quad \gamma < t, m > 0, \eta > 0$$

寿命分布函数化为

$$F(t) = \int_{-\infty}^{t} f(x)\,\mathrm{d}x = \int_{\gamma}^{t} \frac{m}{\eta}\left(\frac{x-\gamma}{\eta}\right)^{m-1} \mathrm{e}^{-\left(\frac{x-\gamma}{\eta}\right)^m}\mathrm{d}x = 1-\mathrm{e}^{-\left(\frac{t-\gamma}{\eta}\right)^m}$$

威布尔分布的可靠度函数

$$R(t) = 1-F(t) = \mathrm{e}^{-\left(\frac{t-\gamma}{\eta}\right)^m}$$

威布尔分布的失效率函数

$$\lambda(t) = \frac{f(t)}{R(t)} = \frac{m}{\eta}\left(\frac{t-\gamma}{\eta}\right)^{m-1}$$

当 $m=1$ 时，$\lambda(t) = \frac{1}{\eta}$，$\lambda(t)$ 为常数，表明分布变成了指数分布的形式。

当 $t=\eta$ 时，并取 $\gamma=0$，有 $F(t)=1-\mathrm{e}^{-1}=0.632$，这时分布函数 $F(t)$ 变成了与 t_0，m 无关的常数，所以又称 η 为特征寿命。

10.5 可靠性系统分析

10.5.1 系统的组成

所谓系统，是为了完成某一特定功能，由若干个彼此有联系而且又能相互协调工作的单元所组成的综合体。系统和单元的含义是相对而言的，由研究的对象而定。系统可以是机器、设备、部件和零件；单元也可以是机器、设备、部件和零件。系统可以分为可修复系统与不可修复系统两类。绝大多数设备是可修复系统，但不可修复系统的分析方法是研究可修复系统的基础。

系统的可靠性不仅与组成该系统各单元的可靠性有关，而且也与组成该系统各单元间的组成方式和相互匹配程度有关。假设系统或者单元只可能有两个状态，即正常或者失效；同时假设各个单元所处的状态是相互独立的。

10.5.2 系统可靠性功能逻辑框图

计算系统可靠性的第一步是要建立系统的可靠性框图。可靠性框图是用来描述系统内各元件之间的逻辑任务关系的图。要建立系统可靠性框图，首先要对系统内各元件功能有透彻的了解，然后在一些假设下忽略某些次要因素，抓住主要

因素。在分析系统可靠性时，通常将系统的工程结构图转换成系统的可靠性框图，再根据可靠性框图以及组成系统各单元所具有的可靠性特征量，计算出所设计系统的可靠性特征量。

系统的工程结构图用于表示组成系统的单元之间的物理关系和工作关系，而可靠性框图则用于表示系统功能与组成系统的单元之间的可靠性功能关系，可靠性框图与工程结构图并不完全等价。建立可靠性框图首先要了解系统中每个单元的功能，各单元之间在可靠性功能上的联系，以及这些单元功能、失效模式对系统的影响。应从功能上而不是从工程结构上来研究系统类型，分析系统的功能及其失效模式，以此来保证功能关系的正确性。系统可以分为串联系统和并联系统两种基本类型。

如果系统中任何一个单元失效，系统就失效，换句话说，就是只有当系统中每个单元都正常工作时，系统才能完成其规定的功能，那么称这类系统为串联系统；只要有一个单元正常工作，系统就能完成其规定的功能，这类系统称为并联系统。

例 10-7 最简单的振荡电路由一个电感 L 和一个电容 C 组成，在工程结构图中（见图 10-5），电感 L 和电容 C 是并联连接，但在可靠性框图中（见图 10-6），它们却是串联关系。这是因为电感 L 和电容 C 中任何一个失效都引起振荡电路失效。

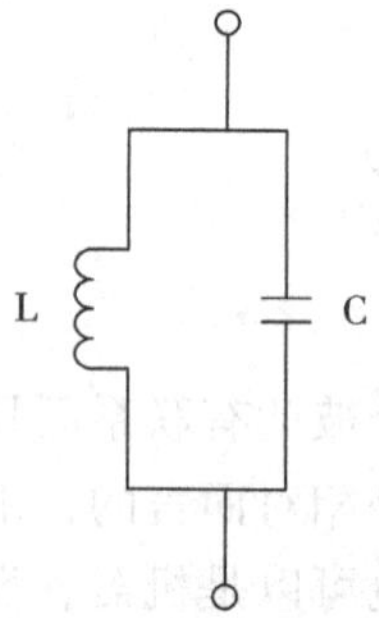

图 10-5 振荡电路的工程结构图

图 10-6 振荡电路的可靠性框图

例 10-8 图 10-7 所示是一个流体系统工程结构图，从结构上看是由管道及其上装有 2 个阀门串联组成。为确定系统类型，我们来分析系统的功能及其失效模式。

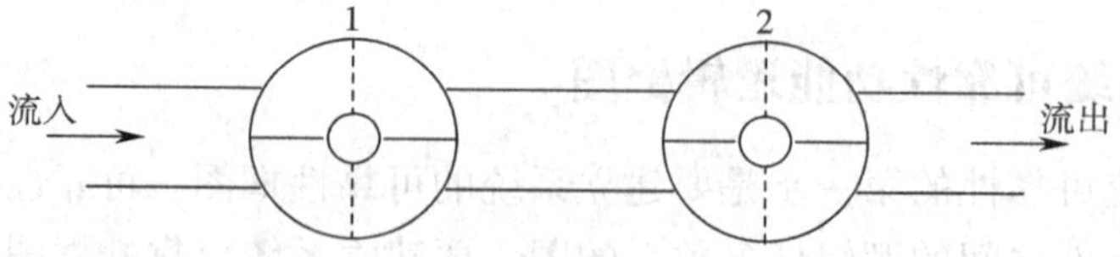

图 10-7 两个串联阀系统的工程结构图

（1）当把该系统功能定义为保持液体流通时，若阀1与阀2这两个单元功能是相互独立的，只有这两个单元都正常开启，系统才能实现液体流通的功能，因此该系统为串联系统，其可靠性框图如图10-8a所示。

（2）当把该系统功能定义为截流时，若阀1与阀2这两个单元功能是相互独立的，这两个单元只要有一个正常，系统就能实现其截流功能，因此该系统为并联系统，其可靠性框图如图10-8b所示。

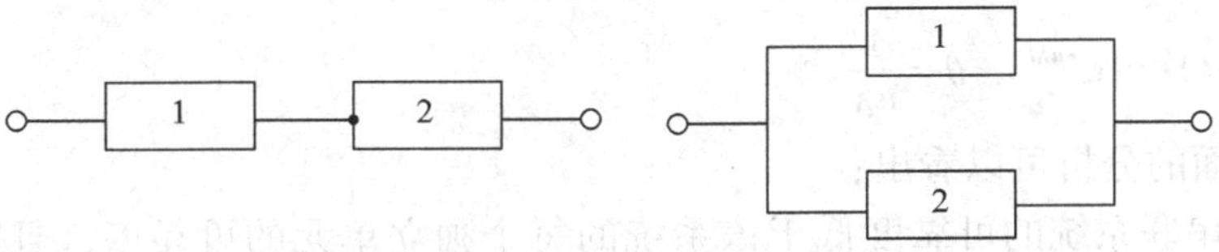

a）串联系统　　b）并联系统

图10-8　系统可靠性框图

系统及其单元之间的可靠性逻辑关系和数量关系是通过系统可靠性模型来反映的，它是系统可靠性预测和分配的前提。这种逻辑关系除了用功能逻辑框图表示外，还可以用物理方法和数学方法加以描述，从而方便计算其可靠度，这就是系统的可靠性模型。下面介绍几种常用的典型系统及其可靠性特征量计算。

10.5.3　串联系统

图10-9为由 n 个单元组成的串联系统。串联系统可靠度函数为

$$R(t) = \prod_{i=1}^{n} R_i(t) \tag{10-43}$$

说明串联系统可靠度等于组成该系统的各独立单元可靠度的连乘积。

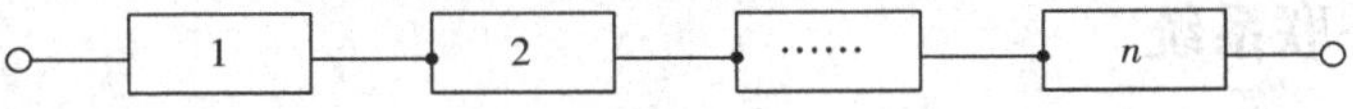

图10-9　串联系统的可靠性框图

设第 i 个单元的失效率为 $\lambda_i(t)$，对式（10-43）两边求导，整理得

$$R'(t) = \prod_{i=1}^{n} R_i(t) \sum_{i=1}^{n} \frac{R_i'(t)}{R_i(t)} = -R(t) \sum_{i=1}^{n} \lambda_i(t)$$

从而系统的失效率为

$$\lambda(t) = -\frac{R'(t)}{R(t)} = \sum_{i=1}^{n} \lambda_i(t) \tag{10-44}$$

即串联系统的失效率是各个单元的失效率之和。

假定第 i 个单元寿命服从参数为 λ_i 的指数分布，即 $\lambda_i(t) = \lambda_i$，$R_i(t) = e^{-\lambda_i t}$，

则系统的可靠度为$R(t)=\prod_{i=1}^{n}e^{-\lambda_i t}=\exp\left(-\sum_{i=1}^{n}\lambda_i t\right)$，系统失效率为$\lambda=\sum_{i=1}^{n}\lambda_i$。这说明，当系统的各单元服从指数分布时，串联系统也服从指数分布。系统的平均寿命θ为$\theta=\dfrac{1}{\sum_{i=1}^{n}\lambda_i}$。

当各单元寿命均服从参数为λ的指数分布，即$R_i(t)=e^{-\lambda t},i=1,2,\cdots,n$时，有$R(t)=e^{-n\lambda t}$，$\theta=\dfrac{1}{n\lambda}$。

由上面的分析可以看出：

（1）串联系统的可靠度低于该系统的每个独立单元的可靠度，且随着串联单元数量的增大而迅速降低。

（2）串联系统的失效率大于该系统各单元的失效率。

（3）串联系统的各单元寿命服从指数分布，该系统寿命也服从指数分布。

串联的单元数越多，系统的可靠度越低。因此，要提高系统的可靠度，必须减少系统中的单元数，或提高系统中最低单元可靠度，即提高系统中薄弱单元的可靠度。

例 10-9 两个独立单元的失效率分别为$\lambda_1=0.00003h^{-1}$，$\lambda_2=0.00004h^{-1}$，工作时间$t=5000h$。计算由这两个单元组成的串联系统的可靠度、失效率和平均寿命。

解： 失效率 $\lambda=\lambda_1+\lambda_2=0.00007h^{-1}$

可靠度 $R(t)=e^{-\lambda t}=e^{-0.00007\times5000}=0.705$

平均寿命 $\theta=1/\lambda=1/0.00007h=14285h$

10.5.4 并联系统

图 10-10 为由n个单元组成的并联系统。并联系统的特征是只有当这n个单元都失效时，系统才失效。换句话说，当系统的任一单元正常工作时，系统正常工作。

用$F(t)$，$F_i(t)$，$i=1,2,\cdots,n$分别表示系统和第i个单元的累积失效概率，则两者的关系可以表示成

$$F(t)=\prod_{i=1}^{n}F_i(t) \tag{10-45}$$

即并联系统的失效概率为各单元失效概率之乘积。

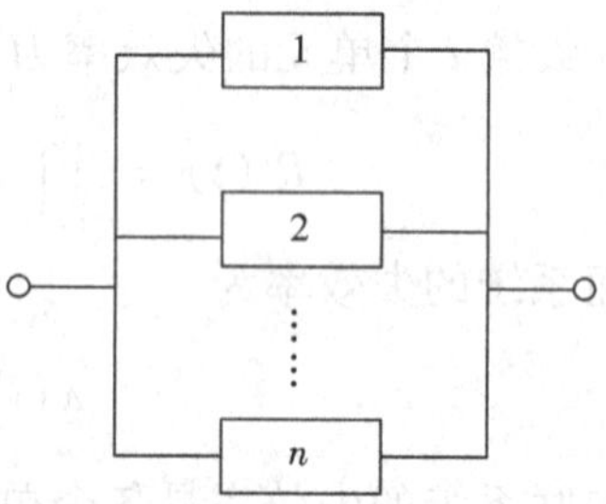

图 10-10 并联系统的可靠性框图

假定第 i 个单元的寿命服从参数为 λ_i 的指数分布，即 $\lambda_i(t)=\lambda_i$，则系统的可靠度和平均寿命分别为

$$R(t)=1-\prod_{i=1}^{n}\left[1-e^{-\lambda_i t}\right] \tag{10-46}$$

$$\theta=\sum_{i=1}^{n}\frac{1}{\lambda_i}-\sum_{1<i<j<n}\frac{1}{\lambda_i+\lambda_j}+\cdots+(-1)^{n-1}\frac{1}{\sum_{i=1}^{n}\lambda_i}$$

当 $\lambda_i=\lambda$ 时，可得各特征量为

累积失效概率 $F(t)=(1-e^{-\lambda t})^n$；

可靠度函数 $R(t)=1-\prod_{i=1}^{n}\left[1-e^{-\lambda t}\right]$；

失效率函数 $\lambda(t)=\dfrac{n\lambda e^{-\lambda t}(1-e^{-\lambda t})^{n-1}}{1-(1-e^{-\lambda t})^n}$；

平均寿命为 $\theta=\dfrac{1}{\lambda}+\dfrac{1}{2\lambda}+\dfrac{1}{3\lambda}+\cdots+\dfrac{1}{n\lambda}$，当 n 较大时，平均寿命近似为

$$\theta=\frac{1}{\lambda}+\frac{1}{2\lambda}+\frac{1}{3\lambda}+\cdots+\frac{1}{n\lambda}\approx\frac{1}{\lambda}\ln n$$

由上述分析可以得出：

(1) 并联系统的失效概率低于各单元的失效概率。

(2) 并联系统的可靠度高于各单元的可靠度，这在设计中称为冗余。

(3) 并联系统的平均寿命高于各单元的平均寿命。这说明，通过并联可以提高系统的可靠度。

例 10-10 两个独立单元的失效率分别为 $\lambda_1=0.00003h^{-1}$，$\lambda_2=0.00004h^{-1}$，工作时间 $t=5000h$。计算由这两个单元组成的并联系统的可靠度和平均寿命。

解： 可靠度 $R(5000)=1-(1-e^{-0.00003\times5000})\times(1-e^{-0.00004\times5000})=0.975$，

平均寿命 $\theta=(1/0.00003+1/0.00004-1/(0.00003+0.00004))h=44047.6h$。

10.5.5 混联系统

一般混联系统是由串联系统和并联系统混合而成，因而可以用串联和并联原理，将混联系统中的串联和并联部分简化成等效单元子系统。先利用串联系统和并联系统可靠性特征量计算公式求出子系统的可靠性特征量，再把每一个子系统作为一个等效单元，得到一个与混联系统等效的串联系统或并联系统，即可求得全系统的可靠性特征量。混联系统最典型的是串 - 并联系统和并 - 串联系统。

1. 串－并联系统

串－并联系统的可靠性框图如图 10-11 所示，是由一部分单元先串联组成一个子系统，再由这些子系统组成一个并联系统。

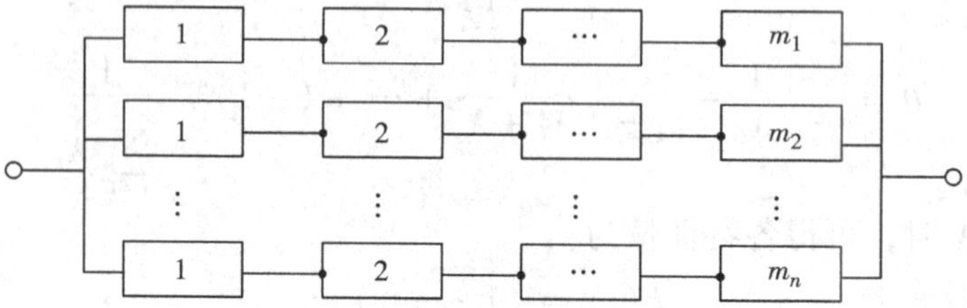

图 10-11　串－并联系统的可靠性框图

若各单元的可靠度为 $R_{ij}(t)$，则第 i 行串联子系统的可靠度为

$$R_i(t) = \prod_{j=1}^{m_i} R_{ij}(t) \qquad (10\text{-}47)$$

再用并联系统计算公式得到串-并联系统的可靠度

$$R(t) = 1 - \prod_{i=1}^{n}\left[1 - \prod_{j=1}^{m_i} R_{ij}(t)\right] \qquad (10\text{-}48)$$

当 $m_1 = m_2 = \cdots = m_n$，且 $R_{ij}(t) = R_0(t)$ 时，串-并系统的可靠度为 $R(t) = 1 - [1 - R_0^m(t)]^n$。有了系统的可靠度，可以依次计算系统的其他可靠性特征量。

2. 并－串联系统

并－串联系统是一部分单元先并联组成一些子系统，再由这些子系统组成一个串联系统，如图 10-12 所示。

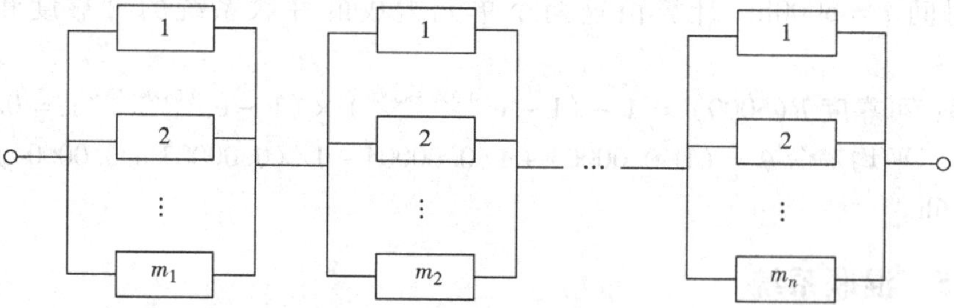

图 10-12　并－串联系统的可靠性框图

若各单元的可靠度为 $R_{ij}(t)$，则第 j 列子系统的可靠度为

$$R_j(t) = 1 - \prod_{i=1}^{m_j}[1 - R_{ij}(t)] \qquad (10\text{-}49)$$

再用串联系统计算公式得并-串联系统的可靠度

$$R(t) = \prod_{j=1}^{n} \left\{1 - \prod_{i=1}^{m_j} [1 - R_{ij}(t)]\right\} \tag{10-50}$$

当 $m_1 = m_2 = \cdots = m_n$，且 $R_{ij}(t) = R_0(t)$ 时，并－串联系统的可靠度可简化为 $R(t) = \{1 - [1 - R_0(t)]^m\}^n$。

练 习 题

1. 将某规格的轴承60个投入恒定载荷下运行，其失效时的运行时间及失效数如表10-1所示，求该规格轴承工作到100h和400h时的可靠度 $R(100)$，$R(400)$。

表10-1 轴承失效数据表

运行时间/h	10	25	50	100	150	250	350	400	500	600	700	1000
失效数/个	5	2	3	8	5	3	2	2	0	0	0	0

2. 某零件工作到60h时，还有100个仍在工作，工作到61h时，失效了1个，在第62h内失效了3个，试求这批零件工作满60h和61h时的失效率 λ（60），λ（61）。

3. 已知某产品的失效率为常数：$\lambda(t) = \lambda = 0.40 \times 10^{-4}$/h，可靠度函数 $R(t) = e^{-\lambda t}$，试求可靠度 $R = 99.9\%$ 的相应可靠寿命 $t_{0.999}$、中位寿命 $t_{0.5}$ 和特征寿命 $T_{e^{-1}}$。

4. 某型号发动机18台（该发动机失效后不进行修复），从开始使用到发生失效前工作时间的数据如下（单位为h）：36，49，60，80，100，150，210，255，280，310，320，420，458，560，640，893，1200，1506，试求其平均寿命。

5. 有一寿命服从指数分布的产品，当工作时间等于其 *MTTF* 时，有百分之几的产品能够正常工作？当工作时间等于其 *MTTF* 的1/10时，产品的可靠度是多少？

6. 某电器零件的失效寿命服从正态分布，其平均寿命为600h，寿命标准差为100h，试求工作400h的可靠度和失效率，并求保证可靠度为90%情况下工作的可靠寿命。

7. 某弹簧在稳定变应力作用下疲劳寿命服从对数正态分布，其参数 $\mu = \ln(10^7) = 16.08$，$\sigma = \ln(1.624) = 0.475$。并且在工作条件下，该弹簧经受 5×10^6 应力循环次数后立即更换，试问在更换弹簧之前的可靠度是多少？如果要保证弹簧具有0.99的可靠度，应在多少循环次数之前更换？

8. 有一批钢轴，规定其直径不超过1.78cm就是合格品，已知钢轴直径的尺寸服从 $N(1.8, 0.004^2)$。试判断该批钢轴的废品率是多少？如果保证有95%的合格率，那么，应该规定钢轴直径的合格尺寸是多少？

9. 某零件的参数服从形状参数 $m = 4$，尺度参数 $\eta = 1000$h 的威布尔分布，求 $t = 500$h 的可靠度 R（t）与失效率 λ（t）。

10. 某产品的疲劳寿命呈威布尔分布，形状参数 $m = 3$，尺度参数 $\eta = 1500$h，$\gamma = 0$，试计算其平均寿命，可靠度为0.95的可靠寿命，在100h之内的最大失效率和在100h之内的平均失效率。

11. 混联系统如图10-12所示，各单元寿命均服从指数分布，各单元可靠度如表10-2所示。试求该系统可靠度。

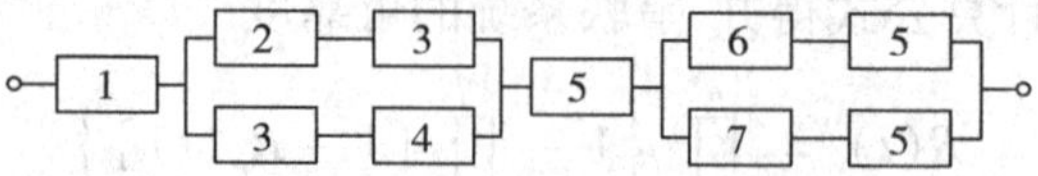

图 10-12　混联系统的可靠性框图

表 10-2　各单元可靠度

单元号	1	2	3	4	5	6	7
可靠度	0.993	0.994	0.995	0.996	0.997	0.998	0.999

附　　录

附录 A　标准正态分布函数值表

本表列出了标准正态分布 $N(0,1)$ 的分布函数值。

$$\Phi(x) = \int_0^x \frac{1}{\sqrt{2\pi}} e^{-\frac{t^2}{2}} dt$$

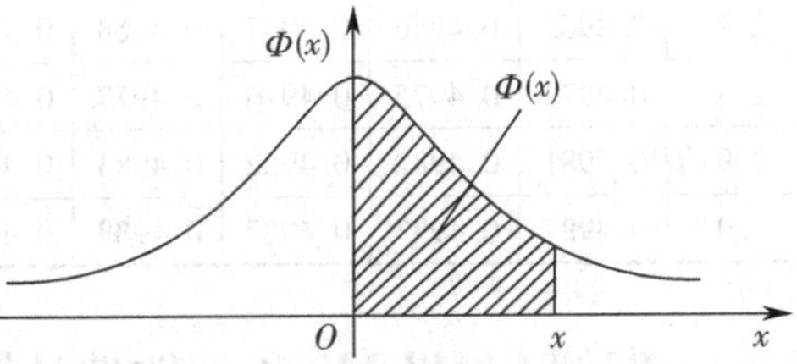

x	0.00	0.01	0.02	0.03	0.04	0.05	0.06	0.07	0.08	0.09
0.0	0.0000	0.0040	0.0080	0.0120	0.0160	0.0199	0.0239	0.0279	0.0319	0.0359
0.1	0.0398	0.0438	0.0478	0.0517	0.0557	0.0596	0.0636	0.0675	0.0714	0.0753
0.2	0.0793	0.0832	0.0871	0.0910	0.0948	0.0987	0.1026	0.1064	0.1103	0.1141
0.3	0.1179	0.1217	0.1255	0.1293	0.1331	0.1368	0.1406	0.1443	0.1480	0.1517
0.4	0.1554	0.1591	0.1628	0.1664	0.1700	0.1736	0.1772	0.1808	0.1844	0.1879
0.5	0.1915	0.1950	0.1985	0.2019	0.2054	0.2088	0.2123	0.2157	0.2190	0.2224
0.6	0.2257	0.2291	0.2324	0.2357	0.2389	0.2422	0.2454	0.2486	0.2517	0.2549
0.7	0.2580	0.2611	0.2642	0.2673	0.2704	0.2734	0.2764	0.2794	0.2823	0.2852
0.8	0.2881	0.2910	0.2939	0.2967	0.2995	0.3023	0.3051	0.3078	0.3106	0.3133
0.9	0.3159	0.3186	0.3212	0.3238	0.3264	0.3289	0.3315	0.3340	0.3365	0.3389
1.0	0.3413	0.3438	0.3461	0.3485	0.3508	0.3531	0.3554	0.3577	0.3599	0.3621
1.1	0.3643	0.3665	0.3686	0.3708	0.3729	0.3749	0.3770	0.3790	0.3810	0.3830
1.2	0.3849	0.3869	0.3888	0.3907	0.3925	0.3944	0.3962	0.3980	0.3997	0.4015
1.3	0.4032	0.4049	0.4066	0.4082	0.4099	0.4115	0.4131	0.4147	0.4162	0.4177
1.4	0.4192	0.4207	0.4222	0.4236	0.4251	0.4265	0.4279	0.4292	0.4306	0.4319
1.5	0.4332	0.4345	0.4357	0.4370	0.4382	0.4394	0.4406	0.4418	0.4429	0.4441

（续）

x	0.00	0.01	0.02	0.03	0.04	0.05	0.06	0.07	0.08	0.09
1.6	0.4452	0.4463	0.4474	0.4484	0.4495	0.4505	0.4515	0.4525	0.4535	0.4545
1.7	0.4554	0.4564	0.4573	0.4582	0.4591	0.4599	0.4608	0.4616	0.4625	0.4633
1.8	0.4641	0.4649	0.4656	0.4664	0.4671	0.4678	0.4686	0.4693	0.4699	0.4706
1.9	0.4713	0.4719	0.4726	0.4732	0.4738	0.4744	0.4750	0.4756	0.4761	0.4767
2.0	0.4772	0.4778	0.4783	0.4788	0.4793	0.4798	0.4803	0.4808	0.4812	0.4817
2.1	0.4821	0.4826	0.4830	0.4834	0.4838	0.4842	0.4846	0.4850	0.4854	0.4857
2.2	0.4861	0.4864	0.4868	0.4871	0.4875	0.4878	0.4881	0.4884	0.4887	0.4890
2.3	0.4893	0.4896	0.4898	0.4901	0.4904	0.4906	0.4909	0.4911	0.4913	0.4916
2.4	0.4918	0.4920	0.4922	0.4925	0.4927	0.4929	0.4931	0.4932	0.4934	0.4936
2.5	0.4938	0.4940	0.4941	0.4943	0.4945	0.4946	0.4948	0.4949	0.4951	0.4952
2.6	0.4953	0.4955	0.4956	0.4957	0.4959	0.4960	0.4961	0.4962	0.4963	0.4964
2.7	0.4965	0.4966	0.4967	0.4968	0.4969	0.4970	0.4971	0.4972	0.4973	0.4974
2.8	0.4974	0.4975	0.4976	0.4977	0.4977	0.4978	0.4979	0.4979	0.4980	0.4981
2.9	0.4981	0.4982	0.4982	0.4983	0.4984	0.4984	0.4985	0.4985	0.4986	0.4986
3.0	0.4987	0.4987	0.4987	0.4988	0.4988	0.4989	0.4989	0.4989	0.4990	0.4990

案例1　用 Minitab 软件计算标准正态分布函数值的方法

设随机变量 $X \sim N(\mu,\sigma^2)$，其概率密度函数 $f(x) = \frac{1}{\sqrt{2\pi}\sigma}\exp\left[-\frac{1}{2\sigma^2}(x-\mu)^2\right]$，其累计分布函数 $\Phi(x) = \int_{-\infty}^{x} f(x)\mathrm{d}x$，试用 Minitab14 计算：

（1）当 $\mu=0$，$\sigma^2=1$ 时，亦即 $X \sim N(0,1)$，分别取 $x=0$，1.96，3 时，求累计分布函数 $\Phi(x)$ 的数值。

Minitab14 计算法：把 $x=0$，1.96，3 分别输入到 Worksheet C1 列，依次单击 Calc → Probability distributions → Normal → Cumulative probability，Mean 取 0，Standard deviation 取 1，Input column 选择 C1，单击"OK"，在 Session 界面出现：

```
Cumulative Distribution Function

Normal with mean = 0 and standard deviation = 1

x        P ( X <= x )

0.00     0.500000

1.96     0.975002

3.00     0.998650
```

（2）当$\mu=0$，$\sigma^2=1$时，亦即$X \sim N(0,1)$，累计分布函数$\Phi(x)$的数值分别取0.05，0.1时，求对应的分位点x的数值。

Minitab14计算法：把累计分布函数$\Phi(x)$的数值0.95000，0.97500，0.99865分别输入到worksheet C1列，依次单击Calc→Probability distributions→Normal→Inverse cumulative probability，Mean取0，Standard deviation取1，Input column选择C1，单击OK，在Session界面出现结果：

```
Inverse Cumulative Distribution Function
Normal with mean = 0 and standard deviation = 1
P ( X <= x )        x
  0.95000         1.64485
  0.97500         1.95996
  0.99865         2.99998
```

附录B　t分布的上侧分位数$t_p(n)$值表

本表列出了t分布的p分位数$t_p(n)$，它满足$P\{t(n) \geqslant t_p(n)\} = p$。

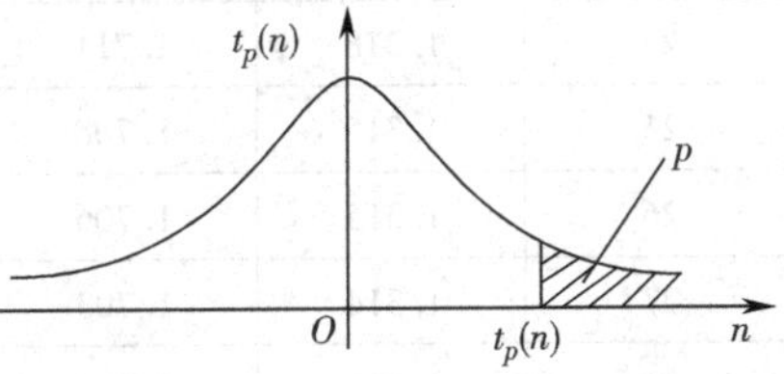

n \ p	0.05	0.025	0.01	0.005	0.001	0.0005
1	3.078	6.314	12.706	31.821	63.657	318.309
2	1.886	2.920	4.303	6.965	9.925	22.327
3	1.638	2.353	3.182	4.541	5.841	10.215
4	1.533	2.132	2.776	3.747	4.604	7.173
5	1.476	2.015	2.571	3.365	4.032	5.893
6	1.440	1.943	2.447	3.143	3.707	5.208
7	1.415	1.895	2.365	2.998	3.499	4.785
8	1.397	1.860	2.306	2.896	3.355	4.501
9	1.383	1.833	2.262	2.821	3.250	4.297
10	1.372	1.812	2.228	2.764	3.169	4.144

（续）

p / n	0.05	0.025	0.01	0.005	0.001	0.0005
11	1.363	1.796	2.201	2.718	3.106	4.025
12	1.356	1.782	2.179	2.681	3.055	3.930
13	1.350	1.771	2.160	2.650	3.012	3.852
14	1.345	1.761	2.145	2.624	2.977	3.787
15	1.341	1.753	2.131	2.602	2.947	3.733
16	1.337	1.746	2.120	2.583	2.921	3.686
17	1.333	1.740	2.110	2.567	2.898	3.646
18	1.330	1.734	2.101	2.552	2.878	3.610
19	1.328	1.729	2.093	2.539	2.861	3.579
20	1.325	1.725	2.086	2.528	2.845	3.552
21	1.323	1.721	2.080	2.518	2.831	3.527
22	1.321	1.717	2.074	2.508	2.819	3.505
23	1.319	1.714	2.069	2.500	2.807	3.485
24	1.318	1.711	2.064	2.492	2.797	3.467
25	1.316	1.708	2.060	2.485	2.787	3.450
26	1.315	1.706	2.056	2.479	2.779	3.435
27	1.314	1.703	2.052	2.473	2.771	3.421
28	1.313	1.701	2.048	2.467	2.763	3.408
29	1.311	1.699	2.045	2.462	2.756	3.396
30	1.310	1.697	2.042	2.457	2.750	3.385

案例2　用 Minitab 软件计算 t 分布函数值的方法

设随机变量 $X \sim t(n)$，其概率密度函数为 $f(x)$，其累计分布函数 $F(x) = \int_{-\infty}^{x} f(x)\mathrm{d}x$，试用 Minitab14 计算：

（1）当 $n=5$ 时，亦即 $X \sim t$（5），分别取 $x=0.5$，1，4 时，求累积分布函数 $F(x)$ 的值。

Minitab14 算法：把 $x=0.5$，1，4 分别输入到 Worksheet C1 列，依次单击 Calc→Probability distributions→t→Cumulative probability，Degrees of freedom 取 5，Input column 选 C1，单击 OK，在 Session 界面出现结果：

Cumulative Distribution Function

Student's t distribution with 5 DF

x	P (X <= x)
0.5	0.680851
1.0	0.818391
4.0	0.994838

（2）当 $n=5$ 时，亦即 $X \sim t(5)$，累计分布函数 $F(z)$ 的数值分别取0.900，0.990，0.995时，求对应的分位点 x 的数值。

Minitab14计算法：把累计分布函数 $F(x)$ 的数值0.900，0.990，0.995分别输入到Worksheet C1列，依次单击Calc→Probability distributions→t→Inverse cumulative probability，Degrees of freedom取5，Input column选C1，单击OK，在Session界面出现结果：

Inverse Cumulative Distribution Function

Student's t distribution with 5 DF

P (X <= x)	x
0.900	1.47588
0.990	3.36493
0.995	4.03214

附录C　χ^2 分布的下侧分位数 $\chi_p^2(n)$ 值表

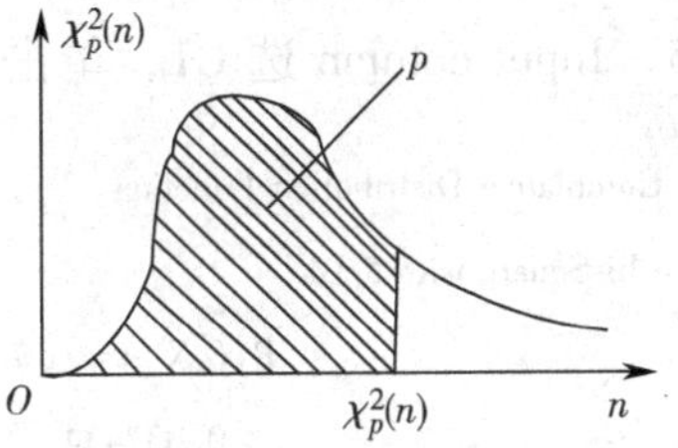

本表列出了 $\chi^2(n)$ 分布的 p 分位数 $\chi_p^2(n)$，它满足 $P\{\chi^2(n) \leqslant \chi_p^2(n)\} = p$。

n \ p	0.005	0.01	0.025	0.05	0.1	0.9	0.95	0.975
1	0.00004	0.00016	0.001	0.004	0.016	2.706	3.841	5.024
2	0.01	0.02	0.051	0.103	0.211	4.605	5.991	7.378
3	0.072	0.115	0.216	0.352	0.584	6.251	7.815	9.348

（续）

p / n	0.005	0.01	0.025	0.05	0.1	0.9	0.95	0.975
4	0.207	0.297	0.484	0.711	1.064	7.779	9.488	11.143
5	0.412	0.554	0.831	1.145	1.61	9.236	11.07	12.833
6	0.676	0.872	1.237	1.635	2.204	10.645	12.592	14.449
7	0.989	1.239	1.69	2.167	2.833	12.017	14.067	16.013
8	1.344	1.646	2.18	2.733	3.49	13.362	15.507	17.535
9	1.735	2.088	2.7	3.325	4.168	14.684	16.919	19.023
10	2.156	2.558	3.247	3.94	4.865	15.987	18.307	20.483
11	2.603	3.053	3.816	4.575	5.578	17.275	19.675	21.92
12	3.074	3.571	4.404	5.226	6.304	18.549	21.026	23.337
13	3.565	4.107	5.009	5.892	7.042	19.812	22.362	24.736
14	4.075	4.66	5.629	6.571	7.79	21.064	23.685	26.119
15	4.601	5.229	6.262	7.261	8.547	22.307	24.996	27.488
16	5.142	5.812	6.908	7.962	9.312	23.542	26.296	28.845

案例3　用 Minitab 软件计算 $\chi^2(n)$ 分布函数值的方法

设随机变量 $X\sim\chi^2(n)$，其概率密度函数为 $f(x)$，其累计分布函数 $F(x)=\int_0^x f(x)\,\mathrm{d}x$，试用 Minitab14 计算：

（1）当自由度 $n=5$ 时，亦即 $X\sim\chi^2(5)$，分别取 $x=1$，4，10 时，求累积分布函数 $F(x)$ 的值。

Minitab14 算法：把 $x=1$，4，10 分别输入 Worksheet C1 列，依次单击Calc→Probability distributions→Chi-square→Cumulative probability，Degrees of freedom 取 5，Input column 选 C1，单击 OK，在 Session 界面出现结果：

```
Cumulative Distribution Function
Chi-Square with 5 DF
    x        P ( X <= x )
    1          0.037434
    4          0.450584
   10          0.924765
```

（2）当自由度 $n=5$ 时，亦即 $X\sim\chi^2(5)$，累计分布函数 $F(x)$ 的数值分别取 0.1，0.5 时，求对应的分位点 x 的数值。

Minitab14 计算法：把累计分布函数 $F(x)$ 的数值 0.1，0.5 分别输入

Worksheet C1 列，依次单击 Calc→Probability distributions→Chi-square→Inverse cumulative probability，Degrees of freedom 取 5，Input column 选 C1，单击 OK，在 Session 界面出现结果：

```
Chi-Square with 5 DF
P ( X <= x )          x
      0.1          1.61031
      0.5          4.35146
```

附录 D　当 $p=0.90$ 时，F 分布的下侧分位数 $F_p(m,n)$ 值表

本表列出了 $p=0.90$ 情况下 $F(m,\ n)$ 分布的分位数 $F_p(m,n)$，它满足 $P\{F(m,n)\leqslant F_p(m,n)\}=p$。

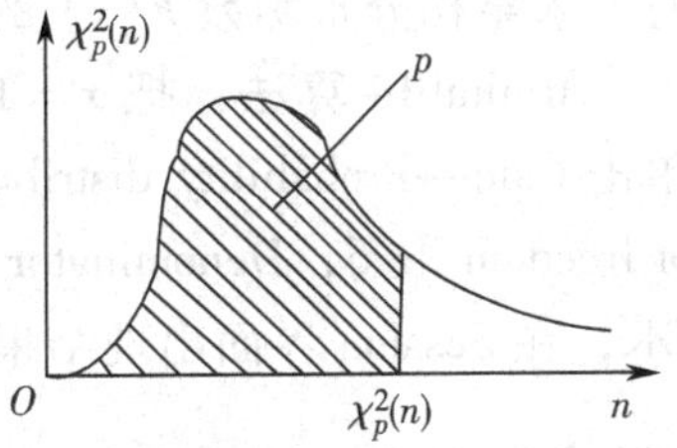

n \ m	1	2	3	4	5	6	7	8	9	10	12
1	39.86	49.50	53.59	55.83	57.24	58.20	58.91	59.44	59.86	60.19	60.71
2	8.53	9.00	9.16	9.24	9.29	9.33	9.35	9.37	9.38	9.39	9.41
3	5.54	5.46	5.39	5.34	5.31	5.28	5.27	5.25	5.24	5.23	5.22
4	4.54	4.32	4.19	4.11	4.05	4.01	3.98	3.95	3.94	3.92	3.90
5	4.06	3.78	3.62	3.52	3.45	3.40	3.37	3.34	3.32	3.30	3.27
6	3.78	3.46	3.29	3.18	3.11	3.05	3.01	2.98	2.96	2.94	2.90
7	3.59	3.26	3.07	2.96	2.88	2.83	2.78	2.75	2.72	2.70	2.67
8	3.46	3.11	2.92	2.81	2.73	2.67	2.62	2.59	2.56	2.54	2.50
9	3.36	3.01	2.81	2.69	2.61	2.55	2.51	2.47	2.44	2.42	2.38
10	3.29	2.92	2.73	2.61	2.52	2.46	2.41	2.38	2.35	2.32	2.28
11	3.23	2.86	2.66	2.54	2.45	2.39	2.34	2.30	2.27	2.25	2.21
12	3.18	2.81	2.61	2.48	2.39	2.33	2.28	2.24	2.21	2.19	2.15
13	3.14	2.76	2.56	2.43	2.35	2.28	2.23	2.20	2.16	2.14	2.10
14	3.10	2.73	2.52	2.39	2.31	2.24	2.19	2.15	2.12	2.10	2.05
15	3.07	2.70	2.49	2.36	2.27	2.21	2.16	2.12	2.09	2.06	2.02
16	3.05	2.67	2.46	2.33	2.24	2.18	2.13	2.09	2.06	2.03	1.99
17	3.03	2.64	2.44	2.31	2.22	2.15	2.10	2.06	2.03	2.00	1.96

（续）

m / n	1	2	3	4	5	6	7	8	9	10	12
18	3.01	2.62	2.42	2.29	2.20	2.13	2.08	2.04	2.00	1.98	1.93
19	2.99	2.61	2.40	2.27	2.18	2.11	2.06	2.02	1.98	1.96	1.91
20	2.97	2.59	2.38	2.25	2.16	2.09	2.04	2.00	1.96	1.94	1.89

案例4　用 Minitab 软件计算 *F* 分布函数值的方法

设随机变量 $X \sim F(m,n)$，其概率密度函数为 $f(x)$，其累计分布函数 $F(x) = \int_0^x f(x)\mathrm{d}x$，试用 Minitab14 计算：

（1）当 $m=5$，$n=6$ 时，亦即 $X \sim F(5,6)$，分别取 $x=1.89$，3.40，4.95 时，求累积分布函数 $F(x)$ 的值。

Minitab14 算法：把 $x=1.89$，3.40，4.95 分别输入 Worksheet C1 列，依次单击 Calc→Probability distributions→F→Cumulative probability，Numerator degrees of freedom 取 6，Denominator degrees of freedom 取 5，Input column 选 C1，单击 OK，在 Session 界面出现结果：

```
Cumulative Distribution Function
F distribution with 6 DF in numerator and 5 DF in denominator
     x          P( X <= x)
  1.89          0.749195
  3.40          0.899768
  4.95          0.949994
```

（2）当 $m=5$，$n=6$ 时，亦即 $X \sim F(5,6)$，累计分布函数 $F(x)$ 的数值分别取 0.75，0.90，0.95 时，求对应的分位点 x 的数值。

Minitab14 计算法：把累计分布函数 $F(x)$ 的数值 0.75，0.90，0.95 分别输入 Worksheet C1 列，依次单击 Calc→probability distributions→F→Inverse cumulative probability，Numerator degrees of freedom 取 6，Denominator degrees of freedom 取 5，Input column 选 C1，单击 OK，在 Session 界面出现结果：

```
Inverse Cumulative Distribution Function
F distribution with 6 DF in numerator and 5 DF in denominator
 P( X <= x)        x
  0.75          1.89447
  0.90          3.40451
  0.95          4.95029
```

附录 E　计量值控制图系数表

子组中观测值个数	控制限系数												中心线系数		
	A	A_2	A_3	B_3	B_4	B_5	B_6	D_1	D_2	D_3	D_4	C_4	$1/C_4$	d_2	$1/d_2$
2	2.121	1.880	2.659	0.000	3.267	0.000	2.606	0.000	3.686	0.000	3.267	0.7979	1.2533	1.128	0.8865
3	1.732	1.023	1.954	0.000	2.568	0.000	2.276	0.000	4.358	0.000	2.574	0.8862	1.1284	1.693	0.5907
4	1.500	0.729	1.628	0.000	2.266	0.000	2.088	0.000	4.698	0.000	2.282	0.9213	1.0854	2.059	0.4857
5	1.342	0.577	1.427	0.000	2.089	0.000	1.964	0.000	4.918	0.000	2.114	0.9400	1.0638	2.326	0.4299
6	1.225	0.483	1.287	0.030	1.970	0.029	1.874	0.000	5.078	0.000	2.004	0.9515	1.0510	2.534	0.3946
7	1.134	0.419	1.182	0.118	1.882	0.113	1.806	0.204	5.204	0.076	1.924	0.9594	1.0423	2.704	0.3698
8	1.061	0.373	1.099	0.185	1.815	0.179	1.751	0.338	5.306	0.136	1.864	0.9650	1.0363	2.847	0.3512
9	1.000	0.337	1.032	0.239	1.761	0.232	1.707	0.547	5.393	0.184	1.816	0.9693	1.0317	2.970	0.3367
10	0.949	0.308	0.975	0.284	1.716	2.276	1.669	0.687	5.469	0.223	1.777	0.9727	1.0281	3.078	0.3249
11	0.905	0.285	0.927	0.321	1.679	0.313	1.637	0.811	5.535	0.256	1.744	0.9754	1.0252	3.173	0.3152
12	0.866	0.266	0.886	0.354	1.646	0.346	1.610	0.922	5.594	0.283	1.717	0.9776	1.0229	3.258	0.3069
13	0.832	0.249	0.850	0.382	1.618	0.374	1.585	1.025	5.647	0.307	1.693	0.9794	1.0210	3.336	0.2998
14	0.802	0.235	0.817	0.406	1.594	0.399	1.563	1.118	5.696	0.328	1.672	0.9810	1.0194	3.407	0.2935
15	0.775	0.223	0.789	0.428	1.572	0.421	1.544	1.202	5.741	0.347	1.653	0.9823	1.0180	3.472	0.2880
16	0.750	0.212	0.763	0.448	1.552	0.440	1.526	1.282	5.782	0.363	1.637	0.9835	1.0168	3.532	0.2831
17	0.728	0.203	0.739	0.466	1.534	0.458	1.511	1.356	5.820	0.378	1.622	0.9845	1.0157	3.588	0.2787
18	0.707	0.194	0.718	0.482	1.518	0.475	1.495	1.424	5.856	0.391	1.608	0.9854	1.0148	3.640	0.2747
19	0.688	0.187	0.698	0.497	1.503	0.490	1.483	1.487	5.891	0.403	1.597	0.9862	1.0140	3.689	0.2711
20	0.671	0.180	0.680	0.510	1.490	0.504	1.470	1.549	5.921	0.415	1.585	0.9869	1.0133	3.735	0.2677
21	0.655	0.173	0.663	0.523	1.477	0.516	1.459	1.605	5.951	0.425	1.575	0.9876	1.0126	3.778	0.2647
22	0.640	0.167	0.647	0.534	1.466	0.528	1.448	1.659	5.979	0.434	1.566	0.9882	1.0119	3.819	0.2618
23	0.626	0.162	0.633	0.545	1.455	0.539	1.438	1.710	6.006	0.443	1.557	0.9887	1.0114	3.858	0.2592
24	0.612	0.157	0.619	0.555	1.445	0.549	1.429	1.759	6.031	0.451	1.548	0.9892	1.0109	3.895	0.2567
25	0.600	0.153	0.606	0.565	1.435	0.559	1.420	1.806	6.056	0.459	1.541	0.9896	1.0105	3.931	0.2544

附录F 测量系统分析用数值 d_2^* 表

子组的数量（g）	子组的大小（m）																		
	2	3	4	5	6	7	8	9	10	11	12	13	14	15	16	17	18	19	20
1	1.0	2.0	2.9	3.8	4.7	5.5	6.3	7.0	7.7	8.3	9.0	9.6	10.2	10.8	11.3	11.9	12.4	12.9	13.4
	1.41421	1.91155	2.23887	2.48124	2.67253	2.82981	2.96288	3.07794	3.17905	3.26909	3.35016	3.42378	3.49116	3.55333	3.61071	3.66422	3.71424	3.76118	3.80537
2	1.9	3.8	5.7	7.5	9.2	10.8	12.3	13.8	15.1	16.5	17.8	19.0	20.2	21.3	22.4	23.5	24.5	25.5	26.5
	1.27931	1.80538	2.15069	2.40484	2.60438	2.76779	2.90562	3.02446	3.12869	3.22134	3.30463	3.38017	3.44922	3.51287	3.57156	3.62625	3.67734	3.72524	3.77032
3	2.8	5.7	8.4	11.1	13.6	16.0	18.3	20.5	22.6	24.6	26.5	28.4	30.1	31.9	33.5	35.1	36.7	38.2	39.7
	1.23105	1.76858	2.12049	2.37883	2.58127	2.74681	2.88628	3.00643	3.11173	3.20526	3.28931	3.36550	3.43512	3.49927	3.55842	3.61351	3.66495	3.71319	3.75857
4	3.7	7.5	11.2	14.7	18.1	21.3	24.4	27.3	30.1	32.7	35.3	37.7	40.1	42.4	44.6	46.7	48.8	50.8	52.8
	1.20621	1.74989	2.10522	2.36571	2.56964	2.73626	2.87656	2.99737	3.10321	3.19720	3.28163	3.35815	3.42805	3.49246	3.55183	3.60712	3.65875	3.70715	3.75268
5	4.6	9.3	13.9	18.4	22.6	26.6	30.4	34.0	37.5	40.8	44.0	47.1	50.1	52.9	55.7	58.4	61.0	63.5	65.9
	1.19105	1.73857	2.09601	2.35781	2.56263	2.72991	2.87071	2.99192	3.09808	3.19235	3.27701	3.35372	3.42381	3.48836	3.54787	3.60328	3.65502	3.70352	3.74914
6	5.5	11.1	16.7	22.0	27.0	31.8	36.4	40.8	45.0	49.0	52.8	56.5	60.1	63.5	66.8	70.0	73.1	76.1	79.1
	1.18083	1.73099	2.08985	2.35253	2.55795	2.72567	2.86680	2.98829	3.09457	3.18911	3.27392	3.35077	3.42097	3.48563	3.54522	3.60072	3.65253	3.70109	3.74678
7	6.4	12.9	19.4	25.6	31.5	37.1	42.5	47.6	52.4	57.1	61.6	65.9	70.0	74.0	77.9	81.6	85.3	88.8	92.2
	1.17348	1.72555	2.08543	2.34875	2.55460	2.72263	2.86401	2.98568	3.09222	3.18679	3.27172	3.35866	3.41894	3.48368	3.53333	3.59888	3.65075	3.69936	3.74509
8	7.2	14.8	22.1	29.2	36.0	42.4	48.5	54.3	59.9	65.2	70.3	75.2	80.0	84.6	89.0	93.3	97.4	101.4	105.3
	1.16794	1.72147	2.08212	2.34591	2.55208	2.72036	2.86192	2.98373	3.09039	3.18506	3.27006	3.34708	3.41742	3.48221	3.54192	3.59751	3.64941	3.69806	3.74382
9	8.1	16.6	24.9	32.9	40.4	47.7	54.5	61.1	67.3	73.3	79.1	84.6	90.0	95.1	100.1	104.9	109.5	114.1	118.5
	1.16361	1.71828	2.07953	2.34370	2.55013	2.71858	2.86028	2.98221	3.08896	3.18370	3.26878	3.34585	3.41624	3.48107	3.54081	3.59644	3.64838	3.69705	3.74284
10	9.0	18.4	27.6	36.5	44.9	52.9	60.6	67.8	74.8	81.5	87.9	94.0	99.9	105.6	111.2	116.5	121.7	126.7	131.6
	1.16014	1.71573	2.07746	2.34192	2.54856	2.71717	2.85898	2.98100	3.08781	3.18262	3.26775	3.34486	3.41529	3.48016	3.53993	3.59559	3.64755	1.69625	3.74205
11	9.9	20.2	30.4	40.1	49.4	58.2	66.6	74.6	82.2	89.6	96.6	103.4	109.9	116.2	122.3	128.1	133.8	139.4	144.7
	1.15729	1.71363	2.07577	2.34048	2.54728	2.71600	2.85791	2.98000	3.08688	3.18174	3.26690	3.34406	3.41452	3.47941	3.53921	3.59489	3.64687	3.69558	3.74141
12	10.7	22.0	33.1	43.7	53.8	63.5	72.6	81.3	89.7	97.7	105.4	112.7	119.9	126.7	133.3	139.8	146.0	152.0	157.9
	1.15490	1.71189	2.07436	2.33927	2.54621	2.71504	2.85702	2.97917	3.08610	3.18100	3.26620	3.34339	3.41387	3.47879	3.53861	3.59430	3.64630	3.69503	3.74087

（续）

子组的数量（g）		子组的大小（m）																		
		2	3	4	5	6	7	8	9	10	11	12	13	14	15	16	17	18	19	20
13		11.6	23.8	35.8	47.3	58.3	68.7	78.6	88.1	97.1	105.8	114.1	122.1	129.8	137.3	144.4	151.4	158.1	164.7	171.0
		1.15289	1.71041	2.07316	2.33824	2.54530	2.71422	2.85627	2.97847	3.08544	3.18037	3.26561	3.34282	3.41333	3.47826	3.53810	3.59381	3.64582	3.69457	3.74041
14		12.5	25.7	38.6	51.0	62.8	74.0	84.7	94.9	104.6	113.9	122.9	131.5	139.8	147.8	155.5	163.0	170.3	177.3	184.2
		1.15115	1.70914	2.07213	2.33737	2.54420	2.71351	2.85562	2.97787	3.08487	3.17984	3.26510	3.34233	3.41286	3.47781	3.53766	3.59339	3.64541	3.69417	3.74002
15		13.4	27.5	41.3	54.6	67.2	79.3	90.7	101.6	112.1	122.1	131.7	140.9	149.8	158.3	166.6	174.6	182.4	190.0	197.3
		1.14965	1.70804	2.07125	2.33661	2.54385	2.71290	2.85506	2.97735	3.08438	3.17938	3.26465	3.34191	3.41245	3.47742	3.53728	3.59302	3.64505	3.69382	3.73969
16		14.3	29.3	44.1	58.2	71.7	84.5	96.7	108.4	119.5	130.2	140.4	150.2	159.7	158.9	177.7	186.3	194.6	202.6	210.4
		1.14833	1.70708	2.07047	2.33594	2.54326	2.71237	2.85457	2.97689	3.08395	3.17897	3.26427	3.34154	3.41210	3.47707	3.53695	3.59270	3.64474	3.69351	3.73939
17		15.1	31.1	46.8	61.8	76.2	89.8	102.8	115.1	127.0	138.3	149.2	159.6	169.7	179.4	188.8	197.9	206.7	215.2	223.6
		1.14717	1.70623	2.06978	2.33535	2.54274	2.71190	2.85413	2.97649	3.08358	3.17861	3.26393	3.34121	3.41178	3.47677	3.53666	3.59242	3.64447	3.69325	3.73913
18		16.0	32.9	49.5	65.5	80.6	95.1	108.8	121.9	134.4	146.4	157.9	169.0	179.7	190.0	199.9	209.5	218.8	227.9	236.7
		1.14613	1.70547	2.06917	2.33483	2.54228	2.71148	2.85375	2.97613	3.08324	3.17829	3.26362	3.34092	3.41150	3.47650	3.53640	3.59216	3.64422	3.69301	3.73890
19		16.9	34.7	52.3	69.1	85.1	100.3	114.8	128.7	141.9	154.5	166.7	178.4	189.6	200.5	211.0	221.1	231.0	240.5	249.8
		1.14520	1.70480	2.06862	2.33436	2.54187	2.71111	2.85341	2.97581	3.08294	3.17801	3.26335	3.34066	3.41125	3.47626	3.53617	3.59194	3.64400	3.69280	3.73869
20		17.8	36.5	55.0	72.7	89.6	105.6	120.9	135.4	149.3	162.7	175.5	187.8	199.6	211.0	222.1	232.8	243.1	253.2	263.0
		1.14437	1.70419	2.06813	2.33394	2.54149	2.71077	2.85310	2.97552	3.08267	3.17775	3.26311	3.34042	3.41103	3.47605	3.53596	3.59174	3.64380	3.69260	3.75850
d_2		1.12838	1.69257	2.05875	2.32593	2.53441	2.70436	2.84720	2.97003	3.07751	3.17287	3.25846	3.33598	3.40676	3.47193	3.53198	3.58788	3.64006	3.68896	3.73495
cd		0.8760	1.8150	2.7378	3.6230	4.4658	5.2673	6.0305	6.7582	7.4539	8.1207	8.7602	9.3751	9.9679	10.5396	11.0913	11.6259	12.1440	12.6468	13.1362

注：数据表使用：每一栏的第一行是自由度（v），每一栏的第二行是 d_2^*；d_2 是 d_2 的无限值。g 为子组的数量，即表示有多少个极差用于计算平均极差；m 为子组的大小，即表示有多少个数值用于计算每个极差。

参考文献

[1] 苗瑞，王东鹏，姚英学. 基于小批量多品种生产环境的统计过程质量控制研究 [J]. 高技术通信，2003，13 (11)：48-50.

[2] Miao Rui, Wang Dongpeng, Yao Yingxue. An Improved Multivariate T^2 Control Chart for Individual Observations in Low Volume Manufacturing [J]. High Technology Letter, 2004, 10 (2): 51-53.

[3] 孙国庆，苗瑞，杨东，等. 测量误差对过程能力指数及质量损失影响的研究 [J]. 上海交通大学学报，2009，10 (2)：51-59.

[4] 郭欣，李树刚，苗瑞. 基于模糊集和熵处理的顾客需求评估方法 [J]. 计算机工程，2008，34 (18)：204-206.

[5] 郭欣，李树刚，苗瑞. 网络游戏玩家需求评估方法 [J]. 上海交通大学学报，2008，34 (18)：204-206.

[6] Yang Dong, Dong Ming, Miao Rui. Development of a Product Configuration System with an Ontology-based Approach [J]. Compute-Aided Design, 2008, 40 (8): 863-878.

[7] Yang Dong, Miao Rui, Wu Hongwei, et al. Product Configuration Knowledge Modeling Using Ontology Web Language [J]. Expert Systems with Applications, 2009, 36 (3): 4399-4411.

[8] Cui Lirong, Hawkes A G. Availability of a Series System With Warm Spares [J]. Microelectronics and reliability, 1994, 34 (6): 1057-1068.

[9] Cui Lirong, Hawkes A G, Jalali A. The Increasing Failure Rate Property of Consecutive-k-out-of-n Systems [J]. Probability in the Engineering and Informational Sciences, 1995 (9): 217-225.

[10] Chang G J, Cui Lirong, Hwang F K. Reliabilities for (n, f, k) systems [J]. Statistics and Probability Letters, 1999, 43 (3): 237-242.

[11] Chang J C, Cui Lirong, Hwang F K. New Comparisons in Birnbaum Importance for the Consecutive-k-out-of-n System [J]. Probability in the Engineering and Informational, 1999 (13): 187-192.

[12] Hwang F K, Cui Lirong, Chang J C, Lin W D. Comments on "Reliability and Component Importance of a Consecutive-k-out-of-n System" by Zuo [J]. Microelectronics Reliability, 2000, 40 (6): 1061-1063.

[13] Xie Min, Preuss W, Cui Lirong. Error Analysis of Some Integration Procedures for Renewal Equation and Convolution Integrals [J]. Journal of Statistical Computation and Simulation, 2003, 73 (1): 59-70.

[14] Cui Lirong, Xie Min. Availability Analysis of Periodically Inspected Systems with Random Walk Model [J]. Journal of Applied Probability, 2001, 38 (4): 860-871.

[15] Cui Lirong, Xie Min. Some Normal Approximations for Renewal Function of Large Weibull

Shape Parameter [J]. Communications in Statistics-Simulation and Computation, 2003, 32 (1): 1-16.

[16] Cui Lirong. The IFR Property for Consecutive-k-out-of-n: F systems [J]. Statistics and Probability Letters, 2002, 59 (4): 405-414.

[17] Cui Lirong, Loh H T, Xie Min. Sequential Inspection Strategy for Multiple Systems under Availability Requirement [J]. European Journal of Operational Research, 2004, 155 (1): 170-177.

[18] Cui Lirong, Xie Min, Kuo W. Third International Conference on Mathematical Methods in Reliability Methodology and Practice [C], Norway Trondheim, 2002.

[19] Cui Lirong, Kuo W, Loh H T, et al. Optimal Allocation of Minimal & Perfect Repairs under Resource Constraints [J]. IEEE Transactions on Reliability, 2004, 53 (2): 193-199.

[20] Cui Lirong, Xie Min, Loh H T. Inspection Schemes for General Systems [J]. IIE Transactions, 2004, 36 (9): 817-825.

[21] 沈剑波，李金林，崔利荣. 导弹储存可用性模型与分析 [J]. 导弹与航天运载技术，2004 (2): 30-34.

[22] 沈剑波，李金林，崔利荣. 导弹可用度模型与分析 [J]. 导弹与航天运载技术，2004 (6): 27-30.

[23] 沈剑波，李金林，崔利荣. 导弹储存维修性统计分析 [J]. 系统工程与电子技术，2004, 26 (11): 1731-1735.

[24] Cui Lirong. Analysis of Bullwhip Effect for Two-level Supply Chain with Multi-distributed Centers [J]. Journal of Systems Science and Information, 2004, 2 (4): 707-711.

[25] Jalali A, Hawkes A G, Cui Lirong, et al. The Optimal Consecutive-k-out-of-n: G Line for n≤2k [J]. Journal of Statistical Planning and Inference, 2005, 128 (1): 281-287.

[26] Cui Lirong, Xie Min. Availability of a Periodically Inspected System with Random Repair or Replacement Times [J]. Journal of Statistical Planning and Inference, 2005, 131 (1): 89-100.

[27] Cui Lirong, Xie Min. On a Generalized k-out-of-n System and Its Reliability [J]. International Journal of Systems Science, 2005, 36 (5): 267-274.

[28] 崔利荣，赵先，李金林. 全球第七届可靠性学术会议论文集 [C]. 北京：清华大学出版社，2005.

[29] 曹光祥，李金林，崔利荣. 标准体系的比例型寿命使用期模型与分析 [J]. 数理统计与管理，2006, 25 (1): 27-31.

[30] 杨海生，崔利荣. Consecutive- (r, f, k) out-of-n: F 和 Consecutive- (f, g) -out-of- (r, n): F 线性系统的可靠性 [J]. 数理统计与管理，2006, 25 (3): 321-328.

[31] Cui Lirong, Li Huajun. Opportunistic Maintenance for Multi-component Shock Model [J]. Mathematical Methods of Operations Research, 2006 (63): 493-511.

[32] Cui Lirong, Kuo W, Li Jinlin, et al. On the Dual Reliability Systems of (n, f, k) and <n, f, k> [J]. Statistics and Probability Letters, 2006 (76): 1081-1088.

[33] Zheng Zhihua, Cui Lirong, Hawkes A G. A Study on a Single - unit Markov Repairable

System with Repair Time Omission [J]. IEEE Transactions on Reliability, 2006, 55 (2): 182 - 188.

[34] Ran Lun, Cui Lirong, Xie Min. Some Analytical and Numerical Bounds on the Renewal Function [J]. Communications in Statistics-Theory and Methods, 2006, 35 (10): 1815 - 1827.

[35] Y Guo, Cui Lirong, Li Jinlin, S Gao. Reliabilities for (n, f, k (i, j)) and n, f, k (i, j) Systems. [J]. Communications in Statistics-Theory and Methods, 2006, 35 (10): 1779 - 1789.

[36] Cui Lirong, Li Huajun. Coherent Systems of Components with Multivariate Phase Type Life Distributions [J]. Reliability Engineering and System Safety, , 2007, 92 (3): 300 - 307.

[37] Gao Xueli, Cui Lirong, Li Jinlin. Analysis for Joint Importance of Components in a Coherent System [J]. European Journal of Operational Research. 2007, 182 (1): 282 - 299.

[38] 赵先，崔利荣. 有限马尔可夫链嵌入法在系统失效率计算中的应用 [J]. 北京理工大学学报：自然科学版，2006，26 (9)：843 - 846.

[39] 李岳，崔利荣. 服从单向单交叉并行链优先约束的可靠性系统测试优化 [J]. 系统工程与电子技术，2007，29 (2)：323 - 328.

[40] Zhao Xiang, Cui Lirong, Kuo W. Reliability for Sparsely Connected Consecutive-systems [J]. IEEE Transactions on Reliability, 2007, 56 (3): 516 - 524.

[41] 冉伦，郑治华，崔利荣. 马尔可夫可修系统新故障时间分布研究 [J]. 兵工学报，2007，28 (5)：594 - 597.

[42] Cui Lirong, Li Huajun, Li Jinlin. Markov Repairable Systems with History-Dependent Up and Down States [J]. Stochastic Models, 2007, 23 (4): 665 - 681.

[43] Cui Lirong, Hawkes A G. ANote on the Proof for the Optimal Consecutive-k-out-of-n: G Line for n≤2k [J]. Journal of Statistical Planning and Inference, 2008, 138 (5): 1516 - 1520.

[44] ZW Bao, Li Hiajun, Cui Lirong. A Study on Optimal Inspection Strategies of Reliability Systems with Parallel-chain Precedence Constraints under Failure States [J]. Advanced Materials Research, 2008 (44 - 46): 787 - 794.

[45] Zheng Zhihua, Cui Lirong. Availability Analysis of Parallel Repairable System with Omitted Failures. [J] Journal of Beijing Institute of Technolog, 2009, 18 (1): 186 - 193.

[46] 贾旭杰，崔利荣，胡敏. 基于 copula 的武器装备系统供应链可靠性研究 [J]. 兵工学报，2008，29：1 - 4.

[47] J Liang, Z H Jiang, Y S Zhao, et al. The Acquisition and Application of Similarity Knowledge Based on Consultation in Engineering Product Design [J]. The International Journal of Advanced Manufacturing, 2008 (37): 1 - 14.

[48] 侯文瑞，蒋祖华，金玉兰. 基于可靠度的多部件系统机会维护模型 [J]. 系统工程与电子技术，2008，30 (9)：1805 - 1808.

[49] 侯文瑞，蒋祖华，金玉兰，基于相对劣化度的视情维修决策模型 [J]. 上海交通大学学报，2008，42 (7)：1090 - 1094.

[50] 侯文瑞，蒋祖华，金玉兰. 一种考虑风险的机会维修模型 [J]. 上海交通大学学报，2008，42 (7)：1095 - 1099.

[51] 金玉兰，蒋祖华，侯文瑞．以可靠性为中心的多部件预防性维修策略的优化［J］．上海交通大学学报，2006，40（12）：2051－2056.
[52] 何晓群．实用回归分析［M］．北京：高等教育出版社，2008.
[53] 汪荣鑫．数理统计［M］．西安：西安交通大学出版社，2006.
[54] Richard A Johnson，Dean W Wichern. 实用多元统计分析［M］．北京：清华大学出版社，2008.
[55] Douglas C Montgomery，George C Runger，Norma Faris Hubele. 工程统计学［M］．代金，魏秋萍，译．北京：中国人民大学出版社，2005.
[56] 杨虎，钟波，刘琼荪．应用数理统计［M］．北京：清华大学出版社，2006.
[57] 茆诗松，程依明，濮晓龙．概率论与数理统计教程［M］．北京：高等教育出版社，2004.
[58] 吴群英，林亮．应用数理统计［M］．天津：天津大学出版社，2004.
[59] 宋保维．系统可靠性设计与分析［M］．西安：西北工业大学出版社，2000.
[60] 孙新利，陆长捷．工程可靠性教程［M］．北京：国防工业出版社，2005.
[61] 芮延年，傅戈雁．现代可靠性设计［M］．北京：国防工业出版社，2007.
[62] 王少萍．工程可靠性［M］．北京：北京航空航天大学出版社，2000.

[51] [illegible]
[illegible]
[52] [illegible] 2008.
[53] [illegible] 2006.
[54] Richard A Johnson, Dean W. Wichern. 实用多元统计分析[M]. [illegible] 清华大学出版社，2008.
[55] Douglas C. Montgomery, George C. Runger, Norma Faris Hubele. 工程统计学[M]. [illegible] 2005.
[56] [illegible] 应用数理统计[M]. 北京: [illegible] 2006.
[57] [illegible]
2001.
[58] [illegible]
[59] [illegible]
[60] [illegible]
[61] [illegible]
[62] [illegible]